院士叢書

# 何炳棣思想制度史論

何炳棣　著

范毅軍、何漢威　整理

中央研究院

聯經出版公司

# 目次

第一章
# 華夏人本主義文化：
## 淵源、特徵及意義

## 一、物質基礎：村落定居農業

　　華夏人本主義文化的發祥地是華北黃土高原與毗鄰平原的地區。產生這人本主義文化的物質基礎是自始即能自我延續的村落定居農業。為正確了解這一基本史實，我們必須首先澄清中外相關多學科的一個共同錯覺：原始農耕一般都是「游耕制」[1]。實際上這不過是一個假定，而且是以某類地區特殊的歷史經驗硬行作為普遍歷史經驗的大膽假定。他們共同的理由是：原始農夫不懂施肥，而土地的肥力因耕作而遞減，在當時土曠人稀的條件下，農人隨時都得實行休耕，並同時非開闢新耕地不可。他們認為開闢新耕地最直截了當的辦法是砍伐及焚燒地面上的植被，這就形成了所謂的「砍燒法」，也就是「游耕

---

1　著名的《西安半坡》（北京：文物出版社，1963）、石興邦，《半坡氏族公社》（西安：陝西人民出版社，1979），以及西安半坡博物館、陝西省考古研究所、臨潼縣博物館，《姜寨》（北京：文物出版社，1988），就是主例。海外倡游耕制說者以張光直教授為領袖，有力支持者有植物分類學家李惠林教授，柏克萊加州大學歷史系David Keightley教授，加拿大人類學家Richard Pearson教授等多人。對上列海外四教授意見系統的批評，可參閱Ping-ti Ho, "The Paleoenvironment of North China : A Review Article," *The Journal of Asian Studies*, vol. XLIV, No. 4, August, 1984.

制」[2]。

最早討論黃土物理及化學性能與農作方式關係的，是20世紀初美國地質學家和中亞考古發掘者龐波里（Raphael Pumpelly）。針對著世界最大、最典型的黃土區，也就是華北黃土區，他曾作以下的觀察和綜述[3]：

> 它（黃土）的肥力似乎是無窮無竭。這種性能，正如著名德國地質學家李希特浩芬（Ferdinand Richthofen）所指明，一是由於它的深度和土質的均勻；一是由於土層中累年堆積、業已腐爛了的植物殘體，雨後通過毛細管作用，將土壤中的各種

---

2　「砍燒法」和「游耕制」的英文名詞是可以通用的：「slash-and-burn」及「shifting agriculture」。有時亦可用「swidden」這形容詞。為輔助正文的討論，此註提供一重要史前及當代事實——渭水下游南岸、終南山麓間諸小河沿岸仰韶聚落遺址密集的程度即足以說明此一地區自始就不可能有足夠的空間施行游耕制。從半坡遺址分布的情況來看，它們所臨的滻河全長約50公里，除南北兩端外，在長度約40公里的兩岸已發現仰韶聚落遺址25處之多；全長40公里的灃河沿岸已發現的13處遺址完全集中於最肥沃的十多公里的中段。詳見西安半坡博物館，《西安半坡》，頁1-2。西北大學黃土研究室，《黃土高原地理研究》（西安：陝西人民出版社，1981），頁30：「秦嶺北麓及咸陽地區……大部分地方土質較好，保水能力強。」因此，有些地方已發現的仰韶遺址竟較今日村落還要密集！詳見嚴文明，《仰韶文化研究》（北京：文物出版社，1989），頁225。這些仰韶遺址雖不可能全是同時的，但諸小河間的橫向距離或不足10公里或至多20公里。果真如一般考古、人類及其他學人所預設，當時確是施行游耕制的話，每個仰韶村落，除居住、日常活動、家畜、陶窰、墓地等所需空間之外，還需要至少八倍每年實耕的土地。這西安附近渭水終南山麓之間的羽狀地帶無論如何也安置不下如此密集的仰韶農村聚落點。基本上，密集就是游耕的有力反證。

3　Raphael Pumpelly ed., *Explorations in Turkestau: Prehistoric Civilization of Anau*, 2 Vols. ; 1908, vol. I, p. 7.

礦物質吸引到地面；一是由於從(亞歐大陸)內地風沙不時仍
在形成新的堆積。它「自我加肥」(self-fertilizing)的性能可
從這一事實得到證明：在中國遼闊的黃土地帶，幾千年來農
作物幾乎不靠人工施肥都可年復一年地種植。正是在這類土
壤之上，稠密的人口往往繼續不斷地生長到它強大支持生命
能力的極限。

筆者從1960年代末即懷疑游耕制說真能應用於中國黃土地帶。為謹慎
計，我於1970年夏天在電話中請美國國家科學院院士、舉世公認的大
麥源流的權威伊利諾州立大學哈蘭(Jack R. Harlan)教授，根據他對華
北古自然環境、各種農作物起源及地理分布的專識，再就比較原始農
耕的觀點，坦白地對華北最早耕作方式作一臆測。他毫不遲疑地作了
以下的答覆：(1)華北地區最早的耕作方式絕不是一般所謂的砍燒法或
游耕制，因為經典的游耕制一般需要每年實耕八倍的土地：換言之，
土地耕作一年之後要休耕七年之久，肥力才能恢復。(2)華北遠古農夫
大概最多需要每年實耕三倍的土地，內中有些可以一年耕作兩年休
耕，有些可以連續兩年耕作一年休耕，性能較好的黃土可以連年耕作
而不需要休耕。(3)砍燒法或游耕制一般限於熱帶及多雨地帶，這類地
區農業的樞紐問題是肥力遞減，而黃土地區農業的樞紐問題不是肥力
遞減而是如何保持土壤中的水分。應該強調的是，哈蘭所提的第三點
是他個人獨有的論斷，不是一般考古、人類、歷史、經濟學家們所能
洞悉的。聽他講完之後，我才告訴他以上的臆測與中國古代文獻所述
不謀而合。

　　兩三天後，我把哈蘭上述幾點推斷在電話中向畢都(George W.
Beadle)博士(1958年諾貝爾獎得主、分子生物學家、芝加哥大學已退

休的校長)作一簡報，並說明中國古代文獻確是反映出一個最多三年的輪耕週期，內中的確包括不須休耕、三年中休耕一年或兩年的土地，但第一年清理平整了的土地照例不馬上播種，要到次年才播種。

畢都博士立即作了科學解釋：由於初墾土地地表雜草等野生植物雖已經人工清除，土塊雖已經翻掘平整，但土壤內仍有大量植物殘體沒有腐爛，如立即播種收穫一定很少。這是因為土壤中植物殘體在逐步腐爛過程中所生的氮素，極大部分都被土壤中多種微生物所吸取，種籽所能得到的氮素非常有限。但是，如果第一年僅僅維持地面的平整而不立即播種，第二年開始播種的時候，土壤中原有的植物殘體已經徹底變成了富氮的腐質，此時微生物不但不再吸取氮素，並且放出大量的氮素來滋養種籽，因此第二年的單位產量必然很高。他笑著說他本是以小麥、牛肉著名的內布拉斯加州(Nebraska)的「農夫」，深明此中道理。他相信聰明的遠古華北農夫從實際觀察和經驗中很自然地就會實施第一年平整土地暫緩播種的耕作體制。

以科學原理重建華北最早的農耕方式必須與我國古代文獻互相印證。古籍中所言耕作方式必須從「菑」、「新」、「畬」三個專詞意涵中去尋索。《爾雅·釋地》：

> 田，一歲曰菑，二歲曰新田，三歲曰畬。

這清楚地說明一、二、三歲的田各有其專名，專名合起來就已反映出一個三年輪流休耕制。此三詞中「新」和「畬」比較易解：「新田者，耕之二歲彊壚剛土漸成柔壤……畬者，田和柔也。」[4]需要詳釋的

---

4　郝懿行，〈釋地·五〉，《爾雅義疏》，嘉業堂本。

是第一年的「菑」。「菑」的音和義都含有「殺」意。《尚書・大誥》：「厥父菑」，孔穎達《正義》：「……謂殺草，故治田一歲曰菑，言其始殺草也。」《詩經・小雅・大田》鄭玄注：「反草曰菑。」《爾雅・釋地》郭璞注：「今江東呼初耕地反草曰菑。」「菑」的主要意義是使土壤中所有的植物殘體化爲腐質。

「菑」是第一年待耕而未耕之田之義，在《尚書》及《詩經》中得到充分的證明。《尚書・大誥》：「厥父菑，厥子乃弗肯播」，明明指出「菑」在播先。《詩經・周頌・臣工》：「如何新畬？於皇來牟。」極其明顯，小麥大麥只種在第二年的新田和第三年的畬田。

此外，《周禮》也有兩處述及周代授田通則。〈大司徒〉：「不易之地家百畮：一易之地，家二百畮：再易之地家三百畮。」〈地官司徒・遂人〉：「上地，夫一廛，田百畮，萊五十畮……；中地，夫一廛，田百畮，萊百畮……；下地，夫一廛，田百畮，萊二百畮……。」兩種概述稍有不同。後者上中下三等授田正額雖同是百畮，但萊(備休耕輪作之地)的授予原則仍與前者同樣反映一個最多三年週期的輪耕制。

科學與訓詁互證密合有如此者！

惟有自始即是自我延續的村落定居農業，才能合理地解釋華夏文明起源的三個事實，即何以距今7,000多年前一些早期新石器文化聚落的農業生產已達遠較想像爲高的水平[5]；何以渭水下游南岸與終南山麓

---

5　佟偉華，〈磁山遺址的原始農業遺存及其相關問題〉，《農業考古》(1984年第1期)；任式楠，〈西元前五千年中國新石器文化的幾項主要成就〉，《考古》(1995年第1期)，頁39。前者說明7000年前有些磁山文化遺址窖穴總體積之大已足反映當時一個聚落存糧(華北粟、小米)超過十萬斤之多。後者指出屬於裴李崗文化的河南許昌丁莊文化遺址所發現炭化栽培小米品種的優良令人讚嘆。以千粒重量和顆粒大小估算，7000多年前的品種已可

間多條小河沿岸仰韶文化早期半坡類型文化聚落遺址——類皆具有房屋、窖穴、陶窯、墓地等組成部分——分布能如此密集；何以只有在累世生於茲、死於茲、葬於茲的最肥沃的黃土地帶才可能產生人類史上最高度發展的家(氏、宗)族制度和祖先崇拜。

## 二、氏族制度和祖先崇拜

構成華夏人本主義文化最主要的制度因素是氏族組織[6]。最主要的信仰因素是祖先崇拜。制度和信仰本是一事的兩面，二者間存在著千絲萬縷無法分割的關係。事實上，人類學理論也認為只有將二者一起研究才能收相得益彰之效[7]。

我國新石器時代以仰韶文化(西元前5000-3000年)分布最廣、延續最久、文化堆積最厚、已發現遺址最多。內中保存最好的是西安附近的半坡和臨潼姜寨等聚落遺址。對這類型聚落布局的中心意義，資深考古學家蘇秉琦有代表性的看法[8]：

(續)————————————

與今日佳質高產的春穀相比，已勝過今日質量較差的夏穀了。

6　楊希枚，〈再論先秦姓族和氏族〉，《中國史研究》(1993年第1期)，重新指出一般學人對先秦「姓族」「氏族」(clan or gens)二詞仍混淆不清。姓族是血緣親族團體，氏族是「邦國采邑之類的政治領域集團」。此說有其重要性，但西周有些氏族，雖是政治集團，卻具濃厚的血緣性和地緣性。由於西周以前，特別是史前時期「姓族」、「氏族」很難分辨，更由於「氏族」和「氏族公社」這類名詞通行已數十年之久，不能不繼續應用。《辭海》〈氏族〉條：「也叫『氏族公社』，以血緣關係結成的原始公社制和社會基本單位，產生於……舊石器時代的晚期。初為母權制，約當新石器末期開始過渡為父權制。……」

7　E.E. Evans-Pritchard, *Theories of Primitive Religion* (Oxford: Oxford University Press, 1965), p.111.

8　蘇秉琦，〈關於重建中國史前史的思考〉，中國社會科學院考古研究所編

> 半坡、姜寨那種環壕大型居址，其中以大房子爲中心，小房
> 子在其周圍所體現的氏族團結向心的精神，以及居址之外有
> 排列較整齊的氏族墓地，……説明氏族制度發展到了頂點。

仰韶聚落布局中最能反映宗教信仰的是墓葬方式。誠如著名《西安半坡》專刊撰者石興邦所綜述，在已經系統發掘的仰韶遺址中，一般成人屍體有條不紊的排列方式反映每個家族或個人在氏族中最後都有應占的歸宿和位置。屍體大都頭向西方或西北方。墓葬方向可以認爲是「祖先崇拜和靈魂信仰的表現之一」，因爲「墓葬方向的選擇和決定，在任何一個民族都是相當嚴肅而慎重的」[9]。數量上次於仰身葬的二次葬似乎也反映當時的信仰：要等到血肉腐朽屍骨正式埋葬之後，死者才能進入鬼魂世界。此外，更值得一提的是小孩死後一般都舉行所謂的「瓮棺葬」，這類陶瓮通常都放在居住區，不葬在墓地：瓮頂留一小圓孔以供靈魂出入，繼續承受母親關愛之用。

　　近年仰韶精神文化研究有多方面突破性的詮釋。首先，半坡彩陶中最重要的魚紋飾已不能再像1960年代那樣釋爲圖騰了。因爲半坡和姜寨文化上確有血肉的聯繫，兩處彩陶中共有魚、蛙、鳥、鹿多種動物紋飾；此外，兩處遺址都發現大量多樣的捕魚工具，説明魚是當時人們經常的美食。這些都與圖騰理論衝突。比較合理的新解釋是：魚，特別是抽象的雙魚，是女陰崇拜的表現；而姜寨那種體內充滿卵子的蛙的圖案，也是象徵生殖能力的崇拜[10]。早在1946年，聞一多先

---

（續）

　　　著，《中國考古學論叢》（北京：科學出版社，1993），頁6。

　9　微引自高煒，〈中原龍山文化葬制研究〉，同上書，頁97，是原則性的概
　　　論，並不專指中原龍山文化。

　10　趙國華，〈生殖崇拜文化略論〉，《中國社會科學》（1988年第1期）。

生在遇難前數月撰就的〈說魚〉一文裡已經闡發魚在中國古代文學裡一向是「匹偶」、「情侶」的隱語，因爲「在原始人類的觀念裡，婚姻是人生第一大事，而傳種是婚姻的唯一目的，……而魚是繁殖力最強的一種生物」[11]。

生殖能力的崇拜完成了祖先崇拜必具的三個時式：過去、現在、未來。

1987年河南濮陽西水坡仰韶早期45號墓發現三組以蚌殼擺塑的圖案。古文字和天文史家馮時具有說服力地說明第一組墓主人兩旁的龍虎圖案是後來發展完成的二十八宿「四陸」中的「二陸」——蒼龍和白虎；墓主屍體下邊移入的兩根脛骨代表「北斗」。墓形反映當時已有天圓地方的說法。總之，第一組蚌殼圖案可以認爲是二十八宿宇宙觀的濫觴[12]。張光直先生提出第三組圖案中的龍虎鹿正符合《道藏》中保存下來的原始道士的「三蹻」——巫師騎乘上天下地與鬼神交通的媒介；並認爲這樣早的巫覡宗教（或稱薩滿教Shamanism）證據，「對世界原始宗教史的研究上有無匹的重要性」[13]。

西水坡45號墓中驚人的天文知識和具有高度魔術幻想力巫覡宗教的結合，強有力地說明該墓的主人已不是平常的氏族長，甚至也不僅是張先生認爲的巫師，而是一部落酋長般的人物了。夏代的建立者大禹不就是以「巫步」聞名於後世、三代權位最高的「王」還不一直兼

---

11  聞一多，〈說魚〉，《神話與詩》（北京：古籍出版社，1956），結語，頁134-35；及〈高唐神女傳說之分析〉，頁81-116。

12  馮時，〈河南濮陽西水坡45號墓的天文學研究〉，《文物》（1990年第3期）。

13  張光直，〈仰韶文化的巫覡資料〉，《歷史語言研究所集刊》（台北：中央研究院歷史語言研究所），第64本第3分（1993年12月），徵引語在頁622、623。

有大巫或大司祭的職能嗎？西水坡的「三蹻」也正說明半坡、姜寨同期文化裡亦有巫覡的存在。那種由圓形黑白（陰陽）人面向頭頂、兩耳、兩頰外射的五條或三條三角形魚飾的神秘圖案，還不是巫師的有力證據嗎？半坡、姜寨相隔50公里，而半坡陶器上的字符卻出現於150公里外部陽莘野村的同期仰韶文化遺址。這樣長的宗教、文化交流半徑似乎在說明這已不僅是氏族間，而是部落間的交流了。

仰韶人民雖然崇拜多種自然神祇，但由於聚落布局中居住區和墓地同是組成部分，生者累世相信不時可獲逝者靈魂的祐護，而逝者又需要生者不時祭薦，祖先崇拜很可能在整個宗教信仰中已占相當大的比重。

上承仰韶、下啓三代的龍山時代（大約西元前3000-2000年），出現了一系列多姿多采的區域性文化。它們在經濟、社會、政治、宗教、意識形態等方面的發展雖各有各自的特色和步伐，而且華夏中原地區的文化在此時期並非處處領先，但各文化間千年之久的雙向吸收和反饋卻使它們大致朝向同一方向演進：祖先的神靈隨著部落的擴展漸漸變成部族至高的保護神：政治權威和等級社會的出現加速了氏族制度的蛻變。

最能顯示龍山時代多方面演變的是玉器群和禮器群。良渚文化（西元前3300-2200年）的大本營遠在浙西太湖以南，其玉器群最有代表性。從西元前第三千紀前半即已有象徵軍事統轄權的玉鉞和宗教重器玉琮的出現。更值得注意的是玉製神獸、神鳥、獸面或獸身的「神人」和「神徽」。這些「神人獸面紋的普及和規範化，說明在其通行的地域內，良渚文化的社會結構和原始信仰，都具有相當程度的統一性，對至高無上的神人的崇拜，實際上是從信仰意識方面，統治者起

到了維護獨尊地位的作用」[14]。稍後遼西紅山文化中也具有地域特色的玉器群，再稍遲山東海岱區系的玉業也開始形成獨特色格，「並給予三代玉器以深遠的具體的影響」[15]。

陶製禮器群以山西襄汾陶寺類型最富代表性。禮器中除爲設奠用的桌子是木製的，其餘陶製的各種炊器、食器、酒器、樂器等類不但式樣功用各各不同，而且嚴格地反映這些隨葬品墓主人身分等級的不同。「從隨葬品組合的角度看，後來商周貴族使用的禮、樂器在西元前第三千紀中葉的陶寺早期已初具規模。……墓中的禮器和牲體已成爲墓主身前權力和地位的標誌。……在形成三代禮制的過程中，中原處於核心地位。」[16]

山東龍山文化研究在1980年代有重大的突破。壽光邊線王城發現邊長240公尺，面積57,000平方公尺的外城和配套較小的內城，並發現祭奠所用的豬牲、犬牲與人牲。而城子崖的城東西約430公尺，南北最長530公尺，面積大約200,000平方公尺(即1/5平方公里、50英畝、相當西元13世紀英國首都倫敦城的1/6)。高廣仁教授認爲這已不是單純軍事防禦性的小城堡，而已是「具有永久性統治權力中心的都邑性質」。這樣規模的城和10公尺寬夯築牆體，「除非靠大量的強制勞役，否則是難以完成的」。此外，泗水尹家城和臨朐朱封大墓內的隨葬品說明當時「社會上財富分配不均，出現了明顯的社會分層」[17]。

綜結以上，龍山時期的主要考古發現說明當時氏族內部已有社會

---

14　任式楠，〈中國史前玉器類型初析〉，《中國考古學論叢》，頁126-27。

15　邵望平，〈海岱系古玉略說〉，《中國考古學論叢》，頁6、131。

16　徵引自高煒，〈中原龍山文化葬制研究〉，《中國考古學論叢》，頁100-102。

17　高廣仁，〈山東史前考古的幾個新課題〉，《中國考古學論叢》，頁68-70。

分化，造成了貧富分配不均和等級化的身分制度萌芽；宗教方面，祖先崇拜已提升到以部族至高祖宗神為對象。這些現象與傳說中炎、黃大部族同盟，英雄魅力式領袖人物的出現是大體吻合的。

有關夏代的考古資料仍在多方慎重鑒定中。從君主世襲的觀點看，夏不愧被稱為朝代。但「所謂的夏朝，實際上是以夏后氏為盟主，由眾多族邦組成的族邦聯盟」[18]。《左傳‧哀公七年傳》：「禹合諸侯於塗山，執玉帛者萬國。」《呂氏春秋‧用民》：「當禹之時，天下萬國。」古籍中所謂的諸侯和萬國，實際上是由眾多部族所構成的「邦邑」。筆者此處必須指出，極大多數中國古代史專家和考古學家所借用的古代希臘「城邦」（city states）一詞甚不妥當，容易引起錯覺。古代希臘polis一詞雖英譯作「城邦」，但柏拉圖、亞里斯多德原著的較慎重英譯往往作為community 「（政治）社群」。西元前第5、4世紀的希臘城邦，除了雅典和科林斯（Corinth）外，商業都不發達，都是以農立國的。其首都的主要部分是宗教及政府建築，所以全國連首都也不是具有複雜經濟活動的「城市」。這種政治社群的最大特色是遵守法律，保持極嚴格的公民籍，所有公民都是成年男子，都有直接選舉、參政、充陪審、服兵役的權利與義務。雅典豐富的碑刻資料證明，不但最高長官按期由公民選舉，而且一般公民一生之中至少有一、兩次輪充官吏的機會[19]。雅典這種草根民主政治共同體的本質、精神、意識，與夏商周的家有世襲的邦邑（patrimony）制確有基本

---

18　周蘇平，〈夏代族邦考〉，《中國史研究》（1993年第4期），頁131。

19　根據大量碑刻研究古代雅典民主政制基層結構與運作最嚴謹的著作是：John S. Trail, *The Political Organization of Attica：A Study of the Demes, Trittyes, and Phylai, and their Representation in the Athenian Council*（Princeton: Princeton University Press, 1975）; P.J. Rhodes, *The Athenian Boule*（Oxford: Oxford University Press, 1972）。

的不同。

　　商代武丁以後的大量卜辭也顯示氏族邦邑林立的情況。已故丁山教授於1940年代中曾對甲骨骨面、骨臼、甲冉、背甲等部位非占卜的刻辭紀事做了原創性的考釋和統計。這類卜辭記事包括爲商王侍夜之「婦」的「氏」名、王畿內外人都爲王守夜氏族之名及其人數等等。這些記事雖屬片面性質，而氏族之可確定者已達二百左右。因此，丁山做了兩個綜述：(1)「殷商後半期國家組織確以氏族爲基礎。」(2)「商代所封建的氏族，都就其采地中心建築城邑，也可名之曰『城主政治』。」[20]此說高明之處在用「城主」而不用「城邦」一詞，因爲城邑及其郊野是「主」世襲私有的「產業」，「城主」就是諸侯，如果借用古代希臘城邦一詞就與「城主政治」實際的宗教、政治、制度、意識內涵大相逕庭了。

　　近年商周史研究方面可喜的成果之一是對有關商代姓、氏、宗族制度的一些錯覺的澄清。其中最重要的是糾正了王國維著名的〈殷周制度論〉的看法——殷周制度最基本的不同是殷商沒有西周式的宗法制度。實際上，武丁以後王位傳子的原則已經確定，大宗、小宗之分已相當明顯，類似西周的宗法制已經存在[21]。換言之，西周的宗法制對商代的姓、氏、宗族制不是革命性的改變，而是系統化、強化和大面的推廣與應用。

　　宗教方面，商王雖祭祀天神、大神、昊天、上帝及日、月、風、

---

20　丁山，《甲骨文所見氏族及其制度》(北京：科學出版社，1956)全書，特別是頁32、44、54。

21　裘錫圭，〈關於商代的宗族組織與貴族和平民兩個階級的初步研究〉，《古代文史研究新探》(南京：江蘇古籍出版社，1992)。特別是此文的前半，頁296-310。

雲、雨、雪、土地山川等自然神祇，但祖先崇拜在全部宗教信仰中確已取得壓倒的優勢。自然神祇的祭祀有一定的季節或日期，而商王室和王室貴族的「周祭」──由五種祀典組成的，輪番周而復始的對各世代祖妣的祭祀系統──卻是終年不斷地排滿了三十六旬，偶或還有必要排到三十七旬[22]。這是祖先──廣義的「人」──已成為宗教體系重心的鐵證。

此外需要一提的是商人邈遠的始祖(帝)嚳隨著商部族力量的擴張和商王朝在中原威望的建立，已逐漸變成了人類的至上神。卜辭中稱之曰「帝」，但商人也稱之為「天」。據筆者年前的考證，海內外不少學人認為「帝」是商人的至上神，「天」是周人的至上神，「帝」與「天」對立的這種看法是錯誤的。事實上在周族文化落後、羽毛未豐、臣服事殷的期間已把商族的宗教、祖宗、至上神全部引進。這正說明何以周代文獻所述古代譜系裡商周兩族是同祖的[23]。

西周才開始有了文獻，兩周金文又可與文獻不時互證，因此我們對周代宗教及氏族制度所知較史前和夏商兩代更為深廣。茲摘要分述如下。

(1)《禮記‧祭統》：「禮有五經、莫重於祭。」五經，提指吉、凶、賓、軍、嘉五類的禮，極大部分的祭祀都屬於吉禮，所以最為重要。近年一篇根據西周金文極具功力之作，一方面指出西周二十種祭禮之中，有十七種祭名與商代一致，這說明《論語‧為政》：「周因於殷禮，所損益可知也」是大體正確的；但另方面證明西周祭祖禮的重點和精神與商代有重要的不同：西周王室特別注重「近祖」。金文

---

22　常玉芝，《商代周祭制度》(北京：中國社會科學出版社，1987)。

23　詳見何炳棣〈「天」及「天命」探原：古代史料甄別運用方法示例〉，《中國哲學史》(1995年第1期)。

中最重要的「禘」禮晚周皆釋作「追遠尊先」始祖之祭，事實上不免有儒家猜測成分，與西周史實不符。西周金文中除了康王祭文、武、成王三代以外，其餘諸王所祭俱以祖考兩代為對象，並無追祭三代者[24]。這種重心的轉移反映西周王室對祖先崇拜的想法越來越「現實」。

（2）周王室和各級貴族祭祖的宗教儀節也反映同一趨勢。《禮記・禮器》：「夏立尸而卒祭；殷坐尸。」「尸」是受祭者的後嗣，在祭祀中扮演神（鬼，受祭者）的角色。由於周族的昭穆制，「尸」一般是受祭者的孫子。周初祭祀最主要的對象是文王，祭文王時嫡孫成王充「尸」。在全部儀節中，「尸」不但威儀棣棣地坐著受膜拜，並接受多道酒肉蔬穀的奉獻，「尸」還隨時都向與祭者招呼還禮，最後還通過專職通神司儀的「祝」，向子孫作以下這類嘏辭：「承致，多福無疆，於女（汝）孝孫，來女孝孫，使女受祿於天，宜稼於田，眉壽萬年，勿替引之。」[25]生性是浪漫詩人、藝術家，喜道家的超越、厭儒家的現實的聞一多先生，曾作以下的案語[26]：

> 所謂「祭如在，祭神如神在」之在，乃是物質的存在。惟怕其不能「如在」，所以要設「尸」，以保證那「如在」的最高度的真實性。這態度可算執著到萬分，實際到萬分，也平庸到萬分了。

---

24　劉雨，〈西周金文中的祭祖禮〉，《考古學報》（1989年第4期），全文，特別是頁497。

25　《儀禮注疏》（台北四庫全書薈要本）卷15，頁958，鄭玄注中所擬的嘏辭；因其辭義部分根據《詩經・小雅・楚茨》，而此詩《毛傳》認為是刺幽王思古之作，可能與西周一般嘏辭同一情調。

26　聞一多，〈道教的精神〉，《詩與神話》，頁149。

究竟是平庸還是智慧，尚有待深究。從立尸之禮和聞先生的案語，我們可以肯定地說：人類史上從來沒有比古代華夏宗教更「人本」的了。

　　(3)討論周代宗教，不能不涉及宗廟制度。晚周文獻所述周代宗廟制度甚詳。《禮記・王制》：「天子七廟，三昭三穆，與大祖之廟而七。諸侯五廟，二昭二穆，與大祖之廟而五。大夫三廟，一昭一穆，與大祖之廟而三。士一廟。庶人祭於寢。」而《禮記・喪服小記》卻說：「天子五廟。」徵以西周諸王禘祀限於兩代近祖，我們有理由相信〈王制〉之說可能代表戰國儒家對古制的誇張。至少我們可以肯定很多的士根本沒有經濟能力建造維修一廟。但對古制的誇張和整齊化並不影響我們對宗廟制度功用的了解。

　　值得注意的是周族遠祖古公亶父初建都城之時，最早動工的建築就是宮室和宗廟[27]。周族強大克殷前後所營建的幾個京城和別都的設計，無一不以宗廟宮室為核心。開國的諸侯，始封的大夫，營建都城時亦無不如此。廟與寢前後接連，廟是祖先神靈之所居，寢是今王的經常住處。廟也稱為室，既是祭祀系統的中樞，又是朝覲、聘、喪、射、獻俘、賞錫臣僚、會合四方諸侯等重要典禮舉行的場所。一切軍國要政必告於廟。生者與逝者之間世代永存一種雙向關係：生者經常以祭祀方式向祖先報恩，祖先經常對後代庇祐降福。人鬼之間關係密切的程度是其他任何宗教所不能比擬的。

　　(4)周代宗廟制度，以至全部宗教、政治、社會體系，無一不是建築在宗法制度之上。周代宗廟制的淵源可以上溯到克商以前的遠祖公劉。《詩經・公劉》追述公劉率領部族遷居於豳，有「君之宗之」一

---

27　〈作廟翼翼〉，《詩經・大雅・帛系》。

語。《毛傳》曰：「爲之君，爲之大宗也」，是正確的解釋。但這雛形的大宗之制在克商以前頗有例外。武王克商以後，原自西土的周族不斷向東發展，疆域和人民都有了革命性的擴張。但武王逝世後，成王幼，三監叛。各地區殷人勢力仍很強大。在嚴峻的情勢下，周族最高領袖周公急切需要一個對廣土眾民的高效統治網；組成每個商周貴族階層統治網的基本單位是宗法氏族，而樹立全域性宗法體制的先決條件是創建天子制度。雖然現存《尚書》自堯以降君主皆稱天子，筆者近年的考證，肯定了天子之稱始自成王。經過周公、召公周密的籌劃，在周公「保文武受命」的第七年春，在剛剛營建完成的洛邑舉行了一個重要的多民族大集會，充大司儀的召公重申商王紂失德遭天罰，天命轉移到成王。當這莊嚴儀式達到戲劇性的高峰時，召公才點出主題：「有王雖小，元子哉！」作爲「天」之「元子」或嫡子，成王當然即是人間至尊的天子。

　　天子制度成立的意義，筆者曾作以下的分析[28]：

　　　　(1)成王是承繼祖德(廣義包括周民族的德)才被皇天指定爲
　　　　新的「元子」，元子就是嫡子，從此王位(諸侯、大夫等同
　　　　此)承繼以嫡成爲大綱大法。(2)天子爲人間之至尊，其至尊
　　　　的地位自此取得宗教及政治的雙重意義。(3)天子制度之確
　　　　定也就是周代宗法制度的確定。天子爲天下之大宗，當然是
　　　　所有姬姓諸侯之大宗，姬姓諸侯對天子而言都是小宗。小宗
　　　　對大宗必須無條件地臣服。據《荀子·儒效》，周初封建諸
　　　　侯七十有一，其中五十三國的君主都是姬姓。所以宗法制度

---

28　何炳棣，〈原禮〉，《二十一世紀》(1992年6月號)。

具有對周王室統治自征服得來的，大大擴充的疆土與人民控
制網的功用。(4)在各邦國之內，諸侯為大宗，大夫為小
宗。按嫡庶而分，層層推展下去，這大、小宗制一直達到統
治階級最低「士」的層面。於是金字塔式的封建社會每層都
由大宗控制小宗，這種控制都具有血緣、政治、經濟、宗
教、軍事的多重性。

而對於異姓之國的統御，早在七十多年前王國維就指出[29]：

> ……異姓之國非宗法所能統者，以婚媾甥舅之誼通之，於是
> 天下之國大都王之兄弟甥舅，而諸國之間亦皆有兄弟甥舅之
> 親，周人一統之策實存於是。

宗法制度的宗教體現就是宗廟制度。宗子既是總攬大權的宗法氏族
長，又是主持祭祀的「宗廟主」。其餘所有成員依長幼尊卑在宗法氏
族中的「龕位」，也就是在宗廟祭祀系統裡的位置。此外，宗法制度
與族墓制度又是牢不可分的。生者既然聚族而居，逝者當然是聚族而
葬；埋葬的位置照例是取決於生前在全族裡輩份和等級的高下。

　　宗法制度雖是極高度發展的血緣組織，由於累世聚族居於采地，
所以又具有頑強的地緣性。結合岐邑、周原、豐、鎬等都城附近的考
古與西周金文資料，「這些世族的聚落包括族長和族人、家臣居住的
村落及其周圍的土田、作坊和族墓地，這種以血緣關係為紐帶而形成

---

29　王國維，〈洛誥解〉，《觀堂集林》(上海古籍書店：《王國維遺書》，
　　1983年重印本)卷1，頁33。

的胞體，從本質上分析，非常類似史前社會的原始聚落。前者是由後者發展而來的，它是血緣胞體在商周社會更高的歷史階段上的再現」[30]。

這就無可避免地引起一個重要的理論問題：恩格斯著名的「家庭」、「私有制」、「國家」三大演進階段——事實上政治人類學用不同的術語也得到類似的看法——卻並不符合中國史前和有史早期的歷史經驗。結束本節之前，筆者認為對此理論問題有略加檢討的必要。

雖然當代西方一般政治人類學家諱言恩氏學說，筆者卻深深感到比較後起的政治人類學的主要研究成果之一，卻與恩氏三階段說大體上不謀而合。恩氏的「家庭」相當漢譯的「原始氏族公社」，亦即人類學家所謂的，以純血緣關係構成的、溫暖親切、幾乎沒有剝削的親屬制(kinship system)社會。恩氏「私有制」階段大體相當人類學家所謂的非親屬制度的、開始具有明顯政治性、剝削性的階級社會，大體上相當恩氏的部落聯盟階段。恩氏與人類學家的「國家」並無基本的不同，都是強制性更高、比較更廣土眾民的政治實體。至於促成由第一到第二階段間「量子式」跳躍的因素，政治人類學家認為是由於同一有限空間人口不斷繁衍使得親屬制無法解決部落間的人事糾紛和利害衝突；換言之，親屬制已喪失其原有的社會凝聚力(social cohesiveness)。用漢譯恩氏術語表達，這就是「原始氏族公社的瓦解」。儘管前者與後者術語及表達方式不同，這次跳躍的社會制度意涵是相同的：血緣的鏈環被政治性的地緣鏈環所代替[31]。

---

30　盧連成，〈中國古代都城發展的早期階段——商代、西周都城形態的考察〉，《中國考古學論叢》，頁237。

31　筆者近年撰文不時須聲明文章是在完全缺乏漢譯馬、恩著作的條件下完成的。這對筆者造成很大的不便。西方政治人類學著作的數量已相當可觀，此處僅提出兩部：一般理論方面，Georges Balandier, *Political Anthropology* (New York: Pantheon Books, 1970)。據筆者所知，這位法國學者可能是唯一

　　但在古代中國，血緣的鏈環始終未被政治性的地緣鏈環所代替。相反地，恩氏三大階段是通過血緣氏族本身的地緣化、氏族內部族長的集權化、氏族功能的多樣化和氏族內部及百百千千氏族之間權力名位的等級化等程序而完成的。武王克商之後，「封建親戚，以藩屏周」是姬姓宗法氏族大規模武裝拓殖性的遷徙，也是氏族血緣和地緣性的重新結合與強化。與這種制度方面的發展大體平行的是祖先崇拜的演化。這種最高度發展的父系親屬制度和祖先崇拜是華夏人本主義文化的最基本特徵之一。此義在本文結語中將再扼要發揮。

## 三、特殊倫理：興滅繼絕

　　所有原始文化無不崇拜生殖能力，無不具有對傳種接代的基本關懷；這種生物意義的自我延續可認為是人類普遍的願望，不是任何民族所獨有的。但是，舉世主要文化之中，以子孫世代繁衍為「焦點（或中心）價值」（focal value）的，恐怕只有古代中國文化。如《詩經·大雅·既醉》：「威儀孔時，君子有孝子，孝子不匱，永錫爾類。其類維何，室家之壼（束），君子萬年，永錫祚胤。」《詩經·大雅·假樂》：「受祿於天，保右命之，自天申之。干祿百福，子孫千億。」《毛傳》認為這類詩是祭宴後對成王的祝頌詩。西周青銅器銘文中「子孫永寶」、「其子子孫孫萬年永寶用」之類之辭甚多，不必詳細列舉。對宗族綿延昌盛懷有如此強烈願望的文字表現，在人類史上是

（續）————————————
　　政治人類家坦白承認恩格斯影響深遠的；特別是頁156-57。根據非洲及大洋洲近、現代較原始社會調查資料、可讀性較高的著作是Eli Sagan, *At the Dawn of Tyranny: The Origins of Individualism, Political Oppression, and the State* (New York: Knopf, 1993)。

罕見。但「興滅國、繼絕世」更不能不認為是華夏人本主義所獨有的倫理觀念與制度。觀念上，興滅國、繼絕世是生命延續的願望從「我」到「彼」的延伸；制度上，興滅國、繼絕世是新興王朝保證先朝聖王永不絕祀的一套措施。儘管遠古政治和武力鬥爭的實況不容過分美化，興滅國、繼絕世在一定程度上確實反映華夏文化的一系列奠基者的寬宏氣度和高尚情操。

興滅國、繼絕世制度化最早的追敘是《史記・五帝本紀》：「……禹踐天子位。堯子丹朱，舜子商均，皆有疆土，以奉先祀。服其服，禮樂如之，以客見天子，天子弗臣，示不敢專也。」《史記・夏本紀》：「〔禹〕封皋陶之後於英、六。」皋陶原是東夷之人，可見立嗣封典自始即是超種族的。夏亡，湯封夏後，商亡，周封紂兄微子於宋以奉商祀都是人所熟知的史實。《史記・周本紀》追敘克殷之後「武王追思先聖王，乃褒封神農之後於焦，黃帝之後於祝，帝堯之後於薊，帝舜之後於陳，大禹之後於杞」。其中黃帝、堯、舜之後就是鄭國著名政治家子產在西元前548年所說的「三恪」[32]。恪是尊敬的意思，三恪的地位「尊於諸侯，卑於二王之後」[33]。因為夏商兩代與周時代接近。

形成這種制度背後的觀念值得追溯。其中最早、最基本的原始人類相信死者和生者一樣，都需要經常的飲食。《禮記・禮運》：「夫禮之初，始諸飲食」，無疑是正確的概述。隨著祖先崇拜的升級，祭享之物標準越來越高，注重牲祭，於是便產生祖宗之靈必須「血食」

---

32 《左傳・襄公二十五年》，鄭玄注較杜預注正確。鄭注及《禮記・樂記》都說武王封黃帝之後於薊，封堯之後於祝，與《史記》小有不同，但《史記》言封後事較詳。

33 竹添光鴻，《左氏會箋》，襄公二十五年「箋」。

的信念。血食在周代文獻裡可上溯到舜。《禮記‧郊特牲》：「有虞氏之祭也，尚用氣。血腥爓祭，用氣也。」意思是越類似最原始的茹毛飲血、保持牲肉血腥的氣味，就越表示對神的尊敬，因為如《禮記‧禮器》所說：「禮也者，反本脩古，不忘其初者也。」近年考古發現山西陶寺早期遺址（大約西元前2500年左右）祭祖用牲已經等級化[34]。山東龍山文化中晚期（大約西元前第三千紀後半）壽光王城遺址也發現了「奠基用的豬、犬、人牲」[35]。這些發現較舜略早，證明《禮記》所保留的遠古史實的可信。盤庚以後，商王祭祖有時用牲數量大得驚人。到了周代，祭牲儀節更隨著主祭者身分及祭祀對象而等級制度化。血食實際上變成貴族宗廟祭祀權力系統的象徵詞；最大的不孝和不幸就是子孫由於行為過失或政治鬥爭失敗而「滅宗廢祀」，使祖宗不得血食。興滅國、繼絕世的原則不但應用於遠古和夏商二代，並且在春秋時代還應用到邢、曹、陳、蔡等中小型邦國短期滅亡後政治和宗教地位的恢復。

　　另一更重要的「彼、我」觀念的演化也值得追溯。彼、我觀念不但是人類自古至今所共有的，遠在智人出現之前，靈長目動物及熊、虎等猛獸從本能上就用種種方法標誌出自己必須獨占的生存空間，同類的動物本能上一般也不得不遵守互不侵犯的「默契」，否則不是兩敗俱傷就是同歸於盡[36]。新石器時代的人群，尤其是有了定居農業之後，各氏族、部落之間從生存邏輯上就非互相尊重「地盤原則」（territoriality）不可。誠然，正如《左傳‧僖公十年傳》「神不歆非

---

34　見高煒〈中原龍山文化葬制研究〉，《中國考古學論叢》，頁100。

35　高廣仁，〈山東史前考古的幾個新課題〉，《中國考古學論叢》，頁69。

36　Henri P. Hediger, "The Evolution of Territorial Behavior," in Sherwood L. Washburn ed., *Social Life of Early Man* (Chicago: Aldine, 1961), pp. 34-57.

類，民不祀非族」所反映，遠古之人所關懷的是完全基於血緣近親極小的「我」群，其餘全屬於「彼」群。可是，渭水下游南岸諸小河沿岸仰韶早期聚落星羅棋布、雞犬相聞的景象，有理由使我們相信當時的人們（甚至他們若干世代的祖先）已有必要的智慧了解避免暴力衝突、培養相互容忍、尊重彼此生活空間是共存共榮的先決條件。頻繁的接觸、知識和技藝的交換互利，再加上同語（文）同種這重要因素，使得仰韶先民我群意識的擴大和彼群意識的相應縮小。考古發現的犖犖大端——仰韶文化遺址多而且密、文化延續最久、文化堆積最厚、文化傳播最廣——似乎都在支持以上的臆測。

龍山時代已進入國史中的傳說時代。有幸地，留法深通史學方法、1930、40年代主持北平研究院歷史方面研究的徐旭生（炳昶）教授，在其力作《中國古史的傳說時代》中，大體已經層層剝出龐雜傳說中的史實內核。至晚在西元前第三千紀的前半，發源於陝西渭水上游姜水附近的姜姓炎帝部族和發源於陝北姬水附近姬姓黃帝部族已很強大；二族雖累世通婚，似曾發生過武力衝突，不久即言歸於好。徐旭生曾作極簡要的敘述[37]：

> 大約華夏〔筆者案：即炎黃〕集團從陝西、甘肅一帶的黃土
> 原上，陸續東遷，走到現在河南、山東、河北連界的大平原
> 上，首先同土著的東夷集團相接觸。始而相爭，繼而相安，
> 血統與文化逐漸交互錯雜。

這個綜結在《左傳》中得到充分證明。《左傳·僖公二十一年傳》（前

---

37　徐旭生，《中國古史的傳說時代》（北京：科學出版社，1962），頁86。

639)最後一項紀事有關東夷太皞之後子爵小國須句的亡國與復國。敘事開頭對古史有所追述：「任、宿、須句、顓臾，風姓也，實司太皞與有濟〔濟水〕之祀，以服事諸夏。」須句子逃到魯國請僖公出兵爲他復國、延續祀典，主要理由是保衛寡民的小國、崇尚太皞和有濟的祭祀，既是完全合乎「周禮」，又是華夏文化國家義不容辭的責任。結果魯僖公次年春出兵「伐邾，取須句，反其君焉」。《左傳》的作者加了「禮也」二字的讚揚。可見興滅國、繼絕世的原則至少自夏禹到春秋一千多年間，是應用到華夏及非華夏先朝先王和邦國諸侯的。

　　古代華夏先民所獨有的興滅繼絕的倫理觀念和制度，對我國以後兩種平行的歷史發展影響至爲深遠。因爲從很早即能將生命延續的願望從「我」族延伸到「他」族，「華夏」這個種族文化圈子就越來越大，幾千年間就容納進越來越多本來「非我族類」的人群與文化。《孟子・離婁下》：

> 舜生於諸馮，遷於負夏，卒於鳴條，東夷之人也。文王生於岐周，卒於畢郢，西夷之人也。地之相去也，千有餘里，世之相後也，千有餘歲，得志乎中國，若合符節。先聖後聖，其揆一也。

從最早窄狹的「華夏」觀點看，舜是東夷之人，文王是西夷人；可是從不斷擴大的「華夏」種族文化圈著眼，舜和文王都已變成對華夏文化做出過重要貢獻的聖王了。今日中國之所以是一個具有共同文化和政治意識的、由57個民族構成的國家，正是興滅繼絕優良傳統從未間斷的歷史體現。

　　與多民族國家的歷史發展相平行的，是原本表現於貴族階級的中

心價值觀念的逐步滲透民間。孟子另一名言正是我們討論的理想起點。《孟子‧離婁上》：「不孝有三，無後爲大。舜不告而娶，爲無後也。」趙岐注：「於禮不孝者三事：阿意曲從，陷親於不義，一也；家貧親老，不爲祿仕，二也；不娶無子，絕先祖祀，三也。三者中，無後爲大。」《孟子》原文是爲傳說中古聖王娶妻不告父母辯護，第二種不孝反映自春秋以降不少低層貴族經濟狀況的困難，所以三不孝之說全是針對貴族而言的。可是，隨著春秋戰國政治、經濟、社會、軍事、思想、意識的巨變和秦漢大一統郡縣制帝國的形成，特別是由於宗法制度(除皇室外)和多階層封建世襲貴族已不存在，孟子的名言失去了它原來的階級性，逐漸取得了全民性。當中古門第早已消融，范[仲淹]氏義莊(北宋，1050年創建)式「近化型」家族組織開始興旺以後，簡化了的孟子名言對全部中國社會影響之大是不難「計量」的。雖然近千年來中國人口(除短期戰亂和蒙古統治期間以外)持續增長的經濟及制度因素很多[38]，今日中國人口之所以能占全人類五分之一以上，是與「不孝有三、無後爲大」的長期社會實踐牢不可分的。

## 四、人本主義哲學的形成：周公、孔子

研究哲學思想，商代卜辭用途不大。誠如前輩思想史家侯外廬所指出：「卜辭沒有發現一個抽象的詞，更沒有關於道德智慧的術語。」[39]因此，筆者二十五年前即注意最古文獻的史料價值，去年秋

---

38 詳見Ping-ti Ho, *Studies on the Population of China, 1368-1953*(Cambridge：Harvard University Press, 1959)and later printings.

39 任繼愈主編，《中國哲學發展史》，第一冊《先秦》(北京：人民出版社，

多之際對《尚書‧盤庚》上中下三篇的〈商書〉再度做了認真的外證內證工作，說明它除了小處難免周初史官潤色之外，應可確認為商代傳世最重要的文獻。由於〈盤庚〉歷史真實性的肯定，所以我們可以較有信心地說，前此海外漢學界的看法——「帝」是商人的至上神，「天」是周人獨有的至上神，「天命」的理論是周人所創建，與商代的宗教觀念大相逕庭——是錯誤的。事實上至晚從盤庚起（遷殷是在西元前1300年），帝與天已是同義詞，周人的宗教是由商引進的。〈盤庚〉篇中已有雛形片段的天命、勤政、去奢、卹民等觀念的存在，但就觀念的深度和理論體系而言，與周公所闡發的天命論是無法比擬的。

　　研究周公思想的寶貴原料是《尚書》〈周誥〉諸篇。天命論有三個組成部分：商代享國五百年，最後墜失天命之故；周以蕞爾小邦數世即能承受天命代商稱王之故；和周公一再對周人的警戒，天命難恃，一切還是要靠人的努力。理論精華在第三部分。

　　商代之所以能享國久長主要是因為一系列先王「罔不明德慎刑」、「不敢荒寧」、「能保惠於庶民，不敢侮鰥寡」等美德。墜失天命是由於商末諸王耽於逸樂，荒政失德。周族之所以能代商承受天命為天下主大都由於文王敬天、卹民、勤政、恭儉等等美德。這些都是學人所熟知的，毋庸贅述。

　　周公對周人諄諄訓誡之語是古今中外研究天命論者所特別注意的，倒有較詳列舉的必要。為便於參考，以下也選錄《詩經》中周初類似的箴言。

（續）

　　1982），頁79-80。

天棐忱辭，其考我民。《尚書‧大誥》迪知上帝命，越天棐忱。《尚書‧大誥》

惟〔天〕命不于常。《尚書‧康誥》

不知天命不易、天難諶。《尚書‧君奭》

天不可信。《尚書‧君奭》

侯服于周，天命靡常。《詩經‧大雅‧文王》

宜鑒于殷，駿命不易。《詩經‧大雅‧文王》

命之不易，無遏爾躬。《詩經‧大雅‧文王》

天難忱斯，不易維王。《詩經‧大雅‧大明》

天生烝民，其命匪諶。靡不有初，鮮克有終。《詩經‧大雅‧蕩》

敬之敬之！天維顯思，命不易哉！《詩經‧周頌‧敬之》

前輩學人中，周公天命論的重要詮釋者是郭沫若和傅斯年。先引郭說[40]：

……周人一面在懷疑天，一面又在做效著殷人極端地尊崇天，這在表面上很像是一個矛盾，但在事實上一點也不矛盾的。請把周初的幾篇文章拿來細細地讀，凡是極端尊崇天的說話是對待著殷人或殷的舊時的屬國說的，而有懷疑天的說話是周人對自己說的。這是很重要的一個關鍵。這就表明周人……是把宗教思想視爲了愚民政策。……自然發生的原始宗教成爲了有目的意識的一個騙局。所以〈〔禮記〕表記

---

40 郭沫若，《青銅時代》（北京：科學出版社，1956），頁20。

上所説的「周人事鬼敬神而遠之」是道破了這個實際的。

另引傳說[41]：

> 〔周公〕一切固保天命之方案，皆明言在人事之中。凡求固
> 守天命者，在敬，在明明德，在保乂民，在慎刑，在勤治，
> 在無忘前人艱難，在有賢輔，在遠憸人，在秉遺訓，在察有
> 司，毋康逸，毋酗於酒。事事託命於天，而無一事舍人事而
> 言天，「祈天永命」，而以爲「惟德之用」。如是之天道即
> 人道論，……周初人能認識人定勝天之道理，是其思想敏鋭
> 處，是由於世間知識飽滿之故，若以爲因此必遽然喪其畏天
> 敬天之心，必遽然以爲帝天並無作用，則非特無此必然性，
> 且無此可然性，蓋古人自信每等於信天，信天即是自信，一
> 面知識發達，一面存心虔敬，信人是其心知，信天是其血
> 氣，心知充者，血氣亦每旺也。

如果僅就〈大誥〉及專對殷人講話的〈多士〉、〈多方〉三篇而言，
郭沫若對周公權術玩弄面的剖析無疑義是犀利而又正確的。古今研究
《尚書》史實功力最深的顧頡剛先生即指出，文王和〈大誥〉中的周
公都曾「爲了籠絡人心，……裝神作鬼，說是在占卜上承受了天
命……」[42]。傅斯年認爲這是次要的，他得出周公對天命虔誠的結

---

41　傅斯年，《傅斯年全集》，第二冊(台北：聯經出版公司，1993)，頁287-
　　93。
42　顧頡剛，〈《尚書·大誥》今譯(摘要)〉，《歷史研究》(1962年第4期)，
　　頁49-50。

論，也正是郭氏所譏諷的。筆者認為人類史上自始信仰的強弱即與事態發展結果的吉凶分不開的。〈大誥〉前後的周公處境殆危，除背水一戰外，別無良策以保文王、武王造成的基業。發動東征的前夕，周公對天命之兆內心未嘗不是疑信參半的。經過「破斧」、「缺斨」三年鏖戰險勝之後[43]，對天命在周的信心雖然加強，而對生死鬥爭不斷反思之後，益覺勝利得來之不易，因此才屢度訓誡周人天命靡常，天不可信，天難諶等言，並一再強調政治軍事的成功，無一不靠舉族上下，戮力同心，竭盡所能，保持高度的警惕與努力。「周公事事託命於天，而無一事舍人而言天」正是傅說肯切深刻之處。但他對周人成功的總釋——心知血氣兩旺——似乎有點神秘。事實上，天命和人事本是從一系列鬥爭之中才能融為一體的。

對〈周誥〉諸篇一再細嚼反思之後，筆者覺得〈君奭〉篇有特殊的重要性。因為在這篇裡，周公不但最坦誠無隱地道出「不知天命不易，天難諶，……天不可信」等語，而且開頭第二段的談話最中肯要：

> 君！已曰時我。我亦不敢寧于上帝命，弗永遠念天威，越我民；罔尤違；惟人。

權衡中外各家之說，試以白話力求把原義解釋明白[44]：

---

43　《詩經・豳風・破斧》，此詩之前的〈東山〉述及東征戰士終於回家，說明：「自我不見，於今三年。」

44　譯文大體根據理雅各(James Legge)的英譯與底註。參閱 *The Chinese Classics*, vol.3, *The Shoo King*, 原序1865(台北翻印本)，頁175。案：理氏從事中國經典漢譯工作自始即與王韜合作，《尚書》為最早英譯對象。詳見汪榮祖：《晚清變法思想論叢》(台北：聯經出版公司，1983)，頁142-44。筆者對理

你已經對我說過：〔凡事要〕靠我們自己。我對天命不敢十
分放心，也不敢不從長遠處去觀測天的威嚴和我們人民〔的
意願〕；〔人民之所以〕沒有抱怨和不服從，〔正是由於你
我了解關鍵〕在人〔不在天〕。

西元前第二千紀的最後三十年中，全人類第一次出現人神關係裡關鍵
性的改變——人的理性和政治實踐使天秤傾向人方。

　　從以上的分析，我們可以得到一個歷史透視：周公把上古中國思
想引進了人本理性的新天地；後繼者終於替他脫去宗教的外衣。歷史
的公道正在不斷篩去糟粕，保留弘揚精華。更須一提的是：周人是在
周公領導艱苦鬥爭中才培養出勤樸武健、果毅敢爲、居安思危、慎始
慎終等後代可望而不可及的美德。

　　周公至孔子五百年間文獻有闕，但人本(較小範圍是「民本」)理
性思想的發展可由當時智者之言窺測梗概。爲便於參考，早於周公的
名言也按時代先後並加號碼徵引如下：

　　(1)《尚書·酒誥》：「古人有言曰：人無於水監，當於民監。」
案：周公、成王等所謂之「古人」至晚亦應係商代哲人。《史記·殷
本紀》：「湯曰：予有言：人視水見形，視民知治不。」可見歷史上
極少有百分之百的神權國家，商國祚能維持五百年之久，立國必有其
「民本」理性的內核。

　　(2)《孟子·萬章上》引《尚書·泰誓》佚文：「天視自我民視，
天聽自我民聽。」據《書序》，應係武王伐紂誓師之辭。

　　(3)《國語·鄭語》：「〈泰誓〉曰：民之所欲，天必從之。」

(續)——————————————
　　氏相關譯文僅作一必要的句標糾正。

（4）《左傳‧僖公五年傳》引《尚書‧周書》佚文：「皇天無親，惟德是輔。」

（5）《詩經‧大雅‧文王》：「上天之載，無聲無臭。」

（6）《左傳‧桓公六年傳》（前706）：「夫民，神之主也，是以聖王先成民而後致力於神。」

（7）《左傳‧莊公三十二年傳》（前661）：「國將興，聽於民；將亡，聽於神。神，聰明正直而壹者也，依人而行。」

（8）《左傳‧僖公十九年傳》（前641）：「祭祀以為人也，民，神之主也。」

（9）《左傳‧昭公十八年傳》（前524）：「子產曰：天道遠，人道邇。」

以上所引諸語皆出自政治領袖或高級知識分子。最足以反映當時這種人本理性思想已深入民間的，莫如《左傳》所記成公五年（前586）晉國一個押送載重大車的「重人」的言論和見解。此年晉國發生梁山崩的「災異」，國君召大夫伯宗回京都絳城商討處理辦法。伯宗所乘的傳車與一載重大車狹路相逢，交談如何讓路時發現重人是絳人，伯宗故裝不知，問他京城有何大事。重人說：「梁山崩，將召伯宗謀之。」伯宗問他應如何處理，重人回答：

> 山有朽壤而崩，可若何？國主山川，故山崩川竭，君為之不舉、降服、乘縵、徹樂、出次、祝幣、史辭以禮焉，其如此而已。雖伯宗，若之何？

開頭說山崩是由於岩土鬆「朽」，是自然現象，人又有何辦法？原辭中「不舉」就是食不殺牲，菜殽從簡之意，「降服」就是不穿邦君平

常的華麗衣服，「乘縵」就是所乘的馬車上去掉裝飾品，「徹樂」是
不奏音樂，「出次」是離開宮室暫去郊野小住，「祝幣」是由專管通
神司祭儀的祝去陳列獻神的禮物，「史辭」是由史官撰擬朗誦祭神文
辭。在遵守當時禮制與無法確知人神之間是否眞有交互感應的前提
下，國君所應做而又能做的也只有表示自省的誠心和對神的敬意而
已。孔子誕生前三十五年，平民中居然能產生連子產和孔子都無法超
過的理性和智慧！

　　一般對中國哲學的研究照例以孔子爲起點，本節的討論卻以孔子
爲終點。孔子的哲學體系是中外治中國思想史者所熟知的。本節收尾
部分只扼要討論孔子的宗教觀、道德觀、社會觀中甚有意義而又似未
曾受到普遍注意的幾點。

　　先談孔子的宗教觀。第一應指出的是孔子對天與天命的看法。
《論語》中天凡十七見，內中有幾次是出於他弟子的談話；但帝字卻
僅出現三次，而且都在全書之末〈堯曰〉篇所徵引的成湯的古話。這
似乎反映自西周開國至孔子的半個千紀間，天、帝混一近祖文王式
「具體」的至上神已演變成代表抽象至高的道德裁判者。如：

> 獲罪於天，無所禱也。《論語・八佾》
> 天生德於予，桓魋其如予何。《論語・述而》
> 天之將喪斯文也，……天之未喪斯文也。《論語・子罕》
> 五十而知天命。《論語・爲政》
> 君子有三畏：畏天命，畏大人，畏聖人之言。《論語・季
> 氏》

對中國影響最大、最能引起西方人文主義者讚揚的是孔子對鬼神的態

度與處理原則：

> 祭如在，祭神如神在。……吾不與祭，如不祭。《論語・八
> 佾》
> 樊遲問知(智)。子曰：務民之義，敬鬼神而遠之。《論語・
> 先進》
> 子不語怪、力、亂、神。《論語・述而》

大多數中外學人都認爲以上保留在《論語》裡的話代表孔子高度的理
性、智慧和他「不可知論」的基本立場。

筆者認爲當代多數學人的意見頗值得商榷。主要是因爲他們事先
並未把孔子及其他智者(如子產等人)所受西周開國以來禮制的影響及
其全部宗教觀加以深廣的探索，並且在解釋《論語》中極爲簡略的原
辭時，不知不覺地就把近代的觀念注射進去。最懂「祭神如神在」的
真義的是《禮記・祭義》。此篇開頭就說祭祀先人之前齋沐期間即須
「思其居處，思其笑語，思其志意，思其所樂，思其所嗜」。這樣致
齋三日之後，才能把受祭親人生前的容貌衣著、言行舉止活現在心
裡。祭的時候，更須盡量使自己進入恍惚的境界「以與神明交」，這
樣才能在廟室中彷彿能看見親人「入室」的模樣，祭終「周還出戶，
肅然必有聞乎其容聲，出戶而聽，愾然必有聞乎其嘆息之聲……」。
這樣從幾天前就開始逐漸把自己「催眠」到祭祀時候的半迷惑的狀
態，才配稱爲孔子所說的「與祭」的情感狀態和心靈境界。孔子如果
不能把自己引進到這種意境，就不如根本不參與祭祀，這才是「吾不
與祭，如不祭」的真義。「與祭」與宗教心靈境界實在是非常接近
的。

　　孔子所說的「敬鬼神而遠之」和「未知生，焉知死」這類話雖然代表了他高度理性的一面，但其真正意涵遠較近代多數學人所詮釋的要複雜得多。如《論語·述而》[45]：

> 子疾病，子路請禱。子曰：「有諸？」子路對曰：「有之。《誄》曰：『禱爾於上下神祇。』」子曰：「丘之禱久矣。」

可見師生都不以禱告為迷信。知道子路已經按照禮俗為他曾向「上下神祇」祈禱之後，孔子馬上就坦白自招已經自行禱告好久了。當然，孔子曾經按照禮俗做過祈禱絕不能過於簡單地被釋為迷信鬼神者，但他顯然也不是《天演論》作者赫胥黎(Thomas H. Huxley, 1825-1895)首創自稱的「不可知論(agnosticism)」者[46]。

　　此外，孔子也不是如弟子們所說完全不談「怪、力、亂、神」中之「怪」與「神」的。由於華夏宗教從很早就有神之人化與人之神化的雙向發展，所以內容複雜的周王室與列國的祀典一向雜糅神話、傳說、史實於一爐。這些都是博聞強記如孔子者必備的知識的一部分，也是各國當政者不時要向孔子請教的歷史掌故。孔子既以盡力恢復周初禮制為一生最大使命，祀典既是禮制的主要部分，所以孔子有正面憶述回答有

---

45　楊伯峻，《論語譯注》（北京：中華書局，1965），頁82，註釋：「誄，本應作讄，祈禱文。和哀悼死者的『誄』不同。」

46　參看Bernard Lightman, *The Origins of Agnosticism: Victorian Unbelief and the Limits of Knowledge* (Baltimore: The Johns Hopkins University Press, 1987)；亦可參考以下幾種百科全書中Agnosticism專文：*Encyclopedia of Religion and Ethics*, 1961; *The Encyclopedia of Philosophy*, 1969; *The New Catholic Encyclopedia*, 1968.

關祀典掌故的義務，而並無辨析掌故的理性和歷史眞實性的意願和責任。祀典內外的種種掌故當然含有不少非理性怪異的成分[47]。

孔子一生言行都說明他對周代(特別是周初)文化、制度、以祖先崇拜爲重心的宗教都有極大的敬意。他對生死鬼神的幾句所謂的「懷疑主義」的名言，是出自他絕對誠實的認識論(詳下文)，並不足以證明他對宗教本身的懷疑。相反地，他對宗教的社會教育功能有深刻的了解。《孔子家語‧觀思第八》保存了以下的故事[48]：

> 子貢問於孔子曰：「死者有知乎？將無知乎？」子曰：「吾
> 欲言死者之有知，將恐孝子順孫妨生以送死；吾欲言死之無
> 知，將恐不孝之子棄其親而不葬。賜(子貢之名)欲知死者有
> 知與無知，非今之急，後自知之。」

死者有知無知是認識論中無法回答的問題，但爲社群、國家的安定著想，祭祀祖先以延孝道是人人必須遵守的，因爲這是社會人倫教育的

---

47 《國語‧魯語上》，柳下惠(展禽)於魯文公二年(前624)談制祀原則：「……夫聖王之制祀也，法施於民則祀之，以死勤事則祀之，以勞定國則祀之，能禦大災則祀之，能扞大患則祀之……。」凡有大功大德者，死後皆應被祀爲神。〈魯語下〉即保留了孔子所憶述的三個古代掌故和怪異，原文長，茲不贅。但我們應附帶一提，一再拒絕爲火災和不平常天象而舉行祭祀的，能講出高度理性「天道遠，人道邇」的子產，還是相信「鬼有所歸，乃不爲厲」的。見《左傳‧昭公七年》(前535)。

48 劉向，《說苑‧辨物》亦有此故事，文詞有修飾，不如《家語》文詞近古。R.P. Kramers, *K'ung Tzu Chia Yü: The School Sayings of Confucius* (Leiden: Brill, 1950)，對版本源流考證甚詳。結論：書內雖有若干部分經王肅修改以爲批駁鄭玄之用，其書大部分應是傳自闕里，保存不少孔子弟子所記孔子軼事及談話。考證較《四庫全書提要》爲精審。

起點[49]。所以在《孝經》開首，孔子就對曾子說：「夫孝，德之本也，教之所由生也。……夫孝，始於事親，中於事君，終於立身。」孔子死後2,080年在北京開始定居的耶穌會士利瑪竇（Matteo Ricci）所洞悉的祭祀祖先的真正用意——不是相信祖先之靈真需要食享，而是為了後嗣的基本人倫教育——與孔子初衷正相符合[50]。

　　正確了解孔子的宗教觀就勢必涉及孔子的認識論。《論語·季氏》言及知識之來源：

> 生而知之者上也；學而知之者次也；困而學之，又其次也；
> 困而不學，民斯為下矣。

初看之下，「生而知之」與「學而知之」在認識論上是一種矛盾，而且《論語》中對前者毫無例證。根據古文字家裘錫圭教授最近極富原創性的〈說「格物」〉[51]，遠自傳說時代很多部族都相信他們始祖是上帝派到人間「生而知之」的聖王，如《史記·五帝本紀》所說，黃帝「生而神靈，弱而能言」，其曾孫帝嚳「生而神靈，自言其名」，帝堯「其仁如天，其知如神」，帝舜生而精於製「陶」和「什器」。《史記·周本紀》中言及周族始祖后稷自幼即知稼穡。其他先秦典籍

---

49　《禮記·祭統》：「祭者，教之本也已。夫祭有十倫焉。」十倫包括鬼神、君臣、父子、貴賤、親疏、爵賞、夫婦、政事、長幼、上下。所以祭祀涉及全部宗教、政治、社會、人倫關係。

50　Louis J. Gallagher trans, *China in the Sixteenth Century: The Journals of Matthew Ricci*, 1583-1610（New York: Random House, 1953）, p. 96.

51　裘錫圭，〈「格物」——以先秦認識論的發展過程為背景〉，《學術集林》（上海：遠東出版社，1994）卷1。此文簡要，但極富衝擊力，對今後研究宋代理學家「格物致知」真諦及其可應用的範疇，大有裨益。

又述及只有像黃帝和禹這類聖王才能爲萬物命名，並能以德致物。如舜「致異物，鳳皇來翔」。由於「生而知之者」既能知物、名物、致物，而致和「格」古義相通，所以最後構成《大學》中最重要的語句之一：「致知在格物」，以格字代致，完全是由於修詞方面需要避免在一句中重複兩個致字。所以20世紀三代新儒家認爲程朱等理學家「格物致知」含有科學精神的說法，是與「格物致知」最初的意義恰恰相反的。

孔子接受「生而知之」的說法與他對整個傳統文化的尊敬是一致的，並不代表他自己的認識論的重心。孔子認識論的精華正在「學而知之」這方面。在《論語・爲政》篇中，孔子自己回憶「吾十有五而志於學」，終身學習不斷。同篇中更說明「學而不思則罔，思而不學則殆」，學習和反思的同等重要。在《論語・述而》又指出：「我非生而知之者，好古，敏以求之者也。」同篇「蓋有不知而作之者，我無是也。多聞，擇其善者而從之；多見而識之，知之次也。」孔子自己承認不是「生而知之者」，而是不斷從盡可能廣博的聞見之中評價和吸取知識者，而且絕不是強不知以爲知、不眞懂卻憑空造作之人。所以孔子認識論的中心就是《論語・爲政》篇中「知之爲知之，不知爲不知，是知（智）也」這句名言。此中眞義，《荀子・儒效》略有闡發：「知之曰知之，不知曰不知，內不自以誣，外不自以欺。」換言之，其中永恆的價值就在內不自欺、外不欺人這種絕對誠實。同樣可貴的是在絕對誠實的原則下，只有禁得起事物、理性檢核徵驗的才能被認爲是知識。這正解釋了何以孔子對祭祀的心理、政治、社會、教育的功能雖具深刻的了解，但仍是對弟子們做出「未知生，焉知死」的結語。

處理了孔子的宗教觀及認識論之後，他其餘的主要貢獻就可極簡

括地說明了。如果說周公把古代中國哲人的思維引進了人本理性的新天地，並且已經對「德」的意義做了較深刻的闡發，那麼孔子就是全部人倫關係價值及理論體系的建立者。把人群所有的社會及政治關係「一以貫之」的就是一個「仁」字。孔子「仁」說絕不是自始即系統化的，而是逐漸積累不斷闡發而成的。早在1930年代初，馮友蘭先師在《中國哲學史》上冊第四章中即講得很清楚，「仁」幾乎包括所有的「道德」，如禮、義、忠、恕、恭、寬、信、敏、惠、直、孝、勇等，是一切內在道德動力的總匯。三十年後馮先生把孔子的「仁」視爲孔子的「精神世界」[52]。重要性僅次於「仁」的「禮」，則居於從屬地位。但筆者覺得「仁」和「禮」這對整體與部分的哲學範疇應該加以深索。「仁」作爲一個整體是至高至大；「禮」僅僅是「仁」的一個部分。但最堪注意的是就二者關係而論，部分的重要性絕不亞於整體，有時還高於整體。如《論語‧顏淵》篇，顏淵問如何實踐「克己復禮爲仁」的「仁」的具體細目時，孔子回答：「非禮勿視，非禮勿聽，非禮勿言，非禮勿動。」視、聽、言、動既囊括了人類社會生活的全部，「禮」作爲「仁」的一個部分，竟能控制、界定「仁」這個整體實踐的範圍。這是由於「禮」的最原始意義是祭祀的儀節，宗教儀節照例是具有頑強保守性的。但「禮」是多維度的，自始即具有維繫穩定政治及社會秩序的功能。隨著氏族、部落、部落聯盟、多方邦國，夏、商、周三代王國的演進，這些由小而大的政治單位不得不越來越縝密地發展政治組織、社會階級等分，物資分配制度、習慣法、行爲規範、雛形成文法，以及早期零散、後期

---

52 馮友蘭，《中國哲學史》，上冊(上海：商務印書館，1934)；《中國哲學史新編》，第1冊(北京：人民出版社，1964)。

逐漸系統美化的禮論，以為意識形態的重心。孔子建立「仁」說時，廣義的「禮」已經存在、發展、演變了好幾千年了。由於孔子的經驗世界無法超越廣義的「禮」，所以「仁」的施行對象處處必須受「禮」的限界。這正說明何以作為「仁」這整體的一部分的「禮」，竟不時居於主宰的地位[53]。

除了構成以「仁」與「禮」為重心的道德哲學體系以外，孔子還是國史上第一位人文大師，以類似小組研究班(seminar)的方式來討論知識、修養、政治、倫理等問題，以「六藝」為基本教材。案：六藝有兩說。一是指六種著作：《禮》、《樂》、《書》、《詩》、《易》、《春秋》。一是孔子自述「遊於藝」的六藝，是指消遣、練習、實踐性的「禮、樂、射、御、書、數」[54]。這種人文教育的性質與內容，足堪媲美古代希臘和羅馬，要比中古歐洲豐富多采。

孔子以「仁」與「禮」為重心的道德哲學在過去兩千年的人倫社會實踐上的影響深而且巨，有如摩西十誡和《新約》之在歐西。此外，孔子又為兩千年人文教育奠下深厚的基礎。孔子代表淵源悠古的人本宗教、思想、文化及政治社會制度意識形態的綜合與結晶。

---

53　參閱何炳棣，〈原禮〉，《二十一世紀》（1992年6月號），頁102-110。關於《論語》仁、禮關係中禮限界仁或在理論層次上高於仁的詞句及其詮釋，請參閱何炳棣，〈答孫國棟教授「克己復禮為仁」爭論平議〉，《二十一世紀》（1992年10月號），特別是頁132。

54　《國語‧楚語上》，楚莊王（前613-591）大夫申叔時所述太子應該學習的是以天時紀人事的「春秋」、記先王之世繫的「世」、「詩」「樂」、先王官法時令的「令」、治國足供參考之「語」、記前世成敗的「故誌」和遠古記述族類的「訓典」。內容與孔子的六藝很相近，代表春秋貴族所受的是當之無愧的人文教育。

## 五、結語

　　遠自新石器時代，今日中國宇內就已經出現了一系列多姿多采的區域性文化。各文化間雖然經過幾千年的相互吸收和反饋，遲至西漢，誠如《漢書‧地理誌下》所述，楚國故地江南「民食魚稻……信巫鬼，重淫祀」，其宗教信仰與風俗與華北迥異。本文之所以專論源自華北黃土區城的華夏文化，是因爲它對以後中國歷史及文化發展影響之深遠，絕非其他古代區域性文化所能望其項背。

　　受了黃土特殊物理化學性能之賜，華夏人民的遠祖自始即能成功地從事於「自我延續」的村落定居農業。由於長期定居，聚落設計例皆考慮到生者居住的各式房屋和逝者安息的墓群。生者和逝者世世代代異常密切的「交道」(特別是與世界其他史前狩獵、畜牧、游耕的人群相比)很早就產生了以祖先崇拜爲重心的原始宗教。自仰韶，經龍山，至商周，宗教的重心無疑義地是人類史上最高度發展的祖先崇拜，而祖先崇拜的現世基礎是人類史上最高度發展的宗法親屬制度。

　　最有資格估計祖先崇拜的長期歷史意義的應推雷海宗先師，因爲他不但是虔誠的基督徒和精通歐洲中古史和宗教哲學者，又是具有高尚「儒家」情操的熱血愛國者。抗戰期間，他曾綜述[55]：

> 所謂拜祖，並非拜祖，而是拜祖先所象徵的過去現在與未來
> 的整個家族，就是「拜子孫」也無不可。……個人之前有無
> 窮世代的祖先，個人之後有無窮世代的子孫，個人只是個無

---

55　雷海宗、林同濟，《文化形態史觀》(台北：業強出版社，1988)，頁170。

> 窮之間的一個小點，個人的使命不是自己的發展，而是維持
> 無窮的長線於不墜；有助於維持此線的個人發展，才是有意
> 義有價值的發展。人生不能專爲自己，必須有大於自己的理
> 想目標，作爲自己追求的最高目的。這是古今中外一切宗教
> 的共同點。中國自四千年前文化初開起，就選擇了家族生命
> 與家族發展爲人生最高目標，四千年來並無根本的變化。

這正明說明何以任何自外引進的宗教，如出世、反家族的佛教，都不
得不「華夏化」；本來在佛教中地位不高的觀音菩薩在中國的知名度
最高，因爲她（原來是他）在通俗宗教中變成了「送子觀音」。一位當
代表宗教史家綜結：「儒、釋、道三教血管裡都流著中國原始宗教祖
先崇拜的血液，三教之所以得以融合，也主要依靠祖先崇拜這一極富
生命力的『融合劑』，祖先崇拜是中華傳統文化最大特色之一。」它
甚至「又是民族意識的形成基礎」[56]。

　　歷史對周公和孔子同樣地篩去他們思想中的宗教成分，保留和弘
揚其中的人本理性成分。周、孔對後代最大的影響是他們積極入世的
人生觀——「聽天命，盡人事」。事實上，「聽天命」不過是預設的
自解和自慰，人生真正的指導原則只有「盡人事」而已。至於人生觀
中不可避免的「不朽」問題，早在孔子出世後的第二年，魯大夫叔孫
豹已經綜結了前人的看法[57]：

---

56　于錦繡，〈從中國考古發現看原始宗教對中國傳統文化的影響〉，《世界
　　宗教研究》（1994年第1期），頁57。

57　「豹聞之」，《左傳・襄公二十四年》（前549），足見此種不朽論在此以前已
　　有。

> 豹聞之：「大上有立德，其次有立功，其次有立言。」雖久
> 不廢，此之謂不朽。若夫保姓受氏，以守宗祊，世不絕祀，
> 無國無之。祿之大者，不可謂不朽。

這種完全脫離宗教，全憑理性，全以對人類貢獻爲衡量標準的不朽
論，即使在科學如此發達的今天，仍足代表人類最高的智慧。

　　孔子於認識論中堅持絕對誠實的原則和知識之必具可徵實性
（verifiability），如用近代術語，他是樸素的實證主義者。先秦思想家
中荀子最忠實於孔子認識論的原則。此外，歷代儒家自子思、孟子、
董仲舒，以至程、朱、陸、王，都不能遵守孔子絕對內不自欺、外不欺
人的信條，都強不知以爲知地任情臆造物質現象界背後的目的論或本體
論。他們「這種做法，從人類認識的發展來看，較之停留在現象的、經
驗的認識是進步了，但從思維的反映正確與否看，是退步了」[58]。因
此，宋明「存天理、滅人欲」、重修行的理學家和心學家，雖能建成
完整的本體論，基本上是反科學的，應對近數百年來中國科學之落後
負責的。相反地，孔子「知之爲知之，不知爲不知，是知也」，有如
一塊璞玉，隨著人類對自然知識的增長而不斷地接受有益的磨琢，可
望終成美器。孔子如生於20世紀，想來他一定會在接受現代物理、天
算的前提下，去從事倫理、社會、正義以及終極性問題的研討。從認
識論的觀點看，孔子遠較宋明和當代新儒家容易與現代合拍。

　　華夏人本主義當然也有它的缺點。由於祖先崇拜、宗法制度和
「禮」的深層頑強保守性，華夏人本主義是人類史上生命力最強、最

---

58　張立文，《中國哲學範疇發展史(天道篇)》（北京：中國人民大學出版社，
　　1985），頁247。

持久、最崇古取向的文化。近百餘年，炎黃子孫已經爲它付出不可計量的代價。

在此理應順便一提的是：孔子「禮」論的目的和功用雖在維護當時金字塔式不平等的階級制度，先秦哲人中只有孔子提出一個長期有效的改革方案——「有教無類」。換言之，不論生在貴族或平民家庭，原則上人人應享有平等的教育機會。三十多年前筆者曾用大量多樣的明清史料證明「有教無類」確曾在國史上發生過積極的作用[59]。

本文第二節末曾指出，古代中國制度方面與其餘古代世界及近、現代較原始文化人群主要的不同在於中國的血緣鏈環不但始終未被政治性地緣鏈環所代替，反而變成與地緣密切結合的、具有多功能的、宗子族長獨裁的男系宗法親屬制度。本文第三節末指出隨著春秋戰國政治、經濟、社會、軍事、思想、意識的巨變和秦漢大一統郡縣制帝國的形成，西周式的宗法親屬組織在社會上已經消滅。魏晉南北朝的士族和北宋范仲淹以後的宗族組織，都與西周式的宗法制度不同。從嚴格的歷史、社會觀點，秦漢以降的中國社會已不應稱爲宗法社會了。

但是，作爲周代宗法核心的天子名號及其理論意識卻全部延續而又演化於秦漢的皇帝制度之中。周人最高統治者正式的名號是王，自成王起又被稱爲天子——天的元(嫡)子。天子名號既源於天命論，更源於宗法最基本的原則——嫡庶、大宗、小宗的嚴格分別，天子直系，至少在理論上是全天下所有各階層宗族的共同的大宗，而天子是這個至高大宗的宗子和主人。秦漢大一統帝國最高統治者正式的稱號

---

59　詳見Ping-ti Ho, *The Ladder of Success in Imperial China: Aspects of Social Mobility, 1368-1911*（New York：Columbia University Press, 1962）.

改爲更具半神性的皇帝，但承襲了與皇帝平行的舊稱號天子，也就保留下宗法尖端層的樞紐原則與意識。

　　秦祚甚短，姑可不論。西漢大一統郡縣制帝國創立之後，皇帝制度有進一步向專制集權演化的需要。因爲周代封建社會中與周王共享天下的很多階層的貴族都已消滅，皇帝之下，只有平民；平民之中雖可產生文武官吏，但官吏已不具有封建時代卿、大夫、士的尊嚴，已完全是皇帝的臣僕。「漢承秦法，群臣上書皆言昧死言」或「言臣某誠惶誠恐，頓首頓首，死罪死罪」[60]。這不過是專制深刻化的表現之一。政治大一統需要新的意識形態來統一思想。武帝登極之後，除了採納董仲舒所建議的罷黜百家，獨尊儒術之外，還利用董仲舒的政治理論強化專制政體。「唯天子受命於天，天下受命於天子」，「君人者，國之元，發言動作，萬物之樞機」，這種君權天授論便成了新的意識形態體系的重心[61]。

　　此外，自高祖起，皇帝的「神化」工作即開始進行；皇帝以至后妃都立廟祭祀，直至元帝永光四年(前40)才罷廢郡國的祖宗廟[62]。西漢國家財政(大司農)與皇帝私人財庫(少府)在制度上的區別雖然存在，但開國不久，漢高祖大朝群臣爲太上皇祝壽時戲言以天下爲產業，大臣們不但不以爲異，反而「皆呼萬歲，大笑爲樂」。難怪後世人民都以漢、唐、宋、明爲劉、李、趙、朱家的天下。即使辛亥革命結束了兩千年的帝制，袁家天下雖未實現，蔣家天下卻在台灣傳了第二代。

　　在華夏人本主義文化發祥的祖國大地，現代化的眞正障礙並不是

---

60　蔡邕，《獨斷》，《百川學海》本卷上，頁4下。

61　周桂鈿，《董學探微》(北京：北京師範大學出版社，1989)，頁321

62　雷海宗，〈中國的元首〉，《中國文化與中國的兵》(香港：龍門書店重刊，1968)，特別是頁111-16。

科學和經濟，而是本文所鑒定的「宗法基因」。試讀鄧小平在「六四」後十二天的內部講話[63]：

> 任何一個領導集體都要有一個核心，沒有核心的領導是靠不住的。第一代領導集體的核心是毛主席。因爲有毛主席作領導核心，「文化大革命」就沒有把共產黨打倒。第二代實際上我是核心。因爲有這個核心，即使發生了兩個領導人的變動，都沒有影響我們黨的領導，黨的領導始終是穩定的。⋯⋯現在看起來，我的分量太重，對國家和黨不利，有一天就會很危險。⋯⋯一個國家的命運建立在一兩個人的聲望上面，是很不健康的，是很危險的。⋯⋯

值得注意的是他對「宗法基因」在傳統和當代中國政治文化所起的作用有無比深刻的體會。更啓人深思的是他那樣坦白地承認「宗法基因」畢竟是一種危險亟待醫治的症候的根源。

總結全文，直至今日，中國人民的深層意識、思維、價值、觀念、行爲在相當大的程度之內似乎仍受華夏人本主義傳統的主宰。希望這篇苦思困撰文化尋根之作，能引起讀者廣泛的回應和嚴肅的評正。

---

63　鄧小平，《鄧小平文選》第3卷(北京：人民出版社，1993)，頁310-11。

# 第二章
# 商周奴隸社會説糾謬[*]：
## 兼論「亞細亞生產方式」説

### 甲

## 一、奴隸的定義

　　中國古代奴隸社會説具有意識型態和純學術的雙重意義。由於它的理論根據是馬克思一生著作中最易引起論戰的「亞細亞生產方式」説（The Asiatic Mode of Production，本文簡作AMP），任何認真研究中國古代社會的學人都不能不首先涉及馬氏此一理論。爲了避免喧賓奪主，更爲了極力避免無謂的意識型態的爭辯，本文的重心完全放在古代中國，只在附錄中對AMP作一盡可能簡要的檢討。

　　AMP説本身雖無可避免地會引起爭辯，各家各派對奴隸社會的定義卻無根本的分歧。學人的共識是：奴隸充當全部經濟生產的主力的社會才是奴隸社會；奴隸在全部人口中的比重倒不是決定因素。試以古今三大奴隸社會爲例。只有古代希臘的雅典，奴隸除在農業、手工業和礦業扮演最重要的角色之外，其總數還大大超過自由人口的總

---

[*]　本文之撰是在完全缺乏漢譯馬、恩著作的條件下完成的。

數。[1]古代羅馬在西元前200年左右，奴隸占全義大利半島人口的四成左右（Christ 1984: 43-44）。西元1860年前美國南部諸州是歷史上最殘酷的奴隸社會，而奴隸卻只占總人口的三分之一以下[2]。

商周社會是否應該定性為奴隸社會的先決條件是「奴隸」一詞如何界定。[3]中外古今各地區、國家之中確曾相當普遍地存在過或大或小、或多或少、各種各類的奴隸個人、群體和奴隸制，而且在細節上各有各的「殊性」。本文首先必須探求的是奴隸的「通性」，換言之，是所有各種奴隸制共有的基本特徵。

探求奴隸制的基本特徵，我們不得不借重西方上古社會及經濟史家和羅馬法專家的積累研究成果。這是因為希臘和羅馬的大批奴隸的墓碑，對研究奴隸制而言，其價值遠非商代卜辭、周代金文、商周墓葬所可比擬（這似乎即部分反映希臘和羅馬的奴隸制遠較古代中國發達）；再則文獻方面羅馬即有目擊者論述奴隸制的專著，又有周密完備的羅馬法典和不少判例。羅馬法對中古、近、現代西方影響之深而且鉅是舉世公認的，其中奴隸法之有裨於探求奴隸制的基本特徵，更不待言。

古代希臘人的思維習慣往往喜歡把兩個互相排斥的理念搭配成雙，然後朝著不同的方向各自論辯推理到兩個相反的極限（Wiedmann, 1981: 1）。自由公民和奴隸之間的權利和義務兩極式的劃分，就是這

---

1　Anderson, 1974, pp. 22-23. 曾綜合比較各家之說。如紀元前5世紀，在國勢鼎盛的雅典，奴隸和自由公民人口的比例至少是三與二。

2　在西元前200年左右，全義大利半島的總人口大約是750萬左右，奴隸人口大約300萬。討論美國南部奴隸的著作不勝枚舉。

3　「奴隸」一詞既指身為奴隸者（slaves），又指「奴隸身分」及「奴隸制」（slavery）。除必要時，本文適應漢語習慣，經常不必區分以上所指出「奴隸」一詞的三重意義。

種思維論辯的社會實踐例證之一。

古代羅馬一般雖重實踐，但在法律思維方面深受希臘的影響。本
世紀初葉一部標準的《羅馬奴隸法》開宗明義就指出：羅馬法系之
中，奴隸法是絕對無法與代表人類最高理性和智慧的「自然法」(Jus
naturale)協調的唯一實例。因為從自然法的觀點，全人類都應享有平
等，可是作為「涉外法」(Jus gentium)[4]一部分的奴隸法是原自羅馬共
和及帝國時代一系列向外發展戰爭的俘虜。原則上和事實上，早期羅
馬史上戰俘是經常遭受屠殺的。當共和時代後半羅馬對外大規模戰爭
勝利所獲奴隸數量激增、大型莊園(latifundia)農業萌芽之際，羅馬不
再任意屠殺戰俘，轉以戰俘為奴，以應耕作需要。當時羅馬公民已名
正言順地認為這種改變是對戰俘的「施惠」，因為農場奴隸至少還得
到生命的延續。

因此，奴隸的第一基本特徵是：無論法理或事實上，奴隸僅僅是
屬於主人的「物」、「東西」(res)和「動產」(chattel)。奴隸之所以
異於「東西」僅僅在生物意義上他還是「人」，但已完全不具有人的
任何權利和義務。奴隸無權上法庭，因為他不具有人之所以為人的
「人格」與法權(persona)。法律上奴隸是永處於「類似死亡」(pro
nullo)的狀態。但他與一般動產又有所不同，因為在主人許可之下，
他可以有收入、接受賞賜、可以結婚、保留私蓄(peculium)，以致最
後還可以向主人自贖為民。在這層意義上，奴隸尚不失為「人」
(Buckland, 1969, Chs. 1&2；純理論方面，參考了Buckland, 1925)。

一言以蔽之，奴隸的第二基本特徵是：他與原來所屬的種族、邦

---

4　Jus gentium和近數世紀的國際私法有不少類似之處。羅馬帝國時期的「涉外
　　法」是有關羅馬公民與地中海四周帝國疆域內外非公民之間私人各種契
　　約、民、刑關係的法律。極大多數「涉外法」中的例案都牽涉到奴隸。

國、社群、宗族、家庭的關係完全被根拔，永久被切斷。被夷爲奴隸這一程序有如一場噩夢的真實化；奴隸所受精神上的創傷實非常人所能體會。從另角度看，他意願從屬於任何大小單元——家族、社團、宗教團體、民族、國家——的權利被剝奪得淨淨光光。爲了這個極不尋常的全部被剝奪特徵，已故Sir Moses I. Finley特造了一個新詞"deraciation"（Finley, 1968）[5]。以上就是作者本人對此字的詮釋。

第二特徵自然而然就導致出第三特徵：奴隸是最廣義的「外方人」（outsider）。這一特徵本可視爲第二特徵的另一面，因爲既然完全不能從屬於人類社會中的任何大小單元，奴隸當然是「外方人」。但「外方人」另有深層意義，非與「內部人」（insider）對比之下才能清楚地呈現出來。Finley認爲「同我族類」中人成批強迫被夷爲奴隸是不可想像的事。他用極簡單的語氣舉了三例。希臘人爲了默認公民偶或棄嬰的陋習，故意虛構出一種超越法律的說法：凡業經「暴露」的嬰兒，既已被棄於荒野，就已經不能再算是自己人，就可以不去深究了。最早的羅馬法典就已規定如果有公民想把另一公民加以懲罰，使他淪爲奴隸，前者必須把後者先在國境之外拍賣爲奴，然後才許把他帶回國內永充奴隸。早期羅馬城規模尚小，只在台伯河（Tiber）之東；當時已有「台河彼岸」（trans Tiberum）的俚語，意思是某某已經隔河

---

5 Finley原籍美國紐約州，青年時代希臘拉丁基礎已甚堅實，對上古史和上古法律極有興趣。半工半讀，終於1950年完成哥倫比亞大學歷史系的博士學位（較筆者僅早一年）。由於當時思想前進，對上古奴隸制看法和導師不同，在美國很難找到適當教研職位。他不得已去英國找工作，終成劍橋大學上古史教授，並於1971年榮獲爵士頭銜。筆者之所以簡介他的履歷是因爲他上古奴隸及社經史的積累研究一貫是實事求是，不是像資本主義右派學人從預設的反馬克思的立場出發。關於奴隸的第二及第三特徵，主要是根據Finley, 1968。

合法地被賣爲奴了(Christ, 1984: 43)。中古回教國家和地區的法律一貫規定，並且一貫相當嚴格地執行，任何生於回教治下之人，皆不得被迫淪爲奴隸。補充芬雷的概述，世界最古的蘇美楔形文字已經充分反映奴隸與「外方」、「陌生」的不可分性。由於兩河流域下游是氾濫平原，奴隸的主要來源是北方山區被擄掠的異族，所以「女奴」一詞是女人▽和山⅏結合的會意字▽⅏(Kramer, 1963)。

　　西方古代奴隸制研究中一個必須提到的是黑勞士(Helots)問題。黑勞士是希臘半島最南部被斯巴達人全部征服了的「土著」，永淪爲征服者的僕役。古代希臘人、當代中國郭沫若、李亞農諸家，都認爲他們是奴隸。但黑勞士的身分與奴隸有以下的不同。他們並不是任何斯巴達私人私戶的動產，不能被買賣，有自己的家庭和宗族，有私財，可以代代相傳，不受干涉。他們還能長期保持自己的宗教膜拜儀式。(Finley, 1985: 63-64)更有趣的是，斯巴達政府年年要做一個對全體黑勞士「宣戰」的形式，以表示雙方集體間存在著一種永久的戰爭狀態。根據已佚當時目擊者記載的現存片段，當斯巴達和雅典戰爭(前431-404)期間，由於兵士傷亡甚重，政府事實上鼓勵，甚至強迫斯巴達每一寡婦以一黑勞士丁壯爲夫，這些變成斯巴達寡婦丈夫的黑勞士不久都取得斯巴達公民籍，子女一律都是公民(Wiedmann, 1981: 2, 11)。可見黑勞士絕不是奴隸。

　　筆者提出黑勞士問題是因爲早年讀習英國史，發現在社會經濟史這一較新而又極重要的大領域內，第一流史家無一不對上古、中古、近古種種身分名詞的法律與社會經濟內涵廣徵深索，種種身分之間的不同分毫必辨[6]。我們應該遵循這種嚴謹的治史態度和方法，並應根據

---

6　如Frederic Maitland, *Domesday Book and Beyond*及R.H. Tawney, *The Agrarian*

以上所提奴隸的三個基本特徵，來檢討中國古代社會的真實性質。由於中國古代文獻比較詳於姓氏種族的記述，第二、第三特徵將特別有裨於我們鑑定奴隸身分的工作。

## 二、商代關鍵性社會身分的檢討

### (一)「眾」的身分

檢討商代是否屬於奴隸社會階段，首先必須肯定「眾」和「眾人」(事實上二詞同義)的身分。卜辭眾字有𠱃、𦥯、𦥑等形式。郭沫若認為三人為眾，頭暴露在太陽下工作的應是奴隸(1964: 211-215)。已故丁山教授卻認為受太陽神佑護之下工作的人應是相當於古代西方公民的自由人(1956: 38)。可見主觀對一字的解釋竟會得到完全相反的意義。幸而百花齊放期間已有古文字學家從卜辭中對眾和眾人的身分做了詳盡的分析。眾具有以下的功能和特徵：(趙錫元，1956)

1. 眾是主要的農業生產者，既在王田工作，也在非王室貴族和官員的田地工作。

2. 眾參加商王的田獵。

3. 眾在戰時被徵充兵士，並不時被徵充任邊防守衛工作。

4. 商王對眾的生活有相當的關切，尤其對戰爭中「喪眾」的問題很關切。

5. 卜辭中從未見過眾曾被商王或貴族用作人牲的例子。

從以上的功能和特徵看，眾不是奴隸而是商殷部族成員。最能證明眾是部族成員的是《尚書》〈盤庚〉篇中，盤庚對「眾」中地位較

(續)————————————————————

*Problem of the Sixteenth Century*等著作對筆者五十年研撰影響深遠。

高者所作念舊之談：

> 古我先王，暨乃祖乃父，胥及逸勤，予敢動用非罰？世選爾
> 勞，予不掩爾善。茲予大享于先王，爾祖其從與享之。

意思極明顯，眾的祖先曾為先王效勞立功，盤庚坦白地指出，他怎敢
對他們非法懲罰，當他大享先王的時候，他們的祖先也同受祭享。但
郭沫若曾強調指出今本〈盤庚〉中篇內有「汝共作我畜民」一語是眾
的奴隸身分的鐵證，他把「畜」解釋成「牲畜」。〈盤庚〉原文必須
細加研讀：

> 古我先后，既勞乃祖乃父，汝共作我畜民。汝有戕則在乃
> 心，我先后綏乃祖乃父，乃祖乃父乃斷棄汝，不救乃死。

參考中外各家注釋，試釋如下：「很久以前我們的先王既已為你們祖
先效勞過，（即使你們現在反對遷徙到新的都城，我還是有義務）把你
們當作應該由我養活的人民。你們如果真心懷不良，我們先王會通過
你們祖先，你們祖先就會斷棄你們，看著你們死亡而不加拯救。」在
這段話之前，盤庚曾對他們說：「予豈汝威？用奉畜汝眾。」意思更
為明顯：「我豈會威脅你們？我只是為了撫養你們。」這個「奉」字
無論如何不可能是對「奴隸」所用的字。這段話大陸有些學人認為是
國王對眾裡邊地位低的人民所說的。

應該指出的是：即使懲罰低層的眾，先王之靈仍須通過眾的祖先
之靈。《左傳》僖公十年：「神不歆非類，民不祀非族。」可見所有
的眾，無論地位高低，一定是與商王同一種族的國家成員，絕不可能

是奴隸(Ho, 1975: 306-309)[7]。〈盤庚〉篇所記國王對眾諄諄之言在卜辭中也充分得到肯定。于省吾曾發現一卜辭殘片,但大意還是清楚的:一位常常率「眾」出征的將領,「當出征之前,他招致眾在某先王的宗廟舉行侑告之祭。由於卜辭從沒有殺眾以祭的事例,毫無疑問,眾是家族公社成員的自由民,因而才招致他們在宗廟裡參與祀典。如果他們是奴隸的話,不僅不能這樣作,還要把他們殺掉用作人牲。」(于省吾,1957: 112;徐喜辰,1984)

至於「畜民」這短語,北京大學裘錫圭教授指出:「古代統治階段慣於把治民比作畜牧。《管子》裡有〈牧民〉篇,一直到清代,『牧民』一語還在經常使用,難道清代還是奴隸制時代嗎?春秋時代的秦公鎛銘說『咸畜百辟胤士』,從來沒有人因此認為百辟胤士是奴隸。為什麼畜民就非是奴隸不可呢?」(裘錫圭,1992: 328)

「眾」作為商代主要的農業生產者和兵士的主要來源,既然絕不會是奴隸,而是商殷邦族的平民成員,商代社會性質大體上已經得到了解答。

### (二)人殉和人牲

自從1950年春郭沫若兩度表態後(郭沫若,1950a,1950b),大陸上學人類多響應郭說,認為殷墟考古殉人及人牲的發現是商代奴隸社會最強有力的說明。這種看法在文革期間更趨絕對化,以致對此問題嚴肅的學術意見要等到文革結束以後才有發表的機會。幸而文革結束之後,考古及文獻資料充實,實事求是的嚴肅文章即陸續問世,商周

---

7 事實上有關〈盤庚〉篇的分析工作是1970年作的。對〈盤庚〉篇較詳的「外證」和「內證」工作,參閱行將在《中國哲學史》刊印的〈「天」與「天命」探原:古代史料甄別運用方法示例〉。

人殉人牲問題的歷史意義即大白於世[8]。

　　簡而言之，人殉和人牲在世界古代社會中，甚或在較原始的近代社會中，都是相當普遍的現象。但人殉和人牲的社會意義有基本的不同。在商代人殉者照例是新亡商王或高級貴族生前所寵信的妻妾、陪臣、侍衛，他們的殮葬方式、位置、陪葬品等等一切按照生前的地位和職司各就其位，一般都得保全軀。甚至他們主人生前所寵愛的動物，以致馬車等物，皆在陪葬之列。一切無非是爲了新故的商王或貴族得在「天上」重享人間的生活。

　　至於人牲，極大部分的來源是戰爭的俘虜，尤其是羌人（于省吾，1957: 110）。他們除被「用」爲犧牲奉獻於先王先公神靈之前以供享用外，有時甚至和用爲犧牲的牛、馬、羊一同埋葬。他們照例是身首異處，也往往做爲宮殿建築奠基之用。人牲人殉數量上的變化，有以下很好的綜述：「商代早、中期人牲數量較少，商代後期大增。據殷墟卜辭統計，商王祭祀共用人牲1.4萬多，其中又以武丁一代用人祭祀次數最多，數量也最大，共用人牲九千多。武丁以後逐漸減少，到帝乙、帝辛時只用一百多人。」這種變化與考古資料相符（楊錫璋，1986: 439）。

　　值得注意的是：商代用爲人牲的幾乎全是戰俘，也就是「非我族類」的「外方人」。卜辭中人牲帶有種族說明的包括羌、大、亘、尸、絴、美、虎、冥、奚、而、印等及少數只以圖徽代表的族名（金景

---

8　本文本節只需要把這幾篇極富說服力的文章作一摘要。黃展岳，1974，不得不敷衍當時的政治空氣，但已說明人殉及人牲性質的不同。黃展岳，1983，不但分析論斷精確，並附有詳盡考古資料，可視爲中國古代人殉人牲的標準著作；楊錫璋、楊寶成，1977，亦有參考價值。顧德融，1982，是自文獻方面對此問題功力最深的研究，而且兼及商周以後各朝代。

芳，1983: 96）。商墓中殉人和牲人，體質人類學分析結果顯示前者與墓主體質上都接近蒙古人種的東亞體系，而後者體質上有較類似東亞、南亞、特別是北亞的體系。這一點，「可以解釋殷人同四鄰的方國部落征戰時虜獲了不同方向來的異族戰俘」（韓康信等，1980: 7）。商代與希臘羅馬最不同之處在：希臘自西元前5世紀起，羅馬自西元前200年左右起，數量激增的戰俘不再盡遭殺戮，而被夷爲奴在田間工作。而商代要遲到晚期才出現零星小批戰俘得保全首領在農牧方面勞動。商人對戰俘經濟價值遲遲而又極有限的了解，正是商代絕非奴隸社會的佐證。人牲西周初葉以後日趨衰落，人殉以後朝代偶或仍有，已與中國社會性質無關，無庸贅述了。

## 三、兩周關鍵性社會身分的檢討

### (一)周初的殷民

所有研究武王克商以後殷民身分的學人都同意最重要的史料是《左傳》定公四年(前506)衛國熟悉掌故的大祝佗追述的周初史實：

> 昔武王克商，成王定之，選建明德，以藩屏周，故周公相王室以尹天下，於周爲睦。分魯公以……殷民六族、條氏、徐氏、蕭氏、索氏、長勺氏、尾勺氏，使帥其宗氏，輯其分族，將其類醜，以法則周公，用即命于周，是以使之職事于魯，以昭周公之明德；分之土田陪敦，祝宗卜史，備物典策，官司彝器，因商奄之民，命以伯禽而封於少皞之虛。分康叔以……殷民七族、陶氏、施氏、繁氏、錡氏、樊氏、饑氏、終葵氏，……命以康誥，而封於殷虛，皆啟以商政，

疆以周索。

分唐叔以⋯⋯懷姓九宗，職官五正，命以唐誥，而封於夏
虛，啓以夏政，疆以戎索。

郭沫若據此作出以下的判斷：「這所謂『殷民六族』，『殷民七族』
及『懷姓九宗』，都是殷之遺民或原屬殷人的種族奴隸，現在一轉手
又成爲周人的種族奴隸了。」（1973: 27）李亞農等立即響應。其實按
照本文第一節奴隸的第二、三特徵看，所有三組殷遺民，都依然保持
原來宗族組織，都不是「外方人」，絕不可能是奴隸。《荀子》〈禮
論〉：「先祖者，類之本也。」足見類就是族。日本明治期間終身研
究《左傳》的竹添光鴻注釋：「宗氏者宗子族長也，分族者旁別門
也，類醜者遠派疎屬也。」（1903）陳夢家認爲分給魯、衛的「殷民六
族」和「殷民七族」都是屬於子姓的氏族、宗族和家族（1954: 90-
91）。這是最精確的解釋。「殷民」都是屬於子姓這樣龐大的部族，也
就是「姓族」。這些按照原來子姓的氏族、宗族、家族三個大小層次
集體隨著周人調防和武裝拓殖者，不可能是已被周人淪爲奴隸的人
群。文獻和考古資料都能證成此説。《左傳》定公六年（前504）：

陽虎又盟公及三桓於周社，盟國人于亳社。

魯公和三桓是周人，故盟於周社。亳是殷社，盟於亳社的「國人」一
定是殷民之後，這正是周初分到魯國的「殷民六族」絕非奴隸的有力
說明（何茲全，1985: 19-20）。至於周初分到位於殷舊王畿的衛國的殷
民，考古發掘證明他們的墓制等等「仍多保持殷俗，⋯⋯反映了殷遺

民仍保留畎田繼居，自成聚落的情形」[9]。分到晉國去的「懷姓九宗」
是經過長期鬥爭後臣服於商的鬼方族人。鬼方的後代就是春秋戰國時
代的昆夷、獫狁，也就是秦漢時代匈奴的遠祖（王國維，1959；馬長
壽，1962）。《左傳》既明說懷姓九個宗族整體遷移，正證明他們不是
商人的「種族奴隸」，更間接加強證明周初被分到魯衛等國的殷民，
和分布在其他地區的原來商殷土著，都不可能是周人的「種族奴
隸」。

## (二)兩周社會階段身分制度鳥瞰

　　處置了殷遺民問題之後，我們不妨利用多姿多采的古文獻對兩周
社會階級身分制度先作一鳥瞰。《左傳》桓公二年(前710)晉大夫師服
曾作以下的概述：

> 吾聞國家之立也，本大而末小，是以能固。故天子建國，諸
> 侯立家，卿置側室，大夫有貳宗，士有隸子弟、庶人、工、
> 商，各有分親，皆有等衰。是以民服事其上，而下無覬覦。

《左傳》襄公十四年(前559)，晉大夫師曠：

> ……是故天子有公，諸侯有卿，卿置側室，大夫有貳宗，士
> 有朋友，庶人、工、商、皂、隸、牧圉皆有親暱，以相輔佐

---

9　郭寶鈞等，〈一九五二年秋季洛陽東郊發掘報告〉，《考古學報》，第7
　　期，引在何茲全，1991：24。在此書頁20-31，「滅商後商周兩族的關係」
　　節資料翔實，分析精當，雖未提及任何西方對奴隸制的理論與定義，其觀
　　點與方法與芬雷不謀而合。

也。……史爲書，瞽爲詩，工誦箴諫，大夫規誨，士傳言，
庶人謗。

《左傳》昭公七年（前535）

天有十日，人有十等。下所以事上，上所以共神也。故王臣
公，公臣大夫，大夫臣士，士臣皁，皁臣輿，輿臣隸，隸臣
僚，僚臣僕，僕臣臺。馬有圉，牛有牧，以待百事。

以上自《左傳》所引三條概述，對了解自西周開國至春秋中晚期這
四、五百年基本社會性質最富參考價值。先就桓公二年和襄公十四年
兩段概述來看，最堪注意的是：

1. 士是代表貴族的最下一層，也是貴族和平民兩大階級集團的劃
分線。

2. 貴族中每個等級都有大宗、小宗、嫡庶、正室、側室、高卑之
分，都有他們的親屬組織，全體都屬於當時的「宗法」組織。本文不
再加以詳釋。

3. 所有屬於平民這個龐大集體、從事於各種生產及勞役者，也
「各有分親，皆有等衰」。甚至一向被認爲卑賤的「皁、隸、牧、
圉」也「皆有親暱」。這意味著無論屬於平民中任何階層的人們，雖
然沒有貴族成員們的宗法組織，也還至少具有自己的家族。

我們如應用本文第一節中提出的奴隸的第二和第三共同特徵來判
斷，兩周社會中廣大的平民一般說來都有從屬於家族甚或較大社群的
權利和義務，都不是社會從屬權全部被剝奪的，永久處於「類似死
亡」狀態的「外方人」。僅此一點已經具有足夠的雄辯力：兩周社會

不是奴隸社會。

　　但爲了澄清商周奴隸社會說以片面、瑣碎、似是而非的、所謂的奴隸身分「證據」而造成理論方面的迷惑，我們仍須闢一專節討論「庶人」，另一專節討論上引《左傳》昭公七年提出的卑賤身分。

## (三)庶人

　　庶人或庶民無疑是占兩周社會總人口最大百分比的主要生產者。庶人所包至廣，其上限並不固定。由於大宗、小宗、嫡庶之分和身分承繼的不同，各貴族階層裡的庶支、遠支幾百年中無可避免地逐步下降，最後掉出貴族網絡。《左傳》昭公三十二年(前510)晉國的史墨對社會長期流動性有極簡明的概述：

> 社稷無常奉，君臣無常位，自古以然。故《詩》曰：「高岸爲谷，深谷爲陵。」三后之姓，於今爲庶。

「三后」指虞夏商先王，其子孫到春秋晚期早已降爲庶人了。再如《左傳》僖公二十五年(前635)及《國語‧晉語四》都記載著晉文公朝覲時，周襄王賜他王畿內陽樊等處的田。但陽樊的人民不服，晉師圍城時，陽樊人責晉不講周(姬)姓的情誼而專憑武力威脅他們，特別指出他們之間「誰非王之親姻？」這正說明幾百年間「王之親姻」早已降爲從事農耕的庶人了。

　　庶人的另一貴族來源是卿大夫氏族之間鬥爭的失敗者。《左傳》昭公三年(前539)晉國的叔向綜結了晉國內部權力鬥爭的結果：

> 欒、郤、胥、原、狐、續、慶、伯降在皂隸。…… (叔向

之名)之宗十一族，唯羊舌氏在而已。

叔向自己也未料到，二十五年後(昭公二十八年，前514)他原宗十一族中僅存的羊舌氏，也隨著政爭而滅亡了。晉及其他國家卿大夫氏族淪為平民和皁隸之例尚多，不必詳列。

庶人中最高的階層是「國人」。何茲全教授有很好的概述：「商周時期，人們聚居的地方稱作邑。《說文》：『邑，國也。』邑，就是國。甲骨文無『國』字。國字的出現大約在滅商之後。周王分封諸侯，新貴帶領同族周人和分給他們的商族人到新建立國家，一般是周人居住邑中，商人居住野，這就有了國、野之分，也就出現了居住國中的稱國人，居住在野的人稱作野人。……最初，國人包括貴族，因為貴族也住在國中。但可以理解，國人主要的是貴族以外的周族自由平民。」終春秋之世，國人在各國政治鬥爭中往往居舉足輕重的地位。(何茲全，1991: 38-44)

此處應順便一提的是「士」「庶」之間不但界限不固定，社會功能上也有一定程度的重疊。出身於「鄉人」的魯國名將名大夫曹劌在長勺(前684)敗齊之役的前夕就已提出較孟子幾乎早四百年的社會分工最概括的原則：「君子務治，小人務力」(《國語‧魯語上》)。「公食貢，大夫食邑，士食田，庶人食力。」也是春秋時盡人皆知的通則。(《國語‧晉語四》)「士」照理是處於「務治」者。但《禮記‧少儀》雖先陳原則「士依於德，游於藝」，但「問士之子長幼，長，則曰能耕矣，幼，則曰能負薪，未能負薪。」《管子‧小匡》綜論士、農、工、商四民應世襲其業始克專精，但特別提出「農之子常為農，樸野而不匿，其秀才之能為士者則足賴也。」所以士、庶(農占庶民的極大多數)之間是有流動性的。

綜括而言，庶力是「務力」、「食力」、「治於人」者，平時從事農業並服勞役，農隙受訓，戰時當兵。但由於身分清白，社會成分遠較一般想像為複雜，所以不無政治地位，必要時對國家大事還有「謗」、「議」的權利和義務。《尚書·洪範》指出國君「有大疑，謀及乃心，謀及卿士，謀及庶人，謀及卜筮。」這是根據史實的綜述。

很明顯，兩周的庶民的身分不能與西歐中古的「農奴」（serfs）等同；如果非用近代身分稱謂不可，兩周的庶民應稱為平民，但絕不能稱為「農奴」。

### （四）用為賞賜的庶人和「皂隸牧圉」

庶人的平民身分業經上節肯定，本已無待多言了。只是因為郭沫若的影響，至今尚有不少學人認為西周金文中賞賜庶人的記載是庶人奴隸身分的證據。郭所舉最重要的「證據」是西周早期康王二十三年的〈大盂鼎〉銘文：

> ……受（授）民受（授）疆土。……錫汝邦司四伯，人鬲自馭至于庶人六百又五十又九夫。錫汝夷司王臣十又三伯，人鬲千又五十夫。

全部銘文甚長，見於白川靜《金文的世界》。銘文簡述盂之祖父南公，已有不少戎族之人在其治下；康王二十五年的〈小盂鼎〉銘更是詳述盂伐玁狁的戰功，可見〈大盂鼎〉銘文中所賜之人大都是異族戰俘。上所引銘文中的關鍵詞是「人鬲」。郭認為「人鬲」就是今文《尚書》中的「民儀」，也就是古文《尚書》中的「民獻」（1973：

25）[10]。顧頡剛完全同意郭說，並抒己見：人鬲就是本篇（筆者案：指《尚書‧大誥》）的「民獻」和〈洛誥〉的「獻民」，都是獻於宗廟的俘虜。拿今語來說，就是一個民族被征服以後成為征服民族的種族奴隸。這種族奴隸的領袖，從〈大盂鼎〉上看，「邦司伯」和「夷司王臣」依然是奴隸主。本篇（即〈大誥〉）的「民獻有十夫」就是指這一批人（顧頡剛，1962: 36）[11]。

顧說的重要性在於：「人鬲」、「民獻」、「獻民」在原則上雖係可被周人淪為奴隸以獻於宗廟之人，但徵於周初史實，他們不但能保持原有貴族或高於平民的身分地位，而且是頗受周王室「倚重」，利用以統治殷民之人。童書業釋人鬲即民獻，「為人民中有才力之人」，釋「馭」為「『徒御』之御，戰士也」，應是相當正確的（1980: 124）[12]。由於〈大盂鼎〉明言「人鬲自馭至于庶人」，郭說，「可見庶人是人鬲中的最下等」並沒有錯，但是此說實際的意思——庶人是最下等的奴隸——是根本反邏輯的。因為整個說法的出發點——人鬲是奴隸——已被周初信實文獻證明是錯的；雖然詞原和理論上人鬲是戰俘。

可見把被賞賜的庶人釋為奴隸是不能成立的。但由於郭沫若的影

---

10　人鬲的考釋詳見於郭沫若，《兩周金文辭大系考釋》，〈大盂鼎〉之部。

11　顧對「鬲」、「儀」、「獻」的音訓和注釋頗有參考價值：「『儀』古音在歌部，『鬲』古音在支部，陰陽對轉。按『鬲』為本字，『獻』為引伸字。《說文‧犬部》『獻』，宗廟犬曰『羹獻』，犬肥者以獻之，從犬，鬳聲。『鬳』為『鬲』之繁文。『鬲』作俘虜，於宗廟獻俘禮則曰『獻』。」

12　從書目的觀點應該提出的是另一位《尚書》的一流專家，平心（1962）對「民獻」的解釋與顧頡剛的相同，把〈大誥〉中「民獻有十夫……」釋成「有一群有力量的人自動出來輔佐我們東征」。

響，有些學人認爲周代的庶人是束縛於土地之上，沒有人身自由的人，所以在一定意義之下仍可視爲奴隸的。不屑說，周代的庶人是不符合第一節裡提出的奴隸的三個基本特徵的。常識告訴我們，在一個農業居於絕對支配地位的古代經濟裡，人力和土地是牢不可分的，所以西周幾度封建諸侯和國君賜與大夫采邑之時，土地和人民照例是同時授與的。〈大盂鼎〉銘文中「授民授疆土」是一通常現象。近年這方面有一篇很好的綜合述要：

> ……〔從西周金文中〕可以看出，被賞賜的臣民品類很複雜，他們的身分、社會地位有很大的差別。有單稱臣、妾、人、馭者；有稱尸訊、臣婤、臣隻、臣僕、尸司者；有稱王人、王臣、邦司、人鬲、庶人者。……一些研究者把被賞賜的臣民統統稱爲奴隸，這是不恰當的。不能否認這些被賞賜者中有少數奴隸，但其中大多數都是平民，有的還屬於下層貴族。封主賞賜給被封者的臣民並不因爲被賞賜而失去人身自由，只不過因賞賜而改變原來的隸屬關係。如《宜侯夨毀》銘文中「在宜王人十七姓」就是居於宜地的十七個貴族家族。他們原來隸屬於周王室，故稱「在宜王人」。……此外，銘文中「鄭七伯」，其他器中的「夷司王臣十又三伯」、「邦司四伯」等等，也都應屬於下層貴族。……他們被賞賜給采邑主後，仍然是民族之長或下級官吏，社會地位、階級地位都不因隸屬關係的改變而改變。只不過原來直接向王室繳納賦稅，被賞賜之後則直接向采邑主納稅。……
> （呂文郁，1991: 24-25）

　　※　　　　　※　　　　　　※　　　　　　※　　　　　　※　　　　　　※

　　「皂隸牧圉」就是《左傳》昭公七年「人有十等」中所舉「士」以下的「皂、輿、隸、僚、僕、台、圉、牧」的簡稱，而「皂隸」又通常是「卑賤」身分的總稱。但「卑稱」是相對於當時統治階級的貴族而言的，絕不是卑賤到人群邊際以外的西方古典式奴隸的地位。

　　上文所引《左傳》襄公十四年師曠之語值得我們反思：「庶人、工、商、皂、隸、牧、圉皆有親暱以相輔佐也。」此一綜述之特殊重要性在於說明所有這些最「卑賤」等級的人至少還是享有家室、面對面親暱關係、彼此互相輔助的人，絕不類似當代西方極度個人主義的社會中深感「社會異化」之精神苦痛之人。

　　已故童書業教授曾作揣臆：「庶人有無宗法，現甚難知。然觀『庶人、工、商各有分親』之語，似亦有宗族組織，但未形成政治系統耳。」（童書業，1980: 122-123）這種揣測實有相當道理，因為從親屬稱謂之繁簡而論，中國一向是全世界親屬制度最發達的國家。據人類學家研究，當代多數社會的親屬稱謂平均有21左右，夏威夷的親屬稱謂有31左右，古代羅馬親屬稱謂有112之多，而中國親屬稱謂竟達古羅馬三倍以上，大約多到350左右（Davis, 1968: 88）。更進一步追索，中國親屬組織的歷史最高峰是周代的宗法制度。（Ho, 1965）

　　《國語・晉語四》：「皂隸食職」這個綜述也是具有充分史實根據。如以「輿」示例。案：「輿人」初見於《左傳》僖公二十八年（前632），即城濮之戰晉稱霸之年。晉師必須事先要經過曹境，曹國不許晉師過境。晉軍攻城死亡甚眾，曹守軍又陳晉尸於城門，「晉侯患之」。晉文公聽見「輿人」間的討論，決定採納他們的策「謀」，把晉軍陣地移入墳墓區。曹人深恐晉軍挖掘他們祖先的墳墓，所以很快

就把陳尸裝入棺木，正在準備把棺木歸還的時候，晉軍一舉攻進城門。可見輿人是圍護戰車的士兵，內中頗不乏善於謀策者。參考《周禮・冬官・考工記上》：「輿人爲車」，可能輿人的職責之一是參與或監督車輛的製造和維修。《左傳》昭公四年(前538)記有每年三月啓窟取冰的古俗：「自命夫命婦至於老疾，無不受冰。山人取之，縣人傳人，輿人納之，隸人藏之。」杜預注：「輿、隸皆賤官。」《左傳》襄公三十年(前543)有兩條關於輿人的記事。一是「晉悼夫人食輿人之城杞者」。可見輿人在平時也參與築城等工役，受到國君夫人賜食，他們可能是工頭，不是爲數眾多的工人。另一則是有關鄭國輿人最出名的記事：

> 子產使都鄙有章，田有封洫，廬井有伍。……從政一年，輿人誦(諷)之曰：「取我衣冠而褚(貯)之，取我田疇而伍之，孰殺子產，吾其與之。」及三年，又誦之曰：「我有子弟，子產誨之，我有田疇，子產殖之，子產而死，誰其嗣之？」

既有「衣冠」，又有「田疇」，又有「子弟」，「子弟」又有機會受教育，輿人的社會及經濟地位可以想見。在不明瞭子產新政目的、承受部分經濟損失(修田洫必須用去一部分田地)的時候，膽敢露骨地咒諷國家的正卿，明瞭子產政策的好處之後，又衷心地歌頌他的德惠。「輿」如何可能是「奴隸」呢？

有幸近年一篇充分利用周代文獻研究這些卑賤身分的論文，對皁、隸、輿、僚、僕、台、圉、牧等個別等次的稱謂、職任、身分一一分別詳細核對，證明這些都是周王室和列國政府底層的形形色色的職事人員，都是屬於平民階級，都不是奴隸。其中「隸」的含義甚

廣，如「常隸」指直接隸屬於國君的常任大臣，「隸人」一詞是邦國
「公室職事人員的泛稱」。只有「五隸」：罪隸、蠻隸、閩隸、夷
隸、貉隸以及奚隸等等才是「因罪沒入官府，或是戰爭中的俘虜，是
沒有人身自由的奴隸。」（黃中業，1984: 69-75）

## 四、小結

從奴隸的定義，商周兩代關鍵性社會身分的系統檢討，本文的結
論是：商周社會絕不是奴隸社會，中國漫長的歷史中也從未曾有過奴
隸社會的階段。郭沫若等中國古代屬於奴隸制時代的說法雖具有官方
意識形態的「權威」，可喜的是為學術而學術的優良傳統在大陸中國
始終未曾消失。1950年代反右運動前夕，特別是1970年代末改革開放
以來，古文字、考古、歷史等方面的學人，對有關商周社會性質的若
干部門做了不少認真的重檢討。這些重檢討工作可觀的積累成果都匯
集在商周並非奴隸社會這一焦點。更可喜的是：這些新檢討的理論依
據之一是構成商周社會廣闊底層的人們是否具有親屬組織——正與西
方理論重點相符。可見學術真理是沒有國界，沒有意識形態邊界的。

## 乙

## 「亞細亞生產方式」說辯要

自書目學的觀點：「亞細亞生產方式」的出處問題相當曲折。簡
而言之，馬克思在1857-58年冬寫了七本箚記，其中一本論及亞細亞型

經濟生產的特徵，百餘年後才有英譯本問世，書名是《先資本主義的經濟構成》(*Pre-Capitalist Economic Formations*)以下簡稱《構成》[13]。馬氏一生大量著述之中，AMP這個專詞只在1859年撰就另一書稿中曇花一現，因此AMP的研究者，除以《構成》為主要依據外，必須再從《資本論》及其他馬氏著作中尋找可供銓釋的資料[14]。

英譯《構成》僅五十餘頁，其有關亞洲部分顯然具有未定稿性質，文字、句法、若干名詞意涵相當晦澀難解。茲就《構成》原文，並參照多家銓釋，試將AMP的特徵簡述如下：

1. 馬氏所謂的亞細亞，實只以印度為代表。根據印度資料，AMP的基礎是萬萬千千極接近原始從事農耕與簡單手工業、力求自給自足的村社(community)。

2. 這些村社最基本的共同特徵是土地村社共有；個人是村社成員，與土地無法分離。所以無私人財產之可言。

3. 表面上土地雖為村社共有，事實上在無數村社之上，有一至高「唯一的業主」(the sole proprietor)——國家或君主。

4. 所有村社的一切「剩餘勞動」(surplus labor)(筆者案：似應為「剩餘價值」)都具有「貢納」(tribute)的性質，皆為「唯一業主」及

---

13　這七本筆記1939年始在莫斯科初次刊印。二次大戰爆發，此書在蘇聯境外很少流傳。1953年東德柏林重印，名曰《政治經濟學批判之基礎》(*Die Grundrisse der Kritik der Politischen Oekonomie*)，才開始引起國際學人的注意。其中一篇論文，即原來七本筆記之一，1964年譯成英文，全部筆記的英譯1973年才問世，一般皆簡稱為*Grundrisse*。

14　這部1859年撰就的書稿，1970年才有英譯本，名曰*A Contribution to the Critique of Political Economy*。AMP專詞出現於書序。有關AMP專著和論文集數量相當可觀。其中以Brendan O'Leary(1989)，最為周詳。此書原係倫敦大學的博士論文。Anne M. Bailey and Joseph R. Llobera, eds.(1981)研輯各家論文範圍較廣。諸文瑕瑜不一，然便於參考。

統治階級所徵收享用。因此，所有村社及其成員皆生活於「無產」（propertyless）狀態。

5. 這種「普遍的無產性」（the general propertylessness）最足反映「東方通常的奴隸制」（the general slavery of the Orient）。

6. 這種「通常的奴隸制」是與「東方專制政治」（oriental despotism）牢不可分的。

7. 一般而言，商業極不發達，只有在地理位置特殊優越之處才有相當規模的城市與商業。較奢侈的手工業產品皆為統治階級所獨享。

8. 凡農業依靠溝渠（aqueducts）之地，村社群負責興修和維修。交通修路等事似為「專制政權」（despotic regime）內「較高單元」（higher unity）的任務。

9. 這種自古不變，自給自足的村社，雖屢經戰亂及異族征服，反而能自我延續一直生存下去。換言之，這種生產方式永遠是靜止的，停滯不前的。歷史上東方經濟的「靜」與西方經濟之「動」正正相反。也許只有英帝國主義才可望打破停滯，推動經濟前進。

10. AMP不一定專指亞洲，它不是純地域性而是代表發展階段性的專詞。如西北歐古代「凱爾特人」（Celts）地區，蒙古統治終止後的斯拉夫和羅馬尼亞村社，墨西哥、秘魯以及近代非洲等地的生產方式都是屬於亞細亞型的。

　　　※　　　　　※　　　　　※　　　　　※　　　　　※　　　　　※

　　馬克思認為斯拉夫區域經濟屬於亞細亞型，而亞細亞型又與東方專制政治是孿生姊妹這一看法，自始即潛存著蘇聯建國後遲早引起論辯的不可避免性；更何況自1930年代起就開始了魏特夫（Karl A.

Wittfogel, 1896-1988)的火上澆油?！

　　案：魏氏青壯年曾參加德國共產黨，後脫黨長期在美取得羅氏基金會資助，聘請中國學人搜集史料，從事《東方專制政治：極端集權的比較研究》的研究與撰寫(Wittfogel, 1957)。此書1957年問世之前，魏氏已一再撰文歪曲馬、恩理論，顛倒大量亞洲(尤其是中國)史實。魏氏學說建立在兩類「史實」之上。一、由於古代亞洲乾旱地區水利興建必須動員大批人民，所以導致出專制暴政。此說一出即被保守反共學人奉為20世紀最要社科理論貢獻之一。二、東方式暴政又同時必會產生「集權式」(totalitarian)、「經營式」(managerial)的官僚制度(bureaucracy)。

　　事實上，魏氏學說因果倒置，極牽強附會之能事。因為任何古代文明區域的原始農業都與灌溉工程和「水利社會」(hydraulic society)無關。兩河流域最早的農業出現於山麓地帶，埃及農業源自天賜尼羅河的經常漲落，印度河區古代文明農業的起源也遠早於灌溉工程。早在1959年1月哥倫比亞大學的校際中國研討月會中，筆者即強調指出華北最早的農業是旱地耕作，與灌溉毫無關係。當時除過路訪客京都大學貝塚茂樹教授肯定我的說法外，其餘來自百哩以內五、六校的中國專家都瞠目結舌，對我的評案表示十分驚訝。

　　魏氏另一歪曲馬氏AMP之處是故意誇張官僚制度的「集權性」與「經營性」。嚴肅的學人不待深探即可斷言此說之無稽。試想：一個接近最原始經濟生產的社會怎能產生近代集權式、近代西方經營式的官僚制度呢？難怪國際左翼學人對這「叛黨」毒意攻擊馬、恩、列、斯者不得不做出激烈的反擊；難怪中立嚴肅的學人也不難洞悉魏氏一貫歪曲剪裁史料以遷就他預設的「理論」的治學方法之不經。本文不必理會由魏說所引起相當大量意識形態方面爭辯的著作，但魏說卻直

接引起舉世多學科相關學人對AMP的注意。

※　　　　※　　　　※　　　　※　　　　※　　　　※

　　由中、美雙方的安排，筆者1986年夏秋間曾到北京、昆明、上海做過三個月的演講。講題之一是「從比較的觀點檢討古代中國奴隸社會說」。1985年準備期間，我採取西方上古史名家Finley的慎重態度。對馬克思AMP說絕不專在小處吹毛求疵，必須平心核對亞洲文明古國和主要區域的地權歷史上，是否確實存在過「一般無產性」。馬氏既以印度一區概括全部亞洲，我主要核對的對象當然是印度，但也涉及古代波斯帝國和遼闊的回教世界[15]。

　　綜括而言，亞洲任何地區和國家歷史上都存在著不同程度的土地私有制。即使在中國北魏末至唐初國家擁有相當大面積的均田時期，土地私有制還是存在的。至於印度，至少在近四百年內，土地出售須村社同意之例雖偶或仍存，但土地私有制和諸子均分遺產的習慣是普遍存在的。從18世紀末到印度帝國1857年形成之後，地主（zemindars）、小地主、自耕農（talukdars）的土地所有權和永久承繼權的法令越來越普遍、越系統化。最不可解的是馬克斯在1950年代印度問題特別注意，並且不只一次向《泰晤士報》投過有關印度問題的專稿。他對印度帝國形成以前土地私有制的概況是明知而不顧，故意續

---

15　當時O'Leary(1989)論著尚未問世，我只好先遍翻多本頭的《劍橋印度史》、《劍橋印度經濟史》、《劍橋伊朗史》、《劍橋伊斯蘭史》等基本參考書，然再披閱幾種印度土地制度方面的專書。土地制度專著中引用史料最多、研究比較深入的是Irfan Habib(1963)，是作者1958年牛津博士論文的增訂本。

彈歐洲歷代相傳的「東方暴政」、「通常奴隸制」、缺乏土地私有制的老調。這正是對意識形態毫無興趣、實事求是的學人之所以認為馬氏AMP說之斷難成立。

※　　　※　　　※　　　※　　　※　　　※

　　筆者對1930、40年代左翼文史精英著作目錄很不熟悉,可以肯定的是當時郭沫若等不僅接受了AMP,而且已經開始用它來研究中國古代社會了[16]。但AMP學說相當曲折費解[17],而且絲毫沒有直接提到中國。從他們當時理論及感情需要上看,AMP不像是他們決心創闢中國古代奴隸社會說的唯一動力。主要衝擊力倒像是來自簡要明快、熱情充溢、氣魄沈雄、論斷堅定的兩部恩格斯的名著,《家庭、私有制和國家的起源》和《反杜林論》(Engels, 1973; 1962)。試看:

　　　　奴隸制是首次促成大規模農業和手工業分工、上古之花希臘
　　　　文化生長的主力。沒有奴隸制,就沒有希臘國家、希臘藝術
　　　　和科學;沒有奴隸制,就沒有羅馬帝國。如果沒有希臘奠立

---

16　手頭沒有《郭沫若全集》中歷史之部;劉茂林等的合著(1992)涉及郭氏中
　　國古代史研究若干著作時,往往無確切寫作年代。 Howard L.
　　Boorman(1968)郭傳中指出郭1930年在日本發表了〈中國古代史研究〉一
　　文;1937年夏自日本回國前曾翻譯馬克斯的 A Contribution to the Critique of
　　Political Economy 和 The German Ideology。前者序言指出AMP這專詞足見郭
　　在1930年代已熟悉AMP之說。

17　侯外廬、趙紀彬、杜國庠(1957),書序說明全書第一、二、三卷在1949年前
　　已經撰就。第一章中作者很費心地分析解釋「中國古代」社會雖有其「早
　　熟」之處,與「亞細亞的特點」並不衝突。此章頗有倚重恩氏兩部名著之
　　處。

　　的文明，也就沒有羅馬帝國，也就沒有近代歐洲。……在這
　　種意義之下，我們可以心安理得地說：沒有古代的奴隸制也
　　就絕不會有近代的社會主義。(1962: 249-250)

雖然恩氏一生著作之中從未正式提過AMP專詞，也未曾對AMP專門討
論，但思想傳承散播的道路往往是曲折的。正如矮小內向的邊沁
(Jeremy Bentham, 1748-1832)，所謂費邊社會主義精神上的「祖父」
的功利主義要經過思維銳敏、文章流暢的大穆勒(James Mill, 1773-
1836)的簡易化才能廣泛地被社會及政府所接受；馬氏理論體系(包括
AMP這一小枝節)在世界上能發生驚天動地的實際作用，至少部分地
應該歸功於恩氏支援性和不時原創性的闡發與詮釋。

　　　※　　　　　※　　　　　※　　　　　※　　　　　※　　　　　※

　　結束這個附錄之前，我們應該簡要地總結馬克思論古代中國所根
據總的資料的水平和偏見。鴉片戰爭最後簽約結束之年(1842)正是馬
氏取得耶那大學博士學位之年；英法聯軍期間，在專文和通信之中馬
氏曾幾度論到衰亡中的大清帝國。但他一生從未涉獵到古代中國第一
手的資料。不但他如此，就是他晚年所敬仰的，以第一手數據馳名當
世的《古代社會》作者摩爾根(Lewis H. Morgan, 1818-1881)也是如
此。摩爾根不但對散居北美各地的印地安人部落做過長期的調查，並
有習慣向很多國家政府請求供給古代氏族的數據。他終於在1862年
得到中國海關總稅務司赫德(Robert Hart)的回答：古代中國有100個

氏族[18]。（White, 1964: 310）以《百家姓》代表中國古代氏族真是戲劇性地反映當時西方對中國古代社會知識的水平！

時至今日，馬氏一生大小著作、箚記，以至片紙隻字無一不已經過顯微鏡式的核對了。我們確實可以公正而又放心地作一綜結。馬克思一向以印度代表「亞細亞」。他對當時的印度和中國都曾作研究、觀察和評論，而且知道中、印兩個文化很不相同。他甚至感覺到從觀察而了解的印度和中國與他先入為主的印象確有若干不符之處。但他堅持「歐羅巴中心主義」的觀點，不惜歪曲史實以維護其AMP說。所以從最基本處批判AMP必須發掘歐羅巴中心主義的歷史根源。

最有資格發掘歐羅巴中心主義的歷史根源和動機的是20世紀最淵博的歷史家湯因比（Arnold J. Toynbee, 1889-1975）。他在痛擊魏特夫《東方專制政治》的書評（1958: 195-98）裡，把歐洲藐視亞洲偏見的起源追溯到紀元前5世紀的希臘。由於兩次打敗侵略者波斯帝國，希臘人產生無比的自豪，認為勝利是自由人群的勝利，失敗是「奴隸」式人民國家的失敗[19]。亞里斯多德（前384-322）就是歐羅巴中心主義的主要

---

18　馬克思晚年對方興未艾的民族學和人類學很有興趣，從摩爾根的《古代社會》曾作了98頁之多的筆記。詳見於Lawrence Krader（1974）。恩格斯對摩爾根的景仰反映於他名著《家庭、私有制和國家的起源》的副標題：「依據L.H.摩爾根的研究成果」（*In the Light of the Researches of Lewis H. Morgan*）。

19　關於古代波斯帝國的社會階級制度，1940年代的標準著作A.T. Olmstead（1948）於第五章概略指出大多數人民是納稅的自由人。奴隸買賣雖是經常現象，但不像是生產主力。作者用心說明詳情尚有待於大約50萬片泥板檔案的研究和分析。1970、80年代蘇聯古史家Muhammad A. Dandamaev and Vladmir G. Lukonin（1989: 152-177）對奴隸制有詳細的討論，證明Olmstead的概論大體是正確的。古代波斯的自由人或公權部分被剝除的自由人占人口的很大部分。奴隸多為家內奴隸，很少從事農耕。城市中部分的手工業者是有專技的奴隸。趨勢是奴隸制正在衰落的過程中。總之，從嚴肅的學

闡發者，並將此說灌輸給弟子亞歷山大大帝(前358-323)。征服波斯帝國之後，亞歷山大才發現老師的說法與事實大相逕庭，簡直是對高文化的波斯的誣蔑。他當時極有意與波斯籌劃長期共治這空前跨洲多民族大帝國的方略。他不幸夭逝，這一眼光遠大的政策因此無法實現。但歐羅巴中心主義的意識卻長期潛存，直到歐洲海外發展，經濟軍事領先之後，才又被「發揚光大」，應用於文化、政治、經濟、社會種種理論的構成。這些理論的頂峰是黑格爾的著作，尤其是他的《歷史哲學》，而黑格爾的著作正是對馬氏具有最深而又最直接的影響的。本附錄既已檢討了AMP特徵之缺乏歷史真實性，而湯因比又揭穿了歐羅巴中心主義自古至今一直是個「荒誕的說法」（lying myth），AMP說本身和建築在AMP上的中國古代奴隸社會說之不能成立，自不待言。

　　　※　　　　　※　　　　　※　　　　　※　　　　　※　　　　　※

　　本附錄第四分節裡，筆者聲明不熟悉1930、40年代左翼文史精英的著作，提出恩格思對郭沫若等人的影響可能比馬克斯的AMP還大。這完全是筆者的直覺。最近翻讀《二十一世紀》1995年2月號中喬健〈中國人類學發展的困境與前景〉，不期我的直覺竟在喬文所引林耀華、莊孔韶，〈中國民族學：回顧與展望〉一文中得到證實：

　　　……西方的馬克思主義著作對中國有識之士具有特別的吸引
　　　力。1924年蔡和森編寫的《社會進化史》實際上介紹恩格斯

（續）————————————————————————
　　術著作中無法指責古代波斯是奴隸國家與社會。

《起源》的全部內容；三年後李鷹揚又把該書譯出，題爲《家族私有財產及國家之起源》。郭沫若於1929年寫的《中國古代社會研究》就是根據恩格斯和摩爾根有關原始社會史的基本理論，解釋我國古籍中的記載，包括原始社會和奴隸社會。按郭老的說法，這本書〔筆者案：郭(1964)〕的性質可以說就是恩格斯《家族、私有財產及國家之起源》的續編。

## 參考資料

《尚書》、《左傳》、《國語》、《禮記》、《周禮》、《荀子》、《管子》等基本古籍，皆經本文引用，不必再列版本。

丁　山
　　1956 《甲骨所見氏族及其制度》（北京：科學出版社）。
于省吾
　　1957 〈卜辭所見商代社會〉，《東北人民大學人文科學學報》，第2、3合期。
王國維
　　1959 〈鬼方昆夷玁狁考〉，《觀堂集林》卷13（北京：中華書局）。
平　心
　　1962 〈從《尚書》研究論到《大誥》校釋〉，《歷史研究》5:73。
白川靜（著）、溫天河與蔡哲茂（譯）

1980 《金文的世界》（台北：聯經出版事業公司）。

竹添光鴻

1903 《春秋經傳集解》（東京：井井書屋）。

呂文郁

1991 〈西周采邑制度述略〉，《歷史研究》3: 20-31。

何茲全

1985 〈眾人和庶民〉，《史學月刊》1: 18-20。

1991 《中國古代社會》（洛陽：河南人民出版社）。

何炳棣

1996 〈「天」與「天命」探原：古代史料甄別運用方法示例〉，《中國哲學史》（1995年第1期）。

金景芳

1983 《中國奴隸社會史》（上海：人民出版社）。

侯外廬、趙紀彬、杜國庠

1957 《古代思想》，《中國思想通史》第1卷（北京：人民出版社）。

馬長壽

1962 《北狄與匈奴》（北京：三聯書店）。

徐喜辰

1984 〈「眾」、「庶人」並非奴隸論補證：兼說商周農民多於奴隸亦為奴隸社會問題〉，《東北師大學報》（哲學社會科學報)2: 34-41。

郭沫若

1931 《兩周金文辭大系考釋》（香港）。

1950a 〈讀了《記殷周殉人之史實》〉，《奴隸制時代》（北京：

　　　　　科學出版社)。

1950b 〈申訴一下關於殷代殉人的問題〉，《奴隸制時代》(北
　　　　　京：科學出版社)。

1964 《中國古代社會研究》。北京(1964重刊，1930原版)。此處
　　　　　要特別強調的是：郭若沫此書是受恩格斯(而非馬克思)的
　　　　　影響寫成。

1973 《奴隸制時代》(北京：科學出版社)。

陳夢家

1954 〈西周金文中的殷人身分〉，《歷史研究》6: 85-106。

童書業

1980 《春秋左傳研究》(上海：人民出版社)。

黃中業

1984 〈春秋時期的「隸皁牧圉」屬於平民階層說〉，《齊魯學
　　　　　刊》。

黃展岳

1974 〈我國古代的人殉和人牲——從人殉、人牲看孔丘「克己復
　　　　　禮」的反動性〉，《考古》3: 153-163。

1983 〈殷商墓葬中人殉人牲的再考察——附論殉牲祭牲〉，《考
　　　　　古》10: 935-49。

裘錫圭

1992 《古代文史研究新探》(江蘇：古籍出版社)。

楊錫璋

1986 〈商代的人殉和人牲〉，《中國大百科全書》15，《考古
　　　　　學》(北京：中國大百科全書出版社)。

楊錫璋、楊寶成

1977 〈從商代祭祀坑看商代奴隸社會的人牲〉，《考古》1: 13-19。

趙錫元

1956 〈試論殷代的主要生產者「眾」和「眾人」的社會身分〉，《東北人民大學人文科學學報》4: 63-80。

劉茂林

1992 《郭沫若新論》（北京：社會科學文獻出版社）。

應永琛

1981 〈說「庶人」〉，《中國史研究》2: 92-99。

韓康信、潘其風

1980 〈殷代人種問題考察〉，《歷史研究》2: 89-98。

顧頡剛

1962 〈《尚書‧大誥》今釋(摘要)〉，《歷史研究》4。

顧德融

1982 〈中國古代人殉、人牲者的身分探析〉，《中國史研究》2: 112-123。

Anderson, Perry

1974 *Passages form Antiquity to Feudalism* (London: New Left Books).

Bailey, Anne M. and Joseph R. Llobera

1981 *The Asiatic Mode of Production: Science and Politics* (London: Routledge and Kegan Paul).

Boorman, Howard (ed.)

1968 *Biographical Dictionary of Republican China.* Vol. II. (New York: Columbia University Press).

Buckland, W.W.

　　1925　*A Manual of Roman Private Law*（Cambridge: Cambridge University Press）.

　　1969　*The Roman Law of Slavery*（1908原版，1969重印，London）.

Christ, Karl

　　1984　*The Roman*（Berkeley: University of California Press）.

Dandamaev, Muhammad A. and Vladmir G. Lukonin

　　1989　*The Culture and Social Institutions of Ancient Iran*（Cambridge: Cambridge University Press）.

Davis, Kingsley and W. Lloyd Warner

　　1968　"Structural Analysis of Kinship," in Paul Bohannan and John Middleton（eds.）, *Kinship and Social Organization*（New York: The Natural History Press）.

Engels, Frederick

　　1962　*Anti-Duhing*（Moscow: Progress Publisher）.

　　1973　*The Origin of the Family Private Property and the State: In the Light of the Researches of Lewis H. Morgan*（New York: International Publishers）.

Finley, Sir Moses I.

　　1968　"Slavery," in *The International Encyclopedia of the Social Sciences* 14: 307-313.

　　1985　*The Ancient Economy*（Berkeley: University of California Press）.

Habib, Irfan

　　1963　*The Agrarian System of Mughal India*（Madras）.

Ho, Ping-ti

　　1965　"An Historian's View of the Chinese Family System," in *Man and Civilization: The Family's Search of Survival* (New York: McGraw Hill).

　　1975　*The Cradle of the East: An Inquiry into the Indigenous Origins of Techniques and Ideas of Neolithic and Early Historic China, 5000-1000 B.C.* (Hong Kong: Chinese University of Hong Kong; Chicago: University of Chicago Press).

Krader, Lawrence

　　1974　*The Ethnological Notebooks of Karl Marx* (Assen: Van Gorcum).

Kramer, Samuel

　　1963　*The Sumerians: Their History, Culture, and Charater* (Chicago: University of Chicago Press).

O'Leary, Brendan

　　1989　*The Asiatic Mode of Production: Oriental Despotism, Historical Materialism, and Indian History* (Oxford: Basil Blackwell).

Olmstead, A.T.

　　1948　*History of the Persian Empire* (Chicago: University of Chicago Press).

Toynbee, Arnold J.

　　1958　"Wittfogel's Oriental Despotism," *American Political Science Review*, Vol.52. 重印於Bailey and Llobera (eds.), *The Asiatic Mode of Production*, pp.164-167.

White, L.A. (ed.)

1964 *Ancient Society* (Cambridge, MA: Harvard University Press).

Wiedemann, Thomas

1981 *Greek and Roman Slavery* (London).

Wittfogel, Karl A.

1975 *Oriental Despotism: A Comparative Study of Total Power* (New Haven: Yale University Press).

# 第三章
# 「天」與「天命」探原：
## 古代史料甄別運用方法示例

## 一、問題的提出

　　研究上古史最易犯的錯誤是對「默證」（The argumentum ex silentio)這個基本原則缺乏正確的了解。研究者往往以爲現存古代史料中之所無即可表明從來未曾有過，而且以爲持此種態度是治學方法謹嚴的標誌。犯此種史學方法上錯誤者絕不限於初習考證之人，資深甚或被認爲相當「權威」的學者們亦往往以此自豪。20世紀最初二三十年間這種默證極端的應用相當普遍，以致造成了我國學術史上空前疑古的風氣。關於「天」與「天命」起源的研究就是最好例子之一。

　　對「天」及「天命」這問題把默證原則推到最極端的是美國新故老輩漢學家，筆者在芝加哥大學的前同事顧立雅(Herrlee G. Creel)教授。早在1935年他在燕京大學訪問，私人間進修周代金文及古代文獻時，就發表了一篇〈釋天〉（極可能是由陳夢家「指導」而又譯成淺易文言的)。其結論是：由於殷代卜辭中無「天」字，而西周文獻及金文中「天」字出現的次數遠較「帝」爲多，所以「天」是周人所獨有的至上神，「天」的觀念是周人開始有的，是奉「帝」爲至上神的殷人

所沒有的[1]。三十五年後，顧氏雖不得不列舉殷代卜辭中所見天字的各種字形，卻變本加厲地肯定了他早年的看法[2]。他這種看法支配了西方漢學界內外半個世紀以上。

中國學者對殷周宗教及天命論功力最深的是去世過早的傅斯年。他這方面的研究成果在抗戰初期刊印於物質奇缺的內地，當時流傳即極為有限，以致至今似仍未曾為大陸學人所普遍引用[3]。大陸中國主要學人對殷周「天」「帝」等問題的看法已有很好的摘要綜述[4]。與顧立雅看法幾乎完全相同的是陳夢家。運用史料最多，識見精宏之中往往不免武斷的是郭沫若。他在1945年以前所撰的〈先秦天道觀之進展〉一文，流傳最廣，影響最大。他對「天」「帝」關係曾作以下的綜述：

> ……卜辭稱至上神為帝、為上帝，但決不曾稱之為天。……卜辭既不稱至上神為天，那麼至上神稱天的辦法一定是後起的，至少當在武丁之後。
>
> ……殷時代已經有至上神的觀念的，起初稱為「帝」，後來稱為「天」：因為天的稱謂在周初的《周書》中已經屢見……那是因襲了殷人無疑的。[5]

---

1 〈釋天〉，《燕京學報》（1935年第18卷）。

2 H.G. Creel, *The Origins of Statecraft in China* (Chicago: University of Chicago Press, 1970), Appendix III。

3 《性命古訓辨證》重刊於台北聯經出版公司之《傅斯年全集》，第二冊。

4 任繼愈主編，〈先秦〉，《中國哲學發展史》（北京：人民出版社，1982），第一冊，頁78-83。

5 郭沫若，《青銅時代》（北京：科學出版社，1956重刊1945出版）；所引前段在頁5-6，後段在頁9。頁15-16郭氏謂「帝」係殷人自巴比倫引進，荒謬無稽。

可惜郭文在「天」「帝」的討論部分論辯方式似嫌散漫，以致上引直覺揣測性的結語缺乏足夠的說服力。

## 二、史料的甄別與評價

事實上，研究殷周祖宗神、至上神二者之間的關係和殷周時代宗教觀念的鑰匙是史料的嚴格甄別與平衡合理的運用。茲先對各種史料加以甄別，以爲運用張本。

最原始而又最大量的資料當然是殷墟出土的十幾萬片有刻辭的甲骨，此外必須加入1970年代發現的周原卜辭。卜辭所及雖遠不限於「帝王之名，祭祀之典，邦國聘卿之事」[6]，但也不是系統敘事或討論觀念之「文獻」。誠如老輩史家侯外廬所指出：「卜辭中沒有發現一個抽象的詞，更沒有一個關於道德智慧術語。」[7]這麼多的刻辭甲骨連「上帝」的姓名都未曾明述。八十多年前王國維從字形上雖肯定了「夋」即是「俊」，也就是「高祖夔」，他卻無法說服所有的讀者「夔」就是殷人始祖又演化成爲至上神的帝嚳。因爲除非嚳字的古音從其本字下部的「告」，嚳與音「奧」（Ngao)的夔是無從拉上關係的。淹貫古今的王靜安當然了解在這問題上，卜辭是走不通的死胡同，殷周祖宗神、至上神的名字和他們之間的「親緣」關係只有在古代神話中才能溝通。他事實上最後溝通了，只是因爲先後兩度引用神話比較零亂，對個別神話資料價值未加甄別，所以久久未被舉世漢學界所領會接受[8]。

---

6　孫海波，〈自序〉，《甲骨文編》（台北：藝文出版社，1956重刊本）。

7　任繼愈主編，《中國哲學發展史》，第1冊，頁79-80。

8　〈殷人所見先公先王考〉及〈殷卜辭中所見先公先王續考〉，《觀堂集林》

　　西方甄評中國古代神話史料方法最謹嚴的是以研究古代中國音韻及《左傳眞僞考》馳名的瑞典漢學家高本漢（Bernhard Karlgren）。他把漢代以前的神話資料分成兩類：未經和已經儒家編纂過的。據他的評價，前者的敘述一般皆較簡單零散，較多地保留下資料的原始形態，所以比較可信；而後者被儒家大大地系統化以後，照例呈現出一個以黃帝爲始祖的「全神廟」，所以價值不如前者高。至於漢代以後的資料，如無所不知的皇甫謐的《帝王世紀》之類當然是更可疑的[9]。高氏神話史料方法論甚有裨於「天」「帝」的研究，迄今似尚未引起國內學人的廣泛注意。

　　卜辭和金文以外有關殷商和周初宗教觀念的資料只有靠文獻。文獻資料需要嚴格的鑑別，鑑別的方法不外「外證」和「內證」。所謂的外證是自版本源流及文體詞藻鑑別眞僞。所謂的內證是從文獻中的史事和編纂的動機以核定或窺測其部分或整體之是否眞實。我國歷代學人研究古籍眞僞大都由外證入手，對於最古文獻經常是先看文體之是否古奧。例如文起八代之衰之復古運動領袖韓愈就曾銳利地指出「周誥殷盤，佶屈聱牙」，文體最古，最爲難讀。他的看法早已成爲近千年來學人的共識。我國歷代學人精於版本及文體考證者甚多，積累的貢獻很大，至今對《尚書》中的《虞夏書》、《商書》的大部，及《周書》中文字比較淺易諸篇早已斷爲係後人所僞撰；僞撰諸篇除去內中一些警句名言之曾經被徵引於先秦信實典籍者外，其餘均不可輕易引用。

　　古今學人大都同意的是《尚書・周書》中〈大誥〉、〈康誥〉、〈酒

（續）————————

　　　卷9。

　9　B. Karlgren, "Legends and Cults in Ancient China," *Bulletin of the Museum of Far Eastern Antiquities*, No.18（1946）.

誥〉、〈梓材〉、〈召誥〉、〈洛誥〉、〈多士〉、〈無逸〉、〈君奭〉、〈多方〉、〈立政〉諸篇的眞實性與「當代性」（Contemporaneity）最無問題，其言殷商之際史事之可靠性也比較高。但極端疑古派或自命爲方法最謹嚴者，對其追述殷商失國以前的更古史事仍有保留。〈盤庚〉篇在《商書》中價值最高雖無異議，但因今本全篇開端「盤庚遷于殷」一語在1920年代引起顧頡剛先生的議論，認爲這明明是已遷於殷以後的追述。在當時疑古高潮沖淘之下，〈盤庚〉對重建殷史的價值竟迄今尚少系統的評估。爲了加深了解殷周宗教觀念，筆者對以上所舉《尚書》中的可信篇章將試作更進一步的甄別與評價。

針對海內外極端疑古學人所堅持《周書》可信諸篇章所言殷商失國前史事之缺乏「當代性」，筆者曾於三十餘年前依照傅斯年《性命古訓辨正》的說法，自《尚書》中甄選出使他們無懈可擊的資料以資論辯。例如凡是周公或成王明明標出：「古人有言曰」之「言」一定是殷代名王賢相之「言」，否則在殷周之際決不可能被稱爲「古人」之言；凡是標明：「我聞，惟曰」之類的「聞」也一定是聞自殷人所言殷代故實或聞自熟悉晚殷人物及史實的文王或其親近臣僚。這類「言」與「聞」正是研究失國前殷商史實和觀念彌足珍貴的啟示。對這類「言」「聞」仍摒棄不顧，認爲遠不如殷代甲骨之「堅硬」，就不是方法「嚴謹」，而是方法失之偏頗了[10]。

這類偶爾在《尚書》裡保留下來的古人的「言」和「聞」，都是反映卜辭從不涵蓋的史實與觀念，言簡意賅，耐人尋味。如《周書·酒誥》中周公代成王訓誡已封於衛（舊殷王畿一帶）行將就國的康

---

10　David N. Keightley, ed., *The Origins of Chinese Civilization* (Berkeley: University of California Press, 1983)，有關商代專章即完全拒用殷周文獻，只以甲骨文爲「硬」的資料。

叔封：

> 封！予不惟若茲多誥。古人有言曰：「人無於水監，當於民
> 監。」

此語可參考《史記‧殷本紀》：

> 湯曰：「予有言：『人視水見形，視民知治不。』」

我們雖無法肯定《史記‧殷本紀》所記確是成湯本人原語，但其要義
累世流傳，以上兩條義同而詞微異的名言，正說明無論殷商時代宗教
氣氛多麼濃厚，一般而言，國王總要考慮到維持臣民最低必要的生活
需要和意願。這個名言也說明何以成湯被後世公認為「聖王」，何以
商朝能延續五百年之久。

　　另一古人名「言」大有助於了解商代物質文明和技術工藝的持續
進步。盤庚率領臣民遷殷中曾引：

> 遲任有言曰：「人惟求舊，器非求舊，惟新。」

案：終身研究商代器物的李濟教授，生平一再讚嘆商代文物反映一種
不斷精益求精的精神。另位當代西方古代青銅冶鑄專家對商代青銅工
藝水平之高，生產規模之大，國家動員人力、技術、採礦、原料運輸
等等能力之強，也只有讚嘆，不能圓滿解釋[11]。遲任之「言」就精簡

---

11　同上，頁279-96，加拿大安大略皇家考古博物館Ursula M. Franklin論青銅及

地說明，在任用官員方面，應該選拔長期爲國家效勞的舊世族成員，而在器物製造方面卻要不斷地追求新的更高水準。

《周書》不僞諸篇章極大部分都是周公躬自或代成王訓誡姬周權貴之詞。內文多度提出「殷先哲王」之所以成功，並一再指示康叔封等要汲取殷人經驗，遵重殷人規範，否則對殷人的統治難望久長。內中對殷先王的事功和勤政的綜述可能有溢美之處，但大體都是信史應無可疑。姑舉最堅強的「內證」兩例以說明《周書》不僞篇章所言殷代故事之可信。《尚書‧君奭》周公對召公所舉的殷代先王先公：

> 公曰：「君奭！我聞在昔，成湯既受命，時則有若伊尹，格于皇天。在太甲，時則有若保衡。在大戊，時則有若伊陟、臣扈，格于上帝；巫咸，乂王家。在祖乙，時則有若巫賢（咸）。在武丁，時則有若甘盤（般）。率惟茲有陳，保乂有殷；故殷禮陟配天，多歷年所。……」

以上周公所舉前後商代名王的個別佐國經邦的賢臣的時代和姓名與卜辭中綜合所見者完全符合；自成湯時期的伊尹到武丁時期的甘盤無一人不在卜辭「先公」之列，全部「賓帝」，就是周公所說的「配天」，經常與先王一同受享[12]。〈君奭〉篇中所舉史實、人名、時代之具體而又正確，有如此者！

我們更進一步參考《尚書‧無逸》：

（續）────────

　　礦冶專章，極有見地。

12　陳夢家，〈舊臣〉，《殷虛卜辭綜述》（北京：科學出版社，1956）。

> 周公曰：「嗚呼！我聞曰，昔在殷王中宗(祖乙)，嚴恭寅
> 畏，天命自度，治民祇懼，不敢荒寧。肆中宗之享國七十有
> 五年。其在高宗(武丁)，……不敢荒寧，嘉靖殷邦，至于大
> 小，無時或怨。肆高宗之享國五十有九年。其在祖甲，不義
> 惟王，舊爲小人。作其即位，爰知小人之依；能保惠于庶
> 民，不敢侮鰥寡。肆祖甲之享國三十有三年。自時厥後，立
> 王生則逸；生則逸，不知稼穡之艱難，不聞小人之勞，惟耽
> 樂之從，自時厥後，亦罔克壽；或十年，或七八年，或五六
> 年，或四三年。

周公能道出殷代勤政及耽樂諸王大大不同的享國具體年數，再與〈君
奭〉篇中先王先公次序姓名全部正確這一重要現象相結合，使我們幾
乎無法不相信周公的談話是根據當時尚存的殷代的典冊。「惟殷先人
有冊有典」必是千眞萬確的事實，《周誥》諸篇所言殷代故實大部都
應是有典冊根據的。

近十餘年來，〈盤庚〉篇研究的重要突破是晁福林的〈從盤庚遷
殷說到《尚書・盤庚》三篇的次序〉。這篇論文以歷次殷墟考古發掘
成果縝密核證有關〈盤庚〉的古今文獻，得出盤庚遷殷之後不久又遷
都於亳的結論。前此堅信遷殷之後「更不徙都」的俞樾(1821-1907)及
其他近代學人感到〈盤庚〉三篇敘事之「紊亂」，不得不以三篇次序
有所顛倒以爲解釋。事實上，晁文證明今本《尚書・盤庚》上中下三
篇的次序並未誤置，敘事與考古證據大都相符。他於是肯定了〈盤
庚〉全篇確是「研究商代歷史的最珍貴的文獻資料」[13]。

---

13　晁文刊在《中國史研究》(1989年第1期)，頁57-67。

　　卅餘年前，筆者在海外「孤軍作戰」，致力於英文寫撰的《東方的搖籃》(主要從多方面論辯中國文化的土生起源)時，曾在第七章中做過〈盤庚〉篇的內證工作，曾將該篇經常提到的「眾」的身分與于省吾先生卜辭中「眾」的身分詳細比較，結果完全符合──「眾」絕不是奴隸。其中最無法反駁的是今本上篇盤庚對「眾」中地位較高者所作念舊之談：

> 古我先王，暨乃祖乃父，胥及逸勤，予敢動用非罰？世選爾勞，予不掩爾善。茲予大享于先王，爾祖其從與享之。

意思極明顯，「眾」的祖先既曾為先王效勞立功，盤庚坦白地指出，他怎敢對他們非法懲罰？當他大享先王的時候，他們的祖先也會同受祭享。但郭沫若曾強調提出今本中篇內有「汝共作我畜民」一語是「眾」奴隸身分的鐵證，他把「畜」解釋成「牲畜」。郭的論斷在國內影響很大，原文不得不細加研讀：

> 古我先后，既勞乃祖乃父，汝共作我畜民。汝有戕則在乃心，我先后綏乃祖乃父，乃祖乃父乃斷棄汝，不救乃死。

參考中外注釋，試釋如下：「很久以前我們的先王既已為你們祖先效『勞』過，〔即使你們現在反對遷徙，我還是有義務〕把你們當作應該由我養活的人民。你們如果真心懷不良，我們先王會通過你們祖先，你們祖先就會斷棄你們，看著你們死亡而不加拯救。」在這段話之前，盤庚曾對他們說：「予豈汝威？用奉畜汝眾。」意思更為明顯：「我豈會威脅你們？是為了要撫養你們。」這個「奉」字無論如

何不可能是對「奴隸」所用的字。這段話國內有些學人認為是國王對「眾」裡邊地位低的人民所說的。

應該指出的是：即使懲罰低層的「眾」，先王之靈仍須通過「眾」的祖先之靈。《左傳》僖公十年：「神不歆非類，民不祀非族。」可見所有的「眾」，無論地位高低，一定是與商王同一種族的國家成員，絕不可能是奴隸[14]。〈盤庚〉之真實可信在卜辭也充分得到肯定。于省吾先生曾發現一卜辭殘片，但大意還是清楚的：一位常常率「眾」出征的將領，「當出征之前，他招致眾在某先王的宗廟舉行侑告之祭。由於卜辭中從未有殺眾以祭的事例，毫無疑問，眾是家族公社成員的自由民，因而才招致他們在宗廟裡參與祀典。如果他們是奴隸的話，不僅不能這樣作，還要把他們殺掉用作人牲。」[15]

既然周公對殷遺民明說：「惟爾知惟殷先人有冊有典」，想像中，周初紀事的史官，除了最低必要的修改和追敘之外，如用死後若干年始定的盤庚廟號和一般認為周初才用的「則」「而」等字之類，應是採用一貫的「剪刀漿糊」法，把當時尚存的殷代典冊中的記事記言整段整篇地編排起來。案周人自文王之祖太王才開始較全面地向商人學習文化，西周開國初年史臣即能對殷代文獻大加潤色的可能性不大。相反地，筆者揣臆，《周誥》等篇格式文辭很可能是受商代誥諭的影響。所以「周誥殷盤，佶屈聱牙」古奧獨成一格。無論如何，周初史臣即使對〈盤庚〉潤色過，這種潤色與三四百年後周王室對國

---

14　以上關於〈盤庚〉篇中「眾」的討論，詳見Ping-ti Ho, *The Cradle of the East : An Inquiry into the Indigenous Origins of Techniques and Ideas of Neolithic and Early Historic China, 5000-1000 B.C.* ( The Chinese University of Hong Kong Press and The University of Chicago Press, 1975), pp. 306-9.

15　于省吾，〈從甲骨文看商代社會性質〉，《東北人民大學人文科學學報》（1957年，2-3期），頁112。

風、雅、頌詞匯音韻方面的加工和美化是不可同日而語的。〈盤庚〉全篇中所有的「天」字都是商代沒有的，都是周人所改的，這是絕不可能的，這是不少近代學人的共同迷惑。

設若筆者以上對商周之際史料外證內證工作無大偏失，《周書》不偽諸篇所言商代故實大體應皆可信；〈盤庚〉全篇的極大部分應認為是現存的「唯一」商代「文獻」。筆者對《商書》其餘數篇的真實性和「當代性」還是具有相當的保留，不敢率而引用以重建商史。〈盤庚〉篇的肯定就行將擴展我們古史的視野，大大幫助我們解答「天」「帝」問題和「天命」觀念的起源。

## 三、「天」與「帝」

如第一節中所述，「天」與「帝」是一而二、二而一的稱謂，還真是殷周不同的至上神問題，必須先從神話中肯定殷周的祖宗神是否有「親緣」關係。高本漢既已對神話資料做過很好的評價，我們就可從周代文獻中精選未經儒家系統化過的史料著手了。最能保存原始神話形式的是《楚辭》和《山海經》。必須略加聲明的是：高本漢以《山海經》為漢代文獻，由於書內出現了幾個漢代地名。事實上，已故蒙文通教授的考證明白顯示除了偶經漢代學人增添之處之外，《山海經》不但被《史記》、《淮南子》和《呂氏春秋》徵引，而且絕未提及儒家全神廟中的「三皇」和「五帝」──這是全書極大部分的編輯必完成於西元前4世紀中葉以前的強有力證據[16]。因此，《山海經》

---

16 蒙文通，〈略論《山海經》的寫作時代及其產生地域〉，《中華文史論叢》（上海：上海古籍出版社，1962），第1集，頁43-76。

是比《楚辭》更古的原始資料。

關於殷商祖宗神，我們先列未經儒家系統化過的神話，然後接著列出人所熟知《詩經》中的關鍵詩句：

> 簡狄在臺嚳何宜？玄鳥致貽女何喜？《楚辭·天問》
> 高辛之靈盛兮，遭玄鳥之致貽。《楚辭·九章·懷沙》
> 天命玄鳥，降而生商。《詩經·商頌·玄鳥》
> 有娀方將，帝立子生商。《詩經·商頌·長發》

《楚辭》兩條可以肯定商人的祖宗神是帝嚳高辛氏，女始祖是有娀氏的簡狄，玄鳥(即燕子，有的神話亦作鳳凰)所「致貽」的是卵，簡狄吞食後即懷孕，期滿生子名「契」，契就是商人生物意義上的男始祖。從比較神話的觀點，「天」即是「帝」，天、帝、嚳、玄鳥、契形成一個類似基督教中「三位一體」類的神話複合體，但是要等與其他原始資料溝通以後才能充分證實。

在此應順便一提的是：帝嚳神的地位雖無可懷疑，但還不像是至上神。他為什麼還需要「宜」(祈禱生子)呢？我認為這正反映高本漢史料評價原則的正確性，因為嚳還沒有完全演化至上神，〈天問〉中還保留了神話的較原始形態。

有關至上神最豐富的文獻資料是《山海經》全書裡「俊」或「帝俊」出現十六次之多。為簡明計，我們只列必要的五條以作進一步溝通工作之用：

> 帝俊生季釐。《大荒南經》
> 義和者，帝俊之妻，生十日。《大荒南經》

帝俊生后稷。《大荒西經》

帝俊妻常羲，生月十二。《大荒西經》

帝俊有子八人。《海內經》

帝俊之妻既生十日及十二月，帝俊既是日月之父，當然是至上神無疑了。帝俊和帝嚳的溝通方法之一是通過二者所生之子之名。這方面可用的史料不少，但我們只採用高本漢認為最可靠的《左傳》。《左傳》文公十八年：「高辛氏有才子八人，……季狸。」這一條就與《山海經》言及帝俊的兩處都吻合：有子八人，其中之一是季釐（狸）。因此，帝俊就是帝嚳。此外，早經王國維和郭沫若音訓和音訓以外的溝通，俊也就是舜。再需一提的是《大荒西經》裡「帝俊生后稷」一語就說明周人終於接奉殷人的終極祖宗、至上神為自己的祖宗、至上神，這樣殷周就變成同祖了。

可喜的是零散較原始的神話資料全部溝通之後，結果與經過儒家編纂系統化的全神譜完全一致。

商人禘舜而祖契，郊冥而宗湯。

周人禘嚳而郊稷，祖文王而宗武王。

以上《國語・魯語》

殷人禘嚳而郊冥，祖契而宗湯。

周人禘嚳而郊稷，祖文王而宗武王。

以上《禮記・祭法》

終極祖宗、至上神係自殷人引進這一重大事實，周初文化精英以詩的方式予以微妙的詮釋和美化：

> 皇矣上帝，臨下有赫。監觀四方，求民之莫。維此二國，其
> 政不獲。維彼四國，爰究爰度。上帝耆之，憎其式廓。乃眷
> 西顧，此維與宅。《詩經‧大雅‧皇矣》

〈皇矣〉屬於〈文王之什〉，應是西周初年之作。這詩首段描述威
嚴懍懍的上帝一向關切下民的生活，曾對夏商兩代末期的痳敗大為
不滿，雖監巡四方邦國，還是感到憎厭。最後向西展視，（由於周人
政治道德水平較高），決定安居西土，眷顧周人。這詩不露形跡地掩
飾了1970年代自周原甲骨文中所發現的並不光榮的史實——周先王
臣服於殷，不得不祭殷人的祖先，文王甚至都要向異族祖宗神祈求
保佑[17]；從詩樂方面響應已由周公闡發的天命論；微妙地把引進的至
上神加以本土化；含蓄地把周人說成上帝的選民。

　　殷周同一祖宗、至上神這個結論是用史料方法原則上最無疵可求
的神話文獻和殷代卜辭溝通之後才得到的。此外《周誥》諸篇章和
《詩經‧大雅》所述殷代故實時，「天」「帝」經常是當同義詞用
的。〈盤庚〉篇中「天」字五見，四次指上帝，一次指「天時」。經
過如此嚴格外證和內證，審慎溝通各種史料得來的結論按理應該可以
完全成立，不再受質難了。但是國際漢學界可能還有像顧立雅那般單
維思考自命極端謹嚴的學人會繼續挑剔。筆者替他們提出一系列假想
的偏極問難：殷代卜辭是唯一權威的證據，內中始終沒有至上神
「天」的出現；〈盤庚〉雖已經過嚴格的內證，但文辭方面未必即具
有「當時性」，因此不能當作殷代文獻看待，篇內五見之「天」仍可
能是周初史官改的；《周誥》及《詩經‧大雅》等周初文獻以及西周

---

17　徵引於任繼愈主編，《中國哲學發展史》，第1冊，頁89-90。

金文中，「天」「帝」雖經常當作同義詞用，但仍無法確鑿明證殷亡之前已是如此用法；因此「天」仍可認爲是周人所獨有的至上神，不同於殷人所專有的至上神「帝」；「天」與「帝」不但不同義，最初還可能是「對立」的。

針對自己假設的極度偏頗的問難，筆者只好提出歐洲史上著名的史事，用平行推理的方式，說明何以在周初軍政情勢下，周公對先前殷代貴族和遺民訓話中所說的「天」和「帝」不可能不是殷人已有的至上神的兩個同義詞。

法國一向是天主教國家。16世紀下半胡格諾(Huguenot)新教徒雖僅占全法人口二十分之一，但在主要城市中擁有相當雄厚的經濟力量，因此不斷受國王壓迫，甚至在1572年還遭受過局部的屠殺。到1598年，長期內戰造成了王位空虛。西南部近西班牙邊境山區納瓦拉(Navarre)小國的國王輪序當立，被法國政府及人民迎爲法國國王，改稱號爲亨利四世。他一向是新教的虔誠信徒，在決定接受法國王位的同時，不得不放棄他原來的新教信仰，自動皈依天主教。爲了補償良心的責罰，他頒布了歷史上有名的《南特敕令》(Edict of Nantes)，給與新教徒相當的政治權利與保障。在當時的情勢下，他是絕對不能也不敢瀆犯極大多數臣民所信奉的天主教的。

西周初年的軍政情勢是：由於商王紂大部的軍隊調到奄(今山東西南部)進行戰爭，周人乘虛而入一舉攻克商王畿，並將紂處死。但不得不立紂的太子武庚以爲商嗣，立「三監」以周王子三人監視武庚。周公決計在洛陽附近營建成周，並逐步改編已降的殷代軍隊。不久三監叛變，情勢嚴峻，亂平之後，據終身致力於西周金文的日本白川靜教

授研究的成果，當時「殷系」的勢力仍很強大[18]，控制各地爲數眾多的殷民絕非易事。周公的政策之一是對已遷成周的殷貴族和遺民闡發天命論，並以官爵封土田園爲餌，勸誘他們勿念故國，改充新朝順民。

〈多士〉就是記載周公在成周親自代成王對新降殷商官員和遺民告誡之辭。周公的講話可謂開門見山：

> 王若曰：「爾殷遺多士！弗弔，昊天大降喪于殷；我有周佑命，將天明威，致王罰，敕殷命，終于帝。肆爾多士，非我小國敢弋殷命，惟天不畀允、罔、固、亂、弼我；我其敢求位？惟帝不畀，惟我下民秉爲，惟天明畏。……」

參考中西各家之後，大致根據孫星衍《尙書今古文注疏》試譯如下：

> 王如此說：「你們殷朝遺留下來的多位官員！非常不幸，威嚴懍懍的上天大降滅國之禍於殷人；我們周人能配合天意，遵奉天的權威，執行了對王者〔紂〕的誅罰，當著上帝的面，把殷朝的命運結束了。所以你們多位官員應該理解，並不是我們小小的周國敢於攫取殷國的命運，只是上天不把〔國家的命運〕交與那些諂佞、誣罔、蔽塞、惑亂的人們，而來輔佑我們，我們又何曾敢於謀奪〔殷國的〕王位呢？上帝不把〔國運〕交與你們是因爲我們治下的人民都能秉從天

---

18 白川靜，〈周朝的創業〉，《金文的世界》（台北：聯經出版公司，1989），漢譯本。

命，明瞭天威。」

從這段講詞可以看出，至少表面上周公自始態度即極坦誠謙虛，一再自供周以蕞爾小邦從不敢有覬覦上國之心，一切無非皆出自天命。周公在全篇訓話中一再作夏商兩代興亡原因及史實的綜述，並特別向聽眾強調「惟爾知惟殷先人有冊有典，殷革夏命……。」可見周公自知，聽眾也信服，講話中提到的人物和史實無一不是具有充分歷史根據的，無法反駁的。應該特別注意的是：無論從意義上或從詞位上，全篇所有的「天」與「帝」都是同一至上神可以互換的專詞。上引一段中「天」「帝」同義已甚明顯。句法及詞位上如「惟天不畀」、「惟帝不畀」，「上帝不保」與「惟天不畀」相對，「罔不失帝〔命〕」、「罔不配天〔意〕」等等，都是「天」「帝」同義的例證。

　　回到「天」「帝」的論辯，周公〈多士〉篇講話的最高目的在促使新降殷臣民接受天命的理論，因而變成對周心悅誠服的順民；至少也希望天命之說能部分消除或軟化殷臣民內心對周的仇恨與反抗。天命論的核心當然是至上神「天」。如果真如顧立雅所堅持——「天」是周人所獨有的至上神，「天」的觀念也是自周人開始的——周公天命論中之「天」豈不成為初步武力征服者強加於被征服者精神上宗教上又一個征服者了嗎？周公的講話豈不要產生強烈的反作用，更增加殷降人對周的仇恨和內心的反抗了嗎？更何況當時周公和成王所處的情勢遠比亨利四世被迎登極的前夕要嚴峻得多?!

　　所以無論從任何觀點立論，殷亡之前「天」與「帝」必早已成為同一至上神的同義詞。至於何以殷代卜辭中至上神始終是「帝」而不是「天」，人類學一項通則似乎可以供給合理的解釋。凡是宗教儀

式，自始即含有頑強的深層保守性。商人最初的至上神是「帝」，占
卜時只得一貫稱「帝」[19]。殷商一朝，至少在盤庚遷殷以後的273年
間，「天」確已成為「帝」的另稱；更因天自始即具有自然、道德和
「權威」屬性，其在創造詞彙上和表達抽象道德最高控制者等等有用
性之高，遠非「帝」字之所能及。

## 四、天命論的起源與闡發

### (一)觀念溯源

經過了以上的考證，天命至少可上溯到商代中期的盤庚。在《尚
書‧盤庚》篇裡，「天」字出現五次，「命」字出現九次，「德」出
現十次。「上帝」只出現一次：「肆上帝將復我高祖之德。」現將有
關天和命的詞句排列於下，以供學人進一步研究：

> 先王有服，恪謹天命。
> 今不承于古，罔知天之斷命。
> 天其永我命于茲新邑。
> 古我前后，罔不惟民之永保，后胥（皆）慼（戚），鮮以不浮
> （孚）于天時。
> 予迓（因而）續乃命于天。

---

19　如武王時期的〈大豐簋〉銘文中稱至上神為「帝」而不稱「天」。銘文中
　　「天」字兩見，一為「天□」，係造器人名；一為「天室」，即「大
　　室」，祭祀之所。顧立雅生平最重視金文，然於論「天」與「帝」時極力
　　逃避，不敢徵引此器銘文；而在其書第三附錄中仍只以「天」為周人獨有
　　之至上神。

前三句與天有關的命，或明顯地說明是天的命令，或都指殷商的命運
與國祚。「天時」介乎季節和天意之間，準確的意義相當不易把握。
只有第五例的「乃命」是指殷民的命運，但也通過國王向天祈求延
續，實亦天命之另一說法。此外還有一句「懋建大命」，雖指國運，
實由天決，所以也可視同天命的。總之，這些句例無疑義都是《周
誥》中「祈天永命」之類的先聲。「命」字其餘之例：

> 矧(何況)予制乃短長之命。
>
> 無荒失朕命。
>
> 令予命汝一(一心不貳)。
>
> 恭承民命。

「短長之命」指帝王掌生殺之權，可以控制人民的生命和壽夭。第四
句裡的「民命」也是指人民的生命。其餘都指國王的命令。

〈盤庚〉篇出現十次的「德」字有二三例似指物資給與和積累等
德惠之意。爲謹愼計，把「德」字十例列於本文底註以備古文字專
家參考[20]。筆者所能肯定的只是〈盤庚〉十見之「德」幾乎完全不同

---

20 〈盤庚〉篇中「德」字十見，列舉如下：
  1.「非予自荒茲德」
  2.「惟汝含(舍)德」
  3.「施實德于民」
  4.「汝有積德」
  5.「予亦不敢動用非德」
  6.「用德彰厥善」
  7.「故有爽德」
  8.「凶德」
  9.「復我高祖之德」

於《周誥》中「嚴德」、「明德」那種需要個人修養的道德觀念與行為[21]。

此外，很重要的是〈盤庚〉全篇之中處處反映國王對「民」生活及意願的關切。今本全篇開頭就說「重我民」。全篇中盤庚反覆勸喻人民遷都都是爲了謀求他們長期的生活安定。諸例之一是以下的訓話，值得讀者深思：

> 予告汝于難，若射之有志（鵠的），汝無侮老成人，無弱孤有幼。各長于厥居，勉出乃力，聽予一人之作猷。無有遠邇，用罪伐厥死，用德彰厥善。邦之臧，惟汝眾，邦之不臧，惟予一人有佚罰。

前幾句幾乎可與〈康誥〉中「惟乃丕顯考文王，克明德慎罰，不敢侮鰥寡」比擬，後幾句充分反映盤庚是勤於民政，勇於承當責任的國王；較現存僞〈泰誓〉篇中「百姓有過，在予一人」的精神有過而無不及。

堅信殷商爲神權國家奴隸社會的學人們對〈盤庚〉篇裡極雛形「民本」思想的出現一定會極端驚訝的，但除去最原始的拜物信仰之外，任何宗教的目的都在尋求人類物質生存的保障和精神生活的安慰；任何至高神祇都與人間信徒有必然的相互關係。維持人民生活最低的需要和安定既是死後賓天生爲人王的神聖責任，又是他保證國祚久長的必要考慮。〈盤庚〉篇中雛形的而在《周誥》中較成熟的「保

（續）
10.「式敷民德」
21　可參閱溫少峰，〈殷周奴隸主階級「德」的觀念〉，《中國哲學》，第8輯，頁35-46。

民」思想是有其內在邏輯的。

《史記‧殷本紀》言盤庚遷殷之後「行湯之政，然後百姓由寧，殷道復興，諸侯來朝，以其遵成湯之德也。」《呂氏春秋‧慎大》言武王克商之後「命周公旦進殷之遺老殷之亡故，又問眾之所說（悅），民之所欲。殷遺老曰，欲復盤庚之政。武王於是復盤庚之政。」近年大陸數位學人都肯定盤庚是好君主，遷殷原因之中「最可信的是時代最古的『去奢行儉』說。」[22]可見《周誥》和《詩經‧大雅》中一再歌頌文王勤政節儉的美德，是獲得天命的主因，也是有其歷史淵源的。

總之，天命論之完成與理性化的工作當然是周公的貢獻，但天命論中有些必要的因素肯定在〈盤庚〉篇中已經存在。

## (二)周公天命論中的理性與人本思想

周公天命論有三個組成部分：殷代享國五百年而最後墜失天命之故，周以蕞爾小邦不數世即能受命於天之故，以及對姬周權貴及國人再三警戒天命之難恃，人為努力之重要。理論的精華在第三部分。

關於殷代興亡，周公對姬周權貴及殷舊貴族和遺民告誡內容皆根據當時人所熟知的史實，並無多少差異。如〈酒誥〉中代成王告康叔：「我聞惟曰，在昔殷先哲王，迪畏天，顯小民，經德秉哲。自成湯至于帝乙……不敢自暇自逸。」如〈多士〉對已遷成周殷貴族及遺民的講話：「自成湯至于帝乙，罔不明德恤祀；亦惟天丕建，保乂有殷；殷王亦罔敢失帝，罔不配天，其澤。」至於殷之所以亡是由於晚

---

22 裘錫圭，〈關於商代的宗族組織與貴族和平民兩個階級的初步研究〉，《古代文史研究新探》（南京：江蘇古籍出版社），頁331-35。

期君主耽逸荒淫，不復勤政恤民。所以「昊天大降喪于殷……致王罰，敕殷命，終于帝。」天命於是轉移到周文王、武王。

關於周人之所以能革殷命，周人等人無不歸功於文王，因為周人從文王時期國力日臻強盛，才開始「剪商」。《周誥》諸篇對文王崇高的德行與事功有多次反覆的綜述，同時或稍後的《詩經·大雅》中的〈文王之什〉全部都是對業已配天的文王和他子孫所建的新王朝的謳頌。二者從歷史和詩歌方面說明文王之所以能承受天命主要是由於他敬天、恤民、勤政、恭儉等美德。這些都是學人所熟知的，似無選徵原文的必要。

古今中外研究天命論者無不特別注意周公及西周詩人對周人的諄諄警誡，倒有一一列舉的必要：

> 天棐忱辭，其考我民。〈大誥〉
>
> 迪知上帝命，越天棐忱。〈大誥〉
>
> 惟〔天〕命不于常。〈康誥〉
>
> 不知天命不易，天難諶。〈君奭〉
>
> 天不可信。〈君奭〉
>
> 侯服于周，天命靡常。〈大雅·文王〉
>
> 宜鑒于殷，駿命不易。〈大雅·文王〉
>
> 命之不易，無遏爾躬。〈大雅·文王〉
>
> 天難忱斯，不易維王。〈大雅·大明〉
>
> 天生烝民，其命匪諶。靡不有初，鮮克有終。〈大雅·蕩〉
>
> 敬之敬之，天維顯思，命不易哉！〈周頌·敬之〉

詮釋周公天命論較透徹的是郭沫若和傅斯年，先引郭說：

……周人一面在懷疑天，一面又在倣效著殷人極端地尊崇天，這在表面上像是一個矛盾，但在事實上一點也不矛盾的。請把周初的幾篇文章拿來細細地讀，凡是極端尊崇天的說話是對著殷人或殷的舊時屬國說的，而有懷疑天的說話是周人對著自己說的。這是很重要的一個關鍵。這就表明周人……是把宗教思想視為愚民政策……自然發生的原始宗教成為了有目的意識的一個騙局。所以〈表記〉上所說的「周人事鬼敬神而遠之」是道破了這個實際的。……[23]

另引傅說：

〔周公〕一切固保天命之方案，皆明言在人事之中。凡求固守天命者，在敬，在明明德，在保乂民，在慎刑，在勤治，在無忘前人艱難，在有賢輔，在遠憸人，在秉遺訓，在察有司，毋康逸，毋酗於酒。事事託命於天，而無一事舍人事而言天，「祈天永命」，而以為「惟德之用」。如是之天道即人道論……以為既信人力即不必信天力者，邏輯上本無此必要，且人類並非邏輯的動物，古代人類尤非邏輯的動物。周初人能認識人定勝天定之道理，是其思想敏銳處，是由於世間知識飽滿之故，若以為因此必遽然喪其畏天敬天之心，必遽然以為帝天並無作用，則非特無此必然性，且無此可能性，蓋古人自信每等於信天，信天即是自信，一面知識發達，一面存心虔敬，信人是其心知，信天是其血氣，心知充

---

23　郭沫若，《青銅時代》，頁20。

者，血氣亦每旺也。……24

二說各有獨到及有失平衡之處。郭以近代理性、懷疑主義、現實政策觀點立論，確有局部史實根據。古今對《尚書》史實研究功力最深的顧頡剛先生即深信在文王不斷擴張領土的過程中，「爲了籠絡人心，他裝神作鬼，說是在占卜上承受了天命，將來可以得天下。」武王崩，三監叛，大部殷人和部分周人蠢蠢思動之際，顧先生對周公的處境和〈大誥〉的背景，曾作摘要：

> 周公在這時，自己成了眾矢之的，當然非常不安，但看文王打下來的基業倘然從此一敗塗地，實在是一件痛心的事情，所以他定下兩個政策。第一是模仿文王，用占卜來鼓舞大家，說上帝雖然降給我們許多災禍，但現在又要愛護我們，打倒東方的叛徒了，爲了服從上帝的旨意，我們不該不對敵人作迎頭的痛擊。第二是聯絡殷族的許多奴隸主們，許下他們優厚的條件，要他們幫助周朝，戡定叛亂；換句話說，就是「以殷制殷」。當周朝的許多臣子還在躊躇著不想接受這吉利的占卜的時候，許多亡國的奴隸主們卻擁護周公，表示甘願隨同出兵了。這就使得周公堅定了勝利的信心，再和自己的臣屬們講一番話，很堅決地迫令他們一起東征。這回講話經史官筆錄了下來，傳到現在，就是這篇〈大誥〉。25

---

24　《傅斯年全集》，第2冊，頁287-8。
25　顧頡剛，〈《尚書‧大誥》今譯(摘要)〉，《歷史研究》(1962年第4期)，徵引自頁50。

如果僅就〈大誥〉及專對殷人講話的〈多士〉、〈多方〉三篇而言，郭沫若對周公的權術玩弄面的剖析無疑義是屬利而又正確的；這正是傅斯年所認為是次要的。傅的立論重心似在以上三篇之外的全部《周誥》，他所得出周公對天命虔敬的結論，也正是郭氏所譏諷的。然而人類史上自始信仰的強弱即離不開與事態發展結果的隨時對證。〈大誥〉前後的周公處境殆危，除背水一戰外，別無良策以保文王造成的基業。筆者揣測：發動東征的前夕，周公對天命之兆內心裡未嘗不是疑信參半。經過「破斧、缺斨」三年鏖戰險勝之後，對天命在周信心雖然增強；而對生死鬥爭不斷反思之後，益覺勝利得來之不易，因此才屢度訓誡周人天命靡常、天不可信、天難諶等言，並一再申說政治軍事的成功，無一不靠配合多方人事，一心一德做出最大的努力。周公「事事託命於天，而無一事舍人事而言天。」這正是傅說肯切深刻之處。但他對周人成功的總釋——知識飽滿，心知血氣兩旺——似乎有點神祕。

筆者以為周人之成功固然部分地是由於他們領袖過人的才智與周族的質素，但只有從一系列鬥爭之中，周人才能培養出艱忍卓絕、勤樸武健、居安思危、敬始慎終等等美德。天命和人事本是從鬥爭經驗中才能融為一體的。天命人事之間既已具有如此深刻的了解之後，周公及周初的文化精英對「天」的觀念亦開始有轉化的跡象。本文已說明至晚從盤庚時期起，「帝」與「天」都具有祖宗神和至上神的雙重性質。周初天命論系統而深刻地闡發之後，「天」原來祖宗神的性質似乎已有開始轉化為純理性至上神的趨勢。天命理論的演變及其廣泛的政治運用，將於待撰的〈華夏人本主義文化：淵源、特徵及意義〉一文中扼要討論。

## 後記

此文初稿撰就兩週內，即接到在北京、香港、台北同時刊行的《中國文化》1994年8月，第十期，內有沈建華〈甲骨文中所見二十八宿星名初探〉，其部分的結論對「天命」原始意義，甚有啓示：

> ……通過上述甲骨文廿八星宿的考證，可以知道當時殷人將星宿結合先祖先王舉行祭典，而這種始受天命的發源是從星象觀察開始的，把星宿天象視爲天命的顯示。我們由《禮記·月令》中十二月政令，即從天時人事，以致動植飛潛，一名一物之細，推究其理以明物候次第，以占驗不違時令，古人爲星座樹立其名次與先祖合祭，一方面用星象天道證明自己應天順命，另一方面從星宿的變化來占卜和它相應的人間吉凶禍福現象，試圖改變據信於己不利的天命。……

筆者希望，而且相信，今後多學科對我國古史的探索，必會加深我們對天和天命觀念起源多維度的了解。

1994年12月7日草就於
南加州鄂宛市黿岩村寓所

附誌：此文原刊於《中國哲學史》（北京），1995年第1期。2004年3月略加刪正。

第四章

# 「夏商周斷代工程」基本思路質疑：

### 古本《竹書紀年》史料價值的再認識

2002年我與劉雨先生合寫了《夏商周斷代工程基本思路質疑
——古本〈竹書紀年〉史料價值的再認識》一文，發表在
《中華文史論叢》總第七十輯。當時百務羈身，時間倉促，
稿件整理得不夠完善，加之文章發表後，我們又發現了一些
新的資料，於是我們對稿件作了必要的補充，並適當增加了
有助於理解本文的若干圖片。我本人在二十世紀三十年代曾
經是燕京大學歷史系哈佛燕京的研究生，經與《燕京學報》
編委會協商，得到他們慨允，決定在《燕京學報》重新發表此
文。這是我們對這個問題研討的最後文本。敬希讀者察鑒。

——何炳棣　2003年10月

「夏商周斷代工程」以釐清夏商周三代的年代為目標，集結了中
國歷史、考古、天文、核物理、古文字等學科領域的當代優秀學者二
百餘人，經過近五年的聯合攻關，對有關中國古史年代問題的資料進
行了全面檢索和研究，解決了許多長年懸而未決的難題，取得了一系
列科研成果，成績是很大的。中國上古年代問題與世界其他文明古國
的早期年代問題一樣，由於標記年代的遺跡多已被歷史的長河所淹
沒，恢復古史年代的工程是十分艱巨而繁難的。工程領導清醒地認識

到問題的複雜性，因此將目前取得的結論稱爲「階段成果」，這無疑是十分正確的。既然結論已經公布，本著對中華民族歷史負責的精神，對工程的每一個關鍵性的結論進行審視和評價，是學術界義不容辭的責任。

## 一、從斷代工程選定「武王克商年」說起

《夏商周斷代工程1996-2000年階段成果報告》（以下簡稱《報告》）第三章《武王克商年的研究》記述了工程專家組選定克商年的過程，他們首先利用賓組卜辭記載的五次月食定位了商王武丁、祖庚時期的具體年代，然後用C14測定考古發掘選取的商周之際特定地層出土的系列標本，將克商年的範圍逐步縮小到西元前1050-西元前1020三十年之內，然後根據新出利簋「甲子」、「歲鼎」銘文、《尚書·武成》、《逸周書·世俘解》伐商曆日、《國語》伶州鳩語的天象和《竹書紀年》記載等，以及與擬定的金文曆譜的相容程度，提出三種解決方案：西元前1046、1044、1027。最後再對三方案與上述材料相合程度加以優選，得出西元前1046年爲武王克商年。

上述三個方案代表了求取「武王克商年」的兩種方法，一種是利用文獻記載的古代天象資料，以現代天文學的知識，推算「武王克商年」，1046BC、1044BC屬於這類；另一種方法是避免使用推算過程，利用可靠的文獻記載直接找出「武王克商年」，1027BC屬於後者，當然兩種方法最後都必須通過金文記載的檢驗，纔能令人信服。《報告》採納了前一種方法，並在兩個年代之間優選了1046BC。

我們認爲《報告》使用出土和傳世文獻資料時難稱嚴謹，取捨多有失當，所採用的方法缺少必要的前提，選出的所謂「最優解」

1046BC，缺乏可信性。試逐一考察工程公布的論據：

## (一)伶州鳩語

《國語》記周景王二十一年鑄大錢，二十三年鑄無射鐘，單穆公認為三年之中有離民之器二焉，問題很嚴重，極力諫說。景王不聽，又問於伶州鳩，伶州鳩也表示反對，並配合單穆公繼續勸說周景王，在這種情況下，他說了如下一段話：

> 王曰：「七律者何？」對曰：「昔武王伐殷，歲在鶉火，月在天駟，日在析木之津，辰在斗柄，星在天黿，星與日辰之位皆在北維。顓頊之所建也，帝嚳受之，我姬氏出自天黿。及析木者，有建星及牽牛焉，則我皇妣大姜之侄伯陵之後，逢公之所憑神也。歲之所在，則我有周之分野也。月之所在，辰馬農祥也。我太祖后稷之所經緯也，王欲合是五位三所而用之。自鶉及駟七列也，南北之揆七同也。凡人神以數合之，以聲昭之，數合聲和，然後可同也。故以七同其數，而以律和其聲，於是乎有七律。」

伶州鳩這段話的意思是說鑄鐘起樂，非同一般，需天地相應，人神相合方可，不得隨意為之。

《報告》用天文推算的辦法選定克商年，這段「伶州鳩語」起了十分關鍵的作用，因為在所有文獻資料裡，只有這段話給出了武王伐殷時的歲、月、日、辰、星等系列天象條件。大家知道，用現代天文學知識往往可以非常精確地找出古代的某種天象出現的具體時間，但困難在於天象的變化一般都有一定的周期，比如同一日月干支，每五

年就重複出現一次，日月星辰的位置也在各自的軌道上按各自的規律
周而復始地重複著，用現代天文知識找出的古代天象出現的時期，並
不是唯一的可能時間。因此，還須要對結果加以論證，搞清楚這個結
果確實符合某些已知的條件，才能認為結論成立。伶州鳩這段話按字
面理解，應該是在武王伐紂從宗周發兵時，有一個觀測天象的人，如
實地記錄了當時宗周上空可見的歲、月、日、辰、星等具體位置，並
把這個觀測準確地記錄下來；過了數百年後，伶州鳩由於世任樂官的
關係，從其先祖所傳述中得知了這個天象記錄，並牢記在心，當周景
王為了鑄鐘，問到他一個音律問題時，他就以曆說律，說出了這個觀
測結果。因為五種天象同於一天出現幾乎是不可能的，於是從漢代的
劉歆開始，就說上述五種天象是從武王伐紂誓師到師渡孟津這一段時
間裡連續出現的，這當然就給說者以很大的靈活空間。雖然這一點是
無法證明的，我們姑且承認這個條件，但要想使人相信這個故事是真
實的，像工程首席專家組組長李學勤先生所說的，是「伶州鳩家世任
樂官，武王時天象應為其先祖所傳述」[1]，並將它作為論證武王伐紂的
重要論據的話，它應該起碼還符合以下三項條件：

　　1. 伶州鳩這段話是合理的和可以理解的。

　　2. 它是對周初原始觀測記錄的敘述，而非後世人自行推算出來的
結論。

　　3. 西周初年的周人已對二十八宿有了清楚的劃分，並且已有將二
十八宿分成十二次的「分野說」。

　　十分遺憾，根據我們的考察，上述三項條件沒有一項可以成立。

## 1. 伶州鳩這段話缺乏邏輯的合理性

---

1　　《夏商周年代學簡記》（瀋陽：遼寧大學出版社，1999），頁212。

《周禮・春官・保章氏》：「以星土辨九州之地，所封封域皆有分星，以觀妖祥。」鄭玄注引《堪輿》云：「星紀，吳越也。玄枵，齊也。娵訾，衛也。降婁，魯也。大梁，趙也。實沈，晉也。鶉首，秦也。鶉火，周也。鶉尾，楚也。壽星，鄭也。大火，宋也。析木，燕也。」「鶉火，周也」與伶州鳩所說「歲在鶉火」、「歲之所在，則我有周之分野也」相符，說明《堪輿》的十二星次分野與伶州鳩所說是同一來源。但是這段話難以理解之處頗多：

（1）這裡「鶉首，秦也。鶉火，周也。鶉尾，楚也」，看來是自西向東排列，鶉首如對應秦地，那麼鶉火所對應的周地，只能是洛陽的東周，不會是指西土的宗周。也就是說，鶉火在武王伐紂時，適值商人的疆界，並非周的分野。

（2）「玄枵，齊也。」依韋昭解，即天黿。按《堪輿》所記，齊、衛、魯的分野都在東方。武王伐紂時，姜姓族人尚在西方，齊人之祖「皇妣大姜之姪伯陵之後」的「逢公之神」自然也在西方，周公東征薄姑以後姜姓才封於齊地。因此「星在天黿」和齊人之祖神保佑周人是不相干的。

（3）這裡「大梁，趙也。實沈，晉也」、「壽星，鄭也」，其中趙、晉、鄭顯然是三家分晉後趙、魏、韓三國的自稱。析木在今遼寧，燕人及於此地也應在進入戰國以後。說明《堪輿》與伶州鳩這段話所記的「分野說」，顯然是「三家分晉」以後流行的戰國星占說。

## 2. 伶州鳩語所述天象並非周初原始觀測的記錄

（1）「歲在鶉火」，據天文學家們研究，凡《左傳》、《國語》所記「歲在某某」之「某某」皆與實際天象不符，而所差是有規律的，只要以戰國中期前後的歲星位置，按十二歲一周往上推，即可相符。

因此,「歲在鶉火」,日本學者新城新藏[2]認為,這是在西元前376年左右推算出來的,中國學者張培瑜認為是在西元前360年左右推算出來的。因此,《國語》所記伶州鳩所說的「歲在鶉火」也不會例外,必然也是戰國時人推算出來的。

(2)「日在析木之律」是講太陽所在的星宿位置。大家知道,當太陽出來的時候,天上一片光亮,眾星宿盡都隱去,無法直接觀測到它所在的位置,這個記錄只能是靠推算所得。

(3)「辰在斗柄」,按韋昭注為「日月之會」,即日月斗宿合朔,朔月是不可見的,無法觀測,只能靠推算得到(西周的曆法中是否有「朔」的概念,這本身就是一個待證明的問題)。

(4)「星在天黿」之星,按韋昭注為「晨星也」,即水星。水星因為近日,為日光所掩,也是肉眼很難看見的,大概也是靠推算得出來的。因此,伶州鳩這段話所說的五種天象都不可能是周初原始觀象的記錄,只能是戰國人自行逆推出來的,然後用戰國人的分野說加以敘述的。

### 3. 西周人尚不具備二十八宿和十二次的知識

如伶州鳩和《堪輿》所記,戰國秦漢以來流行的十二次,是按星宿劃分的,即十二歲行二十八宿一周天,因為星宿寬狹不一,有一次二宿者,一次三宿者。若以此記周初星象分野是真實的話,其前提是周初的人得具有二十八宿和十二次的知識。中國人何時具備了二十八宿的知識,就目前所知的考古材料中,最早的當是曾侯乙墓出土漆箱

---

2　新城新藏,〈由歲星之記事論《左傳》、《國語》之著作年代及干支紀年法之發達〉,載氏著,沈璿譯,《東洋天文學史研究》(上海:中華學藝社,1993),頁391-392。

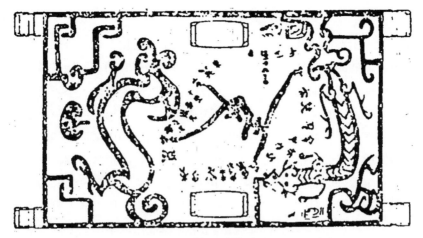

圖一　曾侯乙墓漆箱蓋上青龍白虎二十八宿圖

蓋上的青龍白虎二十八宿圖(圖一)[3]，時代爲戰國早期。從說圖的熟練程度看，不像是初建的二十八宿星圖，人們對二十八宿的認識可能還會早一些，但再早也早不到西周。從流傳至今的古籍《詩》、《書》和金文的內容看，皆不見二十八宿和十二次的痕跡；〈豳風・七月〉中還沒有立春、立夏、立秋、立冬的概念，〈夏小正〉還在靠觀星象定歲中的次序，並沒有節氣的知識。日人能田忠亮根據《禮記・月令》天象記事的觀測年代認爲我國二十八宿體系應創立於春秋時代。夏鼐先生認爲「二十八宿體系在中國創立的年代，就文獻記載而言，最早是戰國中期，但可以根據天文現象推算到西元前八至六世紀(620±100BC)」[4]。說明西周人還沒有二十八宿和十二次的知識，也不可能說出伶州鳩那麼一段話來。

　　綜上所述，伶州鳩這段話所記的星象語句是典型的戰國星象家的

---

3　《曾侯乙墓》，圖216：1(北京：文物出版社，1989)，上冊，頁356。
4　〈從宣化遼墓的星圖論二十八宿和黃道十二宮〉，《考古學報》，1976年2期。

星占說，用春秋時代的人伶州鳩的口講出戰國人編造的故事來，這本身就近似於胡言亂語。他所述星象多是肉眼看不到的，只能是推算出來的，而西周早期的人尚不具備推算出這些天象的知識，不可能由他們推算出這一套天文星象。至於《國語》中何以會出現這麼一段離奇的話，從上下文意看，並不奇怪，伶州鳩這段話的用意是為了神化音律的作用，以警示不通音律的周景王，使其不得隨意鑄造編鐘；他是在配合單穆公做周景王的工作，目的是要取消周景王勞民傷財的靡費之舉。對這樣性質的一段話，今天的人完全沒有必要那樣認真看待。若一定要把它作為推論武王伐紂的重要論據使用的話，須要找出更有力的解釋，僅說其為「故老相傳」，難以令人信服。否則，為慎重計，最好不用。

(二)〈武成〉、〈世俘解〉、利簋等曆日

　　《漢書·律曆志》下引劉歆《三統曆》云：「《周書·武成篇》：『惟一月壬辰，旁死霸，若翌日癸巳，武王乃朝步自周，于征伐紂。……粵若來三月，既死霸，粵五日甲子，咸劉商王紂。……惟四月既旁生霸，粵六月庚戌，武王燎于周廟。翌日辛亥，祀于天位。粵五日乙卯，乃以庶國祀馘于周廟。』」[5]

　　《逸周書·世俘解》：「惟一月丙辰旁生魄，若翌日丁巳，王乃步自于周，征伐商王紂。越若來二月既死魄，粵五日甲子，朝至接于商，則咸劉商王紂……時四月既旁王魄，越六日庚戌，武王朝至燎于周……若翼日辛亥，祀于位，用簋于天位。越五日乙卯，武王乃以庶祀馘于國周廟。」

---

5　《漢書·律曆志》下，中華書局標點本，1983。

　　利簋：「武王征商，唯甲子朝，歲鼎克昏夙有商。」(圖二)[6]

　　〈武成〉、〈世俘解〉的曆日，由於利簋的出土，「甲子日」得到證實，其餘的曆日是否眞實還需要另作考證。至於利簋「歲鼎」之「歲」字，是否可以釋爲歲字，難以完全肯定，金文中歲字從無如利簋寫作那樣的。唐蘭先生將此字釋爲「戉」即「越」字，古人有「殺人越貨」的成語，「越」有奪意，「越鼎」即「奪鼎」，亦即奪取政權，其說顯得更直白一些。退一步講，即可以釋爲歲字，是釋爲「歲星」，還是釋爲「歲祭」，仍難以確定。再退一步講，即或把「歲鼎」講成「歲星當頭」，它與「歲在鶉火」也不是一回事。

　　雷海宗先生說過一段話：「根據片段史料而以曆法推定歷史上年代，須有以下條件爲先題：(一)由吾人所確知之最早年代(如共和元年)至吾人所欲推定事實之年代(如周室元年)，其間片段史料必須完全可靠，而非疑似之傳說。(二)於先後兩年代間所用曆法情形吾人必須詳知。若有曆法上之改革，吾人亦須明晰。」[7]

圖二　利簋拓片

6　《殷周金文集成》(北京：中華書局，1984-1994)，8·4131。
7　〈殷周年代考〉，《文哲季刊》第2卷第1期(武漢：武漢大學，1931)。

在使用上述兩篇文獻材料時，有幾個問題顯然違背了這些先決條件：

1.通過岑仲勉、顧頡剛等先生的考證，大家都認為現存的〈武成〉和〈世俘解〉是合二而一的。既如此，二者的曆日不同又如何理解？顯然凡有曆日干支不同的地方，必有錯誤存在。這裡武王伐殷出征日，〈武成〉云「壬辰旁死霸，若翌日癸巳」，〈世俘解〉云「丙午旁生魄，若翌日丁未」。有人先是把「丙午」改成「丙辰」，「丁未」改成「丁巳」，再後又把「丙辰」改成「壬辰」，「丁巳」改成「癸巳」，最後再把〈武成〉的「三月」改從〈世俘解〉的「二月」（《報告》對月份就是這樣處理的），以求得兩篇文獻中的曆日能夠相合。這些改造理由並不充分，一般手民之誤，只會誤寫天干或地支中的一個，不太可能干支全誤，二者的月相記錄也明顯不同。這正暴露出這些曆日是很不可靠的。但即或允許如此改動，仍有矛盾不好解釋。如顧頡剛先生指出的：「所可惜的，這是一篇斷爛的文章，錯簡、脫字、誤字不知凡幾。例如『一月』、『二月』、『四月』是有的，三月便沒有。排起干支來，從『一月壬辰』到『四月乙卯』該有144天，即占五個月，從一月朔算起，便有175天，該占六個月；然而從文字上看，『一月』到『四月』只有四個月，可見月份和干支是不適應的。」[8]

2.〈武成〉保存下來的曆日從一月到四月是連貫和完整的82字，而〈世俘解〉在二月至四月間插入有太公望、呂他、百弇征伐，武王薦鼎俘、祭祖、狩獵、敦服國等一系列事件，這些插入的部分恰好〈武成〉全部沒有。也就是說〈武成〉的殘餘部分恰好把〈世俘解〉

---

8 〈〈逸周書·世俘篇〉校注、寫定與評論〉，《文史》第二輯，1963。

的兩段話拚到了一起，這樣錯爛斷簡的省略拚接，獨曆日卻完整無缺。聯繫到劉歆曾作過改魯公年代以從「三統曆」、造僞古文經以取悅新莽等事，應該說《武成》、《世俘》所記史事或有根據，其引文中的曆日實在令人不太放心。

3.在《報告》中，1044BC與1046BC兩說同是工程內著名的天文學家推算出來的，同樣可以滿足《世俘》、《武成》、「伶州鳩語」等天象條件，1044BC只是因爲不能通過《報告》所擬定的金文曆譜而被排除，這正說明兩部分天文學家在使用這些天文條件時，對天象的理解是各取所需的，其結論可以是這樣，也可以是那樣，並非無可選擇的唯一解釋。

綜上所述，《武成》、《世俘》的曆日疑點尚多，《武成》逸文82字，也只是靠《漢書·律曆志》下所引劉歆《三統曆》的一條引文而已。至於《報告》頁45說到「《武成》本爲西漢孔壁所得古文《尚書》中的一篇」云云，就牽涉到更多問題。據云武帝末，魯恭王壞孔子壁，得古文書若干的故事，最早是劉向、劉歆父子說出來的[9]。後來「壁中書」的種類就逐年增多。奇怪的是，文化史上如此重大的發現，司馬遷卻隻字未提，《史記·儒林傳》只提到「秦時焚書，伏生壁藏之」。而據《史記》載，魯恭王死於武帝初年，何以「武帝末」他還會去壞孔子宅呢？在這段歷史懸案案沒有考察清楚之前，尚不能說《武成》就是所謂「孔壁古文」。所以對劉歆《武成》的版本源流，實際上我們並不清楚。西周曆法的眞實狀況如何？在西周二百餘年中，曆法是一成不變，還是發生過一些變革？對這些問題我們目前

---

9 見劉歆〈移太常博士書〉，見《漢書》卷36，〈楚元王傳第六〉附〈劉向、劉歆〉，頁1969，荀悅《前漢紀·成帝紀》引劉向語。

都難以回答，連若干記時的月相詞語到底是什麼意思，也不甚了然，在這種情況下，貿然使用這些曆日、月相材料去推論伐商年，我們認爲是不愼重的，從方法論上看也是十分危險的。

(三)所謂「金文曆譜」

《報告》稱「西元前1027年說與甲骨月食年代的推算以及古本《竹書紀年》西周積年爲257年等記載配合最好，但與工程所定『金文曆譜』難以整合，也不能與天象記錄相合」[10]。所謂「天象記錄」，批評已如上述。至於「工程」的這個「金文曆譜」仍須詳加考察。《報告》利用《武成》、《召誥》、《畢命》的曆日與63條金文材料，共計「66條年、月、記時詞語、日干支確定的文獻和金文材料，排出西周金文曆譜」（見《報告》頁29）。然後考察各種方案與此曆譜的相合程度，以決定對方案的取捨。工程領導決定不取1027BC的原因之一就是因爲其與這個所謂的「金文曆譜」不合。但是經我們考察，《報告》所擬定的「金文曆譜」存在一系列問題，如不做重大修改，它就難以取得評判諸方案優劣的資格。

1. 關於「初吉」

《報告》頁35「金文紀時詞語涵義的歸納」云：「初吉，出現在初一至初十。」

《報告》摒棄了王國維認爲「初吉」必在月初的七、八日的「四分說」和一些先生所主張的「四定點說」，因而也摒棄了初吉是月相的傳統說法，這是正確的。而《報告》爲了不捨棄這些「初吉」資料，大體上採納了自王引之以來到黃盛璋先生的「初干吉日說」，這

---

10　見《報告》，頁48。

個說法是否可以成立，要看記「初吉」的金文資料裡是否有反證，如有堅強的反證存在，其結論就值得懷疑。檢索金文資料，我們發現兩組反證資料：

反證一：靜簋(圖三)[11]。

> 唯六月初吉，王在莽京，丁卯，王令靜嗣射學宮。小子眾服、眾小臣、眾夷僕學射。雩八月初吉庚寅，王以吳來、呂剛卿齒、莽師、邦周射於大池。靜學無罴，王賜靜鞞㓱⋯⋯

靜簋的時代在穆王，是大家公認的。銘文內容淺顯通暢，不存在釋讀上的分歧。大意為在六月「初吉」日，周穆王在莽京，於丁卯日，王命靜任學宮的教官司射。負責教授小子、服、小臣和夷僕的射藝。到八月「初吉」庚寅日，王、吳來、呂剛與齒師、莽師、邦周組成三耦，在辟雍大池裡

圖三　靜簋拓片

舉行大射禮。可能是因爲小子、服、小臣和夷僕等在射禮過程中表現良好，靜因爲對他們教授有功，受到王的賞賜⋯⋯

在分析靜簋兩「初吉」時，這裡有四個條件，我們認爲是可以爲大家所接受的：

（1）在西周曆法中，每月含日數大月30日、小月29日。

（2）西周金文中因爲有十三月存在，在靜簋所在穆王時，應該是年終置閏。

（3）銘文中的兩個干支日連續出現，應是同一年中的兩天。

（4）「丁卯」不管是否屬於「初吉」，但應是六月的一天。

只要大家同意上述四個條件，「初吉」在靜簋中的含義就是清楚的。六月的丁卯日距八月的庚寅日按六十干支表順序計數，應爲85天，如果六月的丁卯是初一日的話，八月的庚寅就是二十五日；若六月的丁卯是初六日的話，八月的庚寅就是三十日；若六月的丁卯是初七日的話，八月就沒有庚寅了。所以六月的丁卯只可能是六月的1-6日，而八月的庚寅就只能是八月的25-30日。因爲年中置閏已排除，六月初至八月底最多90天，最少87天，這說明即或有「連大月」或「連小月」出現，也不會改變這個分析的基本格局。也就是說，靜簋中的兩個「初吉」，其中之一的「初吉」，必然在月末幾天出現。它清楚的告訴我們，「初吉」是可以在月末幾天出現的。金文中在一件器上記錄兩個「初吉」，靜簋是唯一的一例，而在這僅有一的一件銅器銘文中就明確地出現了「初干吉日說」的反證，這是不容忽視的。因爲是在一件器內出現兩個「初吉」，它不存在王世、時代不同的問題。又因爲是在一年中的接續很近的兩個月，也迴避了跨年度計算時要考慮的許多複雜因素。這件幾乎排除了各種未知因素干擾的銅器資料，是研究「初吉」含義的十分珍貴的資料。

反證二：元年師兌簋（圖四）[12]。

圖四　元年師兌簋拓片

唯元年五月初吉甲寅，王在周，格康廟，即位。同仲佑師兌入門，立中廷。王呼內史尹冊命師兌：疋師龢父嗣左右走馬、五邑走馬。賜汝乃祖市五黃、赤舄。兌拜，稽首。敢對揚天子丕顯魯休，用作皇祖城公𪒠簋，師兌其萬年子子孫孫永寶用。

三年師兌簋（圖五）[13]。

唯三年二月初吉丁亥，王在周，格大廟，即位。𤔲伯佑師兌入門立中廷。王呼內史尹冊命師兌：余既命汝疋師龢父嗣左右走馬，今余唯申京乃命，命汝𩨿嗣走馬。賜汝秬鬯一卣、金車：桒較、朱虢、靳、虎冟熏裏、右軛、畫轉、畫轎、金甬，馬四匹、鋚勒。師兌拜，稽首。敢對揚天子丕顯魯休，用作朕皇考釐公𪒠簋。師兌其萬年子子孫孫永寶用。

---

12　《殷周金文集成》8·4274·1-2；4275·1-2。
13　《殷周金文集成》8·4318·1-2。

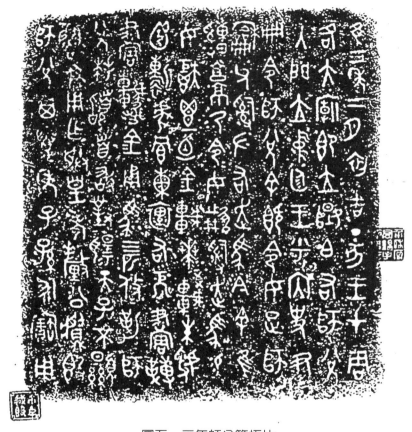

圖五　三年師兌簋拓片

　　元年師兌簋兩器兩蓋共四篇相同的銘文，三年師兌簋兩器一蓋共

三篇相同的銘文，其中元年簋一蓋銘容庚云僞[14]，三年簋蓋銘結尾部

---

14　見《商周彝器通考》（北平：哈佛燕京學社，1941）上219。《殷商周金文集
　　成》仍然收入，不以爲僞。

分字殘，但二者都不會對釋讀銘文造成影響。上海博物館現藏元年簋、三年簋各一套。四簋七篇兩組銘文字體接近，形制花紋相似，作器者同爲師兌，過去人們都認爲它們是同一王世且元年、三年連續的兩組器。元年簋銘首爲「唯元年五月初吉甲寅」，三年簋銘首爲「唯三年二月初吉丁亥」，兩組銘文的干支如連續計算，在不置閏月的情況下，甲寅如爲初一，丁亥就是十五日；元年與三年間如置一閏月，甲寅必須是十七日時，三年二月才有丁亥。說明不論是否有閏月存在，兩個「初吉」總有一個要超出「初干吉日」，而在月的中旬出現。這兩組銘文與靜簋銘文成爲「初吉初干吉日說」有力的反證。

《報告》對兩組銘文採取位置互換的辦法避免其成爲「初吉初干吉日說」的反證，這個辦法是根據李學勤先生的研究得出的。李學勤先生在1998年4月發表〈論師兌簋的先後配置〉一文[15]，文中以新出虎簋蓋與師虎簋銘文的關係爲例，考察元年與三年師兌簋銘文內容，得出三年簋在前，元年簋在後，兩器分在兩王的結論。隨後，彭林先生發表〈也談師兌二器的排序問題〉，李朝遠先生發表〈關於元年、三年師兌簋的先後順序〉，不同意李學勤先生的觀點；兩位先生認爲三年簋的職官走馬是正職，元年簋的職官是副職，仍以元年在前，三年在後，兩器一王爲正確。李學勤先生在1998年6月又發表〈細說師兌簋〉一文[16]，進一步申論原有的觀點，但沒有正面回答彭、李兩位的主要論據：即銘文中元年師兌的官階低於三年師兌。我們認爲兩簋銘所記職官位置哪一個高是問題的關鍵，這一點明確了，自然應該職位高的在後，職位低的在前，因爲一個人不可能爲了降職來作器紀念。元年簋師

---

15　《夏商周年代學箚記》，頁162-170。

16　見《夏商周年代學箚記》，頁171-180。這篇文章學也登載於《中國古文字研究》創刊號上。

兌所管轄是「叀師龢父嗣左右走馬、五邑走馬」，三年盨師兌管轄的是「鞶司走馬」。這裡有一個很關鍵的字「鞶」，過去從字形到字意，始終未得到很好的解釋，現將記有「鞶」字的資料列舉如下：

逆　　鐘「用鞶於公室僕傭臣妾小子」[17]。

叔尸鐘「余命汝職佐正聊，鞶命於外內之事」[18]。

叔尸鎛「余命汝職佐卿，為大事，鞶命於外內之事」[19]。

守　　鼎「遣仲命守鞶嗣奠田」[20]。

微繼鼎「王合微繼鞶嗣九陂」[21]。

毛公鼎「命汝鞶嗣公族雫參有嗣、小子、師氏、虎臣，雫朕褻事」[22]。

走　　簋「王呼作冊尹(冊賜)走：鞶叀益」[23]。

師俞簋「王呼作冊內史冊命師俞：鞶嗣任人」。

諫　　簋「王呼內史微冊命諫曰：先王即命汝鞶嗣王宥」[24]。

伊　　簋「王呼令尹封冊命伊：鞶命嗣康宮王臣妾百工」[25]。

鄩　　簋「王呼內史冊命鄩，王曰：『鄩，昔先王即命汝作邑，鞶五邑祝，今余唯申京乃命……。』」[26]。

---

17　《殷周金文集成》1‧62。
18　《殷周金文集成》1‧274。
19　《殷周金文集成》1‧285。
20　《殷周金文集成》5‧2755。
21　《殷周金文集成》5‧2790。
22　《殷周金文集成》5‧2841。
23　《殷周金文集成》8‧4244。
24　《殷周金文集成》8‧4285。
25　《殷周金文集成》8‧4287。
26　《殷周金文集成》8‧4296；8‧4297。

師猷簋「余命汝死嗣我家，嗣嗣我西偏東偏僕御百工牧臣妾，董裁內外」[27]。

三年師兌簋「王呼內史尹冊命師兌：『余既命汝疋師龢父嗣左右走馬，今余唯申京乃命，命汝嗣嗣走馬。』」[28]。

番生殷簋「王命嗣嗣公族、卿事、大史寮」[29]。

蔡　簋「王若曰：『蔡，昔先王既命汝作宰，嗣王家。今余唯申京乃命，命汝眔智嗣疋對各，死嗣王家內外。』」[30]。

師克盨「王曰：克，余唯經乃先祖考克龏臣先王。昔余既命汝，今余唯申京乃命，命汝更乃祖考，嗣嗣左右虎臣」[31]。

盠方尊、盠方彝「王冊命尹賜盠赤巿、幽亢、攸勒。曰：『用嗣六師王行參有嗣：嗣徒、嗣馬、嗣空。』王命盠曰：『嗣嗣六師眾八師藝。』」[32]。

宰獸簋「王呼內史尹仲冊命宰獸曰：『昔先王既命汝，今余唯或申橐乃命：更乃祖考事，兼嗣康宮王家臣曼備，外內毋敢無聞知。』」[33]。

逨編鐘「天子經乃先祖服，多賜逨休命，嗣嗣四方虞林」[34]。

此字多見於西周中晚期器銘，不見於西周早期器。從上引19條材

---

27　《殷周金文集成》8・4311。

28　《殷周金文集成》8・4319。

29　《殷周金文集成》8・4326。

30　《殷周金文集成》8・4340。

31　《殷周金文集成》9・4467；9・4468。

32　《殷周金文集成》11・6013；16・9899；16・9900。

33　羅西章，〈宰獸簋銘略考〉，《文物》1998年8期，頁84。

34　《文博》1997年2期。

料看，此字多數情況下與「嗣」字合用，有十三例稱「□嗣」，有一例稱「□官嗣」，有兩例稱「□疋」、有三例單稱「□」。金文語詞多有省簡之例，此處省簡的痕跡似為：□官嗣—□嗣—□。李學勤先生將「□」字釋為「管理」，其實「官」、「嗣」都有管理的含義，若將「□」字也釋為「管理」，在「□官嗣」和「□嗣」句中，就嫌重複。按接在此動詞後面的賓語多非一種人，常為多種人並列。如「公室僕傭、臣妾、小子」（逆鐘）、「康宮王臣妾、百工」（伊簋）、「西偏東偏僕御、百工、牧、臣妾」（師獸簋）、「王家臣妾、僕傭」（宰獸簋）等。宰獸簋云「□嗣康宮王家臣妾僕傭，外內毋敢無聞知」，故知叔夷鐘、鎛單言「□命於外內之事」，蔡簋「□疋對各，死嗣王家內外」，不言「臣妾、僕傭」，而只言「外內」，實際含義是一樣的，也應包括管理僕傭臣妾等。另外像「□嗣公族雫參有嗣、小子、師氏、虎臣，雫朕褻事」（毛公鼎）、「□嗣公族、卿事、太史寮」（番生簋）等管理的也是眾多執事。我們試將整個辭語（包括□官嗣—□嗣—□三種詞形）釋為「總管理」，而將「□」字的字意釋為「總」，這樣來讀上述諸文例，無不文通意暢（當然，這裡只是釋意，字形的問題並沒有解決）。

如果我們對於「□」字的解釋可以成立的話，兩個師兌簋的職官高低就看得更加清楚了，元年師兌簋「疋師龢父嗣左右走馬、五邑走馬」是命其協助師龢父總管理左右走馬和五邑走馬。而三年師兌簋「命汝□嗣走馬」是命其總管所有與走馬有關的事務，即管理包括左右走馬、五邑走馬以及其他有關馬政事務等的全部馬政，而不是去協助別人管理馬政了。當然是後者的職官大於前者，這個關係明確了，其他關係都是次要的，至於說因為三年簋在重複以前的任命時，漏掉了「五邑走馬」一句，就必須改變兩簋的前後次序，是站不住腳的。

因爲這種改變造成了更大的不通，就是造成了「降職貶官而做器紀念」的荒謬結果，這是不可理解的。

　　通過以上討論，我們證明了「初吉」可以出現在月中旬和下旬，《報告》爲「初吉」限定的「初干吉日」就失去了存在的理由。本來這個說法從訓詁學上來講，就犯了「添字解經」的忌諱，因爲在「初」與「吉」之間硬加一個干支的干，本來就沒有什麼道理。按我們的理解，「初吉」是「每月第一個吉日」，這個吉日很可能是通過占卜得到的，如1980年湖北隨縣出土的盜叔壺所云「擇厥吉日丁，作盜叔尊壺，永用之」[35]。這樣得到的「初吉」之日，當然多數會出現在月初，但卻不能否認有月中和月末的「初吉」存在的可能。湖北穀城出土的蘇兒罍記有「唯正月初、冬吉」一句[36]，「冬者，終也」，可證明此時記時詞語中，在正月裡有「初吉」和「終吉」兩個「吉日」，這對我們認識「初吉」一詞的含義很有啓發(該器對研究「初吉」的重要性，張政烺先先早在數年前就對劉雨指出過)。這些「初吉」日在當時人們可能有曆書查考，是明確的，但是對幾千年後的今天來講，是完全無法找出它的規律來的，我們應當毫不惋惜地捨棄這些材料，因爲對「月相辭語」的解釋不同，會導致整個金文曆譜的不同安排。只要看一看《報告》所擬的「金文曆譜」，以及前此出現的各種曆譜，與譜不合者多數爲「初吉」這個現象，就應該明白，主要是各曆譜使用了不可能完全入譜的「初吉」資料，造成了排譜的混亂。

## 2. 月相詞語涵義不明

---

35　《殷周金文集成》，15・9625。

36　陳萬千，〈蘇兒罍及郤國地望問題〉，《考古與文物》1988年3期，頁75。

西周曆法中所使用的諸如「既生霸」、「旁生魄」、「既死霸」、「旁死霸」、「既望」等月相詞語，關於它們的含義，學術界目前研究工作還做得很不夠，難以有較公認的看法。《報告》在同一個「金文曆譜」中，文獻中月相詞語後往往說「越幾日干支」，這些干支日說明前面的月相詞語肯定是定點的某一天；而在金文中大量月相詞語是指代若干天的一段時間，顯然是不定點的[37]。這裡把三條文獻資料與金文資料混排在一起，實在不倫不類。如上所述，這裡文獻的記時辦法與金文的記時辦法顯然是兩個不同的系統。而且，再可靠的文獻資料畢竟是二手的，它的史料價值是不能與金文等同的。《報告》的「金文曆譜」兩說並存，在同一個「金文曆譜」中，不定點說與定點說雜陳並存，這種不正常的狀況，只能說明「工程」的專家們這些詞語的確切含義是不甚了解的。

### 3. 離譜與勉強不離譜之器

《報告》僅承認在其所擬定的曆譜中有師獸簋「初吉」排在二十日，與曆譜不合，另有克盨、伊簋干支有錯，需改干支才能與曆譜相合。實際仔細閱讀該曆譜，不合者當不止這些，如〈畢命〉的朏日出現在五日，十分費解。無異簋「初吉」十一日，十三年瘐壺「初吉」十一日，三年師兌簋若不與元年師兌簋對調，「初吉」將是十五日等，都已超出「初干吉日」的範圍。另有王臣簋「初吉」在朔前一日，師望簋「初吉」朔前二日，番菊生簋「初吉」朔前二日，善夫山鼎「初吉」朔前二日，虢季子白盤「初吉」朔前一日等，需引入「平朔」概念看待曆日方可與譜相合。天文學家一般認為西周時還沒有朔的概念，當然更談不上有「平朔」與「實朔」相區別的概念，這些朔

---

前曆日合曆是很勉強的。再有，小盂鼎是一件十分著名的康王標準器，其曆日年代是可以讀出來的，依陳夢家《西周銅器斷代》(四)釋文為「唯八月既望辰在甲申……唯王廿又五祀」(圖六)。但因與《報告》所擬定的《曆譜》不合，就乾脆摒棄不用。看來《報告》所擬定的這個「金文曆譜」，是主觀排他的產物，凡與其觀念不合的資料邦遭到不公正的排斥，為了維護這個主觀的觀念，幾千年前的銘文干支可以改寫，珍貴的標準器小盂鼎銘文可以摒棄不用，兩個師兌簋可以不顧其內容，隨意顛倒其前後順序，這些做法已超出學術研究水平高低的範圍，而是學風不誠實的表現。儘管如此，現在所謂的「金文曆譜」中，離譜的器和勉強不離譜的器仍達十餘件之多，與前此出現的諸種曆譜，不相伯仲，至多是五十步百步之別；這樣水平的曆譜，本身的問題如此嚴重，恐怕很難擔負起檢驗斷代工程所擬定的年代方案是否正確的重任。可以斷言：斷代工程的所謂「金文曆譜」研究，還在摸索階段，距離可以拿出來為學術界使用的水準相差還很遠。我們認為短時間研究不清楚某些問題，得不出合理的結論，可能是方法有待改進，也可能是客觀條件還不成熟，這是科學研究中常有的情況，多聽聽不同的意見，從不同的角度不斷進行試驗，也許會找到解決問題的途徑。實在找不出解決的辦法，老實承認這個現實，向讀者如實講清研究的進展情況，也可以對今後的研究有所幫助。最可怕的是強以不知為知，甚至不惜故意誤解科學資料，以求符合主觀設想，製造偽科學結論。綜觀工程對金文曆譜的研究，是失敗的！

## 4. 西周的曆法水平

過去人們以為周人長期以來生活在一個農耕社會裡面，為了生產的需要，他們會很注意對天象的觀測，因而可能具有較高的曆法水平。從金文留下的記錄看，他們對天象的觀測，尤其對月相的觀測，

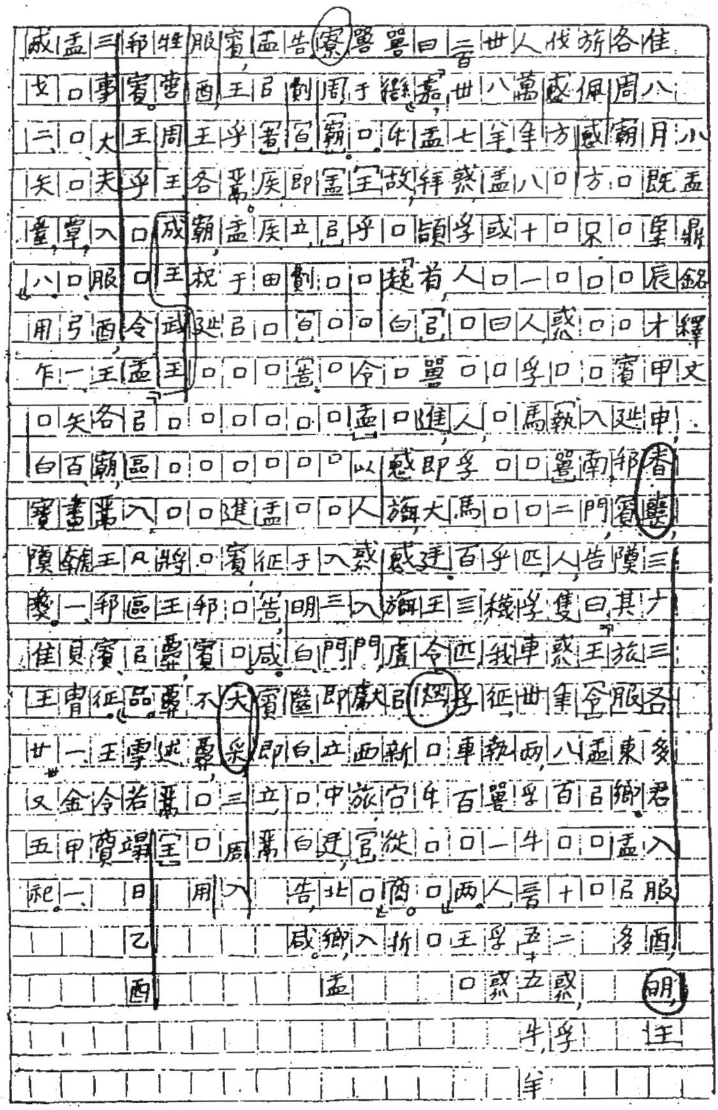

圖六　陳夢家先生小盂鼎釋文手稿（豎讀）

是十分注意的。但較之後世的曆法，水平仍是很有限的。請看下述金文資料：

| 中方鼎 | 唯十又三月庚寅[38] | 西周早期 |
|---|---|---|
| 𣎴尊 | 唯十又三月既生霸丁卯[39] | 西周早期 |
| 遣卣 | 唯十又三月辛卯[40] | 西周早期 |
| 小臣靜卣 | 唯十又三月 | 西周中期 |
| 牧簋 | 唯王七年又三月[41] | 西周中期 |
| 吳虎鼎 | 唯十又八年十又三月既生霸丙戌[42] | 西周晚期 |

　　上述銘文反映出在西周時期周人曆法實行的是年終置閏，閏月安排在一年的末尾十二月之後，稱十三月，並末實行無中氣置閏的年中置閏法。更有甚者，天馬曲村遺址晉侯墓地第六次發掘，114號墓出土一件叔矢方鼎，銘首一句稱「唯十又四月」。該鼎是西周早期銅器(圖七左)[43]，考譯諸家異口同聲稱其為「西周獨此一件」，似乎可以例外不計處置。據我們查閱，西周金文中還有一件鄧公簋，銘首第一句也稱「唯十又四月」(圖七右)[44]， 與叔矢方鼎銘全同 ，該簋無器形著錄，但從其「王在侯」三字的肥筆看，應是西周早期或中期器。另

---

38　《殷周金文集成》5‧2785。

39　《殷周金文集成》11‧6008。

40　《殷周金文集成》10‧5402。

41　《殷周金文集成》8‧4343。

42　穆曉軍，〈陝西長安縣出土西周吳虎鼎〉，《考古與文物》1998年3期，頁69-71。

43　李學勤，〈談叔矢方鼎及其他〉，《文物》2001年10期，頁67。

44　《殷周金文集成》7‧3858。

外，宋代的金文書籍裡還著錄一件下鄸公讝鼎，首句銘文為「唯十又四月既死霸壬午」（圖八）[45]，宋代的《集古錄跋尾》云該器出土於「陝西商洛」地區，故又名其為「商洛鼎」。《考古圖》公布的器形是蹄足圓鼎，頸部飾竊曲紋，腹部飾大波浪紋，頸部與足部帶扉棱，與小克鼎、史頌鼎、晉侯邦父鼎等相似，是典型的西周晚期形制；又「既死霸」是只有西周時期才使用的記時詞語，金文中概無例外，《集成》將其定為春秋早期器，顯然不妥，應將其改定為西周晚期器。雖只有這三件器記有十四月，但考慮到金文記特殊月份的幾率並不大，比如整個西周金文中能夠確認的「十三月」也只發現六條。而這三件十四月銘文卻分布在西周早期到西周晚期整個西周時期，應該承認它如實地反映了西周時代的曆法水平。這時年終僅置一閏，無法全部協調陰陽曆之間的誤差，有時需在年終安排十四月來進一步協調誤差。其實，這並不奇怪。春秋時代還常常有失閏的記錄，西周時的置閏就更容易出現閏而不盡的情況，對幾千年後的我們來說其規律實在是難以掌握的，古人在什麼情況下置十三月？什麼情況下置十四月？西周人根據什麼來安排閏月？恐怕我們一時還說不十分清楚。閏法是曆法的基礎，閏法不明，又硬要推算曆日，其結論的可信度就大打折扣。

## 5. 甲骨文五次月食與1046BC

斷代工程對甲骨賓組五次月食卜辭的研究是卓有成效的，「工程」首先由古文字學者從字體上認定賓組五次月食均屬武丁晚期到祖庚之間，根據新的卜辭分期分類，排定了五次月食的順序。再由天文學者加以計算，在1500BC到1000BC之間，找出既符合卜辭干支，又符合

---

圖七　叔矢方鼎與鄧公簋銘文拓片

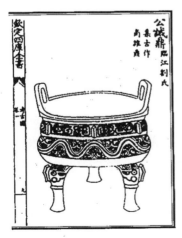

圖八　宋《考古圖》著錄的郜公緘鼎器形和銘文摹本

月食順序的惟一可能的組合：

> 癸未夕月食1201BC
>
> 〔甲〕午夕月食1198BC
>
> 己未夕向庚申月食1192BC
>
> 壬申夕月食1189BC
>
> 乙酉夕月食1181BC

經甲骨學家研究，癸未夕月食、〔甲〕午夕月食、己未夕向庚申月食屬武丁時期，壬申夕、乙酉夕月食延至祖庚時期。結合《史記‧殷本紀》記「高宗之享國五十有九年」，武丁元年應該是從西元前1192年向前推59年，即1250BC，武丁在位時間自然就是1250BC-1192BC。

古本《竹書紀年》記盤庚遷殷以後的殷商積年爲273年，這是大家都接受的，其實，到此爲止，按「工程」所定的盤庚遷殷1300BBC減去273就可以直接得出克商年1027BC的結果。而「工程」卻繞了一個大圈子，又是天文，又是考古，經過一番複雜的研究，得出一個1046BC來，把一個本來十分簡單明瞭的問題，複雜化了。

嚴格地說，「工程」所定武王代紂1046BC與五次月食的推算是有衝突的。武丁以下有祖庚、祖甲、廩辛、康丁、武乙、文丁、帝乙、帝辛六世八王，其中《史記‧殷本紀》記武丁在位59年，《尚書‧無逸》記祖甲33年，古本《紀年》記武乙在位至少35年。用商代周祭祀譜對文丁、帝乙、帝辛年代的研究。三王皆大於20年，合計不會小於65年，這幾個年代合起來是133年，其餘用來安排祖庚、廩辛、康丁三王的年代已很有限了，1192-33-35-65＝1059，若以「工程」所定的武王克商1046BC來算，1059減去1046僅剩下13年，而上述武乙年和文

丁、帝乙、帝辛年都是按最低年計算的，若稍有游移，剩餘的用來安排祖庚、廩辛、康丁三王的年數，就所剩無幾了，這是不合常理的，也是極危險的。五次月蝕的研究有古文字和天文學的計算為基礎，是客觀的根據，所定年代若與其相左，必然是靠不住的。

## 二、對「工程」基本研究思路的批評

通過上述舉分析，可以看出，根據某些古代文獻記錄的天象，用現代天文學知識，逆推「武王克商年」的研究思路，有兩個難以解決的困難：一是文獻中的所謂古代天象記錄不一定可靠；二是對古代曆法的實際情況我們無法完全掌握，因此工程儘管在局部認識上取得不少成果，但從總體研究方向把握上卻出現了重大失誤，導致一批關鍵性結論論證失敗，因而其擬定的《三代年表》整個框架不能成立。

美國前國家博物院院長、芝加哥大學社會科學院院長、古代近東研究所所長Robert McCormick Adams先生在1971年看了何炳棣《東方的搖籃》一書的文稿，該書詳盡地論述了豐富的中國古代文獻流傳歷程，特別介紹了古本《竹書紀年》的史料價值。看後他說：「你們的古代文獻遺存遠比古代近東的文獻優越。在西方，可靠的文獻資料，往往成為研究古史年代學的主要根據，可惜你們沒有很好地利用這些珍貴的資料研究中國的歷史年代。」這是美國第一流的學者對中國歷史年代學研究發出的感慨。斷代工程在總體思路上的重大失誤，不幸為美國學者在三十年前所言中。斷代工程沒有充分利用古本《竹書紀年》的記載，是整個研究中的最大敗筆。

### 1. 關於古本《竹書紀年》

古本《竹書紀年》是西晉太康年間河南汲縣古墓中出土的一批戰

國《竹書》中的一種，那次發現引起了當政者晉武帝司馬炎的重視，親命當時主管中書省的著名學者中書監荀勖與中書令和嶠一起整理這批資料，兩人都親自動手，作了編次、注寫的工作。《竹書》在出土時曾遭到一定程度的破壞、「初，發冢者燒策照取寶物，及官收之，多燼簡斷箚」（《晉書‧束皙傳》）。可以想見整理考證之困難。當時著名學者徐廣、傅瓚、衛恆、束皙、摯虞、王接、荀顗等也先後參與了校訂考證工作，其後還有杜預、續咸等作了注釋的工作。工作進展很快，隸書寫定工作可能得益于正始石經[46]的刊立，太康二年（西元281年）離正始石經刊立（西元240-248年）不過四十年，石經當完好無損，其戰國古文與隸書並列的形式，自然便於寫定者參考利用，所以荀勖得以在太康八年（西元287年）將《紀年》和其他全部隸書寫定的汲冢《竹書》列入中經，副在三閣。應該說，當時對這批竹書所作的整理研究工作，水平是很高的。《紀年》於北宋時散佚，但其大部分文字卻保存於北宋以前的引文和古注、古類書中。到了清代有陳逢衡、洪頤煊、郝懿行、雷學淇、林純溥等十餘家對此書進行了輯佚的工作；清道光年間朱右曾開始區分今、古本，刪除今本補進的各條，作《汲冢紀年存眞》。近代著名學者王國維在朱書的基礎上，又作《古本竹書紀年輯校》；現代學者范祥雍又在王國維書的基礎上作《古本竹書紀年輯校訂補》，方詩銘、王修齡又在上述各書之後編成《古本竹書紀年輯證》。學問之道，譬如積薪，從事這一領域研究的各家又

---

46　「正始石經」又名「三字石經」或「三體石經」，三國魏正始年間刊立，內容爲《尚書》、《春秋》和《左傳》的一部分，經文每字皆古文、小篆、隸書三體並列，其中「古文」即戰國時列國文字。「三體石經」至北齊時，始因遷徙而散失殘缺，西晉時當尚完好可用，其部分殘石及歷代拓本有的還保存至今。

都是飽學之士 ，後出諸書，逐步轉精，經過千錘百煉，終於成就了我國學術史上這一重要史書的復原工作。

　　陳夢家先生爲研究古史年代問題，在1945年發表了《西周年代考》一書[47]，他在〈序言〉中說：「學者所標定的年代，都根據不甚可靠的材料，擬構而成的。其中共和以前，年代尤爲渺茫。今日要定這一段的年代，所憑藉的主要材料有二：一是戰國以來的書籍記錄，一是古器物銘文。前者則以晉代出土的魏國《竹書紀年》，最爲可貴。其他書籍所記，或失之過晚，不用則可惜，用之則不能盡信。後者則近代古器物學的發達，頗足補文獻之不足，證若干文獻之可據。」他又在〈前言〉中說：「但大致說來，作者認爲《竹書紀年》和金文的紀年，是重構西周年數的主要材料。」其後他又發表了〈六國紀年〉[48]，該書主要有兩個內容，一是編制〈六國紀年表〉，二是作了〈汲冢《竹書》考〉。在〈表敘〉中他爲了四個題目：一、編作六國紀年表的方法；二、《竹書紀年》原文的甄別；三、《竹書紀年》的記年周正；四、餘論。在〈汲冢《竹書》考〉中，他對《竹書》的出土年代、地點、竹簡形制、整理經過、著錄情況、內容類別等一系列問題做了考證。看得出來，陳先生爲解決古史年代問題，對古本《竹書紀年》及其相關問題進行了十分深入的研究。以他的古文獻修養和古文字水平做這一項工作，可以說是對古本《竹書紀年》進行了集大成的工作。古本《竹書紀年》的整理研究，凝聚了我國前代眾多著名學者的心血和智慧。直到今日，雖不斷有新的地下文字資料出土，但還沒有哪一項發現可以取代它，其史料價值及在年代學上的

---

47　《西周年代考》，陳夢家著，1945年出版於成都，1995年上海商務印書館重印。

48　《六國紀年》，陳夢家著，1995年上海學習生活出版社出版。

重要性，史學界是已有定論的。

《竹書紀年》編纂時，周王室及列國的譜牒檔案尚存，晉國早期的文獻，魏國必有保存。《尚書·多士》「惟殷先人有典有冊」，商王世系與諸王年代宋國也必有保存。因此，《紀年》有關夏、商、周年代的記錄應該是有根據的。古本《紀年》記「自武王滅殷，以至幽王，凡二百五十七年」、「自盤庚遷殷至紂之滅，二百七十三年」、「湯滅夏以至於紂，二十九王，用歲四百九十六年」、「自禹至桀十七世有王與無王，用歲四百七十一年」。它具體給出夏、商、周三代各代的積年，如經過考察，這些積年是有根據的話，就有理由成爲斷代工程總年代框架的基礎。

古本《紀年》佚於宋代。有關西周總年及武王伐紂年，被徵引自宋以前的兩種著作：

(1)裴駰《史記集解》：「駰案：汲冢《紀年》曰：自武王滅殷以至幽王，凡二百五十七年也。」

(2)劉恕《資治通鑑外紀》：「汲冢《紀年》西周二百五十七年，通東周適合七百之數……。」「汲冢《紀年》曰：自武王至幽王，二百五十七年。」

裴駰，劉宋時人，距《竹書紀年》出土僅百餘年，其所引《竹書》文，又得到其後的劉恕引用，從而證實裴駰的引文並沒有改動原文，是眞實可信的。西周總積年257年，是一個十分重要的數據，應該是三代年表的第一塊基石。

《史記·殷本紀》：《正義》引《竹書紀年》記盤庚遷殷至紂滅的時間，原文是「七百七十三年」，年數顯然過長，多數學者認爲是「二百七十三年」之誤。商湯至商紂總積年，《史記·殷本紀》：《集解》引《竹書紀年》爲496年，《通鑑外紀》作了同樣的徵引，這

條記錄學術界也沒有什麼爭議，496和273這兩個數據，應該成為三代年表的第二塊基石。

　　《太平御覽》卷82引《竹書紀年》記夏積年，自禹至桀是471年，《史記集解》、《通鑑外紀》、《路史‧後紀》都作了同樣的徵引，這個資料也是學術界公認的，它應該成為三代年表的第三塊基石。

### 2.《魯周公世家》將中國有明確紀年時間上推到西周初年

　　研究西周年代的另一重要資料是《史記‧魯周公世家》：「（武王）十一年，伐紂，……徧封功臣同姓戚者。封周公旦於少昊之虛曲阜，是為魯公。周公不就封，留佐武王。……其後武王既崩，成王少，在強葆之中。周公恐天下聞武王崩而畔，周公乃踐阼代成王攝行政當國。……於是卒相成王，而使其子伯禽代就封於魯。……周公卒，子伯禽固已前受封，是為魯公。……魯公伯禽卒，子考公酋立。考公四年卒，立弟熙，是為煬公。煬公築茅闕門，六年卒。子幽公宰立。幽公十四年，幽公弟濞殺幽公而自立，是為魏公。魏公五十年卒，子厲公擢立。厲公三十七年卒，魯人立其弟具，是為獻公。獻公三十二年卒，子真公濞立。真公十四年，周厲王無道，出奔彘，共和行政。二十九年，周宣王即位。」武王伐紂年封周公為魯公，周公不就封，留佐武王，及武王既崩，而使其子伯禽代就封於魯。這裡武王伐紂年至魯公伯禽卒年之間的年數無考，其餘各公在位年代是連貫一系的，其中「真公十四年，周厲王無道，出奔彘，共和行政」一句話，貫通了西周和魯國的紀年[49]。考公酋元年至共和元年合計157（或158）年。共和元年為841BC，因此考公酋元年應為998BC（或997BC），

---

49　《史記‧十二諸侯年表》中，共和元年為魯真公十五年，故此年代可十四、十五兩存之。

從某種意義上說，我國有明確記年的代代應該是魯考公酋元年的998BC。《竹書紀年》記武王伐紂爲1027BC，故武王伐紂年至魯公伯禽卒年之間的年數應爲29（或30）年，這也是非常合理的，魯公的世系證實了《竹書紀年》所記武王伐紂年是可靠的。

### 3. 魯公世系譜牒來源有自

《史記‧太史公自序》「遷生龍門，耕牧河山之陽。年十歲則誦古文。二十而南游江、淮，上會稽，探禹穴，闚九疑，浮於沅、湘。北涉汶、泗，講業齊、魯之都，觀孔子之遺風，鄉村鄒、嶧。」《史記‧孔子世家》：「適魯，觀仲尼廟堂、車服、禮器，諸生以時習禮其家，余衹迴留之不能去云。」《史記‧魯周公世家》：「魯有天子禮樂者，以襃周公之德也。」司馬遷青年時代曾在曲阜講業、習禮，親見四百餘年保存下來的孔子的車服禮器，以及周天子禮樂。司馬遷對有關具體年代數字，在沒有可靠材料情況下，是不會輕易下筆的，視其列國世家於共和前皆不繫年，而獨〈魯世家〉例外，就可見〈魯世家〉所述世代魯公的年代，很可能是司馬遷得自魯國故都舊文獻之免於秦火者，應視爲周代魯國的世系代的第一手史料，較之經秦火後由記憶背誦的史料，如《尚書》各篇，要可靠得多。司馬遷並未看到《竹書》出土，歷代魯公年代是一個有獨立來源的史料，因而也就成爲考核魏紀年的絕好材料。

### 4. 斷代工程對古本《竹書紀年》利用的情況

《報告》先後使用了古本《紀年》的夏積年自禹至桀471；「昭王十六年，伐楚荊，涉漢……十九年，……王南巡不返」、「懿王元年，天再旦於鄭」；《報告》在考證盤庚遷殷年時，使用了《紀年》「自盤庚遷殷至紂之滅，二百七十三年，更不徙都」的資料，得出盤庚遷殷年爲1300BC的結論等。《報告》在討論其他年代時，有時也引

《紀年》的資料，但半信半疑。1300BC這個結論無疑是很好的，下面的一個順理成章的結論就應該是盤庚遷殷年1300BC減去《紀年》的盤庚遷殷至紂王滅亡的紀年273，一年不差，直接可以得出克商年1027BC。西周積年257，加上東周始年770BC，也是1027BC，從前後兩個不同方向計算，只要你信從古本《竹書紀年》，結論都是一個，這恐怕不是巧合。斷代工程這樣好的資料棄而不用，對這樣重要的古籍將信將疑，卻偏偏去相信伶州鳩的鬼話，去相信販賣歷史假貨出了名的劉歆的〈武成〉曆日，這不能不說他們在研究的大思路上迷失了方向。

## 5. 三代總積年的確證

古代《紀年》記夏積年「自禹至桀十七世，有王與無王，用歲四百七十一年」。記商積年「湯滅夏以至於紂，二十九王，用歲四百九十六年」。記西周積年「自武王滅殷，以至幽王，凡二百五十七年」。這裡夏積年《路史・後記》十三注：「紀年並窮、寒四百七十二年」。「窮、寒」應即「有王與無王」中的「無王」。商積年的「二十九王」應指依古本《紀年》所記的全部商王，與《史記》略有不同。其實關於商王數目的問題，早在王國維作〈殷先公先王考〉時，即已根據甲骨所記，考定爲二十九王：「商之繼統法，以弟及爲主，而以子繼輔子，無弟然後傳子。自湯至於帝辛二十九帝中，以弟繼兄者，凡十四帝⋯⋯。」[50]日人島邦男先生曾據甲骨卜辭列出商世系，自太乙至帝辛也是二十九王[51]，甲骨所記商王數與古本《紀年》所記不謀而合。這再一次說明，《紀年》自有其史料的獨立來源，絕

---

50　見王國維《古史新證》頁37，第三章殷之先公先王(十五)祖某父某兄某。

51　見島邦男著《殷墟卜辭綜類》，日本東京汲古書院1967年初版，1977年增訂二次印刷版，頁556。

不應如《報告》那樣，再加帝乙、帝辛的年數，因為《紀年》明說是「湯滅夏以至於紂」這種敘述方式與其記西周積年「自武王滅殷，以至幽王，凡二百五十七年」應該包括幽王年數在內是一樣的。因此，武王伐紂年1027BC加上商積年496，再加上夏積年471，得出夏始年是1994BC。這恰好與《太平御覽》卷七引《孝經鉤命訣》禹時「五星累累如貫珠，炳炳若連璧」的「五星聚」相合。美國太空總署的天算專家彭瓞鈞博士曾推算，於西元前1953年2月23日，五大行星幾乎排成一條直線；張培瑜先生測算，在西元前1953年2月26日，黎明時分東方地平線上，土、木、水、火、金五大行星角距小於4度，這是中國5000年來唯一的一次難得天象。張培瑜先生還說：「由於行星運動比較複雜，古代學者不可能能對其進行準確的計算，因而這次紀錄不可能是後世星相家逆推出來的，更不可能是偽造的。」禹元年是1994BC，禹時五星聚是1953BC，相差41年，古本《紀年》記「禹立四十五年」[52]，這次五星聚發生在禹的晚年。這個重大的天象記錄，可以得出兩個重要結論：

（1）古本《紀年》所記夏、商、周三個積年合於中國古代「極端天象」的實錄，其史料價值之高，無與倫比，應當成為夏商周斷代工程三代年表的合理框架，可惜「工程」領導層對此認識不足，「工程」捨此而求出的所謂夏始年2070BC，雖然比1994BC早了幾十年，但其根據並不充分，遠不如古本《紀年》的原始記載可靠有據。

（2）這個研究成果因為有天象記錄的支持，它證明了中國夏王朝存在的客觀性，它有力地回答了部分西方學者對我國夏王朝存在的懷疑。

令人不解的是，集中了當代如此眾多知名學者的「斷代工程」，

---

52　《太平御覽》卷82引。

對這樣一個關係到全局的文獻資料卻採取了一種輕率的態度。我們一直疑惑，是否「斷代工程」的文獻研究小組對古本《竹書紀年》進行了新的研究，有了過於前人的新發現？劉雨在參加「斷代工程」工作過程中，曾不止一次地提出過這個問題，在一次會議上，劉雨曾很激烈地指出：「歷代參與考證研究、搜輯整理古本《竹書紀年》的學者比在座各位的學問要大得多，我們對古本《竹書紀年》不能採取這樣輕蔑的態度！」

以前我們還只是不理解，那時並沒有看到「斷代工程」討論古本《竹書紀年》的具體文字資料，近日讀到一本書——《手鏟釋天書——與夏文化探索者的對話》[53]，這是一本訪談錄性質的書，作者在書中對25位不同時期活躍在夏文化研究前沿的考古學者，分別進行了專題訪談。對李學勤先生的訪談是其中之一，對他的訪談錄，共記了十條，其中與本文有關的第六條內容如下：

> 問：「六、您曾專門探討《古本竹書紀年》對夏史研究的價
> 值，能否在此簡單談談？」
> 答：「老實說，我這個人對《古本竹書紀年》信仰不大。有
> 些人特別相信《古本竹書紀年》，我過去也如此。《中國史
> 稿》將武王伐紂年定為公元前1027年，現在一般年表都用公
> 元前1027，其實公元前1027年真是有問題。《古本竹書紀
> 年》是一本戰國時代的思想傾向的書，有子書性質。不是一
> 個單純的歷史著作，在這一個點上與《春秋》還不一樣。它

---

53 《手鏟釋天書——與夏文化探索者的對話》，張立東、任飛編著(鄭州：大
象出版社，2001)。

的戰國部分當然可靠，因為是戰國人，當然比漢代人的記載
可靠。它講的春秋部分是抄的《春秋》，關於這一點我在文
章中舉了很多例子。他的思想傾向是很清楚的，有些事的說
法與傳統的記載不同，可是這些事的思想傾向都是一致的。
如果它與傳統說法不同的地方都是事實，我們就會懷疑為什
麼如此一致呢？例如伊尹把太甲關了起來，志在謀權篡位，
太甲從桐宮出來以後，就把伊尹給殺了。這肯定不是事實，
因為如果是這樣殺的，那麼甲骨文中還能那麼祭祀伊尹嗎？
像這樣的亂臣賊子，和王莽一樣是應該滅族的，怎麼寬大也
不能對這種人進行祭祀。夏代的益干啟位也是一樣。周代的
周召共和，它說是共伯和干王政。這些說法的思想傾向完全
一致，就是提倡一種暴力干政。這就是戰國人的思想，而戰
國人有時篡位改歷史臉皮是非常厚的。」

訪談錄結尾處有附記曰：「探訪及錄音整理為張立東，訪談時張運先
生在座。本文已經李學勤先生審定。」

我們認為李先生是「斷代工程」四位首席科學家中的組長，高踞
整個「斷代工程」領導層的首位，他的這個觀點不可能不對「斷代工
程」的研究思路產生重大影響，說「斷代工程」對待古本《竹書紀
年》的態度是在他的這個觀點指導下形成的，恐怕也不為過。

李先生上面說的「它(指古本《竹書紀年》)講的春秋部分是抄的
《春秋》，關於這一點我在文章中舉了很多例子」。那篇文章可能即
是李先生寫的〈古本《竹書紀年》與夏代史〉一文[54]，該文內容與上

---

54 李學勤著，〈古本《竹書紀年》與夏代史〉，發表在田昌五主編的《華夏

述〈訪談錄〉雖有相近之處，但那篇文章對《竹書紀年》還是採取十分肯定的態度的。李先生說他過去和一般人一樣，是特別相信古本《竹書紀年》的，可能在1987年寫那篇文章時，他還是基本上相信古本《竹書紀年》的。而現在，經過十餘年的思考，到了2001年以後，已經「對古本《竹書紀年》信仰不大」了。看來，李先生對古本《竹書紀年》有了新的認識，他的認識可以歸納爲以下兩點：

1. 古本《竹書紀年》不是一個單純的歷史著作，而是一本戰國時代的有思想傾向的書，作者有一種提倡暴力干政的思想。對此他舉出古本《竹書紀年》記益干啓位、伊尹放太甲於桐宮，篡權被殺、周召共和是共伯和干王政三條例證，並特別指出「伊尹放太甲於桐宮，篡權被殺」是絕對不可能的，因爲甲骨文一直記載祭祀伊尹，他認爲如果古本《竹書紀年》所記，那麼「像這樣的亂臣賊子，和王莽一樣是應該滅族的，怎麼寬大也不能對這種人進行祭祀」。

2. 古本《竹書紀年》的春秋部分是抄的《春秋》。鑑於以上兩點新的認識，李先生斷定古本《竹書紀年》有子書性質，是爲宣傳戰國人的暴力干政思想而作，而戰國人有時篡改歷史臉皮是非常厚的，因而古本《竹書紀年》不可信。

其實，李先生的訪談紀錄內容和斷代工成結題《報告》的內容，對待古本《竹書紀年》的態度都是矛盾和混亂的，在訪談錄中，一方面李先生強調古本《竹書紀年》不可信，因爲「戰國人有時竄改歷史臉皮是非常厚的」。而同時又說：「他在戰國部分當然可靠，因爲作者是戰國人，當然比漢代人的紀錄可靠。」在斷代工程的結題《報告》中，一方面摒棄古本《竹書紀年》商周兩個總積年不用，而另一

方面又先後使用了古本《竹書紀年》的夏積年自禹至桀是471年、「昭王十六年，伐楚荊，涉漢……十九年，……王南巡不返」、「懿王元年，天再旦於鄭」；在考證盤庚遷殷年時，使用了古本《竹書紀年》的「自盤庚遷殷至紂之滅，二百七十三年，更不徒都」的資料，得出盤庚遷殷年爲1300BC的結論。在他們那裡，有時古本《竹書紀年》是可信的，有時又是不可信的，可是之處爲什麼可信？不可信之處又原因何在？並沒有作起碼的交代。這裡似乎對待史料的態度隨意性很大，給人印象是凡與我主觀意願相合者則信之，與我主觀意願相背者不信。

李先生對古本《竹書紀年》的所謂新認識，其實也並不新，清代的焦循在其《尙書補疏・序》中就說過「束晳等之僞造《竹書》，舜可囚堯，啓可殺益，太甲可殺伊尹，上下倒置，君臣易位，邪說亂經，故不憚改〈益稷〉，造〈伊訓〉、〈太甲〉諸篇，陰與《竹書》相齮齕」。這是千百年來流行的正統史觀，持這種觀念的史學家認爲，在遠古聖賢時代，社會結構與政治秩序是完美和諧的，即或是改朝換代，也必然是禪讓的或和平的，他們不能容忍在勝賢時代有暴力的記載。如孟子曰：「盡信《書》，則不如無《書》。吾於〈武成〉，取二三策而已矣。仁人無敵於天下，以至仁伐至不仁，而何其血之流杵也？」（《孟子・盡心下》）在這種歷史觀的指導下，益干啓位、伊尹放太甲於桐宮，篡權被殺、共伯和干王政等，這些離經叛道的記載當然都是不能容忍的。於是，「益干啓位」變成「十年，帝禹東巡狩，至於會稽而崩。以天下授益。三年之喪畢，益讓帝禹之子啓，而辟居箕山之陽。禹子啓賢，天下屬意焉。及禹崩，雖授益，益之佐禹日淺，天下未洽。故諸侯皆去益而朝啓，曰吾君帝禹之子也。於是啓遂即天子之位，是爲夏后帝啓」（《史記・夏本紀》）；而「伊

尹放太甲於桐宮，篡權被殺」就變成帝太甲既立三年，不明，暴虐，不遵湯法，亂德，於是伊尹放之於桐宮。三年，伊尹攝行政當國，以朝諸侯。帝太甲居桐宮三年，悔過自責，反善，於是伊尹乃迎帝太甲而授之政。帝太甲修德，諸侯咸歸殷，百姓以寧」（《史記·殷本紀》）；「周召共和」就變成「召公、周公二相行政，號曰共和」（《史記·周本紀》）。

司馬遷是一位偉大的史學家，但他也是一位深受儒家思想影響的學者，當有不同來源的史料擺在他面前時，像孟子那樣選擇有利於儒家說教的史料來記載歷史，恐怕也是必然的。我們不必苛求古人，但今天的史學工作者，則沒有必要全盤接受所謂「傳統的記載」。

李先生對古本《竹書記年》的兩點新認識，是值得商榷的。

其一，說甲骨文記錄商人祭祀伊尹，伊尹就不可能是篡權被殺，我們認為這件事是說不死的。甲骨文並沒有交代是在什麼情況下，對伊尹進行了祭祀。我們對古代的祭祀制度所知甚少，到底商人根據什麼原則祭祀先人，我們並不詳知。商的後人是否會因伊尹篡權被殺，就會像漢代以後那樣，把他看成如王莽一樣的「亂臣賊子」，恐怕也很難說。1977年春天，陝西周原地區鳳雛村遺址出土一批周原甲骨，其中有兩片內容如下：(1)H11：1：「癸巳，彝文武帝乙宗，貞，王其邵□成唐，爃禦，服二女，其彝，血三豚三，由有正。」(2)H11：84：「貞，王其祥佑太甲，冊周方伯？□由正，不左，於受有佑。」這裡出現了周王祭祀商王成湯和太甲的記錄，這兩片甲骨刻於先周文王時期，其時商周關係已經十分緊張，雙方已經仇敵相視，很快就發生了武王伐紂的革命，何以周王還要在這時祭祀「非我族類」的商王呢？刻辭的含義不容有其他理解，於是就有人說，可能這批甲骨不是周人的，而是周人俘獲的商人甲骨。可是從這批甲骨的其他內容看，

從甲骨的小字書寫風格看，都只能是周人的。當然，現在已沒有人再懷疑這批甲骨是周人的了，剩下的只是如何認識「周王祭祀商王」的問題了。也許今天的人，始終不講清楚確切的原因，因為我們不知道周人的祭祀原因則是什麼，也不知道周王是在什麼一種特殊的情況下對商王進行祭祀的。但有一點是肯定的，決不可以僅僅因此就懷疑資料本身有問題，說這片甲骨不可靠。正如我們不應該一到排金文曆譜排不下去了，就懷疑金文的干支寫錯了一樣。至於「益干啓位」和「共伯和干王政」都較傳統的儒家色彩很濃的說法更合理些，這是為郭沫若先生多次稱道，也是史學界所公認的，如果找不到更有說服力的材料，恐怕也是很難推翻。考史最大的忌諱，莫過於「以今律古」，我們卻總是不自覺地犯同樣的錯誤。

其二，李先生在訪談錄裡說古本《紀年》的春秋部分是抄的《春秋》，言外之意是說，《紀年》並不是一本嚴肅的史書，其資料是拼湊的，編纂的目的主要是宣揚某種個人的思想，有子書性質，不能當信史對待。這顯然是他的新認識，他在1987年發表的〈古本《竹書記年》與夏代史〉一文中，只是說二者有相同或大同小異的記載，並無貶義。李先生在訪談錄裡說「關於這一點我在文章舉了很多例子」。試將李先生在〈古本《竹書記年》與夏代史〉一文中所舉的十一個例證抄錄於下：

《紀年》：「魯隱公及邾莊公盟於姑蔑。」《春秋》隱公元年：「公及邾莊公盟於蔑。」

《紀年》：「紀子伯、莒子盟於密。」《春秋》隱公二年公同，惟《左轉》本經文「伯」字作「帛」。

《紀年》：「魯桓公、紀侯、莒子盟於區蛇。」《春秋》桓公十二年：「公會杞侯、莒子，盟於區池。」「杞」字《公》、《穀》作

「紀」，「區池」《公》作「甌蛇。」

　　《紀年》：「隕石于宋五。」《春秋》僖公十六年傳文同。

　　《紀年》：「齊襄公滅紀邢、鄑、郚。」或引作「齊襄公滅紀遷紀。」《春秋》莊公元年：「齊師遷紀邢、鄑、郚。」

　　《紀年》：「齊人殲於遂。」《春秋》莊公十七年文同。

　　《紀年》：「鄭棄其師」《春秋》閔公二年文同。

　　《紀年》：「晉獻公會虞師伐虢，滅下陽。」《春秋》僖公二年：「虞師、晉師滅下陽。」

　　《紀年》：「惠公見獲。」《春秋》僖公十五年：「獲晉侯。」

　　《紀年》：「周襄王會諸侯於河陽。」《春秋》僖公二十八年：「天王狩於河陽。」

　　《紀年》：「楚囊瓦奔鄭。」《春秋》定公四年：「楚囊瓦出奔鄭。」

　　這些例子能說明什麼呢？我們認為他只能說明當時各國編纂本國史書在寫到涉及國與國之間關係時，總是要參考和引用其他國家的歷史著作而已。孟子曾說：「晉之乘、楚之檮杌、魯之《春秋》，一也。」（《孟子·離婁下》）可見，孟子曾有條件親見晉國、楚國和魯國的史書。墨子說過「吾見百國《春秋》」（見孫詒讓《墨子閒詁》所輯《墨子》佚文），說明其時墨子更有條件親自讀各國史書。古時各國有各國的史書，《紀年》是晉、魏的史書，其來源可能與「乘」有關，其性質與魯國的史書——《春秋》是一樣的，當時各國之間有大事通報的制度，所以在記寫各國史書時，互有相同之處並不足奇怪。魯在編寫《春秋》時，參考了其他國家的史書，這是研習《春秋》傳經的學者所熟知的。這裡不存在誰抄襲誰的問題，因此也不應該因為《紀年》裡有與《春秋》相同的內容，就認為《紀年》抄襲了《春

秋》，因而就不是嚴肅的史學著作。至於說到兩書的不同是有的，那主要表現在書的體裁上，兩書雖都是編年體史書，《紀年》是魏國的通史編年體史書，紀事起於黃帝，夏、商、周、晉、魏一路按年代順序記下來，而《春秋》是魯國的斷代編年體史書，啓於魯隱，迄於魯哀。這類史書雖體裁各異，但多爲官修，因爲個人是無法掌握那麼多王室史料的，也可能汲冢的墓主就是一個魏國的官史，死後以其自編史書隨葬。由史官據本國所積史料編著史書，就很難像一般子書那樣可以自由闡發私人觀點。所以，李先生看到《紀年》有些記載與《史記》等不同，就懷疑《紀年》的可靠性，是沒什麼道理的。《紀年》與傳統史書記載有別，這種區別更大的可能性是由於史料來源不同而形成的。閱讀類似史書，倒是應該注意，流傳到今天傳統史書，多數經過受儒家思想熏染的史學家的粉飾和加工，其中的有些記載以及對史事的解釋，確可能有主觀因素在內，多一些參照不同來源的史學文獻，可能會使我們對歷史的觀察更客觀些。

《紀年》所記是與傳統記載如《尙書》、《史記》等多有不同，但這些不同之處卻得到甲骨、金文的證實。王國維、郭沫若在研究甲骨、金文和研究中國古代社會時，對《紀年》的史料價值有很高的評價，如王國維曾指出，《史記》的〈殷本記〉和〈三代世表〉有先祖冥之子名振的說法，而《紀年》卻名「王子亥」，證之甲骨應爲「王亥」[55]；《尙書・無逸》中的商「中宗」，《史記・殷本記》等都認爲是「太戊」，而《紀年》記爲「中宗祖乙」，卜辭有「中宗祖乙牛告」句（《戩受堂所藏殷墟文字》頁3），王國維先生說：「此辭稱祖乙

---

55　見王國維著《古史新證》第三章〈殷之先公先王〉（四）王亥（北京：清華大學出版社，1994）。

爲中宗，全與古來尙書家之說違異，惟《太平御覽》八十三引《竹書紀年》曰：祖乙縢即位，是爲中宗，居庇……。」甲骨文記有中宗祖乙，與《紀年》相合，王國維先生因此說：「〈殷本記〉以太甲爲大宗，太戊爲中宗，武丁爲高宗，此本《尙書》今文家說。」[56]王氏又說：「〈殷本記〉『武乙震死，子大丁立。』《竹書紀年》大丁作文丁。案大丁與湯子大甲同名，且此丁于丁爲最後，不得稱大，《紀年》是也。」[57]「今有此斷片，知紀年是而古今《尙書》家說非也。」戰國齊桓公在位年數，《史記》的〈田敬仲完世家〉和〈六國年表〉都記爲六年，《紀年》記爲十八年，出土的陳侯武敦銘文有「惟十又四年」句，郭沫若先生說：「有本銘之十又四年，足證《紀年》爲是，而《史記》實非。」[58]再者，將島邦男據甲骨所列商二十九王世系與〈殷本紀〉所列三十一王世系對照，發現甲骨世系較〈殷本紀〉世系多出『祖己』一王(武丁子)，少仲壬(湯子)、沃丁(太甲子)、廩辛(祖甲子)三王，恰爲二十九王，與《紀年》所記數目相合。從上述舉文例看，幾乎凡《紀年》與傳統文獻不同之處，皆有地下古文字證明《紀年》是，傳統文獻非。如果我們發現了新的考古資料，證明古本《紀年》有些不可靠，當然要修改已有的認識，但是迄今尙沒有什麼新的發現，只是曲爲之另立新說，那就只有妨害進行正常的研究了。

「斷代工程」有國家力量的支援，運用考古、天文、核物理、古文學、古文獻等聯合攻關，開創了使用多科學、多種手段交叉互補的

---

56　見王國維著《古史新證》第三章〈殷之先公先王〉(十)中宗祖乙。

57　見王國維著《古史新證》第三章〈殷之先公先王〉(十四)文武丁。

58　見郭沫若《兩周金文辭大系圖錄考釋》(1957年重版增訂本)，第八冊，頁216，齊國〈陳侯午敦考釋〉。

優勢進行研究，這是我國學術史上一大盛事，但它也是一個新生事物，回顧幾年來「工程」的進行情況，多學科聯合交叉效果是好的，它取長補短，對各學科都有一定促進，擴展了各學科的研究廣度和深度，「斷代工程」的實踐證明，通過這種新的研究方法，確實可以解決一些過去難以解決的問題。但對研究年代學來說，考古學、天文學、核物理學從其學科本身說，都畢竟有一定局限性的；在古文字學方面，特別是「金文曆譜」的研究，可能研究方法和已有資料積累上都存在一定問題，對這個連王國維、郭沫若、陳夢家都認為目前尚無法全面解決的問題，「斷代工程」的研究，也同樣沒有取得什麼有效的進展。

是什麼原因使得「工程」進行得不夠順利呢？我們認為是因整個研究工作沒有分清主次。「斷代工程」是一個年代學研究課題，按理說對這個課題起決定作用的應該是可靠的古文獻記載，我們應該花大力氣研究古代文獻，認真總結汲取前輩學者已經取得的成果；如果古人在文獻中已經講清楚的事情，而這個古代文獻經過研究又是可靠的，其結論就可以加以使用，就像過去郭沫若、陳夢家等前輩學者所做的那樣，比如他們就把武王伐紂年，根據《紀年》記載，定在1027BC。如果不放心，還可以參照考古、天文、古文字、碳14的研究成果，它們可以起到旁證和限制結論的作用。比如本來「斷代工程」使用綜合研究的多種研究方法，已經成功的取得「武王伐紂年」在1050BC-1020BC三十年間，而《紀年》的1027BC也恰在這個範圍之內，這正說明《紀年》是完全可靠的，為什麼放著現成的結論不用呢？再者《紀年》給出的夏商周三個總積年，現在看起來它與考古、天文、古文字、碳14等也是不矛盾的，又為什麼不用呢？有什麼必要另搞出一套並無獻根據的結論，捨本逐末，把問題複雜化

呢？而「斷代工程」恰在對古本《竹書紀年》這樣重要的古代文獻研究上，表現出無知和主觀的傾向。學術研究是有傳承的，總是要在前代學者已有學術成果的基礎上進行的，這樣才能不斷向前發展。我國文化古籍之豐富，是舉世無雙的，我們今天研究這些古籍的條件和手段，比之前帶學者要優越得多，今天所能見到的地下資料也遠比前人豐富，但卻應該老實承認，我們對古籍所下的工夫，我們對古籍的掌握和熟悉程度，遠不如古代和近代的學者，這是今天的學者在從事古史課題研究時，應該清醒認識到的問題。否則，脫離前代學者艱苦研究所取得的成果，盲目地另立新說，就會使我們的研究有可能不是在前進，而可能是在倒退。這種標新立異的學風，貽誤「斷代工程」，貽誤國家在人文科學研究上的形象，確實應該是引以爲戒的事情。

我們的結論是：

（1）《國語》「伶州鳩語天象」是一段政治性語言，顯然是戰國時人杜撰的，不能作爲實際天象看待。〈武成〉所述史實或有一定根據，但其版本來源不清，其所述曆日可能已經後人修改，不能作爲考證武王克商年的主要論據來加以利用。「斷代工程」所擬定的金文曆譜，名實不符，月相詞語涵義不明，離譜的、勉強不離譜的銘文過多，暴露了主持者缺乏應有的嚴肅學風，問題很多，它尙不具備用以檢驗諸種武王克商年的資格。

（2）古本《竹書紀年》史料價值偏高，通過分析可以看出，其諸多數據有一貫的正確性，它與《史記‧魯周公世家》相印證，可以把中國可信年代推到998BC，「武王克商年」無需捨近求遠查考，可直接使用古本《竹書紀年》的1027BC。夏始年也可用古本《竹書紀年》的1994BC，而不必延長到2070BC，它所記載的夏積年、商積

# 第五章

# 原禮

## 一、禮的起源

最原始最狹義的禮是祭祀的儀節。卜辭中🌱(豐)字上部象徵祭祀所用的兩串玉，下部是「豆」，一種盛食物的祭器。後來豐字加了「示」(礻)的偏旁便成了禮。卜辭中示一般作丅，偶爾也作丁，都代表祭祀。丅在西安半坡仰韶文化層陶片所刻字符中已經出現，我雖最早提出，但半坡陶片上的丅是否即是祭祀還有待相關諸學科進一步研究。[1]

上述禮的字源，無疑是非常精確的。《禮記·禮運》：「夫禮之初，始諸飲食。」原文對供奉鬼神飲食諸物的描寫，文字古奧，有些不易精確鑑定，但大意極清楚，說明古人「事死如事生」，盡力象徵性地供給死者生前所需的食物，哭號喊叫死者之名，希望他或她能回生重聚。生者當然相信靈魂不滅，應與死者繼續保持長期互相依賴的關係和永恆的聯繫，很自然地就從此中產生祖先崇拜。[2]

---

1 請參照拙著英文的《東方的搖籃：中國文明土生起源的探討》(香港中文大學及美國芝加哥大學出版社，1975)，頁230。

2 自新石器龍山文化早期起，陶且(祖)已在黃河中下游若干史前文化遺址中出現，其中偶爾是石製的男性生殖器(石且)。當1970年初讀完《搖籃》全

人類學家認為祖先崇拜大體與圖騰崇拜同期出現，並普遍存在於古今所有的原始社會。圖騰崇拜與祖先崇拜不同之處在於前者崇拜的對象（如以某種動物或植物為標誌）是自外引進的，而後者崇拜的對象是原自族內的。但二者的作用是完全一致的：部、族之所以要引進一種崇拜的標誌正是為了促進全體成員的整合、團結、互助、繁衍、興盛。這是由於圖騰、祖先或其他神祇崇拜的基本條件是宗族或族落成員首先就必須通力合作，至少全體成員都必須參加祭祀的儀式。集體行動本身就是對全體成員最佳的紀律訓練，因為集體行動時個人必須服從全體的意志。在舉行莊嚴的集體祭禱儀式時，個人能更充分了解本人和團體的福利是不可分割的。個人對團體的忠戴不僅是必須應盡的義務，也是換取團體保證個人生活所需的權利的淵源。經常重複舉行的祭祀具有重要的教育功能：使成員自然而然地明瞭是非善惡等道德價值和長幼尊卑人際關係中的倫理問題。自始祭祀與倫理道德就是牢不可分的。

祭儀必須莊嚴、神秘、富有「魔術」意味。主祭者如果不是專業的巫祝，就是族長、部落酋長本人。往往族長、酋長本人同時就是司祭，祭儀的形式及其倫理內涵必須是古老的、「傳統」的，否則鬼神不悅，不但不保佑而且還會懲罰生者。相反地，虔誠篤信力行歷代祖宗所認為是善良正當的，應會受到鬼神的庇護和恩賜。不消說，嚴格遵守舊儀和傳統倫理對鞏固司祭或「國」王兼大司祭的權威當然大有

（續）

部文稿後，芝加哥大學研究院社會科學學院院長Robert M. Adams（現為美國國家博物院Smithsonian Institution院長）對我說，陶且在近東史前文化遺址和近代較原始部族居地經常發現，並不一定即證明祖先崇拜的存在。我告訴他至晚在殷商卜辭中祖宗的祖字，就是且這個男性生殖器象形字，並且卜辭呈現出一個異常高度發展的祖先祭祀制度。他馬上就另下結論，認為中國史前的陶且確可視為祖先崇拜業已出現的物證。

裨益。卜辭中的商王和周代的天子本身就都是大司祭，當然更深切了解此中道理。人類學家的貢獻就在肯定說明全人類所有古今各部族、各種族，在文明開化之前夕的祭祀儀節裡，絕無例外地呈現出非常頑強的保守性。[3]

我國古籍充分證明人類學家結論的正確。古代文獻對禮的起源說法有二。《禮記‧禮器》：

> 禮也者，反本修古，不忘其初者也。禮也者，反其所自生。

換言之，祭儀必須上溯到最原始的階段，絕不可輕易修改。《禮記》〈禮器〉和〈郊特牲〉兩篇對祭儀，尤其是對祭祀所用的酒肉等等，有較詳細的記載。最值得注意的是最原始、最混濁、最淡而無味的「玄酒」是用以供奉最古最尊的鬼神，而品質較清、酒精成分較高的酒是用以供奉較近較次要的鬼神。同樣地，血腥的生肉在滾水中稍稍涮過的「燗」是用以供奉最尊貴的鬼神，較充分烹製過的肉卻用以供奉較次要的鬼神。《大戴禮記‧禮三本》篇也有類似的記載。基本道理：祭祀所用的飲料和食物愈原始便愈足以反映禮的原始形式，形式愈原始也就包含愈多的誠敬之意。

可見中國古代禮的起源論——「返本修古」——與20世紀西方人類學家全人類普遍性的祭祀起源及其特徵的結論是完全符合的。這對我們研究「禮」的深層意義是極為重要的。

我國古籍中還有另一禮的起源論。《荀子‧禮論》：

---

3　B. Malinowski, *Sex, Culture and Myth* (New York: Harcourt, 1962)，全書，特別是pp. 289-316。

> 禮起於何？曰：人生而有欲，欲而不得則不能無求。求而無
> 度量分界則不能不爭。爭則亂，亂則窮。先王惡其亂也，故
> 制禮義以分之，以養人之欲，兩者相持〔須〕而長，是禮之
> 所起也。故禮者養也。

此處荀子所說的並不是禮本身的起源，而是禮的社會功能的起源。他認為人人都需要生活資源，可是在任何時候人類能夠開發或種植以供人類享用的資源絕非無限的。如果人人爭奪無厭，可供享用的資源勢將耗盡，造成社會混亂。所以必須由「禮」來決定上下尊卑的等分，並決定各階層間成員物資分配的多寡。非如此無法維持長期安定的社會秩序。

《荀子・榮辱》有進一步的討論：

> 夫貴為天子，富有天下，是人情之所同欲也；然則從人之欲
> 則勢不能容，物不能贍也。故先王案為之制禮義以分之，使
> 有貴賤之等、長幼之差、知、愚、能、不能之分，皆使人載
> 其事而各得其宜。然後使愨祿多少厚薄之稱，是夫群居合一
> 之道也。故仁人在上，則農以力盡田，賈以察盡財，百工以
> 巧盡械器，士大夫以上至於公侯，莫不以仁厚盡官職，夫是
> 之謂至平。……

此段引文雖與〈禮論〉篇所謂大意略同，但更充分說明人是生活在「群」（社會）裡，社會有種種權利義務不同的階級等分，如聖王為天子，富有天下亦不為多，而一般細民終年汗勞僅獲一飽亦不為少。這種社會乍看之下很不平等，但因社會地位報酬等等一切取決於知識和

能力，所以更深地分析起來，以「禮」決定等級和分配制度，事實上是最公允的，這就是荀子所謂的「至平」。中國古代思想家之中，荀子是具有近代社會學的觀點和洞察力的。

《禮記》注重狹義的禮的起源，《荀子》注重較廣義的禮的功用的起源，二者相輔相成，並不互相牴觸。

## 二、孔子以前禮的歷史發展

雖然最原始的禮的重心是祭祀的儀節和內中包含的倫理道德成分，但禮是多維度、多層面的，自始即無可避免地多少具有維繫穩定政治及社會秩序的功能。隨著宗教、部落、部落聯盟、「多方」邦國、夏商周三代王國的演進，這些由小而大的政治單位不得不愈來愈縝密地發展政治組織、社會階級等分、物質分配制度、習慣法、行為規範、雛形成文法，以及早期零散、後期逐漸系統美化的禮論，以為意識形態體系的重心。當代新儒家，除了古史見解與我大體相符的徐復觀先生以外，大都僅僅集中研究自孔至荀三百年間禮的理論的建成、闡發和美化。本文的重心即在扼要論述一般思想史家所忽略的禮的制度層面的演變過程。

我國古籍中對禮最早非神話的記載是《國語·鄭語》中鄭桓公與周太史史伯的問答。鄭桓公於西周幽王八年(前774)為周王室司徒，曾問史伯有關遠古邦國民族等事。史伯答：「姜(齊)伯夷之後也……伯夷能禮於神以佐堯者也。」三國吳·韋昭注：「伯夷堯秩官……秩宗於周為宗伯，漢為太常，掌國祭祀。」《大戴禮記·五帝德》記有宰我問孔子堯舜時期的政治情況，孔子答：「伯夷主禮，以節天下。」儘管堯舜時代政治社會情況很難確知，孔子確是一位悟性極高的哲

人，言簡意賅，一語道破禮的原始宗教、倫理和政治、社會層面的必
不可分的關係。主持「天下」(此一專詞的起源，本節下面會加檢索)
祭祀大典的真正用意正在管理、維護，調和邦國所屬臣民各階層間的
安定與和諧。

夏商二代禮之制度方面的發展雖不可詳知，但十幾萬片有刻辭的
商代甲骨使20世紀三、四代學人成功地重建了人類史上最高度發展的
祖先祭祀週期制度——商殷禮制的重心。周雖代商，禮在制度層面繼
續發展這一重要史實從近年一篇罕見的佳作中得到充分的證實。北京
考古研究所劉雨先生詳盡地利用了西周金文資料，細心做出統計之
後，在文序中說：

> 我國古禮傳統上分吉、嘉、賓、軍、凶五種，然而「禮有五
> 經，莫重於祭」，諸祭祀中又以祭祖禮更重要。西周是古禮
> 盛行的時代，因此對西周祭祖禮的研究，是認識禮的關鍵。

劉先生搜全了二十種祭祖禮並做出詳盡的統計表之後，得到以下的結
論[4]：

> 除禴、禋、嘗三種次要祭禮外，其餘十七種祭祖禮都是殷周
> 同名(亦同實——本文作者加)。這正如孔子所說「周因於殷
> 禮，其損益可知也。」(《論語·為政》)

---

4　劉雨，〈西周金文中的祭祖禮〉，《考古學報》，1989年第4期。

一代大師海寧王國維的〈殷商制度論〉[5]雖然過分強調兩代間制度上革命性的不同，仍是研究古代廣義禮制發展史上的計程碑。其文欠妥之處僅僅在於把商代王位承繼的第一原則認為是兄終弟及，因此就得到一個不可能產生宗法制度的結論，需要部分的修正。我們現在已經肯定知道晚商王室追溯確定以往每一世代之中，不論出過幾個君王，其中只能有一個「大示」，示是神主牌，大示在祭祖週期網裡享有特權。卜辭中也出現「大宗」，宗是宗廟。商代「以父子相傳為直系、為大宗；兄弟相及為旁系、為小宗。」[6]

　　周代宗法制的淵源可以上溯到克商以前的遠祖公劉。《詩經・篤公劉》追述公劉率領部族遷居於豳，有「君之宗之」一語。《毛傳》曰：「為之君，為之大宗也」是正確的註釋。但這雛形的大宗之制在克商以前頗有例外。武王克商之後，原自「西土」的周族先征服了商代畿輔及中原大部，然後不斷地向東發展，疆土和人民都有了革命性的擴大。當武王逝世，成王尚幼，周公「保文武受命」期間，平三監，營洛邑，至少兩次「封建親戚，以屏藩周」，先封在今日河南境內，數年內即東封到魯、齊、衛、燕等戰略要地，同時還要一再地強壓婉勸商殷臣民接受「王命」，將效忠的對象自失德已亡的商朝轉移到新興的周室。當時情勢急需一高效的統治網——周公所建立籠罩全「天下」的宗法制度，這宗法制度也就是西周禮制的重心。

　　這龐大宗法系統的樞紐和核心就是周王，也就是「天子」。古今討論宗法之作甚多，惟對「天子」的詞源至今尚無系統的探索[7]。

---

5　此文收入王國維，《觀堂集林》(中華書店影印本)卷10，頁451-80。

6　李則鳴，〈古代宗法制度探源——兼評〈殷周制度論〉〉，《中國古代史論叢》，第九輯(福州：福建人民出版社，1985)。

7　已故陳夢家教授，於討論成康之際獻簋時，指出銘文之中「『王』與『天

綜合《尚書・周書》相關諸篇，周公「保文武受命」的第七年春，太保召公奭先去洛邑做了種種準備。剛剛成年的成王先去鎬京附近的豐(文王陵廟所在)去祭祀禱告，然後也東行至洛。後召公數日，周公也到洛邑去作最後的占卜並祭郊祭社。這時很多「侯、甸、男、邦伯」已經帶著「幣」(絲帛或其他貢品)在洛等候，業已降周的殷商貴族、官員和「庶殷」也已在洛待命；還有「四方民大合會」於洛邑。這是規模極大、極莊嚴的多邦族的大集會。在三月甲子上午，太保先向周公「拜手稽首」，申說天命以德為轉移，由於皇天原來的「元子」商王紂失德遭戮，所以「皇天上帝改厥元子」，由周成王授受天命為皇天的新「元子」。這天命將帶給成王無盡無休的福祉，但也給他帶來無盡無休的憂慮，只有奉天「敬德」才可望長保天命。當這場莊嚴儀式達到戲劇性高峰時，太保才點出主題：「嗚呼！有王雖小，元子哉！」[8]作為天的「元子」或嫡子，成王當然就成了人間至尊的「天子」，這也就是周代王位繼承以嫡制度的確定。據筆者的了解，「天下」一詞也同在成王時期出現，與古老的「四方」同義[9]。這場由周、召二公周密籌劃，由召公充大司儀極莊嚴的儀式可視為成王

(續)————————————

　　子』前後互舉，則天子之稱起於成王之時。」〈西周銅器斷代(二)〉，《考古學報》，1955年第4期，頁106。陳更指出成王期間銅器銘文中也開始有「天君」(王后)之稱。見同期頁117-8。我曾將陳氏長文與郭沫若《兩周金文辭大系考釋》所選西周前半銅器中「王」與「天子」前後互稱諸例比較，雖然二人斷代有時不同，但「天子」一詞之出現不能早過成王之說，可以成為定論。

　　其實研究「天子」詞源最好最詳的資料是《尚書》周初諸誥，尤其是〈召誥〉、〈洛誥〉、〈立政〉、〈顧命〉。

8　〈召誥〉。

9　有暇將較詳討論「天子」與「天下」等詞的起源。應順便一提的是「中國」這一名詞的初現在武王克商之後。詳見于省吾，〈釋中國〉，《中華學術論文集》(北京：中華書局，1981)，頁1-10。

的「加冕」大典。這大典的另一面周公在〈洛誥〉中亦有說明：「王
肇稱殷禮，祀於新邑。」王國維釋義最精：「肇始，稱舉也。殷禮，
祀天改元之禮。殷先王即位時舉之。文王受命建元，亦行之於周；周
雒邑既成，成王至雒，始舉此禮(因在雒新邑舉行)，非有故事，故曰
肇稱。」[10]經過這隆重典禮之後，周公才「告嗣天子、王矣。」[11]

　　天子制度的成立，具有以下的意義：(1)成王是承繼祖德(廣義包
括周民族的德)才被皇天指定爲新的「元子」，元子就是嫡子，從此王
位(諸侯、大夫等同此)承繼以嫡成爲大綱大法。(2)天子爲人間之至
尊，其至尊的地位自此取得宗教及政治的雙重合法性。(3)天子制度之
確定也就是周代宗法制度的確定。天子爲天下之大宗，當然更是所有
姬姓諸侯之大宗，姬姓諸侯對天子言都是小宗。小宗對大宗必須無條
件地臣服。據《荀子‧儒效》，周初封建諸侯七十有一，其中五十三
國的君主都是姬姓。所以宗法制度具有周王室統治自征服得來的，大
大擴充的疆土與人民控制網的功用。(4)在各邦國之內，諸侯爲大宗，
大夫爲小宗。按嫡庶而分，層層推展下去，這大、小宗制一直達到統
治階級最低「士」的層面。於是金字塔式的封建社會每層都由大宗控
制小宗，這種控制都具有血緣、政治、經濟、宗教、軍事的多重性。

　　這種複雜制度的要義以及周公籌建此制的歷史意義，王國維的論
析最中肯要[12]：

　　　　是故有立子之制，而君位定。有封建子弟之制，而異姓之勢
　　　　弱，天子之位尊。有嫡庶之制，於是有宗法，有服術，而自

---

10　《觀堂集林》卷1，〈洛誥解〉，頁33。
11　《尚書‧立政》，全篇開始第一句。
12　《觀堂集林》卷10，〈殷周制度論〉，頁474-5。

國以至天下合爲一家。有卿大夫不世之制，而賢才得以進。
有同姓不婚之制，而男女之別嚴。且異姓之國非宗法之所能
統者，以婚媾甥舅之誼通之。於是天下之國大都王之兄弟甥
舅，而諸國之間亦皆有兄弟甥舅之親。周人一統之策實存於
是。此種制度因由時勢之所趨，然手定此者實惟周公。原周
公所以能定此制者，以公於舊制本有可以爲天子之道，其時
又躬握天下之權，而顧不嗣位而居攝，又由居攝而致政，其
無利天下之心昭昭然爲天下所共見，故其所設施人人知爲安
國家定人民之大計，一切制度遂推行而無阻矣。

緊接上文，王國維擴大綜論：「由是制度，乃生典禮，則經禮三百儀
禮三千是也。」其真義是指自周公確定了建立幾乎囊括極大部疆土的
宗法網之後，一切治理維繫封建等級社會的種種典章文物亦日行完
備。其規模自現存《周禮》之中仍可窺其梗概。極端疑古之輩因現存
《周禮》之編纂不得早於戰國，對此書之歷史價值多所懷疑。瑞典已
故漢學家高本漢某弟子曾以《周禮》所列職官之名與先秦未經儒家纂
改諸書作詳細比較，發現38%職官之名皆相符合。《周禮》官名統計
上大部以低級者居多，而周代其他文獻中往往僅言及較多高級官名。
若以下大夫以上職官比較，則相符率高至80%[13]。準此，西周廣義禮
制之粲然大備，確可從現存《周禮》得到相當部分地反映。

　　《左傳・文公十八年》魯國權要及史官明言「先君周公制《周
禮》」。楊伯峻註極重要：「《周禮》，據文，當是姬旦所著書名或

---

13　Seven Broman, "Studies on the *Chou Li*," *Bulletin of the Museum of Far Eastern Antiquities*, No. 33（1961）.

篇名，今已亡其書矣。若以《周官》當之，則大誤。今之《周官》雖不無兩周遺辭舊義，然其書除〈考工記〉外，或成於戰國。」[14]《左傳‧哀公十一年》孔子亦言「有周公之典在」。孔子一生最景仰周公及西周典章制度文物，《論語‧八佾》：「周監於二代，郁郁乎文哉！吾從周。」一語是具有充分歷史根據的評價，是由衷的景慕之辭，是絕對不容懷疑的。

　　禮的三個層面，論重要性以第二制度層面為最。西周前半期，尤其是「成康之治」的半個世紀，是封建、政治、社會、經濟制度文物發展達於頂點的時期。即使當制度層面大力發展之時，周王室已開始覺得有以思想意識強化、合法化極廣義禮制的必要。如武王已訓示新封去衛（商王畿一帶）就國的康叔，除尊重「殷彝」（殷商舊禮俗，價值系統，習慣法）之外，要大力宣揚「孝，弟」；凡有「不孝，不弟」之人不但永不任用，並且應以文王之法嚴加懲戮。詳見《尚書‧康誥》。西周後期又將「孝」奉養父母和已故祖先的原義推衍到「包含後世所謂『忠』的內容。」[15]推孝至忠的最大受益者當然是天子。

　　自制度史的觀點，西周前半廣義禮制之所以能充分發展是因為宗法制的推廣及其無與倫比的「社會教育」功能。宗法制橫向（邦國間）的推，上引王國維一段已有簡要說明。在邦國內自上而下的推廣，晉師服在東周初期有自半觀察，半追憶的述要[16]：

　　　　吾聞國家之立也，本大而末小，是以能固。故天子建國、諸

---

14　楊伯峻編著，《春秋左傳注》（北京：中華書局，1981），冊2，頁633。

15　李裕民：〈殷周金文中的「孝」和孔丘「孝道」的反動本質〉，《考古學報》，1974年第2期，頁20。

16　《左傳》桓公二年（前710）。

> 侯立家、卿置側室，大夫有貳宗，士有隸子弟，庶人、工、
> 商，各有分親，皆有等衰。是以民服事其上，而下無覬覦。

每個社會階層，無一不嚴格分別嫡庶尊卑、主從。而每一個宗法團體
都是一個具備血緣、政治、社會、經濟、宗教、教育多功能性的「小
宇宙」。除了庶人、工、商的平民階級之外，其餘較高層的宗法團體
還是一個軍事單位。

宗法親屬網組織複雜周密。本人算起，上推至高祖，下推至玄
孫，一共九代，喪禮方面，亦有「九服」，構成所謂的「九族」。所
有成員必須服從並效忠「宗子」。族權、政權、產權、神(祭祀)權、
司法權、教育權都集中於宗子一人。宗子和宗人有君臣關係。直到春
秋末葉，宗子任性處死有名望宗人之例仍然存在。宗法氏族是一非常
專制的、「威權性」(authoritarian)的有機體。

周初最高決策者的「聰明才智」是古今罕匹的。除了必要時用暴
力外，他們建立推廣宗法制度以控制廣土眾民。每個宗法氏族都是自
成單位的小宇宙。每個成員在氏族中的「龕位」取決於他出生的等
級、層次、嫡庶、長幼。《禮記》〈內則〉、〈少儀〉、〈學記〉諸
篇雖可能曾經戰國或更遲的儒家的「系統化」，但其大部內容仍可說
明在宗法制度崩潰以前，氏族成員自幼耳濡目染服侍尊長之道，無盡
無休地參加演習種種祭祀與儀節，不知不覺之中即視等級森嚴的宗
法制度為先天預決的社會秩序。西周開國決策者最大的天才就是了解
最好的統治政策是「化民成俗」，「化民成俗」最直捷的辦法是「必
由於學」，「學」的最自然、最理想、最有效的機構是萬萬千千根據
宗法而形成的大小宗族。這也正是儒家所稱道的「德化」、「德治」
的主要部分。

　　實際上周初王室統治能力強大的眞正原因是王室與姬姓邦國間宗法網和直轄於王室的「西六師」和「殷八師」（亦稱「成周八師」）的建立。每師2,500人，王師總共35,000人，姬姓侯國軍隊尚不計在內[17]。自昭王十九年「喪六師於漢」，穆王長期遊狩無度，「夷王衰弱，荒服不朝」[18]，周室中衰，封建宗法制度不斷支分系裂亦日見削弱。文革期間一篇資料堅實的論文指出西周金文言及「孝」的共64器，除5器屬中期外，其餘59器皆屬晚期。晚期銘文的特色是把「孝」的施行對象及其倫理內涵由「孝養厥父母」[19]擴大延展到效忠於「大宗」、「宗室」、「兄弟」、「朋友」、「婚媾」。換言之，由於西周晚期宗法氏族制已難維持長久，統治階級只好希望強化後的孝的觀念有成爲團結離心氏族成員的精神組帶的可能[20]。

　　同樣有意義的是春秋三百年間，雖然對禮的記載大多數是某人某種舉動「是禮也」或「非禮也」這類個別的觀察和簡評，但自始即有政治家和哲人專門注意禮的制度層面的大功用。例如：

　　　禮，經國家、定社稷、序民人、利後嗣者也。《左傳·桓

---

17　史家對有些歷史現象和制度的意義，往往經過比較研究之後，才能加深了解。筆者1948年5月3日博士主修輔修科目口試時，某教授問法國國王Francis I於1525年入侵義大利，爲神聖羅馬皇帝Charles V軍隊所擒，何以數年之後又能對後者作戰，當時法軍人數幾何。此類偏狹而專門問題一般歐史書中皆不談及。幸而我有準備，回答當時法軍不過25,000人，雖1525年損失慘重，因全軍規模有限，短期內不難重整。案當時法國爲歐陸一等強國。紀元前11世紀末西周王室直轄軍隊竟有35,000人之多，至少部分地反映當時的政治、軍事、組織、給養等方面的能力水平。

18　方詩銘、王修齡，《古本竹書紀年輯證》（上海：上海古籍出版社，1981），頁42及54。

19　《尚書·酒誥》。

20　李裕民，〈殷周金文中的「孝」和孔丘「孝道」的反動本質〉。

二》（前712）

夫禮，國之紀也，親民之結也。《國語·晉語》，寧莊子言
於衛文公（前659-635）

到了西元前6世紀，比孔子誕生早二三十年及大略同時的列國「賢明」
卿相和孔子本人對禮的意識型態化的迫切需要已有共識。姑舉三例。

（1）西元前530-529年冬春，楚靈王因「不能自克」，兵敗自縊，
孔子徵引古志「克己復禮，爲仁」，不但完全贊成盡可能恢復西周廣
義的舊禮制，並且對此主張加以道德化[21]。

（2）西元前517年記事，數年後繼子產爲鄭國執政的子大叔與晉國
重要領袖趙鞅（簡子）論禮。子大叔徵引「先大夫子產曰：『夫禮，天
之經也，地之義也，民之行也。』」經過較詳的討論後，趙簡子以現
實政治家的身分感嘆地說：「甚哉，禮之大也！……鞅也，請終身守
此言也。」《左傳·昭25》

（3）西元前516年，齊景公自知無德又將不久於人世，與賢臣晏嬰
談及齊國大夫陳氏累世「積德」深得民心，遲早必將篡位。晏嬰提出
唯有恢復全部舊禮制才能防止大夫僭越。景公嘆大勢已去，但晏嬰仍
大加引伸：「禮之可以爲國也久矣，與天地並。君令，臣共（恭）、父
慈、子孝、兄愛、弟敬、夫和、妻柔、姑慈、婦（兒媳）聽，禮
也。……」「公曰：『善哉，寡人今而後聞此禮之上也。』」《左
傳·昭26》

這種對禮的最大功能的共識，一方面反映西周所立封建宗法社會

---

21 詳見拙文〈「克己復禮」眞詮——當代新儒家杜維明治學方法的初步檢
討〉，《二十一世紀》（1991年第8期）。

如不盡力設法挽救，遲早勢必崩潰；另一方面卻又反映在晉楚均勢末期「尊王攘夷」口號尚未完全喪失現實意義，廣泛的「復禮」運動可能還有挽救或延長「舊制度」生命的希望。孔子不但是春秋中晚期的產物，而且由於強烈的使命感，把「禮」之史的發展提升到第三層面──理論化、意識形態化。自孔子至荀子禮之理論化的完成是中國思想史界多年研究主題之一，本文不再加以討論。

中國禮字的原始意義是祭儀，人類學家證明所有原始祭儀，尤其是祖先崇拜，都是嚴格遵守傳統、具有頑強的保守性。換言之，祖先崇拜一定是「崇古取向」的。我國至晚在商代已經產生人類史上最高度發展的祖先崇拜。西周除了產生燦爛的典章文物之外，更產生了人類史上最高度發展的宗法親屬制度[22]。史實說明宗法氏族是灌輸傳統思想、實踐保守意識最自然、最有效的有機體。這兩種基本因素的交互作用導致出人類史上最持久的「崇古取向」的文明。

1992年2月9日

---

22　人類史上親屬稱謂以中國為最多(大約350左右)，其次是古代羅馬(122)，近代夏威夷(39)，其餘多在20-25之間。詳見P. Bohannan and J. Middleton, eds., *Kinship and Social Organization* (New York: The Natural History Press, 1968), Table on p. 55.

# 第六章
# 「克己復禮」真詮：
## 當代新儒家杜維明治學方法的初步檢討

　　我四年前自芝加哥大學退休後，轉到鄂宛的加州大學再全職執教三年，倏忽間去年又作第二次的退休了。空暇較多，精力未衰，立志今後多以中文寫撰，從五十餘年治史經驗中試提一系列對當前仍有現實意義的較大歷史課題，與海內外前輩、同輩、後來居上的學人共同研討，冀能整合古今，加深了解目前中國主要癥結的歷史根源，並探求解救之道。業經初步思慮過的大課題之一是儒家傳統中糟粕與精華的評估，而此項評估工作的起點，是孔子思想體系裡的兩個重心——「禮」和「仁」。

　　數月前無意中獲讀辭掉美國社會科學研究會會長這崇高地位，回到柏克萊加州大學的著名綜合清史的魏斐德（Frederic Wakeman）教授介紹杜維明（哈佛大學東亞語文文化系中國歷史及哲學教授）對孔子「禮」的理論的嶄新看法。魏氏評述[1]：

> 以上的這些看法，比起目前美國首屈一指的新儒家哲學家杜
> 維明對傳統儒家政治文化的那種帶有詩意的認識顯然是對立

---

1　《中外文化比較研究》，中國文化書院講演第二集（北京：三聯書店，1988），頁185-186。

的。杜維明談儒家仁政，探求修、齊、治、平之不可分割，認爲儒家的理想社會不是一個充滿張力的抗爭性的社會，而是一個約法三章，互愛互信的社會。這個理想社會是由一批有共同信仰的人共同組織及其參與的有機群體（organic community）。通過這個群體生活的經驗，個人也得到自我完成。因此，禮對個人不是一種外加的束縛，而是自我表達的一種渠道。通過適當的禮，無論坐、立、行、止、一舉一動、一言一笑都可以達到人我兩相和悅的境界。杜維明在西方中國學界中最突出的成就是他對儒家的觀點的新看法。他認爲禮是人之所以確立爲人的具體過程。他一面承繼了徐復觀、唐君毅的新儒學，另一方面受到西方影響，將儒家經典提昇到宗教典籍的地位，由於他的努力，儒家思想中的人本主義與自由主義重新得到大大地認識。與此相關聯，在中國與西方學界中提出來的儒家人本主義的同時，有些學者並且認爲，傳統文化對東亞社會的經濟發展與現代化不僅不構成阻力，並且是重要的助力。

杜維明對孔子「禮」的理論討論的起點是《論語‧顏淵》裡那句在文革期間受到舉世注目的「克己復禮爲仁」。杜氏對這句話如何詮釋、推衍、闡發成爲在西方享有盛名的理論，值得我們仔細研究。批評杜說的起點是必須百分之百忠實於杜氏的原文，由於杜氏英文寫作有相當高妙的技巧，但偶或句法、詞意、語意層次有欠確切，所以我們必須把杜氏原著中最關鍵的三段英文影印與本文同時刊印，以求公

允，以供精通中英文字的知識分子參照[2]。

　　杜氏首先認爲通常把「克己」譯成或解釋成爲「克服自己」很不妥當。他認爲首先必須尋索這兩字的「倫理上」的相關脈絡。他說：「『克己』這個觀念其實是與『修身』有密切關聯的。實際上他們是可視爲等同的。」這兩個英文短句充分顯示杜氏運用學術語言的靈活；這兩短句已經作了「升級」和「蛻變」的工作。誠然，克制自己過多過奢的慾望或克制自己過於偏激的言行，是可以認爲是「修身」的一部分。因爲修養確有消極抑壓和積極發展的兩個方面。但修養或修身在中英文裡的主要意涵是傾向積極方面的——如何把自己的文化知識、良知、品德、操守、行爲、求眞、求美、風度、情操等等，通過不斷的學習、實踐、反思，逐步提升到「君子」、「聖人」或「自我完成」的境界。開頭即完全不提抑壓的主要方面，立即提出「克己」與「修身」的密切關係，這第一步就已經轉移了原詞原意的重心。緊接著杜氏就把「克己」和「修身」等同起來，這就由量變一躍而爲質變了。這是杜氏全文最重要的一個「突破口」，先從這突破口轉小彎，隨著轉大彎，直轉到180度與古書原文重要意義完全相反，完全「證成」他自己的、嶄新的、富有詩意的「禮」論爲止。事實上所謂現代第二代新儒家的中堅分子早已慣用這種轉彎超越的論辯方式[3]。

---

2　杜原文在 Tu Weiming, *Humanity and Self-Cultivation: Essays in Confucian Thought* (Berkeley: Asian Humanities Press, 1979), pp. 6-7.

3　姑以已故唐君毅氏論孔子仁道爲例。他根本不願接受極大多數學人對「禮」的基本強制約束性的看法。在討論《論語・顏淵》：「夫子博我以文，約我以禮」時，他主觀堅持此處「約」字不是約束之意，而是與「博」另一相對意義的約，換言之，就是由博返約的約。試想：極複雜的周代禮制，包括封建社會整個階級制度、典章文化、行爲規範，以及所謂的「經禮三百、曲禮三千」（見《禮記・禮器》）等等，怎樣簡約化？最奇的是他馬上武斷地說「不可言約我以禮」，「當說博我以禮。」又說：

但杜維明畢竟是受過西方高等訓練的學人，所以比那些已故老一輩新儒家在方法上乍看之下要「嚴謹」得多。他深深了解如果一開頭馬上就把自己的見解硬向讀者推銷，讀者可能起反感。所以他在文序中對他立論自知可能不穩會遭人攻擊的地方都一一自動提出作為「限定」。一般英文讀者如果匆匆一讀，或細讀而不熟悉中國古代哲學著作和複雜的封建政制和社會，勢必對杜論欽佩到五體投地。由於杜文第三段開頭兩三句的構造或詞意語意的確切意義很難抓住，所以我們從他提出具體的方法上的「限定」起，盡量忠實地解釋或直譯。

（1）古代哲人提出仁和禮等觀念時，可能對這些觀念的範疇（categories）並不清楚。

（2）即使古人不知不覺之中或暗示之中能體會出這些範疇之中的差別，他們主要關切的仍是(仁和禮間的)「和諧」，而不是「緊張」。

（3）「因此，在著重『緊張』時，我們不願意牴觸古代哲學家們。」

（4）「相反地，我們的意願是顯示他們所關切的『和諧』實是具有一種很複雜的交響樂式的結構。」

（5）「真的，古人的耳朵對它是並不習慣的。」

（6）「當然，我們面對著注入古代原文過多新義的危險，但我們最基本的重點不是版本校讎——雖然它對我目前這種研究是有關鍵性的重要。」（棣案：原文textual criticism是錯用的，他其實是指字源學或

（續）————————————————————

「故吾意此孔子之答非禮勿視、非禮勿聽、非禮勿言、非禮勿動，唯是言人之禮敬當運於視聽言動之中，而無所不極。……」竟把孔子原意完全曲解。他有時自招，用意在古書中極力尋找「種種歧出之義」，由歧出之義作突破點，就己意盡情升級超越。見《唐君毅全集》，《中國哲學史原論・原道篇二》卷十四(台北：臺灣學生書局，1986)，特別是頁91-98；頁111。

訓詁學。）

（7）原文構造有欠合理，無法直譯。但坦白地說出他主要用心是去探測古書原文「柔韌性」可能彎曲的極限；換言之，他要連續不斷地以自己新義去詮釋古書，直到古書已達無可容忍的程度爲止。

以上杜維明自提的「限定」之中，最重要的是第六點——字源學或訓詁學是研究中國古代任何文獻必不可少的基本工具。這就需要相當的國學基礎。和第三代新儒家比較，第二代的中堅分子的國學基礎要好得多。但除徐復觀外，其餘對中國古代歷史、制度、社會的複雜性和一些獨特性，還是功力不足，所以嚴格講來，除了一般文字訓詁之外，還需要具有廣義的歷史及制度考據工具不可。雖然儒家和其他先秦主要思想流派的著作大多已譯成英文，但甲骨、金文不斷把訓詁這門學問擴張深化，迫使當代學人必要時不得不對古書重要章句逐字深鑽細嚼。不顧古書原義，不充分了解古代歷史現實，套上康德或黑格爾的外衣，或機靈地玩弄西方哲學詞彙或觀念企圖「重建」中國古代哲人思想體系，是注定要失敗的。

其實，「克己復禮爲仁」眞義很容易了解，並不需特殊訓詁工具。當代極大多數思想史家的解釋都是大體正確的，我們無妨採取以下的解釋[4]：

在孔子看來，統治者不能自我克制生活上的侈靡，政治上的

---

4　匡亞明，《孔子評傳》（濟南：齊魯書社，1985），頁258-259。我之所以徵引此書，一方面因爲大體上這是一部研究孔子最好的書，一方面是由於作者對仁和禮的看法相當受了杜維明的影響。因此此書中對仁和禮的討論有前後不符之處。上引討論「克己復禮」一節改爲正統常識的解釋，從此中也反映杜說之難以成立。

僭越，要實行仁政是不可能的。所以孔子主張「克己復禮」。「克己」就是克制自己的慾望，恪守周禮，不能越軌。……克己是復禮的前提，不克制生活上的侈靡、政治上的僭越，就無法恢復到禮樂有序、天下有道的局面。克己復禮主要是對統治階級說的，即要求統治階級提高遵周禮、行仁政的道德自覺性。

禮在孔子思想及教學的中心地位，集先秦儒家思想大成的荀子了解最深[5]：

學惡乎始？惡乎終？曰，其數則始乎誦經，終乎讀禮。其義則始乎爲士，終乎爲聖人。……禮者，法之大分，類之綱紀也。故學至乎禮而止矣。夫是之謂道德之極。

由於禮不但要讀，還需要經常實踐，所以顏淵問仁得到孔子「克己復禮爲仁」的扼要答覆之後，馬上就「請問其目」。孔子立即加以指示：「非禮勿視，非禮勿聽，非禮勿言，非禮勿動。」視、聽、言、行既囊括了人類社會生活的全部，「禮」就給「仁」實踐的對象加以說明，加以範疇；同時「仁」也給「禮」的維護與實踐以精神道義上的動力。二者之間只有「和諧」，沒有「緊張」，這本是杜維明開頭不得不承認的。

可是，由於他自始即要把具有頑強約制性的禮遽早化爲類似仁的發自於內的道德及精神力量，所以在理論上才感到「緊張」。等到他

---

5　《荀子・勸學》。

把禮的主要約制面完全不顧，從「修身」方面推到「自我完成」之後，仁和禮才取得統一，禮才成為孔子仁說的外形化（externalization）。從歷史發展程序看，他的這個申論肯定是錯誤的。因為最原始最狹義的禮是宗教祭祀的儀節（rituals），這禮字的原義就是兩串用以祭鬼神的玉和盛食物的祭器，這就上溯到茹毛飲血的原始時代，比孔子至少要早三、四千年。即使包羅萬象最廣義的禮制，從西周開國至孔子誕生也差不多五百年了。惟其由於孔子以維護西周禮制為一生重要使命，更由於春秋時代禮崩樂壞的趨勢日行顯著，孔子才大聲疾呼要恢復西周的禮制。他自兒童時代嬉戲即「陳俎豆」，成年以後以禮制專家的身分入仕教學，逐步完成他的仁的學說，目的正是以仁說把禮全部合理化、意識形態化。杜維明的申論——孔子思想自仁出發，寓仁於禮的推論完成之時，禮便成了仁的外形化了。這種論辯真可謂是車前馬後了。

也許具有美學修養的學人因惋惜而質難，極端懷疑主義者因信念（對懷疑精神原則的信念）而質難：是否杜維明富有詩意的看法絲毫不能成立？是否我的看法（事實上也是大多數治中國古代思想史的人們的共同看法）絕對就代表孔子的看法？古代漢語真能充分表達詞意間微妙的意涵嗎？無論任何近代研究的綜結都能使人絲毫沒有保留地接受嗎？

就孔子「克己復禮為仁」一語真義而言，此文和大多數當代思想史家的看法是正確的，而且我認為可以絕對代表孔子個人的看法。我之所以如此肯定無疑是因為古代史料中有一「奇跡」。這奇跡就是《左傳》昭公十二年（530 B.C.）冬徵引了：

仲尼曰：古也有志：「克己復禮，仁也。」信善哉！楚靈王

　　若能如是，豈其辱於乾谿？

案：孔子自幼聰穎，「吾十五而志於學」；十七歲時魯當政季孫氏宴
請高級貴族，孔子赴宴爲季孫家臣拒之門外；二十歲特任「委吏」，
管政府的倉庫，是年魯昭公以鯉魚賜孔子，所以孔子新誕的男兒取
名鯉；二十一歲時孔子改任「田吏」，管畜牧。他對「克己復禮，
仁也」作案語時年二十二，官職雖卑，學術知名度想已甚高，否則
國君不會賜之以鯉[6]。《左傳》作者左丘明也是魯人，《左傳》紀事
以魯國爲主，孔子案語必是當時對事而發的，這是留給後世極珍貴
的第一手史料。

　　我認爲孔子是人類史上最早最深刻的斟酌情況以決定行動的倫
理學派的大師。西方倫理觀念兩三千年來大都傾向絕對，或來自宗
教誡律，或泥於法律的字面詮釋，或由理性推衍至極以道德作爲
「絕對的命令」（categorical imperative）。直到20世紀才有與孔子不
謀而合的、主張斟酌情境後再作道德判斷的「處境倫理」學派
（situation ethics）[7]。爲了充分了解上引孔子案語的眞義，必須細讀《左
傳》。

　　有關楚靈王悲劇性結尾，《左傳》昭公十二年冬及十三年春不但
紀事詳細生動，而且紀言方面也遠勝《國語》，既有暴君賢臣間的長
篇對話，且不時有因果性的精彩追敍。西元前530冬楚靈王爲恐嚇吳
國，大軍進駐乾谿(今皖北亳州附近)。冰雪連綿，他日日「醉飽」，
連續問右尹子革他是否可以向周王室求鼎，是否可向鄭國索回傳說中

<hr>

6　匡亞明，《孔子評傳》，附錄〈孔子年譜〉。

7　代表作之一是Joseph Fetcher, *Situation Ethics: The New Morality* (Philadelphia:
　　The Westminster Press, 1966).

虞夏期間曾隸屬楚國先君的一塊田地。談話中，楚王忽作怪想，要把象徵王權的三尺長的玉圭裝上斧柄，於是出室詢問工尹。在同僚逼問之下，子革才透露何以故意誇張楚王的國際威望，借機諷諫，促王自覺慚愧，主動改過，以求挽回危局。王回室言及古史，子革才藉機背誦了諷諫終身享樂「醉飽」，遊獵無度的西周穆王的古詩，穆王感悟，因此得保善終。至此靈王始羞愧難當，寢食俱廢者數日。次年年初，楚國發生叛亂，靈王愛子二人被殺，領兵回國戡亂，為叛軍敗於訾梁(今河南信陽附近)。延至夏五月，日暮途窮，靈王自縊身亡，為天下後世笑。《左傳》紀事紀言甚長，多處詞義需要註釋，不能盡引。好在明治年間日本《左傳》構成竹添光鴻有很生動的摘要和傳統觀點的議論[8]：

> 醉飽者盡情不留餘地之喻，亦罪大惡極之喻也。時雨雪嚴寒，軍士裂膚墮指，而(王)執鞭頤使，自冠至履，色色艷侈，全不識斯民疾苦，皆為醉飽二字寫照。與我乎三問，正是醉飽之極。三答皆挑動之，使自知其醉飽也。剝圭既出，引詩喝破，惘然不答一言，寢食俱廢，覺從前滅國犧人，皆醉飽也。今日全軍凍餒，供我旨求，亦醉飽也。特恐人怨所歸，蕭牆禍起，無路可生耳。斯時(如)下罪己之詔，迅速班師，不至有訾梁之潰。可見克己復禮，在上智是作聖全功，在下愚亦回生要旨。其後告侍者曰，吾殺人子多矣，能母及此。又告子革曰，眾怒不可犯，大福不再，皆從醉飽後悔悟

---

8 《左氏會箋》(明治三十二年，1903，井井書屋鉛印本)，無頁數，徵引自第十一冊最後一頁。

得之者，而無及也。良史錄聖語，何等神彩。

　　根據以上的情境，孔子對「克己」的看法只可能是字面的、常識的「克制自己」的種種僭越無禮的慾望言行，決無解爲「修身」及其延伸之理。就是極端懷疑主義者對此也不應仍就懷疑了。應該一提的是在昭公十二及十三年孔子得悉楚靈王自殺經過之後，他說明「克己復禮，仁也」一語是引自古志。這時他二十二歲。《論語・顏淵》是若干年後答覆顏淵所問時把這句古志之言再作哲學性的闡發的，詞意是前後一致的。

　　我對杜氏治學方法方面的感觸，事實上六十至八十年前已有梁任公和陳寅恪兩位大師代我而言了。梁啓超的話富感情忍血淚[9]：

　　　　……吾最惡乎舞文賤儒以西學緣附中學者，以其……摭古書片詞單語以傅會今義。……此等結習最易爲國民研究實學之魔障。

陳師在1930年代初自純方法上立說如下[10]：

　　　　……古人著書立說，皆有所爲而發；故其所處之環境，所受之背景，非完全明瞭，則其學說不易評論。……今日所見之古代材料，或散佚而僅存，或晦澀難解，非經過解釋及排比之程序，絕無哲學史之可言。然若加以聯貫綜合之搜集，及

---

9　蕭公權，《中國政治思想史》（商務，1936）下冊，頁394。
10　馮友蘭，《中國哲學史》（商務，1934初版）下冊，〈審查報告一〉。

統系條理之整理，則著者有意無意之間，往往依其自身所遭際之時代，所居處之環境，所薰染之學說，以推測解釋古人之意志。由此之故，今日之談中國古代哲學者，大抵即談其今日自身之哲學者也。其言論愈有條理系統，則去古人學說之真相愈遠；此弊至今日之談墨學而極矣。

我應該加一句：此弊至今日海外(包括港、台)之新儒家之談儒家者而極矣。

這是由於：(一)當代第二、三代新儒家「語境」(context)飛躍的能力與效果遠非五四前後掇取西學片斷以釋中學者夢想所及。杜維明答問[11]：

每個時代的人都在用自己的方法進行思考，這裡有個「語境」(context)的問題。我們的研究，常常是幾種不同的語境交織在一起。舉個很簡單的例子，一位在國際學壇具有影響力的文化人類學家吉爾滋(Clifford Geertz)曾對我的一篇論文作了評價，他首先就對語境問題進行了分析：第一，我是用英文講中國哲學，英文和中國哲學的語境就很不相同，這中間需要一個飛躍；第二，我以一個現代人的身分來講古典，時間上也有變化；另外，就是我自己的環境，我的文化色彩。一般地說，我是一個美籍華人，是美國文化與中國文化兩種不同語境相互交錯的產物。在這樣一個位置上，對傳統哲學進行反思，同時又要面對西方的思想家，這中間又有好幾次翻譯和跳躍。

---

11 封祖盛編，《當代新儒家》(北京：三聯書店，1989)，頁216。

至於新儒學第二代的中堅人物，已故唐君毅教授，從「綜攝中、西、印三系思想家心本體論」出發[12]，逐步建成他全部哲學體系的過程中，究竟作過多少次極廣義的語境跳躍，恐怕連他自己生前都無法數清。問題在：他所詮釋的中國古代哲學究竟是誰的哲學？

（二）這就涉及本文主題以外具有現實重要性的另一問題了——海內外中國哲學或思想史的教學研究是否應與新儒家學派較嚴格地分開。畢竟當代新儒家對古代思想的詮釋比任何前代學派都離譜。如果當代新儒家學說經得起時間的考驗，不久能成為真正值得舉世學術界推崇的大學問，當代新儒學當然應該成為開課研習、博士前後研究寫作的新對象。不幸的是：至目前為止，很多謹嚴的學人對之都相當懷疑，甚至不少學人認為它內中不乏欺世的野狐禪。因此，在海外教學研究方面，經過當代新儒家的主觀詮釋甚或歪曲之後的中國古代思想史確已構成一個不容忽視的學術倫理問題。中國思想史之所以為思想史，正是由於基本上人人都應該極力避免戴上有色眼鏡去體認中國古

---

12　張祥浩，〈評唐君毅先生的哲學思想〉，《南京大學學報「哲學·人文·社會科學」》1991年1期，頁53有很好的摘要：

現代新儒家代表人物唐君毅先生的哲學，被稱為超越的唯心論。這一哲學，以心本體論為核心，以心靈開出九境為框架，把客觀世界事物的個體、種類、功能因果關係，主觀世界的感覺活動、理解活動、道德反省活動，以及人們的一神教信仰、佛教信仰和儒教信仰，都歸為心靈的超越活動，並從這些活動中去論證心本體的存在。唐先生的這一哲學不是哲學史上某派心本體論的簡單重複，它具有綜攝中、西、印三系思想家本體論的性質，從而把中國儒學心性哲學發展到現代的階段。……

僅以從心靈開出作為理論體系框架的「九境」而論，就有：「萬物散殊境」、「依類成化境」、「功能序運境」、「感覺互攝境」、「觀點凌虛境」、「道德實踐境」、「歸向一神境」、「我法二空境」，和「天德流行境」。很難相信唐氏「九境」理論體系框架的形成是合乎哲學思維方法最低必要的嚴肅標準。

代哲人的真實面貌和精神。

## 補充

本文初稿完就於1991年7月上旬。預定歐行前夕曾以此稿請正於國史及中國思想史學界學人友好五六人。陳榮捷先生賜覆最速，並承示清代劉寶楠(1791-1855)已先杜維明教授釋「克己」為「修身」。劉氏《論語正義》先釋「克己」為「約身」，進而認為「約身猶言修身也。」[13]但細讀之後深覺關鍵之「約」字，劉氏一貫釋為「約束之約」，實際上與大多數傳統註釋家並無根本不同。此外，劉氏深受毛奇齡(1623-1716)影響，繼續從《漢書》以降正史列傳中覽稽「克己」的實際用法和意涵。大體言之，《後漢書》及《北史》中言及「克己」者，如「夙夜克己，憂心京京」，「克己引愆」，「卑身克己」等等，類「皆深自貶抑之義。」[14]毛奇齡的研究方法尤足啓人深思的是他對《左傳》中有關「克己」的內證非常重視；「王揖而入，饋不食，寢不寐，數日，不能自克，以及於難。」他認為《左傳》生動地描述楚靈王「不能自克」，「不能自克」就明明是「克己」的「對解」，所以「克」字一定非是「約也、抑也」不可，決不能作其他解釋。本文自始即以《左傳》中內證視為最權威的第一性史料，在方法論上正是與清代經學碩儒毛奇齡、阮元等不謀而合的[15]。

---

13　劉寶楠，《論語正義》(同治1866原刻，1979日本定靜堂影印)卷15，頁1，上下。

14　俱徵引於程樹德，《論語集釋》(原版1939，台北藝文，1965重排本)，頁710。

15　同上。案：毛氏論「克己」之語，阮元於所著《揅經室集》幾乎全部照錄，亦最注重《左傳》中的內證。

　　結束本文之前，對杜維明先生所描繪的儒家理想社會——其中個人歷經修、齊、治、平達到自我實現，群體通過了「禮」達到「帶有詩意」，「人我兩相和悅」的境界——似有略加檢討的必要。

　　從歷史家的觀點，杜氏所描繪的儒家社會不但在古代中國，即使在舉世所有古今高度文明的國家，都從來未曾實現過。筆者正在寫撰的論「禮」文章裡將較系統地闡發禮制的發展、演變與運作都是通過兩周所獨有的政治與血緣結合的宗法制度這一桎梏的磨擦與阻力而進行的；在這一漫長的歷史過程中，極大多數的統治階級成員都無法解脫制度的束縛和抑制，都不能不接受一己在宗族中生而即定的「龕位」、權利和義務。只有最高級的宗子，如周天子及一等大國的諸侯們，才有機會實踐，才有希望達成修身、齊家、治國、平天下的理想。萬萬千千不同階層的宗族庶子幾代之後即降為平民。宗法制度崩潰之後，小的「自然」家庭代之而興，「在這種小家、無〔諸侯列〕國、一統天下的新環境當中來實行修身齊家治國平天下的政理，必然是窒礙難通。」[16]杜先生和有些當代新儒家以為在傳統中國，至少在原則上，凡是知識分子都有權利、義務演唱修身四部曲以期達成自我實現，顯然是昧於國史的真實，而又飽受當代西方思潮影響下，對傳統儒家社會超情理的美化。

1991年9月22日

美國南加州鄂宛市龜石村寓所

---

16　修、齊、治、平只有在宗法制度尚未崩潰之前才有實現的可能與希望。這一深刻史實，只有淹貫古今中西的蕭公權先生才能首先道破。見蕭著〈聖教與異端(下)〉，《觀察》一卷十二期(1946)，頁12。

# 第七章
# 中國現存最古的私家著述：
《孫子兵法》

　　1972年山東臨沂銀雀山一號漢墓出土一批古代兵書，內中不但有《孫子兵法》，還另有《孫臏兵法》和不少有關兵事的殘簡，包括《孫子》十三篇以外的〈吳問〉。這次大量竹簡的發現粉碎了起自南宋葉適，中經有清姚際恆、姚鼐、全祖望，下迄本世紀錢穆、齊思和諸家對《孫子兵法》的負面看法——現存的《孫子》十三篇絕非成於春秋末年孫武之手；錢穆甚至否定孫武其人的存在。雖然1970年代孫子其人其書已得到初步的肯定，1980年代初已有對中外古今《孫子》研究的綜合摘要[1]，但現存《孫子》十三篇的當時性（contemporaneity），也就是它的春秋屬性，尚未引起國際上足夠的注意和研討。此外，目前學人對《孫子》十三篇外的〈吳問〉篇懷疑仍深。因此，本文除就《孫子》中君臣對話、書中涉及的若干有關制度、兵數、將的職權功能、陰陽、「五行相剋」、「黃帝伐四帝」等至今辯論不休的專題個別檢討外，特別用力於《左傳》中多方面而以

---

1　臨沂竹簡兵書研究對本文最有用的是：吳樹平，〈從臨沂漢墓竹簡〈吳問〉看孫武的法家思想〉，《文物》（1975年第4期）；詹立波，〈略談臨沂漢墓竹簡《孫子兵法》〉，《文物》（1974年第12期）；常弘，〈讀臨沂漢簡中《孫武傳》〉，《文物》（1975年第4期）；對《孫子》研究最系統的摘要和評估是鄭良樹，〈論《孫子》的作成時代〉一文，載《竹簡帛書論文集》（北京：中華書局，1982）。

晉國爲核心的史實軼事的排比與消化，以期從此項繁瑣的工作中探求出〈吳問〉成篇的年份。

筆者相信，深入研究〈吳問〉大有裨於確定《孫子》成書的年代或年份；《孫子》成書年代或年份的確定勢將引起我國學術、思想，甚至書籍、目錄學史上重定座標的工作。

## 一、《孫子》成書年代的初步探討

孫武系出齊國貴族，因齊內亂而流亡至吳。其生卒年月已不可考，能肯定無疑的是屢經伍員（子胥）推薦，吳王闔廬在即位後的第三年（西元前512年）終於接見了他。如果當時孫武正值壯年，他的生年應僅僅略晚於孔子（前551-479）。最早爲《孫子》作序又爲全書注釋的是曹操。曹操〈孫子序〉言：「吾觀兵書戰策多矣，孫武所著深矣。」這眞可謂是英雄識英雄。魏武以降，歷代詮釋《孫子兵法》者頗不乏人，而對此書文辭及編著年代觀察之犀利，當首推清代樸學鼎盛期間的孫星衍（1753-1818）。孫對《尚書》有深湛的研究，對古文字往往有獨到的體會。他對《孫子》的總印象是：「諸子之文，皆出沒世之後，門人小子撰述成書。惟此（指《孫子兵法》）是其手定，且在《列》、《莊》、《孟》、《荀》之前，眞古書也。」[2]

歷代研究《孫子》諸作中，孫星衍對其同時同鄉陽湖畢以珣之作最爲膺服。畢氏《孫子敘錄》：

---

2　《孫子略解·敘》，收在孫星衍輯，《岱南閣叢書》，重印於《四部備要》本《孫子》。

按《史記》惟言以兵法見闔閭，不言十三篇作於何時。考魏
武〈序〉云：「爲吳王闔閭作兵法一十三篇，試之婦人，卒
以爲將。」則是十三篇特作之以干闔閭者也。今考其首篇
云：「將聽吾計，用之必勝，留之；將不聽吾計，用之必
敗，去之。」言聽從吾計，則必勝，吾將留之；不聽吾計，
則必敗，吾將去之。是其干之之事也。[3]

當代無偏見的學人，讀了《孫子》開頭〈計篇〉中決定去留的原則
話，定會感到孫武的坦切激昂和風骨嶙峋，並進而同意曹操和畢以珣
的看法——十三篇是引致闔廬召見前必須一顯的身手。

　　細考《孫子》一書之前，有必要先對吳王闔廬的性格、爲人、機
智和雄心略加分析。未即位前他是公子光，乃吳王夷眛（前543-527在
位）之子，但夷眛未立他爲嗣，王位爲夷眛庶兄僚（前526-515在位）所
奪，所以終於釀成十一年後「專諸刺王僚」的一幕，後世還編爲名
劇，至今演唱不輟[4]。伍子胥因父兄之難，於西元前522年自楚奔吳。
當時吳楚已是敵國，公子光立即洞悉伍子胥的用心，力勸吳王僚不要
興師伐楚被伍所利用。三年後，公子光分析楚及其盟邦意志不一，判
斷吳如興兵，必能以少勝多。果不出所料，此役大敗楚軍[5]。闔廬弒僚
即位之後，楚國想利用逃亡至楚的吳國兩公子進軍「害吳」。楚平王
庶出的最長最賢的公子子西警告當政：「吳光新得國，而親其民，視

---

3　重印於《四部備要》本《孫子》。

4　《史記·吳太伯世家》中吳王世系偶或有誤；本文採取楊伯峻，《春秋左傳
　　注》（北京：中華書局，1981），第3冊，頁1483的考證。本文以下引用此書
　　一律簡稱《左傳》。

5　以上詳《左傳》昭公二十年及二十三年。

民如子，辛苦同之，將用之也。……光又甚文。」[6]甚至闔廬與越國作戰中箭而亡（前496）之後二年，子西對他一生的特點還作了以下的回憶：「昔闔廬食不二味，居不重席，……在國，天有災癘，親巡孤寡而共其乏困。在軍，熟食者分而後敢食。……勤恤其民，而與之勞逸，是以民不罷勞，死而不曠。」[7]闔廬一生事跡和仇邦智者的長期觀察，都反映出闔廬是具有超常機智、毅力、遠慮、野心和很高文化水平的不世出的梟雄。當世和後代都公認他是春秋兩個半世紀中第四位霸主絕不是偶然的。只憑一張三寸不爛之舌，不事先進呈一套系統周密富原創性的政治、經濟、備戰、作戰的策略理論即能被他召見，並能使他信服，是不可思議的。曹、畢所斷，堪稱卓識。

《孫子·九地篇》中保留下最明顯的君臣對話證據。孫武在此篇中先重述主將如果平日愛護士卒，令發之日，士卒淚下沾襟，以身許國，任憑主將調遣，行動可以靈活到像越國常山名叫「率然」的蛇，「擊其首，則尾至（以護首），擊其尾，則首至，擊其中，則首尾俱至。」原文緊接：「『敢問：兵可使如率然乎？』曰：『可。』」[8]闔廬、孫武當面問答之狀活躍紙上。應該指出的是：十三篇雖應是召見前業經進呈闔廬之作，但如「敢問」之類的語句，顯係君臣臨時隨興的問答。所以我們不能排除十三篇進呈之後偶或會有增添的詞句。

《史記·孫子吳起列傳》載有孫武「以兵法見於吳王闔廬。闔廬曰：『子之十三篇，吾盡觀之矣，可以小試勒兵乎？』對曰：『可。』闔廬曰：『可試以婦人乎？』曰：『可。』」這段記事與臨

---

6　《左傳》昭公三十年。
7　《左傳》哀公元年。
8　本文所有徵引《孫子》諸項均根據《四部備要》本。

沂漢簡中的《孫武傳》大都相符[9]。《吳越春秋‧闔廬內傳》所載吳王「召孫子問以兵法，每陳一篇，王不知口之稱善」[10]，亦應有事實根據。

　　以上簡要的討論雖然已說明《孫子》成書於吳王闔廬召見前夕，但由於本世紀海內外漢學界過分疑古之風未泯，我們仍須廣事稽核相關史料，不避繁瑣，將古今對《孫子》的大小質難加以澄清。只有如此，《孫子》成書的年代，甚至年份，才可望得出正確的結論。

## 二、「將」、「興師十萬」、「出征千里」[11]

　　古今學人或以為《孫子》所論的「將」是能主籌全部動員作戰策略，享有統一指揮權力，承當全部勝敗責任，十足專業化的將軍，大異於文武不殊途、將帥共決策的傳統，所以《孫子》應是戰國時代的著作。按：春秋晉國平時執政的正卿就是戰時的中軍主帥，其餘資深之卿充任上、下諸軍將佐。將佐不遵帥令最有代表性的笑話，是魯襄公十四年(前559)晉率諸侯之師伐秦之役下軍之將欒黶。他不但不遵主帥荀(中行)偃「唯余馬首是瞻」之令，並且公開聲言「晉國之命，未有是也，余馬首欲東」。全部下軍竟隨他向東撤回晉國。

　　為了解《孫子》論將的真諦，必須指出漢語自始即是「詞位語」，根本沒有區別不同時式、不同語氣的形態變化。所有《孫子》

---

9　詳見常弘，〈讀臨沂漢簡中《孫武傳》〉，《文物》(1975年第4期)，頁210。

10　劉殿爵編，《吳越春秋逐字索引》(香港：商務印書館，1993)，頁11。

11　《四部備要》本作「兵」，今從《兵書四種逐字索引》(香港：商務印書館，1993)，頁14，改為「征」。

論將的詞句絕不能以通常陳述語氣去解釋，必須以建議、要求的語氣去理解；而建議和要求的對象就是勇於創新的君主。在要求闔廬採納他的具體建議之前，他開頭即提出對「將」空前多面、嚴格的要求，也就是他的自我要求。《孫子·計篇》：

> 孫子曰：兵者，國之大事也。死生之地，存亡之道，不可不察也。
>
> 故經之以五，校之以計而索其情：一曰道，二曰天，三曰地，四曰將，五曰法。道者，令民與上同意也。故可與之死，可與之生，而民不畏危。天者，陰陽、寒暑、時制也。地者，遠近、險易、廣狹、死生也。將者，智、信、仁、勇、嚴也。法者，曲制、官道、主用也。凡此五者，將莫不聞，知之者勝，不知者不勝。故校之以計，而索其情。曰：主孰有道？將孰有能？天地孰得？法令孰行？兵眾孰強？士卒孰練？賞罰孰明？吾以此知勝負矣。
>
> 將聽吾計，用之必勝，留之；將不聽吾計，用之必敗，去之。

只有知識、才幹、操守如此齊備之人，才有資格請求知人善任的君主給予「將」以空前的重視。如謂「知兵之將，民之司命，國家安危之主也」（〈作戰篇〉）；「夫將者，國之輔也，輔周則國必強，輔隙則國必弱」（〈謀攻篇〉）。按：「輔」應作「憑依」之意解[12]，也

---

12 《左傳》僖公五年，宮之奇諫晉獻公：「神鬼非人實親，惟德是依，故《周書》曰：『皇天無親，惟德是輔。』」可見輔是憑依之意。這個詮釋出自古棣、周英，《老子通》，上冊（長春：吉林人民出版社，1991），頁18。

就是再度說明將身繫國家之安危。只有經過「將受命於君」這莊嚴程序，將才能享有應得的統一指揮的權力。受命之後，「上下同欲者勝……將能而君不御者勝」（〈謀攻篇〉），甚至必要時「君命有所不受」（〈九變篇〉）。最動人的是在〈地形篇〉裡提出「上將」必須要能預先掌握六種致「敗」之道和構成必勝的全部道理（「戰道」）的各種因素之外，還強調爲將者必須有堅貞的節操：

> 故戰道必勝，主曰無戰，必戰可也。戰道不勝，主曰必戰，
> 無戰可也。故進不求名，退不避罪，唯民是保，而利合於
> 主，國之寶也。

孫武於此不啻以一己生命爲孤注，不屈不撓，甘願事先簽署一張軍令狀！

事實上，《孫子》十三篇中對新型的將的種種建議和要求，並未皆爲闔廬所採納。《史記》及《吳越春秋》很少有孫武獨將的明確記載；相反地，明確的記載卻提到伍子胥、孫武和伯嚭（白喜）三人合將。吳國在軍事方面遠遠不能做到孫武所預期的統一指揮。闔廬九年（前506），王弟公子夫槩即不遵王命獨自向楚都進軍，先敗楚軍之後，吳王的重兵五戰之後才攻克郢都。孫武專業性的將論要等到戰國才能在各國逐步實現，而「君命有所不受」的原則仍很難被國君接受。終戰國之世，「主」、「將」關係一直是緊張的。白起等名將之不得善終，即係明證。

孫武對將的理論與主張既有異於春秋的傳統，又預期戰國二三百年間的劇變；它所代表的時代過渡性是相當明顯的。《孫子》久已被舉世公認爲古代軍事最經典之作，其中論將的部分最能明示孫武的先

驅認知。

　　另一問題是《孫子・作戰篇》提到：「凡用兵之法，馳車千駟，革車千乘，帶甲十萬，千里饋糧。」全書最後〈用間篇〉再度言及「興師十萬，出征千里。」自宋以降，即不乏學人據此以爲《孫子》成於戰國之證，因爲他們的印象是春秋時代戰爭的規模比《孫子》所說的要小得多。按：春秋一般以車戰爲主，每乘兵車究竟由多少人組成，一向頗有爭論。《詩經・魯頌・閟宮》：「公車千乘……公徒三萬」這一原則，證諸其他古史，大體正確[13]。至於兵力，春秋最後七八十年間有加速擴增的趨勢。先以《左傳》昭公二十五年(前517)晉國爲例，因數字出自楚國的情報，所以最爲可靠。此年，晉國除絳都外，屬於強大卿族的土地已分成四十九縣，每縣攤派兵車百乘，故兵車總數已不下五千，總兵力已不下十五萬。這還只就城邑而言，鄙野能參軍者尚不在內。楚國的諜報無疑是接近事實的。《左傳》昭公十三年，由於盟國諸侯「皆有貳心」，晉國向「諸侯不可以不示威」，於是以「甲車四千乘……遂合諸侯於平丘。」留守國內的兵力絕不會少於一千乘。

　　吳王闔廬召見孫武之前二年(前514)，晉滅祁氏、羊舌氏，「分祁氏之田以爲七縣，分羊舌氏之田以爲三縣」。《左傳》昭公二十八年雖僅詳述諸卿族瓜分祁、羊舌之田而並未言及車乘，已故童書業教授，終身熟誦《左傳》，相信春秋末葉晉楚兩國很可能都已擁有萬乘左右的總兵力。《孫子》所言「興師十萬」實有事實根據，毫末誇張。至於「出征千里」，更是春秋末年的平常現象。例如正當闔廬召

---

13　童書業，《春秋左傳研究》(上海：上海人民出版社，1980)，頁198-205、341-342、368-369，對本文本節極富參考價值。

見孫武之年，吳出師滅徐。徐都在今安徽泗縣北，與吳都今江蘇吳縣間的直線距離是四百五十公里以上，即今九百華里以上，已相當超過一千周里了。由於川河湖港交叉，實際行軍路程當遠遠不止此數。闔廬九年(前506)吳師終於攻占楚國的郢都，此役往返總程至少應已四千周里了。

　　總之，《孫子》書中涉及軍隊及戰爭規模等等無一不係春秋末葉的實錄，毫無誇張的痕跡。

## 三、「陰陽」、「五行」、「無常」

　　六十年前，齊思和〈孫子著作時代考〉結論之一：「五行之說，由來久矣。而五行相剋之說，則起於鄒衍。今此亦用其說，亦足藉此以斷定其著作時代矣。」[14]本節除討論五行相剋說春秋末葉業已存在之外，兼及《孫子》涉及之「陰陽」與「無常」觀念。

　　《孫子・計篇》：「天者，陰陽、寒暑、時制也。」此卷首篇中的陰陽指的是晝夜、晦明、風雨等自然現象，毫無戰國中晚期陰陽說的神秘色彩。惟卷九〈行軍篇〉有「凡軍喜高而惡下，貴陽而賤陰」之語有可能被曲解。其實《孫子》「貴陽而賤陰」的意義與《易・繫辭》及西漢董仲舒《春秋繁露》裡的「陽貴陰賤」完全不同。後兩者的「陽」就是「乾」、「男」、「君」、「父」，「陰」就是「坤」、「女」、「臣」、「子」，陰陽的關係是形上、宗法的。《孫子》是從純行軍原理判斷自然條件優劣而言的。地勢高亢總比卑濕優越，朝南向陽的方位總比陰翳背光的地點空氣清新，「軍無百

---

14　齊思和，〈孫子著作時代考〉，《燕京學報》(1939年第26期)，頁186。

疾」。《孫子》陰陽之純屬理性，不待多言。

「五行」出現於《孫子》全書中精華之一的〈虛實篇〉：

> 夫兵形象水，水之行，避高而趨下，兵之形，避實而擊虛。
> 水因地而制流，兵因敵而制勝。故兵無常勢，水無常形，能
> 因敵變化而取勝者謂之神。故五行無常勝，四時無常位，日
> 有短長，月有死生。

提到五行，一般往往聯想到鄒衍的「五行終始」說。鄒衍的學說大致
形成於西元前3世紀中葉的齊國稷下學術中心。事實上，五行生剋的觀
念至晚當孫武仕吳期間已經存在，而且已相當廣泛地應用於占夢及預
測吉凶。《左傳》昭公三十一年(前511)，趙簡子命史墨占夢時，史墨
已提出「火勝金」。《左傳》哀公九年(前486)有一段對五行生剋較有
系統的紀錄，因注者已故楊伯峻教授認為迷信難解，倒有稍加研討的
必要：

> 晉趙鞅卜救鄭，遇水適火，占諸史趙、史墨、史龜。史龜
> 曰：「……可以興兵，利以伐姜，不利子商；伐齊則可，敵
> 宋不吉。」史墨曰：「盈，水名也；子，水位也。名位敵，
> 不可干也。炎帝為火師，姜姓其後也。水勝火，伐姜則
> 可。」

為簡明計，筆者試先以文中賓主所代表的五行及其方位入手。按《左
傳》諸種注解，趙氏之先與秦同祖，俱姓嬴(盈)，盈又是水名，晉統
帥趙簡子所以代表「水」。宋係商後，商姓子，子不但是水，而且是

水的正「位」。如果晉師救鄭之餘順便伐宋，就將造成「名位敵」的徵兆，意思是水的名和位如果相遇相敵，雙方的力量就會互相抵消，晉師就會徒勞無功。齊是姜姓，炎帝之裔，代表火。所以史墨占夢的結論是「水勝火，伐姜則可。」

《左傳》昭公二十九年，即闔廬召見孫武的前一年，晉史墨答問時講出五行皆有專「官」（神），稱爲「五正」，五正經常舉行「五祀」，而且這些祭祀木、火、金、水、土五行的專官都「世不失職」。可見五行的觀念成熟已久，五行相生相剋的理論已在逐漸推廣應用中。只是還沒有鄒衍式的「五行終始」說——迷信、循環、宿命的「準」政治哲學——的痕跡。

至於「無常」的觀念，正是由於觀察春秋中晚期曠世巨變而逐漸成熟的。與孫武同時的史墨又是最佳之一例。《左傳》昭公三十二年（前510）記有史墨之言：「故天有三辰，地有五行，……社稷無常奉，君臣無常位。……三后（虞、夏、商）之姓，於今爲庶。」本節上引《孫子》「故兵無常勢，水無常形……五行無常勝，四時無常位」這些語句，從觀念或修辭比喻方法來觀察，無一不確鑿地反映其春秋末葉的「當時性」。

## 四、「黃帝」、「四帝」

《孫子·行軍篇》有「黃帝之所以勝四帝也」一語。黃帝和四帝兩個專詞曾是當代學人用以鑒定《孫子》成書時代的論據之一。古史辨派對黃帝極端的質疑可以不論。郭沫若雖對黃帝未曾作過專考，但指出黃帝一名在兩周金文中出現之晚卻疑古學人不無影響。黃帝之名初見於「陳侯因𪩘敦」，陳即田齊，齊侯因𪩘即位於西元前356年，

稱王則始於西元前334年，諡曰威。此器鑄於西元前356年至前334年之間，已遲到戰國中期之末了。

中西相關諸學科方法嚴謹、觀點平衡的當代學人似已有一共識：傳說雖不能等同歷史，傳說中對遠祖英雄式人物世系的敘述雖有時不免混亂，但傳說記載每每含有史實的內核。試讀《左傳》昭公十七年（前525）所記：

> 秋，郯子來朝，公與之宴。昭子(魯大夫叔孫婼)問焉，曰：
> 「少暤氏鳥名官，何故也？」郯子曰：「吾祖也，我知之。
> 昔者黃帝氏以雲紀，故為雲師而雲名；炎帝氏以火紀，故為
> 火師而火名；……我高祖少暤摯之立也，鳳鳥適至，故紀於
> 鳥，為鳥師而鳥名。……」仲尼聞之，見於郯子而學之。既
> 而告人曰：「吾聞之：『天子失官，官學在四夷。』猶
> 信。」

郯子所詳舉的、以各種不同之鳥為各種職官之名，本文無一一列舉的必要。但我們可以肯定的是像郯子這類講出部族祖先大小圖騰的傳說記載具有極高的史料價值。鳥或鳳鳥是大圖騰，標誌各種職官個別的鳥都是小圖騰。著名的《西安半坡》的作者石興邦教授曾將郯子所述的種種鳥官之名列表顯示這古老東夷鳥圖騰社會的部落、胞族、氏族三層組織，並遍查了延續數千年的山東史前文物中最突出的鳥形器和鳥紋雕飾。他認為「如果說郯子傳說是史影，史前山東文化以鳥為主題的豐富文物就是傳說中的歷史『實體』」[15]。

---

15　石興邦，〈山東地區史前考古方面的有關問題〉，《山東史前文化論文

　　郯子還提到「黃帝氏以雲紀，故為雲師而雲名」。按：眾所周知，「雲從龍」。在另一篇宏觀史前文化論裡，石興邦闡發華夏族群是以龍為標誌或圖騰的。龍的考古物證是以距今六千多年前河南濮陽西水坡仰韶文化遺址用蚌殼擺組而成的龍形圖像為最早。稍後的湖北焦墩遺址也發現了以卵石組成的、張口作飛躍狀的巨龍圖像[16]。這類重要的考古發現，對研究遠古傳說記載的價值是無法估量的。

　　西周文獻殘闕。《左傳》、《國語》所載有關黃帝最早之記載甚有意義。《左傳》僖公二十五年(前635)記有晉文公重耳回國即位後一年，出師勤王前夕卜得「遇黃帝戰於阪泉之兆」。這是文獻中第一次言及炎、黃二帝的戰爭。《國語‧晉語四》記有重耳返晉前一年自楚流亡到秦，秦穆公以女懷嬴妻之，而重耳「欲辭」。原因是懷嬴本已嫁給為質於秦的晉惠公(重耳異母弟夷吾)之子圉；圉已逃歸晉即位為懷公。為了說服重耳此項婚姻並不違犯禮俗，秦國的司空季子不惜指出「黃帝之子二十五人，其同姓者二人而已」；並詳列「黃帝之子二十五宗，其得姓者十四人，為十二姓，姬、酉、祁、己、滕、箴、任、荀、僖、姞、儇、依是也。」其論同姓同德、異姓異德等等意涵複雜牽強，姑可不論，但司空季子首次言及炎黃二帝血緣關係對此後華夏史原論影響深遠：

　　　昔少典娶於有蟜氏，生黃帝、炎帝。黃帝以姬水成，炎帝以
　　　姜水成。成而異德，故黃帝為姬，炎帝為姜。二帝用師以相
　　　濟(通「擠」，攻戰之意)也，異德之故也。

(續)────────────

　　　集》(濟南：齊魯書社，1986)，特別是頁30-33。
16　石興邦，〈中國文化與文明形成和發展的考古學探討〉，黃盛璋主編，
　　　《亞洲文明》(合肥：安徽教育出版社，1995)，第3集，特別是頁9-10。

二帝「相擠」，當然指阪泉之戰。

《國語・魯語上》，魯僖公三十一年(前629)，展禽(即柳下惠)爲了評譏魯執政臧文仲令國人祭祀棲集於魯東門外已經三日的一群海鳥，闡發祭祀之歷史莊嚴性，主張只有對社稷人民確有巨大功績的古聖王賢人才應列入祀典，並在長篇議論之中提出以下的「譜系」：

> 故有虞氏禘黃帝而祖顓頊，郊堯而宗舜。夏后氏禘黃帝而祖顓頊，郊鯀而宗禹。商人禘舜而祖契，郊冥而宗湯。周人禘嚳而郊稷，祖文王而宗武王。

《禮記・祭法》中的譜系與《國語》所列完全一致。按理，以黃帝爲始祖的傳說與譜系最晚完成於春秋最初百年的列國精英之間這一史實，應該是無可爭論的了；疑古派所謂黃帝是戰國時人所僞造之說，應該是不能成立了。可是，疑古派仍可辯論：《左傳》、《國語》編纂於戰國時代，《禮記》編纂之完成可能還要晚些，三書中的史實與文字焉知未曾按照編纂者的時代、知識、信念、特徵而偶或竄改？

西方甄評中國古代神話傳說史料方法最謹嚴的是以研究古代中國音韻及《左傳眞僞考》馳名的已故瑞典漢學家高本漢（Bernhard Karlgren）。他把漢代以前的神話及傳說資料分成兩類：未經和已經儒家編纂過的。據他的評價，前者的敘述一般皆較簡單零散，較多地保留下資料的原始狀態，所以比較可信；而後者經過儒家大大系統化以後，照例呈現出一個以黃帝爲始祖的「全神廟」，所以價值不如前者高。以上三種古籍都屬於後一類，但高本漢的考證證明《左傳》的眞實性極高，確是我國古代史料的寶庫。《國語》是《左傳》的姐妹作，所載史實大都與《左傳》符合，但因重「言」，書中明主、賢

卿、哲人、史祝長篇論述是否全係實錄，尚有待引用時嚴加考訂。

　　幾年前，筆者〈天與天命探原：古代史料甄別運用方法示例〉文中闢有專節溝通未經儒家系統化的、零散的、原始性高的史料，所得到的商人及周人的祖先譜系與本文上引《國語》和《禮記》的譜系——商人禘舜而祖契，郊冥而宗湯；周人禘嚳而郊稷，祖文王而宗武王——完全相符[17]。如果這種有關商周始祖不同類型史料互核的結果仍不能冰釋疑古派對遠古黃帝的存疑，《史記・周本紀》卻保留下無懈可擊的史實：

> 武王追思先聖王，乃襃封神農之後於焦，黃帝之後於祝，帝堯之後於薊，帝舜之後於陳，大禹之後於杞。

奉祀黃帝的祝(鑄)國，在今山東肥城縣南大汶河北岸，當春秋中晚期尚與魯卿室通婚，有「鑄公簠」傳世[18]。武王所封的這些小國，都是為保證古先聖王永不絕祀、永享血食的措施，都是「興滅國」的實例，也就是「繼絕世」觀念的制度體現。傳種接代是人類的基本關懷，「興滅」、「繼絕」是生命延續的願望從「我」到「彼」的延伸，最足以反映華夏人本主義文化一系列奠基人的寬宏氣度和高尚情操。

　　《史記・五帝本紀》言及「禹踐天子位，堯子丹朱，舜子商均，皆有疆土，以奉先祀。」《史記・夏本紀》更言及禹「封皋陶之後於英、六」。皋陶是東夷之人，可見立嗣封典自始即是超種族的。由於炎黃集團從很早就能將生命延續的願望自「我」延伸到「他」族，

---

17　筆者的〈「天」與「天命」探原〉刊於《中國哲學史》(1995年第1期)。
18　楊伯峻，《春秋左傳注》，襄公二十三年，頁1082，楊氏注。

「華夏」這個種族文化圈子就越來越大，自遠古至商周就容納進越來越多本來「非我族類」的人群與文化。這正足說明何以《孟子・離婁下》中所明言本來是「東夷」的舜和本來是「西夷」的周文王，後來都成爲對華夏文化做出過重要貢獻的聖王了。在這不斷擴大的華夏文化圈子裡，由於客觀政治及文化的需要，更由於諸部族自願歸屬爲傳說中大英雄人物的後裔，一個以黃帝爲共同始祖的全神廟便逐步出現了。儘管這種自動歸屬性的譜系與實際生物性傳承之間的差距必不可免，但古文獻譜系背後的史實內核是不容否認的。這個以黃帝爲金字塔頂尖的譜系，並不是如疑古派所說遲遲完成於戰國時代，而是完成於春秋最初的百年之內。

除了《孫子・行軍篇》提到「黃帝之所以勝四帝」以外，銀雀山發現的兵家古簡之中有《孫子》十三篇以外另一篇〈黃帝伐赤帝〉。此篇古簡雖已殘闕，經當代諸家考訂校補之後，主要內容已可完全知曉：黃帝「南伐赤帝」，「東伐青帝」，「西伐白帝」，「北伐黑帝」，取得全勝。簡文考訂者之一認爲〈黃帝伐赤帝〉篇之作成應晚至漢高祖二年(前205)以後[19]。他所根據的是《史記・封禪書》：

> (高祖)二年，東擊項籍而還入關，問：「故秦時上帝祠何帝也？」對曰：「四帝，有白、青、黃、赤帝之祠。」高祖曰：「吾聞天有五帝，而有四，何也？」莫知其說。於是，高祖曰：「吾知之矣，乃待我而具五也。」乃立黑帝祠，命曰北畤。

---

19　鄭良樹，《竹簡帛書論文集》，頁99。

筆者按：古代華夏文化圈內，各區域風俗祀典不能盡同。秦嬴姓，原屬鳥圖騰少皞集團，殷商時代西遷至黃土高原，後因護送周平王東遷有功，秦襄公始列於諸侯（前770）。就政治、宗教、文化而言，終春秋之世，秦與中原諸邦仍處於半隔離狀態。即使在秦國內部，公室與民間宗教信仰亦頗有異[20]。《史記》〈秦本記〉和〈封禪書〉對諸帝立時年代記載最詳，正是從這兩卷詳確的記載裡最能看出秦國作時祀帝制度的斷續、零散和隨意性。遲至始皇已滅六國，秦已採取水德說，色尚黑，秦廷仍不設專時以祀黑帝。事實上，中原及沿海地區「四帝」之說早已存在。

《墨子・貴義》：

> 子墨子北之齊，遇日者。日者曰：「帝以今日殺黑龍於北方，而先生之色黑，不可以北。」子墨子不聽，遂北至淄水，不遂而反焉。日者曰：「我謂先生不可以北。」子墨子曰：「南之人不得北，北之人不得南，其色有黑者，有白者，何故皆不遂也？且帝以甲乙殺青龍於東方，以丙丁殺赤龍於南方，以庚辛殺白龍於西方，以壬癸殺黑龍於北方……」

當代學人大多同意墨子出生稍後於孔子之歿（前479），而孫武與孔子

---

20　《史記・封禪書》：「或曰：『自古以雍州積高，神明之隩，故立時郊上帝，諸神祠皆聚云。』蓋黃帝時嘗用事，雖晚周亦郊焉。其語不經見，縉紳者不道。」這是司馬遷用心之處，特別指出官方和民間宗教祭祀系統不同，民間的炎黃崇拜可能自遠古未曾間斷過。即使就秦廷而言，秦靈公（前424-415）時「作吳陽上時祭黃帝，作下時祭炎帝」，雖晚，較齊國的「陳侯因𫱛敦」還要早半個多世紀。

恰恰為同一時代之人物。《墨子・貴義》篇首段記墨子見楚惠王事，據孫詒讓考訂，其年當為周考王二年(前439)，上距孔子之歿僅四十年[21]。墨子不僅言及四龍，並道出四龍的各別顏色、方位、五行屬性，代表各該屬性的天干，以及各組天干中的陰干與陽干。可見當時五行說的基本要素和符號早已齊備，無殊於近千年來盛行於士庶間的子平基本語彙了。墨子之「龍」顯然就是「帝」。所以《孫子・行軍篇》和兵家殘簡中的黃帝與四帝等詞的春秋屬性應是不爭之論了。

關於四龍或四帝還有版本文句問題需要深究。墨子言及四龍的最後一句是「以壬癸殺黑龍於北方」，而獨未言及戊己中央之龍。因此，傳統的《墨子》版本和近代治墨子的學人中頗不乏主張增補「以戊己殺黃龍於中央」一句者。孫詒讓集注中採取原文本無此句之說，理由有二。鈔本《太平御覽》及洪邁《容齋續筆》所引皆無此句。再則「古人謂東西南北為四方者，以其在四旁也。若中央，為四方之中，則不得言中方。」[22](筆者按：孫說甚是，但原文無此句更重要的理由可能是中央是黃色，其龍色黃，其帝為黃帝。)傳說中的黃帝不但是「生而知之」，發明主要事物的聖王，而且一貫又是戰無不勝、以戰止暴，建立人群政治社會秩序的人中之神或神中之人[23]！《墨子・貴義》篇中之「帝」應係處於中央戊己的黃帝，他只能「伐」、「勝」、「殺」其他的龍或帝，他怎能是被戊己殺於中央的黃龍呢!?

如果本節的論證不誤，《孫子》涉及黃帝和四帝之處與春秋精英

---

21　孫詒讓，《墨子閒詁》(台北：新文豐重印日本《漢文大系》本)卷12，頁2-3注。

22　孫詒讓，《墨子閒詁》，頁11注。

23　對黃帝以暴止暴的多層意義發揮淋漓盡致的，是原芝加哥大學歷史系博士論文，Mark E. Lewis, *Sanctioned Violence in Early China*(Albany: State University of New York Press, 1990).

所知所言的黃帝完全一致。因此，《孫子》的春秋屬性得到進一步的肯定。本節論證更重要的「副果」可能是：我國古代諸多部族以黃帝為共同始祖的全神廟出現於春秋最初的百年之內；這一結論對建立異於《古史辨》的宏觀史論應有參考價值。

## 五、〈吳問〉成篇年份考

銀雀山兵家殘簡之中有〈吳問〉一篇，未見於《孫子兵法》十三篇，全文長二八四字。其主要內容是吳王闔廬和孫武的問答：

> 吳王問孫子曰：「六將軍分守晉國之地，孰先亡？孰固成？」孫子曰：「范、中行是(氏)先亡。」「孰為之次？」「智是(氏)為次。」「孰為之次？」「韓、魏為次，趙毋失其故法，晉國歸焉。」

當代學人對〈吳問〉已有數篇專文討論，其中以吳樹平〈從臨沂漢墓竹簡〈吳問〉看孫武的法家思想〉功力最深。吳氏不但校補了闕文，並詳考有關史事及晉各卿室的田畝賦役之制，並闡發孫武實為法家之先驅，對商鞅變法具有深鉅影響。與本文有密切關係的是吳氏對〈吳問〉篇述錄年代的推測：

> 〈吳問〉的撰寫時間，大體可以確定在春秋末期。據《史記・晉世家》，晉定公二十二年（前490）趙、韓、魏和智氏聯合趕走范、中行氏。晉出公十七年（前457）四家卿室瓜分了范、中行氏的土地。晉哀公四年（前453）趙、韓、魏共滅

智氏，盡併其地。〈吳問〉產生的時間應在范、中行、智氏
滅亡之後，不然的話，作者絕不會那麼準確預料三卿的滅亡
次序。對於趙、韓、魏三家的發展，作者認為韓、魏繼亡於
智氏之後，晉國全部歸屬趙氏。他的估計全然錯了，說明作
者既沒有看到晉靜公二年（前376，按當為晉桓公十三年）三
家最後瓜分晉公室，也沒有看到晉烈公十七年（前403，按當
為晉烈公十三年）三家正式建立封建諸侯國的重大歷史事
變。由此可知，〈吳問〉是在智氏亡，到趙、韓、魏三家自
立為侯的五十年內撰成的。

根據預測之是否靈驗，吳氏斷定〈吳問〉是撰於西元前453-403年這五
十年間。鄭良樹採取此說，但認為〈吳問〉應當是後人追述之辭，不
會是孫武自己手寫的[24]。台灣魏汝霖則認為〈吳問〉文中問答的時間
大概不出闔廬召見孫武（前512）與闔廬逝世（前496）這十五六年間。

　　由於近來筆者在《左傳》、《國語》[25]中重作少年遊且頗有感
悟，深覺〈吳問〉撰述的時代尚待詳考。這種感悟是：預測諸侯世卿
的吉凶成敗不但是春秋列國精英經常政治工作的組成部分，而且往往
是外交內政決策的重要參考。這種習慣性的政治預測似與華夏文化形
成期間的深層憂患意識極有關係。本來用於占筮的《易經》的哲學化
雖遲至戰國始告完成，《易傳》，尤其是〈繫辭〉中包含的人生智慧
卻必淵源有自。《易·繫辭下》：「《易》之興也，其於中古乎？作
《易》者其有憂患乎？」戰國時人所謂的「中古」應不晚於殷周之

---

24　鄭良樹，《竹簡帛書論文集》，頁89。
25　同上，同頁有魏文摘要。

際。《易・繫辭下》又有作爲孔子所說的：「是故君子安而不忘危，存而不忘亡，治而不忘亂，是以身安而國家可保也」等語，不正是《尙書・周誥》諸篇中周公諄諄訓誡周人「天命靡常」，「天不可信」，「天難諶」這種憂患意識最中肯的詮釋嗎？

　　春秋二百五十年間預言徵驗之例不勝枚舉。稍事分析略早於闔廬的有關晉卿室政治預言的理性內核將大有助於核定〈吳問〉寫作的時間。試先以晉國「三郤」爲例。鄢陵之戰(前575)晉國復霸。魯成公因國內多事，次年兩次赴盟皆誤期，深怕開罪於晉厲公及郤氏一門的三將佐：郤犨、郤錡、郤至。《國語・周語下》載有魯成公和周卿單襄子的對話：

> 魯侯曰：「寡人懼不免於晉，今君曰〔晉〕將有亂，敢問天道乎，抑人故也？」〔單〕對曰：「吾非瞽史，焉知天道？吾見晉君之容，而聽三郤之語矣，殆必禍者也。……夫郤氏，晉之寵人也，三卿而五大夫，可以戒懼矣！……」

這次談話是在西元前574年孟冬十月。果不出單襄公所料，年底之前三郤即因「族大、多怨」，首先爲晉厲公所殺。由於此事餘波，開年初五，厲公被弒[26]。事實上，早在四年前，魯國孟獻子(仲孫蔑)就預言：「郤氏其亡乎！禮，身之幹也；敬，身之基也。郤子無基，……不亡何爲！」[27]郤氏亡前三年，晉國老成持重的韓獻子(厥)已有預感：「郤氏其不免乎！」[28]他的同僚范文子(士燮)，鄢陵戰後返晉即

---

26　《左傳》成公十六、十七年，〈經〉、〈傳〉。
27　《左傳》成公十三年。
28　《左傳》成公十五年。

感政治風暴之必將來臨，命令范氏資深專管祭祀的祝宗爲他禱告，唯求速死，曰：「君驕侈而克敵，是天益其（晉厲公）疾也，難將作矣！愛我者唯祝我，使我速死，無及於難，范氏之福也。」果然不久即死了[29]。可見春秋之際精英政治預感之銳敏，政治預測之普遍。

三郤之後，震動晉國內外的大事件莫過於欒氏之亡。至晚在鄢陵之戰前十年（前585）欒武子（書）已執政，將中軍。欒氏將亡的預言是由受欒武子之子欒黶所逼暫逃至秦的范鞅（諡獻子）口中道出的。《左傳》襄公十四年（前559）：

> 秦伯（景公）問於士鞅曰：「晉大夫其誰先亡？」對曰：「其欒氏乎！」秦伯曰：「以其汏乎？」對曰：「然。欒黶汏虐已甚，猶可以免，其在〔欒〕盈乎！」秦伯曰：「何故？」對曰：「武子之德在民，如周人之思召公焉，愛其甘棠，況其子乎？欒黶死，盈之善未能及人，武子所施沒矣，而黶之怨實章（彰），將於是乎在。」秦伯以爲知言，爲之請於晉而復之。

大意是：欒書多年執政，廉正自守，施惠於民，死後封邑人民對他深深懷念。欒書之子欒黶雖驕汏貪欲居賄[30]，上承先人遺澤，本身尚可免禍。再下一代的欒盈以善養武士聞名於當世，對人民也不如父親那樣汏虐。但不幸的是他的「善」尚「未能及人」，而身已列於卿位，人民雖已淡忘他祖父的恩澤，卻對他父親一生的「惡」跡反感日深。

---

29 《左傳》成公十七年。
30 《國語・晉語八》。

因此，欒盈正注定將成爲這三代恩怨轉折點上的失落者。證以《左傳》成、襄間的編年紀事，范鞅的預測分毫不爽。這類紀事紀言正是《左傳》史料眞實可信性最具說服力的「證據」，因爲像范鞅這樣微妙的分析和推斷是高度理性與敏銳直覺的結晶，絕不是後代單憑生花之筆就能杜撰出來的。

爲了加深了解何以孫武在〈吳問〉中誤測最後晉國一歸於趙，而極靈驗地測出范、中行、智氏滅亡的次序，我們有必要擇要評估晉國六個卿室的長短優劣。

欒氏亡前，范宣子士匄已經執政。在與欒氏鬥爭期間，范氏與中行氏和親，士匄之子士鞅更以曲沃爲賄爭取到魏舒的中立[31]，因此完成了孤立欒氏的部署。欒氏亡後，范、中行集團日益驕橫，而士匄的「貪」，尤爲列國精英所不喜。《國語・晉語八》記有他「與和大夫爭田久而無成」的醜聞。魯襄公二十四年（前549）魯國名大夫穆叔（叔孫豹）赴晉朝聘時，范宣子問古人「死而不朽」一語眞義時，遭到客人的譏諷：只有立德、立功、立言爲三不朽，貴族爵祿的世襲不得謂不朽。《左傳》同年更重要的紀事是：「范宣子爲政，諸侯之幣重。」是年二月，子產託行將聘晉的鄭國大夫子西（即公孫夏）帶信去責問范宣子：「子爲晉國，四鄰諸侯不聞令德，而聞重幣」；並加警告，如繼續向諸侯勒索重「賄」，「則子之家（將）壞。」

范獻子士鞅早在魯襄公十四年（前559）已初露頭角，爲秦景公準確地預測欒氏之將亡，早期隨父在列國間戰役及國內鬥爭中亦有表現。他在晉國政治舞台上活動五十七年之久（前559-502），是一紀錄。倫序執政（前509-502）已屆衰年，他中晚年的作風類似其父，亦以貪貨驕汰

---

31　《左傳》襄公二十三年。

聞於列國。遲到他死後十四年，魯大夫子服景伯還在列國交往的場合追憶三十三年前「晉范鞅貪而棄禮」，恃強欺辱魯國卿大夫[32]。

荀林父將中軍（前597-593），死後荀氏分爲中行及知氏。欒氏亡後，中行和知氏的人才雖較范、趙、韓、魏等氏爲遜色，甚至在列國交往場合上還偶遭「失辭」、「不文」、「求貨」之譏，但分爲兩氏之後，在國內高層權力分配上占有利地位。試看魯昭公五年（前537）楚人口中述出的晉國六卿：「韓起（宣子）之下，趙成（景子，不久卒）、中行吳（穆子）、魏舒（獻子）、范鞅（獻子）、知盈（悼子）……皆諸侯之選也。」中行、知，加上中行的姻家范氏，就居六卿之半了。此後七十年間，雖因壽夭、事故、際遇，晉國最高層權力分配未必經常如此，但范、中行、知氏這個集團權力之大，氣勢之凌人，正是當時明哲之士預測二氏將先亡的基本道理。

韓氏早期的著名人物是韓厥（獻子）。他在鄢之戰之前已是司馬，爲人正直莊重，西元前574年當政以後對興復趙氏甚有貢獻，取得國內外好評。當政八年告老致仕，因長子廢疾，正式以次子韓起（宣子）爲嗣。韓起政治生命長達五十二年（前566-514），僅次於范鞅，而主持國政二十六年之久，在晉國是一紀錄。《左傳》襄公三十一年（前542）很不尋常地以將來完成時式綜述韓起長期執政的特徵：「既而政在大夫，韓子懦弱，大夫多貪，求欲無厭。……及趙文子（武）卒（前541），晉公室卑，政在侈家。韓宣子爲政，不能圖諸侯。」韓起死後，魏舒（獻子）爲政（前514-509）。總括而言，魏氏情況與韓氏略同，都是卿室鬥爭兼併過程中的受益者。

晉卿室中，最富戲劇性的當推趙氏。早期趙氏的中堅人物是協助

32 《左傳》昭公二十一年（前521）；哀公七年（前487）。

晉文公建立霸權的趙衰（成子）和執政二十年（前621-601）之久的趙盾（宣子）。被譽為「冬日之日」的趙衰之「文」和被喻為「夏日之日」的趙盾之「忠」，是當時及後世的精英所公認的。趙盾公忠體國，久主列國盟壇，而不免弒君之名，以致孔子也為他惋惜。權衡了趙盾的功過之後，孔子還是肯定地認為「趙宣子，古之良大夫也。」[33]

中期趙氏的中心人物是西元前583年趙氏大宗滅族慘劇中惟一倖存者──歷史和劇台上有名的「趙氏孤兒」趙武（諡文子）。他童稚之年如何被救收養，因自古已傳奇化，詳情已不可考。但十年後晉悼公即位，撫恤忠良，接受韓厥等人的建議，擢拔年未及冠的趙武為卿，並發還趙氏原來的封邑。趙氏的中興是當時超越國界大快人心的事件。

以幣重遭子產責問的范宣子卒後，趙文子為政（前548-541）。他當政後第一件大事就是「令薄諸侯之幣，而重其禮。」一舉即博得列國一致的讚揚。他同時向來晉朝聘的魯國名大夫叔孫豹宣示他的外交政策：力圖加深了解東方大國齊國的特殊心理需要，用謙和誠摯的態度發展他與楚令尹屈建已有的私誼，盡力促成列國弭兵運動[34]。西元前546年宋國向戌發起的列國弭兵運動之卒獲成功，是與趙文子的謙和外交與鼎力支持分不開的。

《左傳》昭公元年（前541）初，趙文子屬下的大夫祁午對他做出坦白的評價：「宋之盟，楚人得志於晉，……晉之恥也。子相晉國，以為盟主，於今七年矣。再合諸侯，三合大夫，服齊、狄，寧東夏，平秦亂，城淳于，師徒不頓，國家不罷，民無謗讟，諸侯無怨，天無大災，子之力也。有令名矣，而終之以恥。」事實上，晉國並未因趙文

---

33　《左傳》宣公二年。

34　《左傳》襄公二十五年。

子的務實外交而蒙受真正的損失或恥辱，最多也不過是在西元前546年的弭兵大會上讓楚國領先歃盟而已。總之，幾遭滅族僥倖中興的趙氏，自文子趙武至其曾孫襄子無恤，一貫以「忍恥」為「保世」的至理箴言之一[35]。

趙氏後期的柱石是趙鞅，史稱趙簡子或簡主。他除了承襲祖父文子謙柔內省的風範之外，另具有堅韌、果敢、陰鷙、知人善任的一面。在長達四十二年的政治活動中（前517-475），他自始即是叱吒風雲的人物，有生之年，言行軼事已近傳奇。劉向去古未遠，涉獵春秋史料最多，認為「簡主可謂內省外知人矣哉！故身佚國安。〔漢初〕御史大夫周昌曰：人主誠能如趙簡主，朝不危矣。」[36]趙簡子的機智才能之見重於當時及後世有如此者！他現身於春秋列國政壇（前517）距吳王闔廬召見孫武僅四五年，其間趙鞅的政治表現，晉國內外所發生的巨大事件都與孫子〈吳問〉之作有極密切的關係，值得較詳分析。

趙鞅初顯身手是平周王室之亂。周景王本已立有太子，但晚年喜歡長庶子子朝。景王因心臟病崩於西元前520年。「王子朝因舊官、百工之喪職秩者與靈（王）景（王）之族以作亂。」在王位鬥爭中，晉國支持太子猛，但兩年之久雖曾出師而未能收效。《左傳》昭公二十四年（前518）記是年夏鄭國著名正卿子大叔（游吉）隨國君聘晉時，范鞅問他王室亂事如何處理才好。子大叔回答：「今王室實蠢蠢焉，吾小國懼矣，然大國之憂也，吾儕何知焉？吾子其早圖之！……王室之不寧，

---

35　劉向《說苑》（《四部備要》本）卷三〈建本〉：「趙簡子以襄子為後。董安于曰：『無恤不才，今以為後，何也？』簡子曰：『是其人能為社稷忍辱。……』」《左傳》哀公二十七年（前468）終卷記有知伯面辱趙襄子事：「知伯曰：『惡而無勇，何以為子？』（趙襄子）對曰：『以能忍恥，庶無害趙宗乎！』」兩說大體相符。

36　劉向，〈臣術〉，《說苑》卷2，頁6下-7上。

晉之恥也。」於是，「〔范〕獻子懼，而與〔韓〕宣子圖之。乃徵會
於諸侯，期以明年。」從這談話可以看出晉國資深諸卿（當然包括四年
後繼韓起執政的魏舒），能力及意志都不足以應付艱巨。次年（前517）
勤王戡亂的重任之所以獨獨落在少壯的趙鞅肩上，很明顯地是由於他
非凡的才幹。魯昭公二十五年《春秋·經》列出九國的正卿和代表赴
晉會盟；《傳》精簡的紀事已繪出趙鞅在列國政壇亮相的威嚴：
「夏，會于〔晉南〕黃父，謀王室也。趙簡子令諸侯之大夫輸王粟、
具戍人。曰：明年將納王。」一百一十九年前（前635），趙鞅的高祖趙
衰力勸晉文公「求霸莫如入王尊周」[37]，因為勤王是最名正言順、最
受列國重視的大事。趙鞅初顯身手，即名聞天下。

　　讀史者不可忽略《左傳》偶或有珍貴而需細嚼的有關列國精英訊
息輿情傳播的資料。黃父會上趙鞅和鄭國正卿子大叔的長篇談話即是
一例。（筆者按：自魯襄公二十五年（前548）子大叔問政於子產，子產
一直認為這位「美秀而文」的後輩是他理想的接班人。）從繼子產當政
（前522）之前，子大叔和趙鞅的祖父趙文子在列國交往場合即情投意
合。因此，趙鞅在西元前517年和他初面之時即待之以長輩之禮，並虛
心地向他請教。子大叔也藉此機會為他追憶子產生前長篇論「禮」的
種種功能及其所以為「上下之紀、天地之經緯」之故；趙鞅很感動地
說：「鞅也，請終身守此言也。」事實上，子大叔之「言」遠不只
此，因為魯定公四年（前506）子大叔死在赴盟的歸途上，「晉趙簡子為
之臨，甚哀，曰：黃父之會，夫子語我九言……」。可見十一年前初
遇之時，子大叔對處世、為人、從政的九句警勸之言，趙鞅畢生不忘

---

37　《史記·晉世家》，頁1663。

——這是何等真摯的友誼[38]！友誼是雙向的，這位子產之後言重諸侯公卿的鄭國元老之大有裨於趙鞅的國際造像是不言而喻的。春秋晚期人士對趙氏的歷史及特色本多同情與景慕，趙鞅極成功的政治登場勢將引起列國精英對趙氏更多的注意與期待。

吳王闔廬即位的最初兩年正值晉國連續發生重大事件。闔廬元年，亦即魯昭公二十八年(前514)春間晉國祁氏及羊舌氏遭滅族之禍。《左傳》：「秋，晉韓宣子卒，魏獻子為政，分祁氏之田以為七縣，分羊舌氏之田以為三縣。」新改成的十縣由六卿族中的「餘子」充任縣大夫。於是，誠如《史記・晉世家》所說，「晉(公室)益弱，六卿皆大。」按：魯昭公三年(前539)，《左傳》記有晉叔向對聘晉的齊國晏嬰的長篇談話。叔向感嘆晉國「公室之卑」，八個舊族如「欒、郤、胥、原、狐、續、慶、伯」都已「降在皁隸」，即使他自己的羊舌氏，其將來如何，都很難說。果然二十五年後，羊舌氏及祁氏又遭滅族。這項土地、權力集中於六個卿室的事實，和六卿室間繼續鬥爭兼併的趨勢，是絕不會不引起列國精英注意的。

闔廬二年，即魯昭公二十九年(前513)，晉國發生了一件使列國精英更為震驚的大事。《左傳》：

> 冬，晉趙鞅、荀寅帥師城汝濱，遂賦晉國一鼓鐵，以鑄刑鼎，著范宣子所為刑書焉。

《左傳》並載有孔子即刻的反應：

---

38　子大叔事跡，詳《左傳》襄公二十四年、襄公三十一年、昭公二十五年、定公四年。

仲尼曰：「晉其亡乎！失其度矣。夫晉國將守唐叔之所受法
度，以經緯其民，卿大夫以序守之，民是以能尊其貴，貴是
以能守其業。貴賤不愆，所謂度也。文公是以作執秩之官，
為被廬之法，以為盟主。今棄是度也，而為刑鼎，民在鼎
矣，何以尊貴？貴何業之守？貴賤無序，何以為國？且夫宣
子之刑，夷之蒐也，晉國之亂制也，若之何以為法？」

《左傳》更載有晉國史墨的反應及預言：

蔡史墨曰：「范氏、中行氏其亡乎！中行〔荀〕寅為下卿，
而干上令，擅作刑器，以為國法，是法姦也。又加范氏焉，
易之，亡也。其及趙氏，趙孟(即趙鞅)與焉，然不得已，若
德，可以免。」

孔子的感嘆，與二十三年前晉叔向責問鄭子產之鑄刑書如出一轍，都
代表正統保守人士對舊制度行將崩潰的不安和悲傷。鑄刑鼎的短期現
實影響可能不大，但成文法在久霸的晉國出現的長期、全面、象徵性
的意義卻極深遠。此後各國統治階級都會感到衝擊掃蕩傳統金字塔式
多階層的政治、社會、權利、義務結構的狂飆驟雨遲早必會來臨。
　　《左傳》昭公二十九年的紀事，特別是所載史墨之言，是本文作
結論時的瑰寶。史墨是當時最博學多聞、最富智慧的晉國大夫。可貴
的是他的感言和預測——范、中行兩氏先亡，趙氏如不失德，「可以
免」——竟與孫武的預測幾乎完全相符。這就有力地說明孫武預測中
靈驗與不靈驗的部分，都代表春秋末葉一般精英的共識和同感。深悉
晉國內情如史墨者尚且相信趙氏「可以免」，孫武對趙氏遠景估計過

高的錯誤是不難理解的。更可貴的是《左傳》繫孔子及史墨之言於昭公二十九年之末，緊接著「冬」晉鑄刑鼎簡要紀事之後。這充分表明此二哲人的反應和預測是即刻的，並暗示這種反應的「即刻性」絕不僅限於魯、晉兩國。眾所周知，《春秋左傳》紀事以魯為「主」國，此外較詳於長期稱霸的晉國。我們有理由相信雄才遠慮的吳王闔廬對重要盟國所發生的一系列重大事件絕不會不立即有所反應的。因此，〈吳問〉正是他即刻反應的紀錄，幸而因有《孫子》才得保留至今的。所以現存的《孫子兵法》和〈吳問〉都是撰成於闔廬召見孫武之年——西元前512年；不過，《孫子》撰就於召見之前，而〈吳問〉所紀則成於召見之後。

有關現存《孫子》十三篇及其餘殘篇撰成的年代和次序，曹操、孫星衍、畢以珣三家所論，詞簡識卓，令人傾服。

結束本節之前，尚有一事必須提及。孫武在〈吳問〉中對范、中行兩氏先亡的預測可能與當時一般精英的看法相近，但是在解釋諸卿室滅亡先後以及趙氏最後勝利之故，孫武卻提出較孔子和史墨更深刻獨到的見解。現存春秋文獻之中，惟有〈吳問〉講到晉六卿室田制的不同：范、中行氏制田，以百六十(方)步為畝，畝最小，稅最重；智氏制田，以百八十步為畝，畝次小，稅次重；韓、魏兩氏制田，以二百步為畝，畝更次小，稅亦如之；趙氏制田，以二百四十步為畝，畝最大，免稅僅徵賦。趙氏給與人民最優惠的待遇，這正符合闔廬治吳的基本政策，所以在〈吳問〉中他表示對孫武答覆的滿意，並作結論：「王者之道明矣，□□〔厚愛〕其民者也。」[39]孫武的答案初看

---

39　吳樹平，〈從臨沂漢墓竹簡〈吳問〉看孫武的法家思想〉，竹簡〈吳問〉除三字外，全文皆經吳氏審慎校補。本文涉及田制之處，只能是竹簡原文的通俗簡化。

似乎過於簡單化，實際上已顯示出他掌握政治、經濟、兵源等方面關鍵問題的能力。一百五六十年後商鞅變法即採取了〈吳問〉中首次言及的趙氏二百四十步的大畝制——富國強兵的基石[40]。

## 六、結語

　　中國兩千餘年來一貫認為《論語》是傳世文獻中最古的私家著述。雖然《論語》一書雜有孔子弟子、甚至再傳弟子的筆墨，但《論語》的極大部分代表孔子的思想和言論。已故楊伯峻教授的看法——《論語》的著筆當開始於春秋末期，而編輯成書則在戰國初期——是當代學人所接受的[41]。

　　本文從各種不同的角度肯定《孫子兵法》的春秋屬性。通過〈吳問〉與《左傳》的對核，得出不久前連自己都夢想不到的結論——

---

40　吳樹平，〈從臨沂漢墓竹簡〈吳問〉看孫武的法家思想〉。吳氏考訂孫武對商鞅的思想和制度改革的影響，甚見功力。頁9論古田制，據《太平御覽》卷750(上海涵芬樓影印)，糾正了刻印錯誤。原文「一位算法」經吳氏訂正為「一行算法」。僧一行是唐玄宗期間著名天算古曆專家。

41　楊伯峻編著，《論語譯注》(北京：中華書局，1965)，「導言」，頁4-5。再，楊伯峻，〈孫臏和《孫臏兵法》雜考〉，《文物》(1975年第1期)指出《孫臏兵法》竹簡中提到晉將荀息和孫軫。前者係晉獻公(前676-651在位)時人，後者不見於《左傳》，但《漢書·藝文志》兵家有《孫軫五篇》。傳統學人有疑孫軫係陳軫之誤者，惟陳軫屢見於《戰國策》，為戰國縱橫家。楊氏指出《漢書·藝文志》同類書通常以時代先後為序，《孫軫》列在《蚩尤》與《繇敘》之間，後者即由余，秦穆公(前659-621在位)時人。楊氏疑孫軫應係晉文公時名將先軫(西元前635年擢為中軍帥，卒於前627年)，並認為「這樣一位人物有兵書著作是毫不奇怪的」，此文中楊氏謂「《論語》的成書已在戰國初期，約西元前400年左右」。果爾，則《孫軫五篇》早於《論語》之編就兩百餘年，而本文考證結果《孫子兵法》早於《論語》至少100年。

《孫子》十三篇和〈吳問〉都可確定是撰成於吳王闔廬三年,孔子時年四十。《孫子》及〈吳問〉的撰成應早於《論語》的編就至少兩個世代。本文的結論如無大誤,舉世漢學界理應公認《孫子》為中國現存最古的私人著述。中國典籍、目錄諸學,學術、哲學諸史亦應重定座標。重定座標勢必引起一系列的學術翻案,其中可預期令人最驚訝的將是《老子》辯證思維至少部分衍生於《孫子》的這項論證。本文的結論可能引起最基本的大課題應是如何重新考訂、分析、權衡、界定「軸心時代」中國哲學的軸心。

1999年2月5日,南加州寓所

本文根據《學術集林》卷17(上海遠東出版社,2000年)重排,文字有稍許訂正。又本文最初刊於《歷史研究》(北京),1999年第5期。

# 第八章
# 中國思想史上一項基本性的翻案：
## 《老子》辯證思維源於《孫子兵法》的論證

## 一、引言

我國古代辯證思維的源頭深藏在《周易》和已經佚失了的更早的《連山》和《歸藏》之中。《易》雖原係卜筮之書，但內中蘊藏著豐富的哲理。六十四卦「乾坤居首，其餘六十二卦兩兩比鄰，不反則對，全是按此規律排列」[1]。這部至晚成於殷、周之際的卜筮專書中暗藏著矛盾對立，而又互相依存，互相轉化的辯證關係，有待後世名卿哲士去闡析。從《左傳》中可以肯定自春秋早期即有以「德刑」、「剛柔」等對立概念應用於政務人事之例。首度成系列的辯證詞組出現於《左傳》昭公二十年(前522)齊國名卿晏嬰對齊景公的談話：

> 先王之濟五味和五聲也，以其平心，成其政也。聲亦如味，一氣、二體、三類、四物、五事、六律、七音、八風、九歌，以相成也。清濁、大小、短長、疾徐、哀樂、剛柔、遲速、高下、出入、周疏，以相濟也。

---

1　金景芳，《周易講座》(長春：吉林大學出版社，1987)，頁5。

《左傳》同年記有鄭子產臨終前對他理想的政治接班人子大叔(游吉)的勸誡:「唯有德者能以寬服民,其次莫如猛。」《左傳》立即徵引事後仲尼「寬以濟猛,猛以濟寬,政以是和」,對鄭國兩代名卿政績的讚揚。可見吳王闔廬三年(前512)事先由孫武撰就進呈的今本《孫子兵法》十三篇中大批、系統、不反則對的辯證詞組的出現絕不是偶然和突然的,而是春秋晚期的新思辨潮流的深刻反映。在檢討《孫子》、《老子》辯證思想的傳承關係之前,我們有必要正確了解古代中國辯證思維的特徵。當代思想史家中,李澤厚先生對中國文化積澱往往有新穎深切的體會,而且能把深邃的道理做出精當易曉的解釋。他認爲先秦思想流派中最先發展和應用辯證思維的是兵家,因爲戰爭事關生死存亡,「略不經心便可鑄成大錯,而毫釐之差便有千里之失。」他緊接著做了以下分析和論斷:

> 也正是因爲此,古兵家在戰爭中所採取的思維方式就不止是單純經驗的歸納或單純觀念的演繹,而是以明確的主體活動和利害爲目的,要求在周密具體,不動情感的觀察、了解現實的基礎上盡快捨棄許多次要的東西、避開繁瑣的細節規定,突出而集中、迅速而明確地發現和抓住事物的要害所在;從而在具體注意繁雜眾多現象的同時,卻要求以一種概括性的二分法即抓住矛盾的思維方式來明確、迅速、直截了當地去分別事物,把握整體,以便作出抉擇。所謂概括性的二分法思維方式,就是用對立項的矛盾形式概括出事物的特徵,便於迅速掌握住事情的本質。這就是《孫子兵法》中所提出的那許許多多相反而又相成的矛盾對立項,即敵我、和戰、勝負、生死、利害、進退、強弱、攻守、動靜、虛實、

勞佚、飢飽、眾寡、勇怯……等等。把任何一種形勢、情況
和事物分成這樣的對立項而突出地把握住它們，用以指導和
謀劃主體的活動（即決定作戰方案或退或進、或攻或守等
等）。這是一種非歸納非演繹所能替代的直觀把握方式，是
一種簡化了的卻非常有效的思維方式。……

正因為這種矛盾思維方式是來源於、產生於軍事經驗中，而
不是來源或產生於論辯、語言中所發現的概念矛盾，所以它
們本身也就與世俗生活一直保持著具體內容的現實聯繫，具
有極大的經驗豐富性。像《孫子兵法》裡舉出的那許多矛盾
對立項，就是非常具體的和多樣化的。與生活經驗緊密相
連，它們是生活鬥爭的經驗性概括，而不是語言辯論的思辨
性的抽象。[2]

## 二、《孫子》、《老子》互證

接受了李澤厚古代中國辯證思維源於軍事經驗的特徵的說法的前
提下，我們便可以將《孫子》、《老子》兩書裡的辯證詞組，也就是
李澤厚認為的矛盾對立項，羅列於下以備初步比較與探討。

《孫子兵法》中的辯證詞組

天地、陰陽、寒暑、上下、左右、縱橫、往來、先後、遠
近、深淺、大小、方圓、主客、敵我、廣狹、順逆、死生、

---

2　李澤厚，《中國思想史論》（上）（合肥：安徽文學出版社，1986），頁86-
　　87。

勝敗、治亂、安危、利害、輕重、強弱、智愚、文武、貴
賤、眾寡、飽饑、愛(賞)罰、虛實、形名、正奇、剛柔、動
靜、行止、譁靜、勞佚、攻守、進退、誘避、迂直、屈伸、
起伏、專散、險易(利)、勇怯、慍悅、取予、驕卑、離(分)
合、迎背(向逆)、周隙、全破、心力、鈍銳、速久、有餘不
足、有常無常、有形無形、崩亂嚴明、齊一(同欲)不合、不
(無)窮可全。

今本《老子》中的辯證詞組

　　(甲)《諸子百家大辭典・道家篇》所列：

陰陽、有無、剛柔、強弱、大小、高下、前後、美醜、難
易、損益、生死、吉凶、禍福、榮辱、貴賤、智愚、巧拙、
勝敗、攻守、進退、輕重、靜躁、曲直、雌雄(牝牡)。

　　(乙)本文筆者補加：

奇正、天地、夷纇、盈窪、辯訥、敝新、明昧、歙張、開
闔、興廢、取與、寒熱、厚薄、長短、善妖、德怨、文樸、
有餘不足。

顯而易見，《孫子》詞組大多數皆有關軍事，比較詳細周密，而《老
子》對《孫子》詞組有所損益，有關軍事的比較概略，而詞組涉及的
思想範疇卻較《孫子》為廣。筆者覺得這一現象從李澤厚的宏觀論斷
中可以得到合理的解釋：《老子》談兵部分確有不少處可認為是《孫

子兵法》的延伸和概括，但《老子》之所以富原創性，正是因為它能把《孫子》的軍事辯證法提升到政治和形上哲學的辯證層次[3]。可惜的是，這種論斷是出自李澤厚長期對中國文化積澱個人獨特的體會，而且在討論「兵家辯證特色」的第一底注中，謙虛地聲明《老子》「著者及其成書年代，本文不討論，暫採春秋末年說」[4]。《孫》、《老》問題的澄清就有待「偏重考證的歷史學家的思想史」了[5]。

筆者第二次退休以後，研究興趣始轉入中國古代思想、宗教和制度，雖對思想知識尚極有限，卻正是「偏重考證的歷史學家」。從繁瑣的考據以求證成《孫》為《老》源，正是義不容辭的職責。（案：本文附加的參考論文（一），拙著〈中國現存最古的私家著述：《孫子兵法》〉的結論是：《孫子》十三篇撰就於吳王闔廬三年(前512)召見之前，其成篇早於《論語》至少兩、三個世代。參考論文（二），〈司馬談、遷與老子年代〉說明《史記·老子列傳》中的老子李耳(字聃)的後裔世系必係青年司馬談講業齊都期間，親獲自李耳八世孫、膠西王卬太傅李解者，故李耳約生於西元前440年左右，約當孔子卒後、墨子誕生後四十年。再則即使當代極端崇《老》學人相信孔子曾問禮於老聃者，亦不得不承認《老子》成書必晚至戰國之世，故《老子》書中辯證詞組及論辯方法至少部分衍生於《孫子》一事，本應係不爭之論。）

不幸的是，兩千餘年來，在重文輕武、儒家倫理、老莊玄學支配的思想環境之中，孫子其人其書飽受漠視、懷疑與毀謗，即使集心性大成的軍事天才王陽明都認為《孫子》「煉字煉句，逼真《老子》

---

3　同上，頁96-98。
4　同上，頁82。
5　同上，頁300。

書。」[6]當代郭沫若的看法更具有代表性：

> 《孫子兵法》是稍後於老子的一部傑出的古代軍事著作，相
> 傳爲孫武所作。孫武，齊人，活動於春秋晚期，做過吳國的
> 將領。他所著的《孫子兵法》，發展了老子的軍事思想，爲
> 後來兵法家的先驅。[7]

即使看法與郭沫若完全相反的已故錢穆先生，也充分了解從文字文句
上考證《老子》「僞出」或晚出之異常不易：

> 昔清儒辨《僞古文尚書》，一一爲之搜其出處，明其剿竊之
> 所自，而《僞古文尚書》之案遂定。然《老子》非《僞古文
> 尚書》比；《老子》五千言潔淨精微，言無枝葉，本不求剿
> 竊見信，亦何從以剿竊證僞？故欲自文字文句求之而證《老
> 子》之僞出，其事不如證《僞古文尚書》之易。[8]

但是，爲了學術眞理和公道，我們雖對《老子》一書必須給予應有的
尊敬和讚賞(因爲晚出不能等同「僞出」)，還是要勉爲其難地從文字
文句中探索《老子》吸取《孫子》的眞憑實據。試先以《孫子兵法》
中的〈勢篇〉與《老子》全書中相關文句作一密集多維的比較與考

---

6　王陽明，《諸子匯函》，徵引於《諸子百家大辭典・兵家卷》(瀋陽：遼寧
　　人民出版社，1996)，頁409。

7　郭沫若主編，《中國史稿》(北京：人民出版社，1976)，第1冊，頁376-
　　377。

8　錢穆，〈再論《老子》成書的年代〉，《古史辨》(北京：樸社，1938)，
　　第6冊；重印本(香港：太平書局，1963)，頁552。

詮。〈勢篇〉全文三三八字抄錄如下以備讀者參考：

> 孫子曰：凡治眾如治寡，分數是也；鬥眾如鬥寡，形名是
> 也；三軍之眾，可使必受敵而無敗者，奇正是也；兵之所
> 加，如以碬投卵者，虛實是也。
> 凡戰者，以正合，以奇勝。故善出奇者，無窮如天地，不竭
> 如江河。終而復始，日月是也；死而復生，四時是也。聲不
> 過五，五聲之變，不可勝聽也；色不過五，五色之變，不可
> 勝觀也；味不過五，五味之變，不可勝嘗也；戰勢不過奇
> 正，奇正之變，不可勝窮也。奇正相生，如循環之無端，孰
> 能窮之？
> 激水之疾，至於漂石者，勢也；鷙（烏）〔鳥〕之疾，至於毀
> 折者，節也。是故善戰者，其勢險，其節短；勢如彍弩，節
> 如發機。
> 紛紛紜紜，鬥亂而不可亂也；渾渾沌沌，形圓而不可敗也。
> 亂生於治，怯生於勇，弱生於彊。治亂，數也；勇怯，勢
> 也；彊弱，形也。
> 故善動敵者，形之，敵必從之；予之，敵必取之。以利動
> 之，以卒待之。
> 故善戰者，求之於勢，不責於人，故能釋人而任勢。任勢
> 者，其戰人也，如轉木石。木石之性：安則靜，危則動，方
> 則止，圓則行。故善戰人之勢，如轉圓石於千仞之山者，勢
> 也。

先從「奇正」談起。〈勢篇〉：「凡戰者，以正合，以奇勝。……奇

正相生，如(循)環之無端，孰能窮之？」此篇文字瑰麗雄奇，論「奇正」一段尤爲全篇精華所在。試先從詞源方面著眼。案：「奇正」一詞出於《孫子》，不見於《論語》、《墨子》、《吳子》(起)、《司馬法》、《商君書》、《孟子》、《左傳》、《國語》、《莊子》、《荀子》，而僅見於《老子》。即此一端已可見《孫》、《老》關係之密切。更有意義的是：《孫子》奇正之論雖如神龍變化無窮，其應用要不出兵事範疇；而《老子》(五十七章)：「以正治國，以奇用兵」，已由「用兵」擴展而包括「治國」了。這正說明何以李澤厚認爲《老子》將《孫子》「奇正」軍事辯證法提升爲政治辯證法[9]。李零教授指出《漢書‧藝文志》中《陰謀書》如《伊尹》、《太公》、《辛甲》、《鬻子》及《管子》等「都是依托名賢講治國用兵」。即使道家也應時需向外拓展，「強調順應天道，形神相葆，也是退可以養生延命，進可以治國用兵，兼濟天下。如《老子》除去講養生處世，也講『以正治國，以奇用兵，以無事取天下。』」[10]

更進一步，班固在《漢書‧藝文志》裡如何處理「兵權謀」家值得仔細分析。班固的辦法是先列舉以《吳孫子兵法》爲首的「兵權謀十三家」，以明示《吳孫子》時代之早及其在學派中宗師的地位。由於體裁及篇幅都不允許詳述此類兵書自孫武至西漢末性質和內容的演變，所以他只能以「歷時」(diachronic)的方式作盡量精簡的綜述：「權謀者，以正治國，以奇用兵，先計而後戰，兼形勢，包陰謀，用技巧者也。」[11]這十三家中當然沒有被認爲「道家」之宗的《老

---

9  李澤厚，《中國思想史論》(上)，頁90。

10  李零，《李零自選集》(桂林：廣西師範大學出版社，1998)，第二版，〈說黃老〉，頁284-285。

11  班固，《漢書》(北京：中華書局點校本)，頁1756-1758。

子》，但《老子》論兵上承《孫子》，下啓來者的樞紐地位，卻在班
固的綜述中得到最確鑿的銓證。

我們再從《孫子・勢篇》順序舉例與《老子》（十二章）中相似文
句比較並加銓舉：

| 《孫子・勢篇》 | 《老子》（十二章） |
| --- | --- |
| 聲不過五，五聲之變，不可勝聽也；<br>色不過五，五色之變，不可勝觀也；<br>味不過五，五味之變，不可勝嘗也。 | 五色令人目盲；<br>五音令人耳聾；<br>五味令人口爽(傷)。 |

後者文義襲取前者而加以改造，至為明顯。進一步探索「五」在古代
中國異常豐富的自然、天象、思想、文化、社會、制度各方面的意義
會更加強我們這種判斷。案：思想史家之論「五」類皆以西周末史伯
之論五行開始。五行說在古代思想中地位之重要自不待言。筆者揣想
古人對「五」的特別興趣與注意可能與更早的極罕見「吉慶」的天象
有關。《太平御覽》卷七引《孝經鉤命訣》：

　　　　禹時五星累累如貫珠，炳炳若連璧。

這就是幾千年來民間流傳不斷，筆者少年時即已得聞的千古難逢的最大
祥瑞之一，所謂的「五星聯珠」。1989年洛杉磯加州大學周鴻翔教授與
美國太空總署天算專家彭瓞鈞博士合作推算出西元前1953年2月23日，在
夏都山西陽城附近，土星、木星、水星、火星和金星的確幾乎排成一條
直線[12]。最近，國內「夏商周斷代工程專家組」也發表了初步報告：

---

12　簡報見於Brian Fagan, "Dating by Solar Eclipse," *Archaeology*, Sept.-Oct., 1989,

有學者計算出在西元前1953年2月26日有一次很好的五星聚
會，經對夏代立國前後的五星聚合重新推算，也證實了這次
五星聚會是迄今五千年中最難得的一次，西元前1953年2月
中旬至3月初，在黎明時分的東方地平線上，土星、木星、
水星、火星和金星排成一列，在2月26日，五大行星之間的
角距離小於四度。這種奇異壯觀的天象，很可能在古人記憶
中流傳下來，因此可以作為估定夏代年代的參考。[13]

無論是天上的五大行星，或是自史伯始一般認為大地的五行，都同以
金、木、水、火、土為名，可見古人「尚五」是淵源有自的。誠如當
代一位學人所指出，「尚五」的觀念在春秋時代「幾乎滲透到社會生
活的各個方面」，如「五味」、「五聲」、「五色」、「五方」、
「五神」、「五祀(五正)」、「五牲」、「五穀」、「五穹」、「五
臟」、「五星」、「五刑」、「五兆」等等[14]。另位當代學人，除對
我國古代步兵基本單位「伍」（「五人為伍」）及長短兵器配合成套的
「五兵」的起源有精當的考釋外，還特別對「五」的意蘊加以反思：

> ……多樣化的兵器的出現正是周代兵器發展的一個特徵，而
> 這種多樣化的兵器最後所以不定型為三種、四種或六種，卻
> 偏偏要名為五兵，則與五行說是直接有關的。古人認為五可

(續)─────────────

pp. 20-23.

13　《夏商周斷代工程：1996-2000年階段成果報告》(簡本)(北京：世界圖書出
　　版社，2000)，頁80。

14　周立升，〈五行觀念在春秋時期的沿革〉，《山東大學學報》(哲社
　　版)(1989年第1期)，重刊於《中國哲學史》(1989年第8期)，B5，頁32。

> 以發生無窮的變化，……而多樣化的兵器的設計思想之花，
> 既然開在五行說的肥沃土壤上，那麼五兵的最後定型，不在
> 五行說異彩獨放的春秋時代，又在哪一個時代呢？[15]

以上兩種對「五」精采的發揮大大增強了筆者的論斷——《孫子兵法》中論及五行部分之春秋屬性，絕不是已故齊思和教授等人所能推翻的。特別值得一提的是，春秋晚期人士如孫武和他同時的晉國著名大夫史墨等闡發「五」的積極功能及其深厚多維文化意蘊的語言裡，充滿了欣悅與讚嘆，而今本及近年發現的簡本《老子》書中，卻對五色、五音、五味表示消極，甚或警告的態度——這和《老子》反儒家仁、義、禮、智和反墨家的尚賢的態度是一致的，也正是《老子》思想體系形成之晚的明證之一。

　　深入表面文字之下的考證和詮釋是探索《孫》、《老》關係必不可少的工作。我們應該繼續密集地以《孫子‧勢篇》為主，佐以其他篇章，以考詮《孫》、《老》詞異而義同的文句。先以有關「循環」論的詞句排列如下：

| 《孫子》 | 《老子》 |
| --- | --- |
| 戰勢不過奇正，<br>奇正之變，不可勝窮也。<br>奇正相生，如環之無端，<br>孰能窮之？<br>……<br>紛紛紜紜，鬥亂而不可亂也；<br>渾渾沌沌，形圓而不可敗也。<br>〈勢篇〉 | 有物混成，<br>先天地生。<br>寂兮寥兮，<br>獨立不改。<br>周行而不殆。<br>（二十五章） |

---

15　藍永蔚，《春秋時代的步兵》（北京：中華書局，1979），頁115。

| 微乎微乎，至於無形；<br>神乎神乎，至於無聲。<br>　　　　　　〈虛實篇〉 | |

　　今本《孫子》皆作「循環之無端」，而銀雀山簡本《孫子》無「循」字，但「環之無端」與「循環之無端」意義毫無差別。《孫子》的詞句完全被《荀子・王制篇》聯繫天人關係時所徵用：「始而終，終而始，若環之無端也。」《老子》(二十五章)中最重要的「周行而不殆」也是意義完全相同的。「有物混成」句中的「物」，郭店楚簡《老子》中作「牆」。此字裘錫圭先生近來認為應釋為「狀」[16]。「混成」一般皆釋為「混然而成」，也就是說「道」是在「混混沌沌」的狀態下出現的宇宙總規律。根據《老子道德經河上公章句》，「寂者，無聲音；寥者，空無形。」[17]而《孫子・勢篇》早已有「紛紛紜紜」，「渾渾沌沌」；〈虛實篇〉早已有「微乎微乎，至於無形；神乎神乎，至於無聲」等絕妙的副詞語句。傳世《老子》本以煉字煉句獨步千古，詞及義汲取《孫子》中神來之筆而加以改造，豈是偶然？筆者甚至相信「周行而不殆」句中的「不殆」和今本《老子》他篇中的「不殆」，也都可能是受《孫子》「百戰不殆」名句的影響。

　　《老子》最被後人認為是「兵書」的名句，顯係源自《孫子》開首〈計篇〉戰術原則語句：

---

16　王博，〈張岱年先生談荊門郭店竹簡《老子》〉，《道家文化研究》(1998年第8期)，頁23-24。

17　《老子道德經河上公章句》(北京：中華書局，1997)，頁101。

> 兵者，詭道也。故能，而示之不能；用，而示之不用；近，
> 而示之遠；遠，而示之近；利而誘之，亂而取之，實而備
> 之，強而避之，怒而橈之，卑而驕之，佚而勞之，親而離
> 之，攻其無備，出其不意。此兵家之勝，不可先傳也。

另外，《孫子・勢篇》：「故善動敵者，形之，敵必從之；予之，敵
必取之」等語對《老子》影響也極深鉅。試看《老子》(三十六章)首
段的語句：

> 將欲歙之，必固張之；將欲弱之，必固強之；將欲廢之，必
> 固興之；將欲取之，必固與之。

上引《老子》諸章，尤以三十六章中兩千餘年來被公認為最機靈詭詐
的戰術箴言，在詞與義上都最肖似《孫子》，自不待言。此中更重要
意義，本文第五節中將再闡發。

　　《孫子》第四、五章連章的〈形篇〉與〈勢篇〉的要義，李零
《《孫子》古本研究》中有精當的解說：

> 中國古代的戰術學叫「形勢」。《孫子》一書的〈形〉、
> 〈勢〉兩篇對這兩個概念有專門解釋。在《孫子》一書中，
> 「形」字含有形象、形體之義，主要指戰爭中客觀、有常、
> 易見的諸因素，它主要與實力計算的概念有關，即與定計過
> 程有關；「勢」字含有態勢之義，主要指人為、易變、潛在
> 的諸因素，它與「形」相反，多指隨機的和能動的東西，即
> 與計的實行過程有關。「形」、「勢」兩個概念在《孫子》

書中有一定區別，但又可互相轉化。例如所謂「形兵」的
「形」就是指人爲造成的「形」，其實也就是「勢」。
「形」、「勢」二字合爲一詞，在中國古代兵書中實際上是
指後者。[18]

遍檢先秦典籍索引，「形勢」作爲一個複合詞要晚至《荀子》的〈彊
國〉和〈正論〉篇中才出現。「形」與「勢」分別出現於連句者，惟
有《老子》（五十一章）：「道生之，德畜之，物形之，勢成之。」這
又是詞源上《老子》出於《孫子》的另一證據[19]。最引人深思的是：
《孫子·勢篇》每一段落的文句和意蘊都能在今本《老子》中找到被
汲取改造的憑證。

　　僅用《孫子》的〈勢篇〉（偶爾佐以他篇）密集地偵探《老子》承
襲改造的種種憑據之後，我們應該再就《老子》直接言兵文句中尋索
肯定無疑「剽竊」《孫子》之處，並順便選擇數例以證明《老子》成
書之晚。《老子》（六十八章）有「善爲士者不武；善戰者不怒」之
語。這兩句話對我們的考證極爲有用。（案：《孫子》論兵每每皆具卓
識，其最基本的觀念之一是對未來戰爭嚴重性的深切了解。春秋早、
中期君子車戰佐以徒兵半遊戲式的戰爭即將永逝不返，戰爭是關係國

---

18　李零，《《孫子》古本研究》（北京：北京大學出版社，1997），頁289。
19　馬王堆帛書《老子》此處與今本《老子》有一字之異，必須認眞檢討。帛
　　書：「道生之而德畜之，物刑（形）之而器成之。」案：《易·繫辭上》：
　　「形而下之謂器。」器不但性屬物質，而經常是指某種物質經人工製造後
　　的成品。「器」不可能是使萬物完成生命歷程的自然力量。《河上注》：
　　「寒暑之勢」是正確的，所以今本《老子》「物形之，勢成之」是正確不
　　誤的。總之，《孫子》的「奇正」、「形勢」等詞和論說都是經過《老
　　子》的汲取及改造而廣傳應用的。

家生死存亡的大事，必須全憑理智做通盤計畫，絕不能允許感情用事。所以《孫子・火攻篇》強調提出：「主不可以怒而興師，將不可以慍而致戰；合於利則動，不合於利而止。怒可以復喜，慍可以復悅，亡國不可以復存，死者不可以復生。故明君愼之，良將警之，此安國全軍之道也。」《孫子》全書中最能顯示其先驅認知之處莫過「將」論。爲了適應春秋末葉的大變局，「將」除了必具備戰作戰全部理論及計畫之外，必須了解戰爭的勝敗，取決於國家集體力量與資源動員與運用的效率，而不再取決於將帥個人戰場上臨時的英勇和機智。新型的將如果沒有高度的自律與冷靜，而仍甩不掉個人英雄主義的餘毒或好名的虛榮，必會導致嚴重的後果。)所以《孫子・九變篇》末段以驚人之語結束：「故將有五危：必死可殺也，必生可虜也，忿速可侮也，廉潔可辱也，愛民可煩也。凡此五者，將之過也，用兵之災也。覆軍殺將，必以五危，不可不察也。」如此獨特、深刻的軍事思想，絕無可能源自毫無戰爭經驗的「史官」、哲人、隱士的。語不驚人死不休的《老子》作者，讀了《孫子》這番千古奇論，不勝讚嘆之後，據之以爲己有，終於寫出兩句同樣驚人的俏皮話：「善爲士者不武；善戰者不怒。」

　　但《老子》襲取《孫子》論兵，不是處處都能以自己俏皮話的方式重述出來的。例如《孫子・軍爭篇》強調「軍無輜重則亡，無糧食則亡，無委積則亡」，並對載輜重多少、行軍速度和士卒體力限制三方面相互關係做了極精密的分析和論斷，而《老子》(二十六章)僅能摘其要義改造成平淡無奇的陳述：「是以聖人終日行不離輜重」，此處的聖人即同章下文明示的「萬乘之主」，而「萬乘之主」這一稱謂正露出戰國時代的烙印。其實《老子》言兵文句中的戰國烙印遠不衹此。稱謂方面，無論簡本、帛書和今本《老子》都顯出較《孫子》爲

晚的戰國時代新慣習。例如：一、《孫子》全書一貫稱「諸侯」（共十
見），其餘泛稱「君」或稱「主」，而《老子》則稱「侯王」（四見）及
「王」（六見）。這正反映西元前344年魏惠王始稱王，齊、秦、韓、
趙、魏、燕、中山等國隨即相率稱王，所以《老子》不用「諸侯」而
改用「侯王」一詞。二、與「侯王」稱謂息息相關的鬥爭對象已不限
於《孫子》春秋晚期的列「國」，而擴展到「天下」（今本《老子》共
五十一見）。雖然半數以上「天下」一詞用在哲學及形上的闡發，但用
於政治及軍事鬥爭方面的也不少，尤其是前後四見的「取天下」的口
號和意涵是春秋晚期《孫子》書中所不見的。郭店楚簡《老子》〈十
五〉：「天大、地大、道大、王亦大。國中有四大安，王居一安。」
這種與天、地、道並大的「王」正相當於孟子所企盼的能使天下「定
於一」的國王，都是戰國中期才能出現的理念和願望[20]。

再如《老子》（三十一章）：「……君子居則貴左，用兵則貴右。
兵者不祥之器，不得已用之。……吉事尚左，凶事尚右。偏將軍居
左，上將軍居右。言以喪禮處之，殺人之眾，以悲哀泣之，戰勝以喪
禮處之。」這段文字不但見於馬王堆帛書《老子》及現存諸本，又已
出現於郭店楚簡《老子》。這一事實，結合《老子》全書內容，說明
兵事自始即在《老子》治術中占有重要地位，以上徵引的文句「應當
屬於《老子》一書的原始組成部分」[21]。更重要的是，戰國時期「禮

---

20　尹振環，《楚簡老子辨析》（北京：中華書局，2001），楚簡引文「王亦
　　大」，王弼注及今本皆作「人亦大」，誤。詳尹書「是『王大』還是『人
　　大』？」專考，頁144-147；相關簡片圖版、釋文及辨析見頁225-230。今本
　　《老子》書中的「侯王」、「王」、「天下」、「取天下」等詞出現的次
　　數皆根據任繼愈，《老子新譯》（上海：上海古籍出版社，1978），〈重要
　　名詞索引〉，頁135-150。
21　丁原植，《郭店竹簡《老子》釋析與研究》（台北：萬卷樓圖書公司，

崩樂壞」加速的過程中，一批因特殊才幹和機遇而躋身卿將之士，最注重遵守標榜他們得來不易的崇高身分地位的朝禮、祭禮和喪禮[22]。《老子》此章這些文武、左右、吉凶、喪葬諸禮正反映戰國時代「新貴」的社會心理。而「偏將軍」、「上將軍」是戰國期間才開始成為正式官銜的。這又是《老子》一書戰國屬性的明證之一。

　　此外從方術、養生、神仙之術方面也可找到《老子》成書於戰國的啟示。例如今本《老子》（五十章）：「蓋聞善攝生者，陸行不遇兕虎，入軍不被甲兵，兕無所投其角，虎無所用其爪，兵無所容其刃。」（五十五章）：「含德之厚，比於赤子。毒蟲不螫，猛獸不據，攫鳥不搏。骨弱筋柔而握固。」除文句略有不同外，以上兩段亦見於竹簡與帛書《老子》。可見到了戰國中期，這種濫觴於古代巫術、方技、新興的養生、神仙之術的概念和修煉已經形成了雛形的「避兵術」了[23]。《漢書・藝文志》兵書著述列於「權謀」、「形勢」之後的「陰陽」類中最後的一書《辟兵威勝方》就是明證。班固綜結：「〔兵〕陰陽者，順時而發，推刑德，隨斗擊、因五勝（行），假鬼神

　　　1999），頁369。

22　楊寬，《戰國史》（上海：上海人民出版社，1980修訂本），頁252-256。

23　李零，〈馬王堆漢墓「神祇圖」應屬避兵圖〉，《考古》（1990年第10期），頁940-942。再：《墨子》最晚篇章之一，〈迎敵祠〉篇「記御敵之術，在城內設東、南、西、北四壇，各有靈巫分別以祭牲祭青、赤、白、黑四色旗與四方神，這是典型的後來道教法師以『避兵』術退敵這一道術的濫觴。」詳見劉昭瑞，〈墨者行為與道教法術〉，《中國史研究》（1993年第2期），頁130。此外，孫詒讓《墨子閒詁》，日本慧豐學會《漢文大系》本；影印本（台北：新文豐出版公司，1978）卷十四，頁63，〈迎敵祠〉篇前的〈備蛾傳〉篇名下的註：「前〈備城〉篇蛾作蟻，俗蟻字。《孫子・謀攻篇》作『蟻附』。曹（操）注云：『使士卒緣城而上，如蟻之緣牆。』」可見《墨子》最後篇章中，不但出現與《老子》同樣反映時代較晚的「避兵術」，而且在篇名上明白顯示《墨》晚於《孫》。

而為助者也。」[24]最後這句「假鬼神而為助者也」最能說明與《孫子》之不同和晚出。

李零《《孫子》古本研究》指出《孫子‧火攻篇》曾提及「發火有時，起火有日。時者，天之燥也。日者，月在箕、壁、翼、軫也。凡此四宿者，風起之日也。」李零同時指出「中國古代宇宙哲學的基本範疇，含義甚廣，尤與天文曆算之學中的時令和方位概念有關。天文曆算在古代屬於數術，既有現象授時的實用意義，也有占星術的迷信性質，……特別是兵家對天時與人事休咎，當忌不當忌，歷來有爭論，……」[25]就本文考證的目標而言，最重要的是《孫子》處理此類問題的態度：全書十三篇中一再堅持純理性的判斷。所以在〈地形篇〉列舉六種軍隊潰敗現象之後，立即指出「凡此六者，非天之災，將之過也。」在全書最後的〈用間篇〉中更加強調：「故明君賢將，所以動而勝人，成功於眾者，先知也。先知者，不可取於鬼神，……必取於人。」這又是孫武著述遠早於戰國、秦、漢「兵陰陽家」及其同期相關著述的另一明證。

## 三、早期儒家與《老子》互證

除了直接從《孫子》、《老子》兩書的文句、術語及偶爾涉及的制度等探索孰先孰後之外，更有效的辦法是把《孫》、《老》的有些概念和理論分別與早期儒家的「仁義」和早期墨家的「尚同」、「尚賢」等中心思想作一扼要比較。茲先作儒、《老》的比較。

---

24　《漢書》，頁1760。
25　李零，《《孫子》古本研究》，頁300-301。

　　孔子倫理、社會、政治思想的核心是「仁」，「仁」幾乎包括所有的「道德」如禮、義、忠、信、恕、恭、寬、敏、惠、直、孝等，是一切內在道德動力的總匯。《老子》最令後世驚異的是它強烈反「仁義」的態度和論調。今本《老子》（十九章）：

> 絕聖棄智，民利百倍；絕仁棄義，民復孝慈；絕巧棄利，盜賊無有。

馬王堆漢墓帛書《老子》與今本同，荊門郭店楚簡《老子》詞句與前二者有異：

> 絕智棄辯，民利百倍；絕巧棄利，盜賊亡有；絕偽棄詐，民復孝慈。[26]

郭店楚簡《老子》文句雖並無「絕聖棄智」、「絕仁棄義」這種極端的詞語，但全段文義仍是反對和譏諷儒家道德所引起的種種虛偽巧詐的社會行為的。再今本《老子》（十八章）有最激烈的非儒家的語句：

> 大道廢，有仁義；智慧出，有大偽；六親不和，有孝慈；國家昏亂，有忠臣。

漢初帛書和郭店楚簡《老子》語氣與今本不同：

---

26　根據荊門市博物館《郭店楚墓竹簡》（北京：文物出版社，1998），《老子》釋文，頁111。

> 故大道廢，安有仁義；六親不和，安有孝慈；邦家昏亂，安
> 有正(貞、忠)臣。

近年雖有學人認爲楚簡《老子》與今本《老子》思想觀念上有重要的
不同，而荊門博物館編輯所有發掘的多種竹簡的全書「前言」中，卻
明確地指出簡本《老子》甲、乙、丙三篇中的語句及文義與今本相當
篇章，大體仍是相同相近的。不同之處，至多也只能認爲是語氣緩激
程度上的差別而已。

　　1920年代《古史辨》開始問世的前後，學人中已不乏研究仁義二
字連用始於何人何書者。《論語》言仁共一百零九次之多，而獨不見
仁義兩字連用之例。梁啓超認爲仁義連用始於《孟子》，故爲《老
子》不得早於戰國中期的理據之一。但梁說不確。哈佛燕京社《墨子
引得》明示全書前三分之二的重要篇章裡，幾乎都有仁義連用詞語。
所以《老子》晚於早期儒家與早期墨家應是不爭之論。此處應順便一
提：仁義連詞最早出現於《孫子兵法》最後的〈用間篇〉：「非聖智
不能用間，非仁義不能使間。」

　　再帛書《老子》首章，即今本《老子》(三十八章)，除一兩字之
異外，同有：

> ……故失道而後德，失德而後仁，失仁而後義，失義而後
> 禮。夫禮者，忠信之薄而亂之首。

如此通盤抨擊儒家以仁、義、禮爲核心的道德系統，當然更是《老
子》晚出的有力「招供」了。

## 四、《孫子》、《墨子》、《老子》三邊互證

　　《孫》、《墨》、《老》三邊關係的探索行將進一步支持本文的結論：就思辨方式言，《老子》是深受《孫子》影響的。先探索《孫》、《墨》關係。《孫子・計篇》開宗明義即指出「兵者，國之大事也；死生之地，存亡之道，不可不察也。」緊接就說明兵事五大基本原則之首即是「道」，而「道者，令民與上同意也。」此語乍讀之下，似乎不足為奇，但在「政出多門」的春秋晚期，貴族和平民各階層間流動升降日益加劇之際，「令民與上同意」不僅為了強兵，更必然會引伸為建立一元化政治機體的前提。更啟人深思的是，當我們初讀《孫子》論兵之「道」之句時，除了從政治思想及實踐上立即聯想到了「統一」、「一元化」這類概念，同時更充滿了好奇：語義上「同」是通過什麼方法才聯繫上，甚至轉化為「一」的呢？先舉荀子答趙武成王(前265-245在位)問：

　　　　臣所聞古之道，凡用兵攻戰之本，在乎壹民。[27]

此處荀子無疑義對《孫子》言兵之「道」作了忠實精當的詮釋，但絲毫未表明語義上「同」是經過什麼程序才跳到「壹」的。

　　先秦諸子中，《墨子・尚同》篇最早也最明白地逐步表達了這個極重要的語義轉化。首先，我們不妨試從語義上恢復《尚(上)同》篇

---

27　張覺，〈議兵十五〉，《荀子譯注》(上海：上海古籍出版社，1995)，頁295。

名的全義與原義：如果補上必須有的賓詞、介詞和動詞，全句就恰恰是「令民與上同意」。換言之，《墨子・尚同》篇的篇名就是《孫子》論兵基本旨要最忠實巧妙的簡化。《尚同》有上、中、下三篇，中篇裡出現了「一同天下」之語句，此句中的「同」和「一」都成了同義的使動格，於是「一同天下」就等於「一天下而且同天下」，語義上也就完全可以釋爲把整個天下「一以同之」。如此，兩個同義及物動詞連用，就更收到強調全句語氣的效果[28]。自語義學的觀點，《尚同》篇眞是鑑定《孫》、《墨》傳承的瑰寶！

抑有進者，〈尚同・中〉已一再有「一同天下之義」的語句。〈尚同・下〉更進而推論：「治天下之國，若治一家；使天下之民，若使一夫。……聖王皆尚同爲政，故天下治。」〈尚同〉已經涵蓋全天下的政治、經濟、社會、民生和精神意識，顯然是《孫子・計篇》「道者，令民與上同意也」理論範疇最大可能的延伸和提升。在語義和理論範疇兩方面，《墨子・尚同》對本文論證的價值是難以估量的。

《墨子》思想體系之中最能說明《孫》、《墨》、《老》三者之間先後之序者，莫如〈尚賢〉上、中、下三篇。此篇開首指出國家不能安定富強的主因之一是「不能以尚賢事能爲政」。使賢人增多，並使其樂爲國家所用的最好辦法，是對國家所需的各種賢才，予以優厚的獎賞。〈尚賢・上〉：

> ……譬若欲眾其國之善射御之士者，必將富之貴之，敬之譽之，然後國之善御之士將可得而眾也。況又有賢良之士，厚

---

28　爲審愼計，《孫》、《墨》兩古籍中「一」與「同」的意義問題曾與梅祖麟、林毓生兩先生在電話中討論。「一」與「同」精密的語義學分析，最受益於鄂宛加州大學同寅語言學家黃正德教授。謹此對以上三友誌謝。

乎德行，辯乎言談，博乎道術者乎？此固國家之珍而社稷之
佐也，亦必富之貴之，敬之譽之，然後國之良士亦將可得而
眾也。……國中之眾，四鄙之萌人聞之，皆競為義。……故
古者聖王為政，列德而尚賢，雖在農與工肆之人，有能則舉
之，高予之爵，重予之祿，任之以事，斷予之令。曰：爵位
不高，則民弗敬，蓄祿不厚，則民不信，政令不斷，則民不
畏。舉三者授之賢者，非為賢賜也，欲其事之成。故當是
時，以德就列，以勞殿賞，量功而分祿，故官無常貴，而民
無終賤。……[29]

(案：《孫子》思想體系中最基本特徵之一即其徹底的「行為主義」。
全書開宗明義，「道者，令民與上同意也，故可以與之死，可以與之
生，而不畏危。」)本文下節將較詳研析《孫子》行為主義理論與《老
子》愚民政策親密獨特的關係，此處只須扼要提出兩點觀察。一、
《墨子·尚賢》注重發揮《孫子》行為主義的積極強化，亦即重
「賞」的作用，而商鞅、韓非等法家注重發揮《孫子》行為主義的消
極強化，亦即重「罰」的作用。二、《老子》書中表現出強烈的反向
賢的態度和主張。馬王堆西漢初帛書《老子》(七十一章)和今本《老
子》(三章)首句都是「不上(尚)賢，使民不爭。」雖然荊門郭店楚簡
《老子》，因甲、乙、丙三組(篇)共僅2,064字，只占今本《老子》五
分之二，所以篇章有殘闕，沒有相當「不尚賢，使民不爭」的篇章，
但反對墨家尚賢論是《老子》一書的原始組成部分應無可疑。反命題

---

29　本文引用《墨子》完全根據孫詒讓《墨子閒詁》，日本慧豐學會《漢文大
　　系》本(台北：新文豐出版公司影印，1978)。

必然後於命題才出現是思想史研究上的鐵律。

設若上節和本節對語義轉化、命題先後的論析無大偏失，《孫》、《墨》、《老》三家先後之序，從《墨子》的〈尚同〉和〈尚賢〉兩個環節之中得到雙重的肯定。

## 五、《老子》的內容與性質

《老子》與《孫子》、早期儒家、《墨子》互證之後，有必要扼要討論《老子》全書的內容和性質。對此問題，注重哲學思想詮釋和注重歷史考證的學人間，一向存在著相當不同的意見。已故歷史學家張舜徽教授研究先秦「道」論，功力深至；他的總結論是先秦諸子所論的「道」，最後分析起來，都是「君人南面之術」，《老子》亦不例外。他認為「《老子》之書，不成於一時，不出於一手」[30]，更進一步作了以下的論斷：

> ⋯⋯凡一學說的興起，絕不是，也不可能由一個人在某一時期突然創造出來的。⋯⋯胡適談到老子哲學時，便認為「老子是最先發見道的人」。這一斷語，顯然是十分錯誤的。首先，在《老子》本書中，早已明白說過：「古之善為道者，微妙玄通，深不可識。」（十五章）又說：「古之所謂曲則全者，豈虛言哉！」（二十二章）又說：「古之所以貴此道者何？不曰以求得，有罪以免邪！」（六十二章）又說：「古之

---

30　張舜徽，〈老子疏證〉卷下，《周秦道論發微》（北京：中華書局，1982），頁168。

善爲道者，非以明民，將以愚之。」（六十五章）據此，可知在老子以前，已有不少的人闡明過這些道理，爲他所繼承了。又何能武斷地說道家學說是由老子首創的呢？……即以五千言的編次而論，前後重複的地方很多，又沒有完整的系統，如果眞是作者發表一家學說之書，在它的內容和組織方面，似乎還要豐富而細密的多。所以這部五千言的作品，無疑是彙輯古代道家言論的《語錄》。[31]

張舜徽在其〈老子疏證〉中指出《老子》一書，「其中多採用舊說遺言，以明其恉。有不標明出處者，……亦有標明者，凡稱『聖人云』、『建言有之』之類是也。」[32]

　筆者初探《孫》、《老》關係時即曾做過統計：今本《老子》全書八十一章中，「聖人」出現於二十二章，共二十八次之多[33]。並已能肯定「聖人」實即王、侯，天下或邦國的君主，至少亦指最高統治者，故所言盡爲「君人南面之術」。其他至少二十餘章，「聖人」一詞雖未出現，而內容亦涉及治國牧民之道。筆者年前始獲讀金春峰《漢代思想史》修訂本，深覺其多維周密的考訂——《老子道德經河上公章句》無疑是西漢作品——不但解決了《老子》歷代注疏中一大疑案，更大有益於加深了解《老子》本書的性質和重心。論證中最醒目的是比較《河上公注》和曹魏王弼(226-249)《老子注》後所作的結

---

31　同上，〈敘錄〉，頁15-17。
32　張舜徽，〈老子疏證〉卷下，《周秦道論發微》（北京：中華書局，1982），頁168。
33　近月始發現尹振環《帛書老子釋析》已先我做了這項統計工作，結果全同。

論：「王弼泛指一般人的地方，《河上注》都解釋爲人君。」隨即舉出十五個例子。由於王弼的《老子注》對當代哲學史界影響過鉅，本文把十五個例子全部徵錄：

> 十五章：「古之善爲士者，……」《河上注》則說：「士」、「得道之君也。」
>
> 十七章：「太上下知有之。」《河上注》：「太上，」「太古無名之君也。」
>
> 十八章：「智慧出。」《河上注》：「智慧之君。」
>
> 二十三章：「信不足焉。」《河上注》：「君信不足於下。」
>
> 二十四章：「物或惡之。」《河上注》：「此人在位，動欲傷害，故物無有不畏惡也。」
>
> 二十六章：「重爲輕根。」《河上注》：「人君不重則不尊。」
>
> 三十八章：「上德不德。」《河上注》：「謂太古無名號之君。」
>
> 四十六章：「天下有道。」《河上注》：「人主有道也。」
>
> 五十三章：「使我介然有知，」《河上注》：「老子疾時王不行大道。」
>
> 五十七章：「人多伎巧。」《河上注》：「人君百里諸侯也。」
>
> 五十八章：「其無正，」《河上注》：「謂人君不正其身，其無國也。」
>
> 五十九章：「治人。」《河上注》：「謂人君欲治理人

民。」

七十七章：「唯有道者。」《河上注》：「唯有道之君能行

也。」

七十九章：「有德司契。」《河上注》：「有德之君，司察

契信而已。」「無德司徹，」《河上注》：「無德之君，背

其契言，司人所失。」

列舉以上諸例之後，金春峰還做了具有說服力的另一綜括：「王弼注

爲學術思想之《老子》，《河上注》則爲養身與治國相結合之《老

子》」；換言之，《河上注》的詮釋與「與西漢初年黃老推廣治身之

道以治國，如司馬談〈論六家要旨〉所述者，完全相同。」[34]

　　《老子》一書的重心在「君人南面之術」當再無可疑。養生，甚至

雛形的神仙之術，也在書中數度出現。數術方技，枝葉扶疏，源自遠古

巫術，戰國、秦、漢間滲入黃老及兵家之跡日顯，李零〈說黃老〉及其

《中國方術考》修訂本論之甚詳[35]。《老子》影響當時及後世最深者在

其形上的「道」論，自不待言，但就全書篇幅而言，遠在治國牧民之

下。1998年荊門市博物館《郭店楚墓竹簡》甫經出版，《道家文化研

究》即有編輯專訪前輩哲學史家張岱年教授。專訪問題之一是：

　　問：郭店《老子》總共有三組，或者叫三篇。我們發現每一

---

34　以上對《河上注》的分析論斷皆取自金春峰，《漢代思想史》（北京：中國
　　社會科學出版社，1997）、〈《老子河上公章句》的時代和思想特點〉章；
　　徵引文句皆見於頁408-410。

35　〈說黃老〉收入《李零自選集》；李零，《中國方術考》（北京：東方出版
　　社，2000修訂本）。

篇有自己的主題。譬如，乙篇的主題是修道，丙篇的內容都
是有關治國的。甲篇則兩者都有。由此看來，郭店《老子》
更像是摘抄本。您覺得呢？

答：你這個講法很有道理。[36]

七十年來張先生一向認爲《老子》是系統性極強的一本專書，不是纂
輯，而近年居然有了很大的改變。這是《老子》研究上很有意義的新
趨向。

## 六、《孫》、《老》親緣關係再探

本文第二節從文句及思想上已初步探討了《孫》、《老》的親緣
關係，但二、三、四節的主要目的是考訂《孫》、《老》先後之序。
爲了進一步肯定《孫》、《老》密切的親緣關係，先參考朱熹對《老
子》備極尖銳而又不失中肯的觀察，然後再深探《孫》、《老》同軌
的愚民治術。

《朱子語類‧老氏》開卷語即啓人深思：

康節〔邵雍，1011-1077〕嘗言老氏得《易》之體，孟子得
《易》之用，非也。老子自有老子之體用，孟子自有孟子之

---

36　王博，〈張岱年先生談荊門郭店竹簡《老子》〉，《道家文化研究》（1998
年第8期），頁23-24。海外漢學界早已有今本《老子》實係「道」家學派論
說輯成的看法。可參讀最佳英譯D.C. Lau（劉殿爵），*Lao Tzu: Tao Te
Ching*（香港：中文大學出版社，1996版長序）。劉譯1963年即在英國問世，
重印多次，享譽海外。

體用。「將欲取之，必固與之」，此老子之體用也。存心養
性，充廣其四端，此孟子之體用也。

國史上思想體系最大，洞察力最強，學識最淵博、最注重道德修養和
社會實踐的朱熹，獨獨以最能代表兵家精髓的名句作為《老子》之體
用——這是何等權威的思想核酸遺傳「基因」的鑑定！誠然，朱子一
字未提及《孫子》，因為在他這位道學家的眼裡，孫武那樣專講詭道
詐術之人，根本不入先秦諸子之列，更不屑研究《孫》、《老》孰先
孰後的問題。但他這一針見血的觀察卻大有益於重顯王弼大加美化、
玄學化後的《老子》的廬山真面目。特別應該順便一提的是在《朱子
語類》同卷之中，有人指出先前程頤(1033-1107)答問時，也以「將欲
取之，必固與之」作為《老子》學說的基本特徵。

　　朱熹對《老子》的刻劃與批評值得再徵引：

　　〔《老子》〕又曰：「知其雄，守其雌，為天下谿。知其
　　白，守其黑，為天下谷。所謂谿，所謂谷，只是低下處。讓
　　你在高處，他只要在卑下處，全不與你爭。他這工夫極難。
　　常見畫本，老子便是這般氣象，笑嘻嘻地便是箇退步占便宜
　　底人，雖未必肖他，然亦是它氣象也。」
　　……老子惟靜，故能知變，然其勢必至於忍心無情，視天下
　　之人皆如土偶爾，其心都冷冰冰地了，便是親人也不卹，故
　　其流多入於變詐刑名。太史公將他與申、韓同傳，非是強安
　　排，其源流實是如此。[37] ……它只要退步，不與你爭。如

---

37　此段及以上兩段皆徵引自《朱子語類》(上海：上海古籍出版社影印《四庫

> 一箇人叫哮跳躑，我這裡只是不做聲，只管退步。少間叫哮
> 跳躑者自然而屈，而我之柔伏應自有餘。老子心最毒，其所
> 以不與人爭者，乃所以深爭之也。其設心措意都是如此。[38]

正因爲朱熹不滿「先儒論老子多爲之出脫」[39]，所以才專事刻畫老子實際冷酷的一面；他對老子的看法雖不免過分挖苦，但無意中卻對《孫》、《老》思想親緣關係做了一個權威性的間接論證。

儘管歷代學人「論老子多爲之出脫」，當代學人受了破舊立新運動的影響，頗不乏揭露《老子》居心愚民者。尹振環先生在其十八年心血結晶的《帛書老子釋析》裡，特別提出愚民主張不見於《尚書》之〈虞夏書〉、〈商書〉、〈周書〉以及《左傳》、《國語》等史籍，而獨見於《老子》；尹書析義精當，雖涉及《孫子兵法》相關文句，惜對《孫》、《老》先後之序未加討論[40]。案：人類史上最先主張以「行爲主義」心理學原則整兵治國者是《孫子》，柔化和緣飾《孫子》坦白冷酷愚民語句最微妙、最成功的是《老子》。

《孫子》開卷的〈計篇〉：「道者，令民與上同意也，故可以與之死，可以與之生，而不畏危。」全書一再發揮平時愛護獎勵士卒的必要，用當代心理學術語詮釋，就是要繼續不斷地用「積極強化」(positive reinforcement)的手法以養成士卒以身許國、視死如歸的「習

(續)————
　　全書》本)卷125。三段原文見於頁1上、16下-17上、19上-19下。
38　同上，卷137，頁26上。
39　同上，卷125，頁7下。
40　尹振環，《帛書老子釋析》(貴陽：貴州人民出版社，1998)。此書每一篇節皆有〈辨析〉。帛書四十四，即今本《老子》(六十五章)的〈辨析〉中，徵引詮析嚴遵《道德真經指歸》極富精義，大有裨於本文本節的結論，謹此隔洋聲謝。

性」。〈地形篇〉：「視卒如嬰兒，故可與之赴深谿；視卒如愛子，故可與之俱死。」以至如〈九地篇〉中所述：「令發之日，士卒坐者涕霑襟，偃臥者涕交頤。投之無所往者，（專）諸、（曹）劌之勇也。」

　　幸而當代西方行為主義心理學大師如史金諾（B.F. Skinner）等或未曾細讀過英譯《孫子》，否則對傳統儒家仁義禮讓之邦的文化，不知會有何看法。《孫子·九地篇》：

> 將軍之事，靜以幽，正以治。能愚士卒之耳目，使之無知；易其事，革其謀，使人無識；易其居，迂其途，使人不得慮。帥與之期，如登高而去其梯；帥與之深入諸侯之地而發其機，焚舟破釜，若驅群羊，驅而往，驅而來，莫知所之。聚三軍之眾，投之於險，此謂將軍之事也。

正如上文《孫子》、《老子》互證所論，《老子》將《孫子》專用於兵事的「奇正」之論提升擴大到全部「治國用兵」，《老子》把《孫子》愚兵的理論和實踐提升擴大到愚民。如：

> 是以聖人之治，虛其心，實其腹，弱其志，強其骨，常使民無知無欲。（三章）古之善為道者，非以明民，將以愚之。民之難治，以其智多。故以智治國，國之賊；不以智治國，國之福。知此二者亦稽式也。常知稽式，是謂玄德。玄德深矣，遠矣，與物反矣，然後乃至大順。（六十五章）

　　誠然，《論語·泰伯篇》孔子也說過類似的話：「民可使由之，不可使知之」；法家如商鞅相傳亦曾對秦孝公講過：「民不可與慮

始，而可與樂成。」[41]即使現代西方民主國家的統治階層依然有必要用種種方法麻醉人民，使人民不去深刻分析政治意識與現實間可能相當嚴重的差異。不過在愚民理論上，《孫》、《老》親緣關係之所以特別明顯，是因爲它們都出自置道德是非於不顧(amoral)，非常徹底的行爲主義觀點。這點上《孫》、《老》如仍有不同的話，那是因爲前者語言坦率無隱，有如對心理學實驗室白鼠群而發，而後者同樣冷酷的心腸卻是用清靜、無爲、「玄德」等清高的哲學語言表達的。西漢末嚴遵(君平)在所著《道德眞經指歸》中一語道破《老子》「民之難治，以其智多」之故：「萬民知主之所務，天下何以安？」「萬物不知天地之所以，故可以存。萬民不知主之所務，故可安。四肢九竅不諭心之所導，故可全。」[42]只有像嚴遵這樣睿哲遁世、賣卜爲生，注《老》爲樂，閱世極深，居心淳善之人，才能講出古今中外治術中所不敢明講的話！

更堪注意的是在以自然主義的觀點詮釋《老子》(六十五章)時，嚴君平能以十分流暢的文筆，表面上謳歌《老子》歸眞返璞、「乃至大順」的意境，實際上卻對行爲主義政治實踐的殘忍無情一再揭穿：

> ……廢棄智巧，玄德淳樸。獨知獨慮，不見所欲。因民之心，塞民耳目。不食五味，不服五色。主如天地，民如草木。嚴居穴處，安樂山谷。飲食草木，不求五穀。
> 知母識父，不睹宗族。沌沌偆偆，不曉東西。男女不相好，

---

41　楊伯峻，《論語譯注》(北京：中華書局，1958)，頁87。注中引《史記‧商君列傳》。

42　手邊只有嚴遵，《道德眞經指歸》(怡蘭堂，1923鉛印本)，文字語氣不如尹振環，《帛書老子釋析》，頁170所引生動。此處採尹氏引文。

父子不相戀。不賤木石，不貴金玉。叢生雜處，天下一心。
八極共旨，九州同風。⋯⋯是故愚智之識，無所不克。清天
寧地，爲類陰福。眾世莫見，故曰玄德。玄德深矣，不可量
測；遠矣，不可窮極。與物反矣，莫有能克。⋯⋯ [43]

「主如天地，民如草木」[44]與《孫子》御士卒「若驅群羊」豈不有異
曲同工之妙?!千餘年來，自晚唐王眞、北宋蘇轍、明清之際的王夫
之，以迄20世紀的章太炎和毛澤東都認爲《老子》是部兵書，這個看
法雖有失平衡，但大有力地說明《老子》一書確實現露出體用及思辨
方法上與《孫子兵法》的特殊親緣關係。

## 七、結語

　　拙文〈中國現存最古的私家著述：《孫子兵法》〉(見第一章)指
出，這部傑出的軍事著作是孫武爲爭取吳王闔廬召見而事先撰就呈覽
的。全書十三篇是西元前512年召見之前即已完成寫撰的。此時孔子
(前551-479)年四十。根據《論語・述而》孔子自己的話「加我數年，
五十以學《易》，可以無大過矣。」千餘年來有不少學人懷疑孔子這
段話。但馬王堆漢墓帛書《易傳・要篇》的發現證明孔子晚年確是專
心深研《周易》的：

---

43　《道德眞經指歸》卷11，頁9上-9下。
44　案：嚴遵《指歸》原有13卷，前6卷已佚失，故現存本以第7卷開始。此卷
　　開始，詮釋今本《老子》(38章)「上德不德⋯⋯」，文中已有「主如天
　　地，民如草木」這樣極諷世實之能事的警句。如此水平的警句史不多
　　見，既可爲古今力圖爲《老子》「出脫」者戒，又最有助於洞悉傳統政治
　　意識與政治實踐之間的差異。

　　……〈要〉中有一章，記載了孔子晚年研究《周易》的情況，說是「夫子老而好《易》，居則在席，行則在橐」，隨身攜帶。……子貢問他：「夫子亦信其筮乎？」孔子講他和卜筮者不同，「我觀其德義耳」，「吾與史巫同途而殊歸。」孔子學《易》並不是相信卜筮，而是爲了闡述思想。孔子所述《易》道，由門弟子筆錄、整理，不斷補充發展，成爲《易傳》主要内容。[45]

根據《史記‧孔子世家》並核對其他相關史料，李學勤先生認爲孔子「晚而喜《易》應是長期周遊列國返歸魯都(魯哀公十一年，前484)以後的事。」[46]這是很合理的推斷，因爲只有真達老年才會發出「加我數年」的願望和自禱。

　　對本文而言，最重要的史實是孔子開始精研《易》理之時，孫武的軍事辯證法體系建立業已二十餘年[47]。現存《易大傳》諸篇何時始成定本，至今學人意見不一。其中植根於周人開國之憂患意識的辯證思維，剛健自強，綜合天人，發展到高度均衡的哲學水平，蔚爲我國傳統思想之主流。但《易大傳》如此崇高的成就，亦無礙於《孫子兵法》在辯證法思想發展史上穩固的首席地位[48]。

---

45　李學勤，《周易經傳溯源》(吉林：長春出版社，1992)，頁225，引韓中民，〈帛書「繫辭」淺說〉，原刊於《孔子研究》(1988年第4期)。

46　同上，李書頁225-226。

47　這是根據李學勤意見，孔子於魯哀公十一年返魯以後始精心治易。即使按《論語》「五十以學《易》」推算，孔子「學《易》」仍晚於《孫子》成篇11年。

48　《孫子兵法》獨立思考，原創性之高，部分地反映於一項簡單的統計。(案：第五節曾指出《老子》短短五千言中，「聖人」一詞出現二十八次之多，其他未明言聖人而係藉古人以自重之處甚多，很難精估。)《論語》言及

　　本文《老子》與《孫子》、早期儒家、早期墨家多邊互證的結果顯示，傳統看法——老子其人其書代表我國最早、最富原創性的辯證法思想，大大影響了《孫子兵法》這部震鑠古今中外的軍事理論傑作——是根本錯誤的。相反地，我國辯證思想譜系「輩分」正確安排應該是：《孫》爲《老》祖。本文所附兩篇考訂年代的專文似乎更有加強肯定本文結論的作用[49]。果眞如此，三年前所預期的先秦思想史上第一個基本性的翻案工作——《老子》辯證思維源於《孫子》——似可認爲業經完成。讀者嚴肅的評正將大有裨於籌撰當時預期的第二個大課題——如何從《孫》、《老》傳承重新考訂、分析、權衡、界定先秦、兩漢哲學及政治思想的「軸心」。

辛巳六月初，南加州寓所

---

(續)

　　「聖人」，堯、舜、禹、湯、文、武、周公亦不下三數十次之多。
《墨》、《孟》、《荀》諸子更不待言。奇在《孫子》一十三篇，自始至
終，不見「聖人」，即「聖」字亦僅一見於末篇〈用間〉：「非聖智不能
用間，非仁義不能使間；……昔殷之興也，伊摯在夏；周之興也，呂牙在
殷。……」這是因爲兵雖詭道，而用間實是詭道中最好詐、最違反道德
的舉動。孫武不得不指出古之「聖智」如伊尹、呂尚之輩，正如《老子》
(六十五章)之論愚民政策，若不加「玄德」外衣，居心委實見不得人！

49　《中國大百科全書·哲學》(北京：中國大百科全書出版社，1987)上卷，頁
　　459，王明〈老子〉：「當今學術界不少人認爲老子其人可能生活於春秋末
　　年，《老子》一書卻是戰國時期的作品。但探討老子哲學，只能以《老
　　子》一書爲依據。」最後一句是所有研究老子的學人應該遵循的鐵律。如
　　果所有研究老子者都遵守這項鐵律，對老子其人的種種奇想就可避免，對
　　老子其人其書就較易達成理性的共識。

# 第九章

# 司馬談、遷與老子年代

1936年終，羅根澤先生在他主編的《古史辨》第六冊的序言裡曾作了過渡性的綜結：

> 關於考據老子年代的文章，止第四冊及此冊所收，就已有三十五、六萬言，真是小題大作。不要說旁觀者望而卻步，當事者也見而生畏。但《老子》的年代問題究竟是需要解決的。除非將先秦的學術束之高閣，否則這個問題如不解決，一切都發生障礙。

羅氏序文之末列舉了自兩宋陳師道、葉適，經有清畢沅、汪中、崔述，迄民國梁啓超、胡適、馮友蘭、顧頡剛、錢穆、郭沫若、唐蘭、張岱年、高亨及羅氏本人等二十九家對《老子》年代的個別看法[1]。

《古史辨》第六冊問世至今六十年間，老子年代的討論時斷時續。1973年終長沙馬王堆漢墓帛書《老子》甲、乙本的發現造成《老子》版本校讎方面的突破，但就老子其人其書的年代而言，仍無法消

---

1　《古史辨》，第六冊(台北影印本)。引文在〈自序〉，第10頁；二十九家意見，在頁24-26。

除兩派截然不同的意見。要之，一派始終認為老子早於孔子，他的學說經弟子世代相傳才編就於戰國時代；一派堅決認為老子其人其書都是晚於孔子。

由於《古史辨》第四及第六冊早已收集了有關老子年代研究較重要的論文，而近年古棣、周英合著達百萬言的《老子通》更對疑《老子》派多篇文章裡，根據所謂的「思想線索」、「文字文體」、「時代術語」等片面思維與論辯一一加以批駁[2]，所以本文理應極力避免重複前人已有的議論，只集中提出個人的分析和推斷。

## 一、從老子國、縣、鄉、里考論老子年代

《史記》各傳之中言及傳主籍貫詳及國、縣、鄉里的只有四處：

(一)孔子生魯昌平鄉陬(音鄒)邑[3]。

(二)漢高祖，沛豐邑中陽里人[4]。

(三)陳丞相平者，陽武戶牖(音酉)鄉人也[5]。

---

2　《老子通》，上部：《老子校詁》，下部：《老子通論》(吉林人民出版社，1991)。《老子通論》所涉極廣，材料異常豐富，對不少個別性的理論、訓詁、校讎、考證都表現深湛的功力，不能因作者先入為主的成見—老子早於孔子—而失去其參考價值。正式警告研究《老子》年代的學人們不可再根據「思想線索」、「文字文體」、「時代術語」等片面思維「增加許多無謂的糾紛」的是應羅根澤邀請而撰專序的張西堂先生。張序撰於1937夏。

3　《史記》(中華書局標點本)卷四十七，頁1905。

4　同上，卷八，頁341。

5　同上，卷五十六，頁2051至2062。陳平投漢後，屢為高帝出奇計。呂太后力諸呂為王，陳平偽聽之。陳平與太尉周勃卒誅諸呂，立孝文皇帝皆出陳平之謀。周勃與陳平為左、右丞相。文帝首問右丞相周勃天下一歲決獄幾何，勃謝曰不知，繼問陳平天下一歲錢穀出入幾何，平又謝曰不知，但答

(四)老子者，楚苦縣屬鄉曲仁里人也。

可見司馬遷數十年後，編撰《史記》時，只對歷史上聖哲，事功方面超特級人物敘其籍貫時，才詳及鄉里。而《老子·韓非列傳》開始即把老子其人的國籍、縣籍、鄉、里、姓名、字、身分、後代子孫更詳盡地一一列出。這特殊的敘述方式，十餘年來使我越想越反映青年司馬談與老子八世孫，膠西王卬太傅李解之間極不尋常的學術因緣。換言之，本文以司馬談從這種學術因緣中所獲得的老子一生事蹟，作為全文的主脈。

## 二、老子的國籍、縣籍

《史記·老子·韓非列傳》開頭所述老子的籍貫是楚國豐縣屬鄉曲仁里的正確性是不容懷疑的。《左傳·哀公十七年(前478年)》：「秋七月己卯，楚公孫期帥師滅陳。」[6]《史記·陳杞世家》記有「陳湣公二十四年，楚惠王復國，以兵北伐。殺陳湣公，遂滅陳而有之。是歲孔子卒。」[7]《左》、《史》從不同的立場都肯定了虞舜後代的陳國確是為楚所滅。應該稍事補充的是，《漢書·地理志下》說明此一地區於漢高祖十一年改為淮陽國，轄縣共九，「陳，故國，舜後……為楚所滅。[王]莽曰『陳陵』。豐，莽曰『賴陵』。」顏師古注：「《晉太康地記》云城東有賴鄉祠，老子所生地。」[8]

(續)————————————

決獄錢穀皆有專司，而「宰相者，上左天子理陰陽，順四時，下育萬物之宜，外鎮撫四夷諸侯，內親附百姓，使卿大夫各得其職焉。」這是陳平論帝國行政原則的傳世名言。

6　楊伯峻編著，《春秋左傳注》，頁1709。

7　《史記》(中華書局標點本)，〈陳杞世家〉，頁1583。

8　班固，《漢書·地理志下》(中華書局標點本)，頁1636；所以所有地名都

　　楚滅陳於西元前478年，正值孔子卒前一年，出生後七十三年。十
餘年前，我曾根據司馬談所記老子後裔以三十年一爲世代粗估老子的
生年。理由有三：一、《史記‧孔子世家》：自孔子至孔安國十二世
代，平均兩代之間確實相隔三十年(事實上是29.4年)，推得老子生年
在西元前440年左右。二、如果採取二十五年爲一世代的話，他的生年
就要從西元前440年下移到西元前400年左右了。三、《史記‧老莊申
韓列傳》老子之部之尾提到「申不害者，京人也，故鄭之賤臣。以學
術干韓昭侯，昭侯用爲相。內修政教，外應諸侯十五年(前355-341)。
終申子之身，國治兵強，無侵韓者。申子之學本於黃老而主刑名。」
老子生年如眞在西元前400年左右，其著述是否早歲即已成熟，而且廣
泛傳布，便成問題了。

　　老子約生於西元前440年左右，晚於孔子約110歲，晚於墨子大約
三幾十歲，在先秦儒、墨、道三大家中爲最晚，但較其他重要思想家
要早，不會晚到顧頡剛，錢穆等斷爲出生於戰國中末期。

## 三、從《莊子‧天下》考釋老子的年代

　　古今中外學者無不同意《莊子‧天下》篇是我國最早、最有系統
的哲學思想史。其中最主要的專詞是「道術」，舉世學人幾無不以爲
是探討宇宙，人生本原，高深玄遠的最高學問。經我長期的考證，
「道術」一詞並不源於道家，而源於《墨子》。他在〈尚賢上〉、
〈節葬下〉、〈非樂上〉、〈非命下〉四篇中循環論述古代才德、智
慧、威權、勢位集於一身的「聖王」，淳樸臻圓，「無所不在」的最

(續)────────────────
　　相符合。

高統治術。他的主要內涵是「以事（日用）為常，以衣食為主，蕃息畜藏，老弱孤寡為意，皆有以養，民之理也。」聖王統治人民的目標，不外「饑者得食，寒者得衣，勞者得息，亂者得治。」亦即班固在《漢書・藝文志》論道家時所指出的「君王南面之術」，其性質完全是世俗功利的，絲毫沒有玄虛縹緲的形上意味。

　　案：〈天下〉篇婉轉提出一個學派是否應負導致道術分裂的責任，主要是看它對傳統思想、文化、制度和治術所持的態度與立場。例如墨子不僅是道述一詞的鑄造者，而且他對道術的基本關懷又與歷代聖王生民之理大都吻合。但是由於他對傳統文化及制度做了一些具體的批評與抗議，於是他在〈天下〉篇中被認為是首位導致道術分裂者。列於儒、墨之後的百家全是在「道術將為天下裂」的過程中先後形成的。各家在篇中出現的次序，一部分按照時代的先後，一部分以學說相近而類聚。各家學說各有所長，但無例外都或多或少地與累世理想化過的聖王權位智慧渾然一體的最高統治術有異。〈天下〉篇認為自宋鈃、尹文以致關尹、老聃無一不是孔墨以後導致道術分裂者，尤以老聃的學說對傳統智慧與價值具有高度的「反命題」精神。例如〈天下〉篇引老聃：「知其雄，守其雌，為天下谿」等句見於今本《老子》第二十八章；西漢《老子道德經河上公章句》註釋最為精當：「雄以喻尊，雌以喻卑。……去〔雄〕之強梁，就雌之柔和，如是則天下歸之如水之流入深谿也。」這分明是一反傳統觀念以柔勝剛的「君人南面之術」。再如近年雖有學人認為郭店楚簡《老子》對儒家的態度與今本有很大的不同，但事實上二者之間的不同不過是語氣緩急程度上的差別而已。今本《老子》第十八章有最激烈的非儒語句：

> 大道廢，有仁義；智慧出，有大偽；六親不和，有孝慈；國
> 家昏亂，有寵臣。

馬王堆漢初帛書《老子》與迄今最早的郭店楚簡《老子》語氣雖
與今本不同，但反儒、反正統、反權威的精神仍極明顯：故大道廢，
安有仁義？六親不合，安有孝慈？國家昏亂，安有正貞忠臣？誠然，
〈天下〉篇確稱關尹、老聃為「古之博大眞人哉！」但「古」字在先
秦語境中意義與近、現代不同，可指眞正遠古，可指較近的過去。試
舉三例：《左傳》宣公二年(前607)引為孔子贊直書「趙盾弒其君」的
晉國史官董狐為「古之良史也」，贊趙盾為「古之賢大夫也」，時距
孔子之生僅五十六年；《左傳》昭公十四年(前528)孔子稱晉國大夫叔
向為「古之遺直也」，時距孔子之生僅廿三年；《左傳》昭公二十年
(前522)，鄭子產卒，「仲尼聞之，出涕曰：古之遺愛也。」時孔子年
僅廿九歲。所以〈天下〉篇稱老聃「古」，不過是指已故前輩哲人而
已，不可據以說明遠遠早於諸子百家。

本文本節可供研究老子年代者一個新視角，但這新視角是出自道
家莊派哲學史綱中最基本的內在分類邏輯，不是任何當代崇老學人所
能輕易駁斥的。

## 四、周太史儋與秦獻公關係探微

本文主脈詳及老子子孫，但未涉及另組史料反映秦國力之驟臻強
大。司馬談死後數十年，司馬遷編撰《史記‧老韓列傳》有言：「自
孔子死後百二十九年，而周太史儋見秦獻公曰：『如秦與周合』，合

五百歲而離，離七十歲而霸王出焉。」[9]此語是根據〈秦本紀〉附《春紀》和《史記‧封禪書》的。古史專家們大多注意「自孔子死後百二十九年」之錯誤。我的看法是《史記‧秦本紀》頁201：「獻公……四年庚寅孝公生。十一年，周太史儋見秦獻公曰……」案：古代簡牘無標點，很容易誤看爲孝公十一年周太史儋訪秦。孝公十一年是西元前351年，上距孔子之卒正好一百二十九年。但〈秦本紀〉和〈封禪書〉積年所得，都證明周太史儋訪秦是在西元前374年。

太史儋的主要任務是觀察列國形勢，他自始即深知秦獻公自九歲即被流放到魏國二十多年。他即位後的第四年(前381)正值楚陽城君失國，導致墨者鉅子孟勝及其弟子百八十五人集體身殉，以踐墨者之義。壯年的獻公焉有不盡力搜求各國的墨者——精於軍械製造，城防攻守，重義輕生的戰士之理。

據〈周本紀〉太史儋和秦獻公的會談可能不是短期即行結束的。太史及其主當然都具有高度的理智，但仍不免有古老的史、巫、祝的遺風。會談中涉及一些非常的天象，如獻公十六年的「桃冬花」，十八年，新修的大城櫟陽(並非是新國都)。「雨金」，獻公以爲得「金瑞」，果然三年後(獻公廿一年，前364)「與晉戰於石門，斬首六萬，天子賀以黼黻。」太史儋自始即注意多能重義的墨者對秦國力日臻強大的作用。西元前374年初訪秦獻公時，最銳敏而不明言的觀察是秦重用大批墨者。不過僅僅是第七年。這與我另篇根據秦墨史料的進作是相符而互有補益的[10]。

老子訪秦於獻公十一年(前374)的雙層意義似有稍事試釋的必要。

9　《史記‧封禪書》，頁1365，註三，以張守節《正義》論釋最爲近是。
10　《國史上的「大事因緣解謎——從重建秦墨史實入手》，北京清華大學高等研究院黃長風紀念講座第一講，尚未正式刊印。

表層的意義當然是看清獻公於十一年內業已能使軍事國力無敵於天下，且可預言秦之終能代周爲天下主。深層的意義是指出傳統史學——以身尚在韓的韓非和史遷爲代表——史料、敘事，和觀點的錯誤。其二，「權威」都是把秦之強歸功於秦文公和商鞅。

論晚秦政風民俗最著名的文章是《荀子》〈彊國〉篇中答丞相范睢（西元前266年封爲應侯，卒於西元前255年）「入秦何見」。荀子謂秦民樸實恭順，「如古之民。四世有勝，非幸也，數也。」荀子論斷中唯一需要修正的是「四世有勝」的「四」必須改爲「五」，因爲四世只能上溯到孝公，五世上溯到獻公才符合我們利用比《史記》更原始的史料論證的結果。

## 五、老子後裔及其命運

關於老子的後裔，已故徐復觀先生和若干位健在的學人深信老聃確有其人，而且略早於孔子。他們的根據是《史記》老子後裔世譜中「玄孫」一詞的解釋。爲讀者之方便，有再引《史記》原文的必要：

> 老子之子名宗，宗爲魏將，封於段干。宗之子宮，宮玄孫假，假仕於漢文帝。而假之子解爲膠西王卬太傅，因家於齊焉。

他們引王引之《經義述聞》，「玄孫」可作「遠孫」解。這正如卜辭中的「高祖王亥」只能作「遠祖」解，因爲亥絕不止是成湯四代前的祖先。玄孫如果眞作遠孫解，那麼《史記》老子後裔世譜就不限於九世（連老子本人在內），就可更往上推幾代，直推到老子略早於孔子。

可見這一學派忽視了《史記》老子後裔世譜中最具體而又最強有力的反證：「老子之子名宗，宗為魏將。」西元前453年韓、趙、魏共滅智伯，三分晉國領土；西元前403年，韓、趙、魏始列為諸侯。所以這個「魏」字正卡住瓶頸，使老子無法上推。

## 六、司馬談和老子後裔世譜

主張老子其人晚於孔子，《老子》其書編就於戰國中、晚期的不少學人，幾乎無一不從《史記・老子韓非列傳》中唯一具體的記載出發：

> 老子者，楚苦縣厲鄉曲仁里人也。姓李氏，名耳，字聃，周守藏室之史也。……老子之子名宗，宗為魏將，封於段干。宗之子注，注子宮，宮玄孫假，假仕於漢文帝。而假之子解為膠西王印太傅，因家於齊焉。

《史記》此段陳述清晰平實，與同傳有關老子幾種傳說之撲朔迷離適成一鮮明的對照。正因為老子後裔世系如此具體確鑿，我們有必要先探測它最可能的來源，然後才能評估它的是否可信。

習讀中國古代思想史的學人幾乎無不同意整本《史記》中最有系統、最深刻、最精采、最權威的篇章之一就是〈太史公自序〉裡司馬談的〈論六家之要指〉。司馬談不但首次鑄出「道家」這一學術流派的專詞，他本人就是造詣極深的「道德」學家。現存《史記・老子韓非列傳》中老子後裔世譜源自司馬談是最合理的推斷，問題在臆探他是怎樣得到這個李氏譜系的。

　　〈太史公自序〉中說明「太史公(司馬談)……仕于建元、元封之間(前140-110)」，卒於西元前110年而未言及出生之年。〈自序〉中言及司馬談七代的祖先及其官職。試從備有具體年代的曾祖司馬昌下推。「昌爲秦主鐵官，當始皇之時」。這官職既是他一生最後最高的職位，猜想中他在始皇初年應已年逾五十。估以整數估算，他在始皇二年(前220)時年五十。有鑑於古代嬰兒死亡率高，司馬談每一世代的祖先未必各個都是頭胎出生的男孩，因此我們假定每兩個世代年齡平均相差三十年。照此估算，司馬談的祖父無澤大約出生於西元前240年，壯年以後改朝換代「爲漢市長」。司馬談的父親，仕至五大夫的司馬喜，大約生於西元前210年，而司馬談本人大約生於西元前180年[11]，明年即漢文帝元年，所以他的青少年(約前165-155)正值黃、老「道德」之學的政治影響鼎盛的文景之治。

　　本世紀研究司馬遷《史記》的中外學人雖一般都注意到他的先世，但都未能充分了解他高祖昌、曾祖無澤官位、職守的特種意義。案：「昌爲秦主鐵官，當始皇之時」這一極其簡括的陳述已經暗示司馬遷的高祖絕不是一員普通的官吏。「主」持當時最強大的秦國的全部鐵政——從採礦、冶鑄到種種鐵器(包括兵器)的製造與供應——必需相當的技術知識和很高的生產策劃管理的才幹。鐵政的成功顯然是秦滅六國完成統一大業過程中一個重要技術性的環節，其中司馬昌的貢獻是不言而喻的[12]。

---

11　呂紹綱主編，《周易辭典》(長春：吉林大學出版社，1992)，頁455，估計司馬談約生於西元前190年。

12　鐵在我國文獻上第一次出現於《左傳》昭公二十九年(前513)，晉國以鐵鑄刑鼎。中國科學院考古研究所《新中國的考古收穫》(北京：文物出版社，1962)，頁60：「列國的變法多在春秋末葉到戰國早、中期。……而鐵農具的普遍使用則在列國變法以後」。戰國晚期戰爭規模日大與鐵的生產激增

　　司馬昌之子無澤「爲漢市長」一語的意義更需深索。案：漢高祖
五年(前202)項羽敗死垓下，劉邦應諸侯將相之請即皇帝位，定都洛
陽。夏六月從婁(劉)敬、張良議，決定遷都關中。關中表裡河山，形
勢優越，但苦在咸陽遭受項羽焚燒已殘破不堪。於是次年有詔「立大
市，更命咸陽曰長安」[13]。可見立大市是爲大規模營建長安的第一步
準備——如何籌劃管理各項所需物資的動員與供應。《漢書・高帝紀
下》「六年(前201)冬十月，令天下縣邑城」，更能反映立大市於長安
的眞正目的。必須指出的是高祖六年所立的大市絕不是武帝太初元年
(前104)以後京兆尹轄下的「左都水、鐵官、雲壘、長安四市」中的一
市[14]。《漢書・惠帝紀》六年(前189)夏六月「起長安西市，修敖
倉」，即係明證。這是第一次因建設所需從原來的大市中分出去的
「西市」。原來的「大市」之所以稱「大」，正是說明最初只有一個
事權統一的「大市」。《漢書・高帝紀》七年(前200)「二月，〔帝〕
至長安。蕭何治未央宮，立東闕、北闕、前殿、武庫、大倉」。高祖
以爲過於「壯麗」。《漢書・惠帝紀》：「三年(前192)春，發長安六
百里內男女十四萬六千人城長安，三十日罷。」五年(前190)「春正
月，復發長安六百里內男女十四萬五千人城長安，三十日罷」。可見
營造新都長安的工作效率是相當高的，而背後負責大量物資供應的是
「未被謳歌的英雄」司馬無澤。

　　司馬氏先世中，我們對司馬談的父親司馬喜所知最少。〈太史公
自序〉僅言「喜爲五大夫」。當代有些中外學人以五大夫爲有爵無官

(續)————————————

　　　是互爲因果的。
　13　《史記・漢興以來將相名臣年表》，〈大事紀〉欄，高祖六年，頁1120。
　14　《漢書・百官公卿表上》，頁736。

的空銜[15]。這與史實不符的。《漢書・百家公卿表上》的序文論爵制，五大夫是自下而上二十級中的第九級。顏師古注，第八級的「公乘」已「得乘公家之車」，五大夫則「大夫之尊也」[16]。漢承秦制，秦滅六國前，曾不時以五大夫將兵出征[17]。司馬喜之五大夫與武帝元朔六年(前123)賣「武功爵」中的五大夫是迥然不同的[18]。至於司馬喜是否最初納貲爲郎、由郎升至五大夫，限於史料，無由得知。很可能他中年早逝，以致事蹟無考。

事實上，司馬談最出名的先人是七世祖錯和五世祖靳。司馬錯不但是名將，而且是敢於和張儀論辯政策，極有遠見的政治家。爲增強秦國的資源基礎，他於西元前316年滅了具有「天府」潛力的蜀國——這是秦之終能征服六國的重要經濟因素之一[19]。司馬靳是殲滅趙國四十萬大軍的長平之役(前262-260)中的重要人物之一。他在此役之後三年與主帥白起一同「賜死」這一悲劇，似乎反映他當時輝煌功績和副帥身分[20]。

鉤稽相關史事之後，我們有理由相信入秦的這支司馬氏，無論仕文業武，自始即代表一種幹練務實，忠於職守的優良家風。司馬談、遷兩代太史治學之閎深淹貫，卓絕古今絕非偶然。

《史記・太史公自序》明言司馬談「受《易》於楊何，習道論於黃子」。他青年時期的教育值得窮索，因對評價《史記》所保留的老

---

15　李少雍，《司馬遷傳記文學論稿》（重慶：重慶出版社，1987），頁220；朴宰雨，《「史記」「漢書」比較研究》（北京：中國文學出版社，1994），頁30。

16　《漢書》，頁740。

17　《史記・秦本紀》，頁212-214。

18　《史記・平準書》，頁1423-1424。

19　《史記・秦本紀》，頁207。

20　《史記・太史公自序》，頁3286。

子後裔世系有密切關係。《史記‧儒林列傳》：

> 自魯商瞿(子木)受《易》孔子，孔子卒，商瞿傳《易》，六
> 世至齊田何，字子莊，而漢興。田何傳東武人王同子仲，子
> 仲傳菑川人楊何，何以《易》元光元年(前134)徵，官至中
> 大夫。齊人即墨成以《易》至城陽相。廣川人孟但以《易》
> 爲太子門大夫。魯人周霸、莒人衡胡、臨菑人主父偃皆以
> 《易》至二千石。然要言《易》者本于楊何之家。

可見秦漢之際《易》的權威是田何，西漢文景之世《易》的權威是司
馬談的老師楊何。《史記》雖稱田何是齊人，其實「齊」是泛指六國
時代齊國舊都臨淄附近地區，田何與楊何事實上都是菑川人。由於入
漢以後田何徙居杜陵，因號杜田生，「漢惠帝曾親幸其廬受業」[21]。
漢代最重師承，如漢初魯《詩》權威申公，老年「退居家教，終身不
出門，……弟子自遠方生受業者百餘人」[22]。青年時代的司馬談非親
到菑川留學拜師，無法成爲楊何的入室弟子。《漢書‧藝文志》：
「三年而通一藝」，司馬談留學齊都，即使僅習《易》及道論也需要
三幾年時間，何況他自始即志在成爲通才。

　　《史記》對司馬談習「道論」的黃子記載不詳。我們只能肯定黃
子就是景帝(前156-141)時曾與《詩》權威齊人轅固生在朝中辯論湯武
革命的性質的黃生。黃生的鄉里雖無法確定，但當時黃老道學的重心
在齊是肯定無疑的。《史記‧樂毅列傳》保留了彌足珍貴的黃老學

---

21　《周易辭典》，頁452，「田何」條。
22　《史記‧儒林列傳》，頁3121。

統。由於燕王的疑忌，樂毅本人及其子孫近親都先後逃亡到趙國，皆「卒於趙」。秦滅趙後二十餘年，漢高祖過趙訪樂毅之後，封其孫樂卿爲華成君。《史記》有特別的說明：

> 而樂氏之族有樂瑕公、樂臣公。趙且爲秦所滅，亡之齊高密。樂臣公善修黃帝、老子之言，顯聞於齊，稱賢師。……樂臣公學黃帝、老子，其本師號曰河上丈人，不知其所出。河上丈人教安期生，安期生教毛翕公，毛翕公教樂瑕公，樂瑕公教樂臣公，樂臣公教蓋公。蓋公教於齊高密、膠西，爲曹相國師。

《史記・曹相國世家》可供進一步參考：

> 孝惠帝元年(前194)除諸侯相國法，更以〔曹〕參爲齊丞相。……〔曹參〕聞膠西有蓋公，善治黃老言，使人厚幣請之。既見蓋公，蓋公言治道貴清靜而民自定，推此類具言之。參於是避正堂，舍蓋公焉。其治要用黃老術，故相齊九年，齊國安集，大稱賢相。

如此曲折、具體，詳盡到每一世代大師的姓名、鄉里的黃老學統絕不會在漢初即入藏石室金匱，只有青年司馬談才能親自獲得於膠西蓋公嫡傳再傳弟子的。這項史料來源之可靠性與權威性是古今中外罕有其匹，因爲它源自漢高祖過趙時偶然的訪詢，終於黃老信徒曹參的政治踐履。就本文本節而言，黃老道統最關鍵性的記述是秦漢之際重心自膠東高密西移至膠西。更重要的是膠西正好聯繫上《史記・老子列

傳》中孤零零，但又極具體的老子後裔世系，特別是老子八世孫李解「爲膠西王卬太傅，因家於齊焉」這句結語。

　　《史記‧漢興以來諸侯王年表》列出文帝十五年(前165)從齊國分封出去的六個新國，其中兩個毗鄰的新國是菑川和膠西。菑川國都在國境極東部的劇縣，而經濟和文化發達的地區卻西臨淄水，與戰國時期齊國故都臨淄隔水相望。《周易辭典》以秦漢之際的菑川即今山東益都一帶應該是接近事實的[23]。膠西國都是苑，非細讀《水經注》淄水條不易鑑定是當時所謂的「西高苑」[24]。若以齊國古都臨淄爲圓心，東南的劇縣和西北的高苑都在五、六十公里半徑之內。這個面積有限而很繁盛的區域在文景之世不但是《易》和道論的中心，並可認爲是新的稷下，全帝國第一學術重鎮。授司馬談道論的黃子極可能就是此一地區的碩學之士。司馬談《易》學的老師楊何，在西元前134年被召至長安以前，一直在菑川講學收徒。青年司馬談之所以能打下深厚的學術基礎正是由於他能如西諺所云「躬飲於泉之源」。想像中，司馬談留學菑川期間，以周、秦、漢世宦之裔的身分，應有晉謁膠西王卬太傅李解當面聆教的機會，甚至有直接從李解獲得李氏譜系的可能。即使李氏譜系不是直接獲自李解，至少也應是得自當地蓋公嫡傳或再傳弟子的。《史記》的老子後裔世譜理應是極珍貴第一手原始資料。

　　如果筆者的推論——老子後裔世譜是司馬談青年留學臨淄、膠西

---

23　《周易辭典》，頁454，「楊何」條。

24　王國維校，《水經注校》(上海：上海人民出版社，1984)，頁785。譚其驤，《中國歷史地圖集》，第二冊，西漢，頁29-30，高苑的地位是審愼的；惜山東部分圖小，距離的估計是參照《中華人民共和國圖集》，頁37-38的山東地圖的。

親自獲得的——並無大誤，何以半個多世紀以後司馬遷撰寫《老子列傳》的時候不但不能說明此項資料的來源，而且並列種種自我懷疑，以及更令人迷惑的傳說和奇想？這確是中國學術史上兩千年來最難答覆的問題。但我們仍然必須從兩方面去理解：何以老子後裔世系資料來源的司馬談，必須長期保持緘默？何以即使父子之親也無法保證學術傳承一定沒有自然和人爲的梗塞？

## 七、司馬遷的生年和青年時期教育

司馬遷的生年是我國學術史上的一個重要年分，對本文本節的討論更具有關鍵性的意義。但我們首先必須解釋司馬談對老子後裔世系長期緘默之故。案：景帝三年(前154)吳楚七國叛亂是西漢劃時代的大事。叛亂的主謀是吳王濞，但膠西王卬實居第二領袖的地位，正月間已「誅漢吏兩千石以下」。二月中，吳王兵既破，敗走，於是天子制詔將軍曰：「……今卬等又重逆無道，燒宗廟、鹵御物，朕甚痛之。朕素服避正殿，將軍其勸士大夫擊反虜。擊反虜者，深入多殺爲功，斬首捕虜比三百石以上者皆殺之，無有所置。敢有議詔及不如詔者皆要(腰)斬。」[25]這是最嚴酷、牽涉最廣的一次誅殺。負有輔導膠西王卬責任的太傅李解之遭族誅，應是不辯的事實。凡與李解生前有過交往的人，爲自全計，惟有諱莫如深。

當司馬談任太史令期間，先有主父偃那樣專事刺探諸侯王以至儒臣如董仲舒等私隱冀興大獄的陰謀家，繼有趙禹、張湯那樣酷急刻深、尋端窮治的執法大臣，和一系列陰鷙嗜殺如寧成、義縱、王溫舒

---

25　《史記‧吳王濞列傳》，頁3833-3834。

等酷吏型的太守[26]。在張湯任廷尉和御史大夫備受武帝寵信的十一年間(前126-115)，淮南、衡山、江都三王略有反睫即株連數萬人之多；丞相李蔡有罪自殺，丞相莊青翟下獄死；自西元前119年初專緝錢，由於政府鼓勵告密，未數年「商賈中家以上大率破〔產〕」。甚至以廉直聞於當世的大司農顏異，亦難免為張湯以「腹誹」之罪論死。是以張湯本人於西元前115年初有罪自殺，「而民不思」[27]。在帝王專制不斷深化的過程中，司馬談不得不謹言慎行，對青年時代與李解的交往長期保持緘默。

　　至於司馬談、遷父子之間史料傳承之所以不盡理想，我們必須先了解父子年齡差距之大。司馬遷生年至今仍無定論，兩種不同的說法皆源自《史記・太史公自序》中唐司馬貞《索隱》和唐張守節《正義》的兩則注解。〈太史公自序〉：

　　〔司馬談〕卒三歲(前108)而遷為太史令，紬史記石室金匱
　　之書。五年而當太初元年十一月甲子朔旦冬至，天曆始改，
　　建於明堂，諸神受紀。

在「卒三歲而遷為太史令」句下，《索隱》引晉《博物志》：「太史令茂陵顯武里大夫司馬遷，年二十八，三年六月乙卯除，六百石。」這是標準的極可信的漢代公文格式。準此則司馬遷應生於武帝建元六年(前135)，司馬談卒於西元前110年時，司馬遷二十六歲。本文估推司馬談生於西元前180年，司馬遷出生時司馬談已年四十有六。「五年

---

26　《史記・儒林列傳》，頁3128；〈平津侯列傳〉，頁2961-2962；〈酷吏列傳〉全傳。

27　主要綜結《漢書・武帝紀》及《史記・平準書》，頁1430-1435。

而當太初元年」句下，先有劉宋裴駰《集解》引李奇曰：「遷爲太史後五年，適當於武帝太初元年，此時〔始〕述《史記》。」後又有張守節《正義》的注：「遷年四十二歲」[28]。如照張說推算司馬遷應生於景帝後五年(前145)，兩說相差十年。在缺乏任何證據支持的條件下，王國維在他〈太史公行年考〉的長文裡[29]，自始即認爲張守節正確，司馬貞引《博物志》中「年二十八」之「二」必係「三」傳鈔之誤。事實上對王說最簡單、最直接、最有力的反駁就是司馬遷晚歲〈報任安書〉中的陳述：「僕今不幸，蚤失二親，無兄弟之親，獨身孤立」[30]。《禮記・曲禮上》：「三十曰壯，……四十曰強」。如果父喪於本人三十六歲由壯而強之齡，絕對無法解爲「早失」。司馬遷是獨子這一事實，大有裨於了解司馬談對他青年時代教育籌劃之備極用心。

---

28 《史記・太史公自序》，頁3296，注(一)與(四)。

29 據鄭鶴聲《司馬遷年譜》(北京：商務印書館，1956重版)，序文及書末附文，王氏長文本爲專刊，名爲《太史公繫年考略》，刊於《廣倉學窶叢書》，1921年改名收入《觀堂集林》第十一卷。本文所據是《王國維遺書》(上海：上海古籍書店，1983影印本)，第三冊。卷、頁數與原版《集林》同。袁傳璋，〈從書體演變角度論《索隱》、《正義》的十年之差─兼論司馬遷生於武帝建元六年說補證〉，《大陸雜誌》第九十卷，第四期(1995年4月15日)，對版本及書體演變研究功力深至。頁7結語：「張守節《正義》唐寫本原來當作：『案遷年卅二歲』。宋人據唐寫本匯刻《史記》三家注時，將『卅』(三十)誤認作『世』字。然而『遷年世二歲』又於義不通，遂猜度『世』字成爲讀音相近的『四』字之訛，於是逕將《正義》謄改爲『案遷年四二歲』，進而按宋時書寫程式分解作『案遷年四十二歲』。這樣一來，就鑄成了今本《史記》的《正義》案語與《索隱》所引《博物志》之間『十年之差』的大錯。」

30 《漢書・司馬遷傳》，頁2733。早在1950年代中，郭沫若已根據「早失二親」，撰有短文〈「太史公行年考有問題」〉，《歷史研究》，1955年第6期。

　　本世紀舉世漢學界皆對靜安先生考證的精覈極為敬仰，一般都接受其說，甚至集體點校、由中華書局出版的《史記》序文，都採取司馬遷生於西元前145年之說。海外漢學界亦無不如此。王文所涉甚廣，本文本節只宜以西元前135年為坐標，在字字忠實於〈太史公自序〉的考證過程中，順便指出靜安先生歪曲奪理之處。〈太史公自序〉：

> 遷生龍門，耕牧河山之陽。年十歲則誦古文。二十而南遊江、淮，上會稽，探禹穴，闚九疑，浮於沅、湘；北涉汶、泗，講業齊、魯之都，觀孔子之遺風，鄉射鄒、嶧；厄困鄱、薛、彭城，過梁、楚以歸。於是遷仕為郎中，奉使西征巴、蜀以南，南略邛、筰、昆明，還報命。是歲天子始建漢家之封，而太史公留滯周南，不得與從事，故發憤且卒。而子遷適使反，見父於河洛之間。太史公執遷手而泣曰：……

王國維繫年雖有問題，他認為司馬遷十歲時已「隨父在京師，故得誦古文矣」。並謂「自是以前必已就閭里書師受小學書，故十歲而能誦古文」。闡釋甚為精當。〈自序〉中自十歲至二十歲而南遊江淮這一段完全是空白，但這十年無疑義是司馬遷一生學術奠基最關鍵的十年。想像中司馬談除了親自講授，為早慧的獨子精心擬出一個博大閎深的長期課業計畫之外，並介紹司馬遷向京師權威的學者不時請教。京師權威學人之名之見於〈太史公自序〉及《史記》、《漢書》〈儒林〉等傳者有天文曆算家唐都、董仲舒和孔安國。

　　唐都長期在長安，司馬談留學齊都返關中後曾「學天官於唐都」。司馬遷除從父親可學天官之外，很有向唐都隨時請教的機會。王國維深信史遷生於西元前145年主因之一是若不如此，司馬遷年紀過

小恐怕趕不及向董、孔等大師求教，特別是有鑑於《史記·孔子世家》的記事：「安國爲今皇帝〔武帝〕博士，至臨淮太守，蚤卒。安國生卬、卬生驩。」漢代儒林中人生平大事很少有具體的年分可憑；爲滿足自己的好奇心，筆者累月翻檢核對，終於得出董仲舒、孔安國生平大事的年分。現仍健在的衍聖公孔德成私藏的《孔子世家譜》：「安國，字子國。明達淵博，動遵禮法。少學詩於申培公，受《尚書》於伏生，以文學政事名。年四十爲諫大夫。」[31]案：《漢書·百官公卿表上》「武帝元狩五年(前118)初置諫大夫，秩比八百石」。閻若璩《古文尚書疏證》認爲「蓋初置此官，而安國即爲之」應是合理的推斷[32]。準此，則孔安國應生於文帝最後一年(前157)，少司馬談23歲，長司馬遷22歲。再《孔子世家譜》記有武帝元朔二年(前127)孔臧奏辭御史大夫之語：「臣世以經學爲業，……從弟侍中安國受詔綴集古義，臣乞爲太常，典臣家業，與安國紀綱古訓，使永垂後嗣。從之。」[33]準此，則孔安國至晚在元朔二年已由博士加官侍中，於西元前118年充任諫大夫。《漢書·地理志下》，臨淮郡武帝元狩六年(前117)置，孔安國此年始離長安就任臨淮太守。所以司馬遷「年十歲則誦古文」到年二十而南遊的十年間(前126-116)能有充分機會師從孔安國，獲得專業水平解讀古文《尚書》的能力。

　　爲了一勞永逸，我們還有必要圓滿答覆王國維提出的有關孔安國的兩個問題。一是安國「早卒」。案：孔子之子鯉，先孔子死，兩千餘年來學人都認爲孔鯉早卒，但他死時年已五十。孔安國如享年未及

---

31　《孔子世家譜》(台北：中央圖書館影製)卷3，頁8上。
32　閻若璩原文徵引於盧南橋，〈論司馬遷及其歷史編纂學〉，《文史哲》(1955年第11期)，頁2047，長注3。
33　《孔子世家譜》卷3，頁7下。

半百，大約當卒於司馬遷初爲太史令(前108)的前後，當然可認爲是
「早卒」。再則安國學術、事功漸臻頂峰之際[34]，遽而中逝，從惋惜
的觀點更可稱爲「早卒」。王國維關於孔安國最後一個疑問——何以
安國之子、孫之名如此之速已見於《史記・孔子世家》？《孔子世家
譜》對此亦有圓滿解答。孔子九世孫孔鮒之弟「騰，字子襄，身長九
尺六寸，通經博學。漢高祖十二年(前195)如魯祀先聖，封爲奉嗣君，
奉先聖祀。惠帝徵爲博士，遷長沙太守，年五十七卒」[35]。孔騰之字
子襄見於《史記・孔子世家》，是安國的曾祖。「奉嗣君」是後代衍
聖公制度的濫觴，此後「奉嗣君」直系男嬰出生必須呈報朝廷備案。
孔安國如充臨淮太守——隔年即卒於官，時年四十二三，抱孫本非全
不可能；即使嫡孫身後出生，史遷出於師生之誼亦可據檔冊錄入〈孔
子世家〉，原不足怪。

　　兩千年來，一代儒宗董仲舒的生平大事繫年，眾說紛紜，迄今仍
無定論。待刊拙作〈董仲舒宦業繫年考辨〉中有詳細論證。簡而言
之，《漢書》董傳及《資治通鑑》皆誤繫董氏所對天人三策於武帝建
元元年(前140)，而事實上對策應在元光元年(前134)，「對既畢，天
子以仲舒爲江都相」[36]。江都王劉非，諡易，卒於西元前128年，董仲舒
即內調爲中大夫，「掌論議」，備顧問。甫至長安即險遭主父偃陷害；
因言災異，「當死」，蒙「詔釋」，雖「中廢」，仍留充中大夫[37]。公

---

34　按《史記・孔子世家》，孔安國卒於臨淮太守任上。武帝期間，儒臣出任
　　太守，如內調，照例可位列九卿。孔安國的「早卒」當然令人惋惜。

35　《孔子世家譜》卷3，頁8上。

36　《漢書・董仲舒傳》，頁2523。

37　《史記・十二諸侯年表》序文最後一句「上大夫董仲舒推《春秋》義，頗著
　　文焉」，稱董爲「上大夫」，或因曾兩度爲國相，秩高，可泛稱爲「上大
　　夫」。

孫弘爲丞相(前124)後始計出仲舒爲膠西國相。由於學術及操守方面互相器重,董仲舒與司馬談同仕長安期間不時過從,早慧的司馬遷得緣親聆兩位鴻儒暢論經史,闡析《春秋》應係情理中事。〈太史公自序〉答上大夫壺遂:「余聞董生曰……」應有事實根據。全部《史記》凡言及《春秋》,無不取義於《公羊》,僅採史於《左氏》,更反映司馬遷自幼至老治《春秋》受董仲舒影響之深[38]。

司馬談爲愛子教育用心之苦古今罕見。除以十年心血講授督導之外,他更不惜動用爲數可觀的家資,實現司馬遷尋訪天下名勝古蹟的遠遊計畫;因此爲廣義的人文教育之實踐做了示範工作——讀萬卷書之外,還須行萬里路。這種博聞益智的遠遊既可作爲長期整合古今工作的初步體驗,又可作爲觀察國情民隱、培養知人閱世能力的直捷良方。眞不愧是理想的入仕準備。細讀〈自序〉所列行程,特別是包括「講業齊魯之都」,恐怕此次遠遊並非一年之內所能完成。本文主旨在評估《史記》的史料價值,我們只宜深探「講業齊魯之都」期間的史料收穫。

梁啓超曾指出:「昔司馬遷作〈孔子世家〉,自言『適魯,觀仲尼廟堂車服禮器,諸生以時習禮其家,低徊留之不能去焉』。作史者能多求根據於此等目睹之事物,史之最上乘也。」[39]任公先生所論極是,但他尚未進一步推斷司馬遷在魯國故都講業期間最重要的文獻收穫是後來編入《史記・魯周公世家》中的歷代魯君世系和在位年代。此傳之中,除了伯禽初封爲魯侯之年分無考之外,其餘自第二世魯侯考公以降全部在位年代俱備,而且內中有關鍵性的「眞公十四年,周

---

38 請參考阮芝生,〈論《史記》中的孔子與《春秋》〉,《臺大歷史學報》,總第23期,1999年6月號。阮文功力深至,資料分析極爲詳盡。

39 《中國歷史研究法》,第四章,「說史料」,頁59-60。

厲王無道，出奔彘，共和行政」一語，貫通了西周和魯國的年代。此年(前841)迄今仍是我國最早的絕對年代。按〈魯周公世家〉積年，考西元年應為西元前998年，按《史記・十二諸侯年表》應為西元前997年，上距古本《竹書紀年》武王伐紂(前1027)僅二十九或三十年。《竹書紀年》原為記載夏、商、西周、春秋、戰國時期的魏國史事年代之書，記事止於魏襄王二十年(前229)，埋藏地下五百餘年，至西晉始重現人間，但不幸又佚失於宋代，殘闕經過輯校的版本已是研究古史年代的至寶。而〈魯周公世家〉除伯禽一世外，保有完整的兩周歷世魯君的年代。這部免於秦火的魯國「紀年」正是考核以魏為主的《竹書紀年》的絕好資料。在考訂武王伐紂的絕對年分的工作中，〈魯周公世家〉史料價值之高是顯而易見的。

此外，司馬遷自闕里還獲得後來編入《史記・仲尼弟子列傳》的原始資料。此傳中仲尼弟子之記有具體年齡者共二十二人。內中子路「少孔子九歲」為最長，公孫龍「少孔子五十三歲」為最幼。司馬遷還特別說明，「自子石(公孫龍)以右三十五人，頗有年、名及受業聞見於書傳，其四十有二人；無年及不見書傳者紀於左」。這不僅顯示出史遷對資料來源分類的異常謹慎，全部存真，而且反映當時魯故都和闕里確保存有他處所無的舊文獻。

以上對〈魯周公世家〉和〈仲尼弟子列傳〉史料來源的檢討，不正好平行反映《史記》〈儒林列傳〉、〈老子韓非列傳〉等卷中所保留下來的六藝傳承學統，特別是備極曲折的黃老學統和老子後裔世系，都是青年司馬談講業齊都期間所親聞親記的、價值極高的原始史料嗎？

司馬遷的萬里遠遊一方面象徵少青年教育的圓滿結束，一方面是為入仕的準備。自二十一歲(前115)南遊歸來，至二十六歲(前110)春

間父親之死於病憤這五整年，是決定司馬遷一生職守和使命的關鍵。
此五年間〈自序〉敘事有條不紊，而王國維在〈太史公行年考〉文中
對這五年的處理卻暴露出一系列致命的弱點。「致命」的原因是：他
在長文的開頭雖可主觀強以西元前145年爲史遷生年，但對〈自序〉
中南遊的年歲(二十歲)和司馬談的卒年(前110)不能拋棄不顧，所以
無論如何支吾曲解也無法將〈自序〉中五年間川流湍急的具體紀事
拖緩拉長到十五年[40]。他在「元鼎元年(前116)乙丑三十歲」條下
「案：〈自序〉云：『於是遷仕爲郎中』，其年無考，大抵在元朔、
元鼎年間(前128-116)，其何自爲郎中亦不可考」。其實，王國維此處
故意布出疑雲，司馬遷初仕爲郎中的精確年分雖不可知，但肯定在南
遊結束(前115或114)之後，以「隨軍史家」身分參加遠征西南夷(前
111)之前[41]。至於「其何自爲郎中」，《漢書·儒林傳》元光五年(前
130)公孫弘再度被徵時的對策就是明確的答覆：「太常擇民年十八以上
儀狀端正者，補博士弟子。郡國縣官有好文學、敬長上、肅政教、順鄉
里、出入不悖，所聞，令相長丞上屬所二千石。二千石謹察可者，常與
計偕，詣太常，得受業如弟子。一歲皆輒課，能通一藝以上，補文學掌

---

40　《觀堂集林》卷十一，全卷皆〈太史公行年考〉。由於非把司馬遷〈自
　　序〉：「二十而南遊江淮……」上移十年，移到元朔三年(前126)，所以此
　　後十五年間(前126-111)完全列不出司馬遷逐年的具體事件和活動。內中有
　　十年連年分都不列，完全是空白；有三年討論的對象不是司馬遷各該年分
　　的具體活動，而是司馬遷一生足跡所至諸地和朝廷籌備封禪前夕儀節的討
　　論。

41　筆者對司馬遷「隨軍史家」身分的揣想，不是全無根據的。梁啓超，《中
　　國歷史研究法》，頁159-160特別提出《史記·西南夷列傳》能「對於極複
　　雜之西南民族，……以極簡潔之筆法，將其脈絡提清，表示其位置所在，
　　與夫社會組織之大別，及其形勢之強弱」，認爲這是「記述之最好模
　　範」。

故缺，其高第可以爲郎中，太常藉奏。即有秀才異等，輒以名聞。……
制曰：『可』。自此以來，公卿大夫士更彬彬多文學之士矣。」[42]以司
馬遷的早慧奮學，聰穎博洽，取高第爲郎中實意中事。

〈自序〉出征西南夷「還報命」已是元封元年(前110)春了。〈自
序〉中這段至性至情父子永別的紀事紀言，就是僅就學術史觀點也值
得全部徵引：

> 是歲天子始建漢家之封，而太史公留滯周南，不得與從事，
> 故發憤且卒。而子遷適使反，見父於河洛之間。太史公執遷
> 手而泣曰：「余先周室之太史也，自上世嘗顯功名於虞夏，
> 典天官事。後世中衰，絕於予乎？汝復爲太史，則續吾祖
> 矣。今天子接千歲之統，封泰山，而余不得從行，是命也
> 夫，命也夫！余死，汝必爲太史；爲太史，無忘吾所欲論者
> 矣。且夫孝始於事親，中於事君，終於立身。揚名於後世，
> 以顯父母，此孝之大者。夫天下稱誦周公，言其能論歌文武
> 之德，宣周邵之風，達太王王季之思慮，爰及公劉，以尊后
> 稷也。幽屬之後，王道缺，禮樂衰，孔子修舊起廢，論
> 《詩》、《書》，作《春秋》，則學者至今則之。自獲麟以
> 來四百有餘歲，而諸侯相兼，史記放絕。今漢興，海內一
> 統，明主賢君忠臣死義之士，余爲太史而弗論載，廢天下之
> 史文，余甚懼焉，汝其念哉！」遷俯首流涕曰：「小子不
> 敏，請悉論先人所次舊聞，弗敢闕。」[43]

---

42　《漢書·儒林傳》，頁3594-3596。
43　《觀堂集林》卷十一，頁6上，元封元年條：「適史公使反，遂遇父於河洛之
　　間也。史公見父後，復從封泰山，故〈封禪書〉曰：『余從巡祭天地諸神

以上的引文要點有三：(一)司馬談「所欲論者」的是一部通史。(二)通史中最須著力處是「自獲麟以來四百有餘歲」的近古和當代史。(三)「先人所次舊聞」雖可泛指歷代先賢之作，重心實指司馬談業經撰就的篇章、傳聞劄記和畢生搜集的古今史料，包括青年時期獲自膠西的老子後裔世系。

　　本文擇要考定司馬遷的生年，不厭其煩地重建他少青年教育、南遊、初仕、出征、喘返河洛、泣聆父訓，目的是為了說明在寶貴而短暫的二十五年中，司馬談為早慧的獨子精心所擬廣義人文教育的綱目裡，實在安插不進一條孤零零個別底注性的原始史料。何況吳楚七國亂平之後，種種政治顧忌使司馬談對此條原始資料來源不得不諱莫如深？更何況司馬遷英年入仕事業前景本富彈性，司馬談直到臨終之際才悲憤地道出「余死，汝必為太史」的遺囑？匆匆立此遺囑之際又怎能顧到一生所搜史料之中，有若干種需要親向兒子交代原委的呢？這些事實和因素都有助於了解何以若干年後，司馬遷遵父遺囑著手纂撰《史記‧老子列傳》的時候，對李解先世譜系來源以模糊不清，只好遵循史家「信則傳信，疑則傳疑」的原則，與先秦有關老聃的種種傳說異聞一併為後世保留在〈老子韓非列傳〉之中。

（續）────────────────────────

　　名山川而封禪焉。』」此中錯誤最足以反映王氏全文考證之失誤。試想：此年春，司馬遷從西南夷地區趕回河洛，父親病憤而死，料理喪事，交代公事還來不及，如何可能「復封泰山」？再則是年夏四月武帝已經封禪泰山，正值司馬遷料理父喪，更何況司馬遷當時只是郎中，要三年後（前108）才被任命為太史令，一個普通郎中怎能有參加封禪的權利和機會？〈封禪書〉卷末的「太史公曰：『余從……而封禪焉』」是綜述他一生曾經參加過封禪大典，絕不是指西元前110年首次的封禪。司馬遷首度參加的是元封五年（前107）春及夏初的泰山封禪。王靜安先生一生學術大醇之中，〈太史公行年考〉一文是唯一「大疵」，本世紀內積累的負面影響深遠。舉世中國學界應該對此文作一嚴肅的再思考。

## 八、老子其人及其年代

　　本節首先推估老子的生年，鑑定他就是周太史儋，然後試探所推結果能否符合大多數學人所接受的先秦思想流派年表。推算仍本第一節所用的原則，每兩代相隔三十年。姑假定老子李耳八世孫李解於膠西開國時間（前165）年三十五，則其生年應在西元前200年左右。上溯八代，老子生年應在西元前440年左右。這個推估結果可與《史記》同傳另項陳述發生聯繫：

　　　自孔子死之後百二十九年，而史記周太史儋見秦獻公曰：
　　　「始秦與周合，合五百歲而離，離七十歲而霸王出焉。」或
　　　曰儋即老子，或曰非也，世莫知其然否。老子，隱君子也。

這項記事對考定老子其人及其時代甚富參考價值，應該詳加研討。（一）與《史記‧老子列傳》中其他傳聞異說迥然不同，這是見於秦國檔冊的紀錄。（二）畢沅（1730-1797）根據《說文》、《山海經》、《呂氏春秋》和《淮南子》證明「儋」、「瞻」、「聃」、「耽」音義皆同，都與下垂之耳有關，因此斷定太史儋就是老子[44]。他的文章推理不夠全面，但溝通同字異形確是一個貢獻。（三）上引「自孔子死後百二十九年」可能是司馬遷倉促誤讀手邊一項簡牘而推錯的[45]；事實上

---

44　引在《古史辨》，第六冊，羅根澤〈自序〉，頁6。

45　《史記‧秦本紀》，頁201：「獻公……四年正月庚寅孝公生。十一年，周太史儋見獻公曰……」。案：古代簡牘無標點，記事文事項未完不另起行。史遷匆匆翻檢時，本注所引原文，如不標點，很容易誤看爲孝公十一年，

《史記》的〈周本紀〉、〈秦本紀〉和〈封禪書〉互核即可肯定太史
儋見秦獻公是在獻公十一年(前374),上距孔子之卒一百零六年。這個
確鑿的年分具有拋錨定位的作用。(四)如果老子和太史儋確是一人,
那麼他見秦獻公時年約六十六、六十七歲。即使把老子生年上下各伸
縮十年,他過訪秦國時年在五十六與七十六之間也還是在情理之內
的。(五)「周太史儋」這個稱謂也非常符合《史記・老子列傳》開頭
「老子者,……周守藏室之史也」這項陳述。道家源於史官,最早在
《莊子・天下》篇中已經得到暗示。《莊子》一書雖寓言什九,〈天
下〉篇卻一向被公認為先秦最早、最有系統、最嚴肅、最權威的思想
史。此篇總序開頭就提出在未分裂成「百家」之前,最高的學問是
「無乎不在,……聖有所生,王有所成,皆原於一」的「道術」。即
使「百家」已「散於天下」,古之「道術」以及「詩書禮樂」、「百
家之學」於「舊法世傳之史,尚多有之」。這個綜述雖然在表達方式
上有點繞彎,實際上不啻說明「道術」,甚至所有的「百家之學」,
無一不與官方學術和文獻的主要庫藏——廣義的「史」——有淵源關
係。班固去古未遠,在《漢書・藝文志》即明白申述:「道家者流蓋
出於史官,歷記成敗存亡禍福,古今之道,此君人南面之術也。」鑑
於疑古之風未泯,李學勤先生根據長期研究經驗對班固的看法做出深
刻的肯定:「班固所講道家出自史官,不僅是由於老子為周柱下史。
我們看金文中的西周史官,如史墻盤的史墻,在銘文裡歷數文武成康
昭穆列王事跡以及本人父祖各代的德行,可知史官確是『歷記成敗存
亡禍福,古今之道』的。有的史官鑑於歷史和人生經驗,得出以謙卑

(續)————————————————————————————

　　周太史儋訪秦。孝公十一年係西元前351年,上距孔子之卒正129年。但
　〈周本紀〉、〈秦本紀〉正文所記與〈封禪書〉積年所得,都證明周太史
　儋訪秦是在西元前374年。頁159、201、1364-1365。

柔弱來固守統治地位的哲學原則，而老子即其集大成者。」[46]

　　綜合以上的分析和討論，所有的線索似乎都指向同一結論——老子，姓李名耳字聃，就是周太史儋，約生於西元前440年左右。茲將本文所估老子的生年列入張岱年先生所撰，至今仍極有用的，可與老子參比先後的若干思想家的「疑年簡表」[47]，以備今後哲學史家進一步權衡批判的參考。下表對張先生的疑年表略有增損修改，凡哲人有確實生卒年分者標明其確切年代，無生卒年分者或列其主要學術活動的上下限，或只列其一生記有具體年分的紀事。

## 老子前後哲人年代簡表

| |
|---|
| 孫武《孫子兵法》撰就於西元前512年，不僅爲我國現存最早之私人著述，其辯證法思維對老子甚有影響。[48] |
| 孔子（前551-479） |
| 墨子（約前480-400） |
| 老子（約前440-360） |
| 列子（約與老子同時）[49] |
| 申不害（前355-341，相韓） |
| 孟子（前371-289） |
| 慎到（約前360年生；前284年樂毅克齊都臨淄時或已卒，或已離稷下。）[50] |
| 莊子（約前355-275） |

---

46　余明光《黃帝四經與黃老思想》（哈爾濱：黑龍江人民出版社，1889），李學勤〈序〉，頁2。

47　原表見張岱年《張岱年全集》（石家庄：河北人民出版社，1996），第一冊，「關於老子年代的一假定」，頁17。

48　見何炳棣，〈中國現存最古的私家著述：《孫子兵法》〉，即將在《歷史研究》刊出。

49　《史記・鄭世家》，頁1776，繻公「二十五年(前398)殺其相子陽」。據《列子・說符篇》：「子列子窮，容貌有飢色。」子陽爲鄭卿，曾贈糧而遭列子之拒。長段引文見古棣、周英《老子通》下部，頁809-810。列子其人、其書當然尚須詳考。

50　慎到年代取自P.M. Thompson, *The Shen Tzu Fragments*, Oxford University Press, 1979, pp.130-131.

## 九、結語

本文對老子年代推估的結果，似乎與大多數中國哲學及思想史家意見相當高度地符合。前此單獨根據所謂的「思想線索」或「文字文體」或「時代術語」三個角度之一，以求證老子其人其書不得早於戰國初期者，雖不能使人完全信服，而且有時還受到有理有據的反擊，但我們如綜合三個角度的辯證，再加上本文對老子其人史料來源的窮溯與評價，老子早於孔子的少數意見就更難成立了。為避免重複，本文開頭完全不談孔子適周問禮老聃說之無稽[51]，在此結論中無妨補充一項最根本的理由。《左傳》昭公二年(前540)春記有晉國正卿韓宣子(起)聘魯，「觀書於大史氏，見《易》、《象》與《魯春秋》，曰：『周禮盡在魯矣。』」這句名言絕非虛語，因魯侯是周公之後，伯禽初封即世世享有天子之禮樂。《禮記·明堂位》說明「凡四代〔虞、夏、商、周〕之服、器、官，魯兼用之。是故魯王禮也，天下傳之久矣」[52]。周室東遷之後，魯國不但成為宗周禮樂文化的嫡傳，而且是列國精英觀光問禮的第一對象。吳國著名的公子季札就是最權威的見證人。他於西元前544年聘訪列國，只有在魯國才能聽到各邦國的樂歌，並看到武王伐紂後的「大武」、夏代「大夏」、虞舜「韶箾」等遠古的舞蹈。對這一切他不禁大加讚歎：「觀止矣」！他續聘鄭、

---

51 駁斥孔子適周最切實的討論是錢穆《先秦諸子繫年考辨》(香港：香港大學出版社增訂版，1956)卷一，頁4-8，〈孔子與南宮敬叔適周問禮老子辨〉。

52 《禮記注疏》，《十三經注疏》本(台北影印)，頁1492。關於東周王室禮樂傳統遠不及魯國完備，可參閱楊朝明，〈魯國禮樂傳統研究〉，《歷史研究》，1995年第3期。

衛、晉等國而獨不及王室所在的周[53]。主張老子早於孔子的論著中實
無任何一項值得認真考慮的史料。

　　誠然，歷史考證與科學理論及試驗性質迥然不同。歷史考證不能
像科學那樣可以一再由試驗中證實，而且不得不接受史料中所呈現的
時間、空間、人事因緣方面的約限，只能在多維的約限之中用理智去
臆度。本文與前此考證老子之作不同之處是對史料來源追溯評價的盡
心和推測司馬談、遷父子史料傳承之間的生物、政治、人事等障礙的
認真。因此，本文的結論不是單一線索的推衍，而是由鉤稽史料所獲
四個獨立拋錨點全盤推理得出來的。這四個拋錨點重述如下：

　　（一）卒於西元前110年的司馬談大約生於西元前180年左右；留學
齊都不外青年時期（前165-155）中的三、四年。

　　（二）老子李耳八世孫李解爲膠西王卬太傅（前165-154）。

　　（三）人事因緣的地理定位：菑川、膠西。

　　（四）周太史儋見秦獻公（前374）。

　　以上四個獨立的拋錨點中，只有司馬談的生年是根據祖譜估計
的，但也是暗中參照了他確知的卒年和他充任太史令三十年（前140-
110）這項重要事實，所以錯估的可能幅度不會很大。他的青年時期
即使上下伸縮幾年，也不致影響到他與李解結識的機緣。其餘三個
拋錨點都絲毫不用另估，全是「絕對」的。希望從四個拋錨點聚合而
得出的結論，能有助於消融我國哲學、思想、學術史上迄今仍是最大
的疑惑[54]。

---

53　詳《左傳》襄公二十九年，楊伯峻編著，《春秋左傳注》，第三冊，頁
　　1161-1167。

54　與本文相關的另一長期迷惑亦須在此注中試求解答。按：哲學思想方面，
　　《老》、《莊》爲魏晉玄學之所本，無待多言。宗教方面，老子自始即被

(續)————————————————————

　　東漢後期所建立的道教奉爲至上之神，《道德經》即被奉爲最主要經典。
政治方面，老子不但被北魏君主所尊崇，更爲李唐皇室奉爲遠祖，封爲
「太上玄元皇帝」。北宋眞宗、徽宗等帝對老子的尊崇不亞李唐。老子既
在思想、宗教、政治等方面享有如此崇高的地位，何以自司馬遷以後從未
有任何官方文獻及私人著述言及老子後裔？事實上，《史記‧老子列
傳》：「〔李〕解爲膠西王卬太傅，因家於齊焉」已含有解答。老子李耳
八世孫李解將全家既已遷至膠西，西元前154年春吳楚七國叛亂尚未敉平之
際，景帝已制詔將軍對膠西王卬三百石以上的臣屬「深入多殺爲功」，太
傅李解及其家屬焉能倖免?!以上史實的結合不啻明示後世：老子之澤，九
世而斬！所以從任何維度去評估，青年司馬談親獲於齊都的老子後裔世譜
的史料價值都是可以得到肯定的。

第十章

# 從《莊子・天下》篇首解析先秦思想中的基本關懷

## 一、序言及〈天下〉篇首段原文

　　探索先秦思想的基本關懷的最佳史料之一是《莊子・天下》篇。講述《莊子・天下》篇性質和內容最簡明扼要的是已故久主東南哲壇的馮契：

> 〈天下〉可稱爲中國歷史上第一篇哲學史論文。它提出了一種哲學史觀，認爲諸子百家的形成是「道術將爲天下裂」的過程。它闡述了先秦各學派的中心思想及其活動情況，並列舉了重要代表人物。它認爲諸子百家只察見一個片面便自以爲是。同時，它又肯定「百家眾技」猶如人身的五官，「皆有所長，時有所用」。它對諸子百家的寬容態度是可取的。這篇是研究先秦思想的重要史料。[1]

---

1　馮契，〈莊子〉，收入《中國大百科全書・哲學》（北京、上海：中國大百科全書出版社，1987），頁1245。

本文研究的對象是百家爭鳴以前，也就是道術尚未爲天下裂的時期，
思想重心之所在。這就需要先徵引〈天下〉篇第一大段的原文，必須
集中考釋原文中幾個關鍵詞——特別是「道術」——在先秦語境內的
意義，才能避免自魏晉玄學之興迄當代多家詮釋忽略和錯誤之所在，
才能探索中國哲學史上最早、最基本的關懷是什麼。

〈天下〉篇首段的原文：

> 天下之治方術者多矣，皆以其有爲不可加矣。古之所謂道術
> 者，果惡乎在？曰：「無乎不在。」曰：「神何由降？明何
> 由出？」「聖有所生，王有所成，皆原於一。」不離於宗，
> 謂之天人。不離於精，謂之神人。不離於眞，謂之至人。以
> 天爲宗，以德爲本，以道爲門，兆於變化，謂之聖人。以仁
> 爲恩，以義爲理，以禮爲行，以樂爲和，薰然慈仁，謂之君
> 子。以法爲分，以名爲表，以參爲驗，以稽爲決，其數一、
> 二、三、四是也。百官以此相齒，以事爲常，以衣食爲主，
> 蕃息畜藏，老弱孤寡爲意，皆有以養，民之理也。
> 古之人其備乎！配神明，醇天地，育萬物，和天下，澤及百
> 姓，明於本數，係於末度。六通四闢，大小精粗，其運無乎
> 不在。其明而在數度者，舊法世傳之史尚多有之。其在於
> 《詩》、《書》、《禮》、《樂》者，鄒魯之士，縉紳先生
> 多能明之〔《詩》以導志，《書》以導事，《禮》以導行，
> 《樂》以導和，《易》以導陰陽，《春秋》以導名分〕。[2]

---

2 《莊子‧天下》篇原文引自王叔岷，《莊子校詮》（台北：中央研究院歷史語
言研究所，1988），下冊。引文中筆者所加〔〕內衍文六句應該刪去，主要
是根據徐復觀對語句構造的分析。詳見陳鼓應，《莊子今註今譯》（台北：

其數散於天下而設於中國者，百家之學時或稱而道之。天下
大亂，聖賢不明，道德不一，天下與得一察焉以自好。譬如
耳、目、鼻、口，皆有所明，不能相通。猶百家眾技也，皆
有所長，時有所用。雖然，不該不徧，一曲之士也。判天地
之美，析萬物之理，察古人之全，寡能備於天地之美，稱神
明之容。是以內聖外王之道，闇而不明，鬱而不發，天下之
人各為其所欲焉以自為方。悲夫，百家往而不返，必不合
矣。後世之學者，不幸不見天地之純，古人之大體，道術將
為天下裂。

## 二、關鍵詞考釋

### (一)「方術」

　　古今諸家解釋不一。李零《中國方術考》分全書為「數術」與
「方技」上下篇，資料及考釋俱見功力，但對「方術」一詞並未下總
的定義[3]。《漢書‧藝文志》[4]「數術」列有天文、曆譜、五行、蓍
龜、雜占、形法(相人)等等一百九十家，共二千五百二十八卷；「方
技」列有醫經、經方、房中、神仙等三十六家，共八百六十八卷。
《莊子‧天下》篇所指方術是否涵蓋與班固所列舉之龐雜甚難詳考。
但就該篇開首「天下之治方術者多矣，皆以其有為不可加矣」語氣推
測，略有諷意，似即指下文「百家眾技，一曲之士」之術，暗示「方
術」雖各有其專長，但智慧水平要低於「道術」。唐‧成玄英《莊子

　　臺灣商務印書館，1975)，頁937。
3　李零，《中國方術考》(修訂本，北京：東方出版社，2000)。
4　班固，《漢書》(點校本，北京：中華書局，1962)。

疏》謂「方，道也」[5]，其意方術即是道術，恐有失當；方術不能等同「至高」的道術。

## (二)「道術」

自西晉‧郭象(卒於西元312年)初注《莊子》迄今一千七百年間，所有歷代《莊子‧天下》篇的注釋者皆認為道術必是源自《老》、《莊》的最高學問或治術。當代闡發此義最力的是陳鼓應《莊子今註今譯》對〈天下〉篇所作的序論：

> 本篇(〈天下〉篇)一開頭就標示了最高的學問乃是探討宇宙、人生本原的學問(「道術」)。「內聖外王」為理想的人格形態。所謂「道術」，就是對於宇宙、人生作全面性、整體性的把握的學問[6]。

據筆者考證，道術一詞不起源於《老》、《莊》道家，而最早出現於《墨子‧尚賢上第八》[7]。此篇開頭即提出墨子學派最高的三項願望：「今者王公大人為政於國家者，皆欲國家之富，人民之眾，刑政之治。」《墨子‧節葬下第二十五》也提出「仁者為天下度也，……親貧，則從事乎富之；人民寡，則從事乎眾之；眾亂，則從事乎治之」。於是「富」、「眾」、「治」正是最高統治者為國家和人民所

---

5　轉引自郭慶藩，《莊子集釋》(重刊點校本，北京：中華書局，1961)。

6　《莊子今註今譯》，頁929；另參頁933，註3。

7　本文徵引《墨子》皆根據孫詒讓著，孫啟治點校，《墨子閒詁》(收入《新編諸子集成‧第一輯》〔北京：中華書局，2001〕)，上、下冊。本文引《墨子》處只註明篇名，不另詳列卷頁。

力求成功實現的「三務」。只有達成這三項任務，才能解決《墨子・非樂上第三十三》篇中所提出的「三患」：「饑者不得食，寒者不得衣，勞者不得息。」《墨子・非命下第三十七》稍有補充，指出即使「……禹、湯、文、武方爲政乎天下之時」，其目標也不外「……饑者得食，寒者得衣，勞者得息，亂者得治」。論述從四個不同篇章循環呼應，簡明有力。

　　但是，墨子了解爲解除人民的「三患」，國家如何才能完成「三務」是很不簡單的。所以他在〈尚賢上〉開門見山就承認列國一般情況是「不得富而得貧，不得眾而得寡，不得治而得亂」。此中根本原因是「王公大人爲政於國家者，不能以尚賢事能爲政也」。成功之道在於最高統治者能用種種積極手段去發現、徵用德才卓越之士：

> 譬若欲眾其國善射御之士者，必將富之貴之，敬之譽之，然後國之善射御之士將可得而眾也。況又有賢良之士，厚乎德行，辯乎言談，博乎道術者乎？此固國家之珍而社稷之佐也，亦必且富之貴之，敬之譽之，然後國之良士亦將可得而眾也。

按照墨子的意見，王公大人只有厚賞重用「道術之士」才能解決「貧」、「寡」、「亂」這「三患」，實現「富」、「眾」、「治」這「三務」。至於「道術」一詞本身，很明顯是爲求解決基本人民生計和維持國家和社會安定的一套方略，也就是班固在《漢書・藝文志》論道家時所指出的「君人南面之術」。其性質完全是世俗的、功利或實用主義的。道術絕不是「對於宇宙人生作全面性、整體性的把握的學問」。事實上，《墨子》所言的道術就是《莊子・天下》篇裡

的道術（將於下文第四節中詳證），都是絲毫沒有玄虛縹緲的形上意味。

## (三)「神明」與「內聖外王」

清代大富貴亦壽考的樸學大師阮元（1764-1849）在方法論上有句名言：「聖賢之言，不但深遠者非訓詁不明；即淺近者，亦非訓詁不明也。」[8] 20世紀在我同輩而略早的史家中，筆者遲遲才發現訓詁根基最堅實的莫過於家學淵源的已故華中師範大學教授張舜徽（1911-1992）。本小節中特別借重他的詮釋：

> 〈天下〉篇曰：「神何由降？明何由出？聖有所生，王有所成，皆原於一。」此問答之辭也。問者以神明分設，答辭中以聖王並舉，然則聖王之與神明同義而殊稱耳聖與神雙聲，王與明疊韻。古聲韻本同，故通用無嫌。董生有言：「人主法天之行，內深藏所以為神，外博觀所以為明」《春秋繁露·離合根第十八》。可知神明者，固君人南面之術也。
>
> 蓋聖者，通也，道也。王者，大也，明也。君人者，掩其聰明，深藏而不可測，此之謂「內聖」。《管子》曰：「藏於胸中，謂之聖人」〈內業〉篇。《淮南》亦曰：「聖人內藏，不為物先倡」〈銓言〉篇。皆是意耳。顯其度數，尊高而不可諭，此之謂「外王」。《呂覽》曰：「王也者，勢也；王也者，勢無敵也；勢有敵，則王者廢矣」〈慎勢〉

---

8　徵引語句出自阮元，《揅經室一集》卷二，〈《論語》一貫說〉；轉引及詳闡於張舜徽，《張舜徽學術論著選》（武漢：華中師範大學出版社，1997），頁330-332。

篇。又曰：「強大未必王也，而王必強大」〈壹行〉篇。皆是意耳。善夫韓非之言曰：「人主之大物，非法則術也。法者，編著之圖籍，設之於官府，而布之於百姓者也。術者，藏之於胸中，以偶眾端，而潛御群臣者也。故法莫如顯，而術不欲見」《韓非子‧難三》。古者君道之經，不越於斯數語矣。若就其本體言，則曰法曰術；就其布施言，曰顯曰藏《易》曰：「顯諸仁，藏諸用。」或曰神，曰明；就其德象言，曰聖，曰王；就其運用之妙言，則曰危，曰微。實一物而殊名，因所施而立號耳。[9]

可見「神明」與「內聖外王」同是專指上古三代集智慧、德行、威權於一身的聖王。這種內聖外王之間的不可分性，當〈天下〉篇寫撰前後的兩、三百年間起了變化，二者變成截然分立的了。因為孔子被若干世代儒家造成「素王」地位之後，這「至聖」的素王的理想和教導就必須通過凡人或凡人以上品質的皇帝才有實現的希望。南宋朱熹等理學家了解內聖和外王不但是不同的政治個體(entity)，而且深深感到二者之間的「緊張」。對南宋權力結構最精闢的觀察出自朱熹：

> 天下事，須是人主曉得通透了，自要去做，乃得。如一事八分是人主要做，只有一、二分是為宰相了做，亦做不得。

可見兩漢以降，內聖外王的意蘊與〈天下〉篇原載有天壤之別；可見

---

9　張舜徽，《周秦道論發微》(北京：中華書局，1982)，〈道論通說〉，頁65。

不從事嚴肅的訓詁，不易正確了解先秦的思想與制度[10]。

## （四）「道德」

「道」與「德」是中國古代哲學和倫理思想中一對重要的概念。這兩字起源甚古，在古代漢語中本是長期分開使用的。本節的任務在追溯道與德兩字逐步用於聯句，併成「道德」連詞的過程及其在先秦語境內的義涵。

商代卜辭中還沒有道字，僅有途字，是道路之義。周代金文中道字寫法尚不一致，但皆「從行」、「從首」、「從止」——這三個偏旁都與人所走的道路有關。自《易經》、《詩經》到《左傳》、《國語》，道字的涵意已從原始道里之義逐漸進為方法、言說、規律、原則。《左傳》和《國語》中「天道」和「人道」等概念已經孔子以前的名卿哲人屢度闡發[11]。

德字在《尚書・商書・盤庚》上、中、下三篇已出現十次。內中有物資賜與及德惠之義，與「得」的意義已很接近，似也已有品德的初義[12]。《尚書》周誥不偽諸篇闡發天命之所以自商紂轉移至周時，

---

10　余英時，《朱熹的歷史世界：宋代士大夫政治文化的研究》（台北：允晨文化出版公司，2003），下篇，〈理學家與政治取向・「內聖」與「外王」之間的緊張〉，頁26；朱熹深刻的案語轉引自頁94。

11　張立文主編，《道》（北京：中國人民大學出版社，1989），頁21-26。

12　近二十餘年來，《尚書・盤庚》上、中、下三篇研究的突破是晁福林，〈從盤庚遷殷談到《尚書・盤庚》三篇的次序〉，《中國史研究》41(1989.1)：57-67。作者以歷次殷墟考古發掘成果縝密核證有關〈盤庚〉的古今文獻，得出盤庚遷殷之後不久又遷都於亳的結論。前此堅信遷殷之後「更不徙都」的俞樾(1821-1907)及近代學人感到〈盤庚〉三篇敘事之「紊亂」，皆以次序有所顛倒為解釋。晁文證明今本《尚書・盤庚》全篇確是「研究商代歷史最珍貴的文獻資料」。〈盤庚〉篇中「德」字十見，詳何炳棣，〈「天」與「天命」探原：古代史料甄別運用方法示例〉，

一再涉及周人最高統治者「明德」、「敬德」的優點。德的觀念已具有明顯的道德屬性。《詩經・大雅》對德有更多類似的發揮。《左傳》和《國語》裡，「德」與「刑」對比的聯詞已屢度出現。

　　道與德應用於聯句以及道、德兩字併成「道德」專詞的例證必須在先秦諸子文本中去尋索。道與德形成聯句自孔子始。據已故楊伯峻教授的《論語譯注》[13]，道字凡六十見，或指道德，或指學術，或指方法，有時用為動詞，具有治理和導引的意思。如〈學而第一〉：「道千乘之國，敬事而信，節用而愛人」，其中道字便是治理的意思。本乎此，〈為政第二〉聯句的意義就明顯易解了：「道之以政，齊之以刑，民免而無恥。道之以德，齊之以禮，有恥且格。」

　　《墨子》僅晚於我國現存最早的私家著述《孫子兵法》[14]和孔子弟子及再傳弟子所輯的《論語》。《墨子》全書中「仁義」凡數十見，獨獨尚未見「道德」連詞。

　　把道的理論提升到中國哲學最高範疇之一的自然是《老子》。據

（續）—————————————————

　　《中國哲學史》（中國哲學史學會）10(1995.1)：48，註20。「德」字字義最近重新參考 James Legge, tr., *The Chinese Classics*, vol. 3, *The Shoo King*（據 London: Oxford University Press 1895年原版重印〔台北：文星書店，1963〕）及 Bernhard Karlgren, tr., "Glosses on *The Book of Documents*," *Bulletin of the Museum of Far Eastern Antiquities* (Stockholm) 20 & 21 (1948-1949)。另參閱屈萬里，《尚書今註今譯》（台北：臺灣商務印書館，1975）。

13　楊伯峻，《論語譯注》（北京：中華書局，1958）；譯註功力深至，反映作者及其叔父楊樹達兩世家學。

14　關於孫武的《孫子兵法》十三篇確完成於吳王闔廬三年（前512）召見之前的考證，詳見何炳棣，〈中國現存最古的私家著述：《孫子兵法》〉，見氏著，〈有關《孫子》、《老子》的三篇考證〉（收入《中央研究院近代史研究所演講集・二》〔台北：中央研究院近代史研究所，2002〕）。此文初刊於《歷史研究》261(1999.5)；又收入王元化主編，《學術集林・第十七卷》（上海：遠東出版社，2000）。

筆者近年的考證，老子其人及《老子》其書都是晚於《孫子兵法》、《論語》和三分之二以上的《墨子》[15]。反覆誦析郭店楚簡《老子》、馬王堆漢墓帛書《老子》甲、乙本和通行的今本《老子》之後，筆者深信「道」與「德」合併成爲「道德」連詞是源自戰國中、晚期不同派系的《老子》詮釋者，而不是如《中國大百科全書·哲學》所說源自《荀子·勸學篇第一》[16]。

道德連詞的起源必須先從現有的最早的楚簡《老子》論「道」的篇章入手。最有裨於這種入手工作的是貴州尹振環先生以二十多年功力完成的三部力作，尤其是他的《楚簡老子辨析》[17]。茲先引此書中老子首度論「道」的文字：

> 有狀混成，先天地生，奪穆、獨立、不垓，可以爲天下母。未知其名，字之曰道，吾強爲之名曰大。大曰逝，逝曰遠，遠曰反。道大，天大，地大，王亦大。國中有四大安，王居其一安。人法地，地法天，天法道，道法自然。[18]

尹振環在其《楚簡老子辨析》指出上引楚簡《老子》原文確是一個典

---

15　關於老子年代的新考證，請參閱何炳棣，〈司馬談、遷與老子年代〉，收入《有關《孫子》、《老子》的三篇考證》，頁71-99。此文初刊於《燕京學報》新9(2000)。

16　李奇，〈道德〉，收入《中國大百科全書·哲學》，頁123。

17　尹振環三部力作是：《帛書老子釋析》（貴陽：貴州人民出版社，1998）；《帛書老子與老子術》（貴陽：貴州人民出版社，2000）；《楚簡老子辨析：楚簡與帛書老子的比較研究》（北京：中華書局，2001）。《帛書老子釋析》以帛書《老子》縝密核對今本《老子》，糾正了後者篇章排列及多處字句的錯誤。《楚簡老子辨析》對文本及思想內容方面貢獻尤多。

18　尹振環，《楚簡老子辨析》，頁225-229釋文。

型的宇宙本體論，但是：

> 老子筆鋒突然一轉，將其轉到政治上，把一個虛無縹緲的宇
> 宙問題拉到人間的治道上。即將「王」抬舉到與「道」、
> 「天」、「地」相提並論的驚人高度。……單單尊王是絕對
> 不夠的，還必須在「尊王」的同時加上尊道、尊天、尊地、
> 法自然。表面上是在抬舉王，骨子裡卻是在限制王，老子想
> 用這種限制來達到國家安寧、人民安生的目的。[19]

他更進一步用了一整章分析楚簡《老子》道論的主題，得到一個與當
代大多數專研《老子》的學人相反的結論：《老子》全書的重心不是
宇宙本體論，而是「政治道德，政治哲學，南面術」。這個結論大有
裨於了解何以本節行將列舉的先秦諸家「道德」連詞的真義，都是指
向班固論道家時所提出的「君人南面之術」。

　　據筆者個人的推測，戰國中、晚期「道德」連詞的出現是由於有
必要詮釋帛書《老子》對楚簡《老子》兩點重要的增益。首先是帛本
加強「道」是宇宙萬物總根源的意義：

> 天下之物生於有，有生於無。道生一，一生二，二生三，三
> 生萬物。萬物負陰而抱陽，中氣以為和。[20]

再就是明白說出「道」與「德」的不可分性：

---

19　尹振環，《楚簡老子辨析》，頁90-91。
20　高明，《帛書老子校注》（收入《新編諸子集成‧第一輯》〔北京：中華書
　　局，1996〕），頁29。

道生之，而德畜之，物形之，而器成之。是以萬物尊道而貴
德。[21]

因此，「道」與「德」的相對位次及其不可分性的詮釋最早出現於崇
奉黃帝爲始祖的田齊和黃老說最流行的稷下學術中心。試看《管子‧
心術上第三十六》的解說[22]：

德者，道之舍，物得以生，生得以職道之精。故德者，得
也。得也者，其謂所得以然也。以無爲之謂道，舍之之謂
德。故道之與德無間，故言之者不別也。

馮友蘭先師對「德者道之舍」的解釋：「舍當是舍寓之意，言德乃道
之寓於物者。換言之，德即物之所得於道，而以成物者。此解說道與
德之關係，其言甚精。」[23] 此後誦修崇奉《老子》者無不明瞭「道中
有德，德中有道」和「道德連體，不可偏舉」的道理[24]。

於是稷下管子學派的政論家便鑄出「道德」連詞，以代表清虛無
爲爲本的最高統治術。茲舉數例如下：

《管子‧戒第二十六》以管仲勸戒齊桓公的方式申說：

21　同前書，頁69。
22　《管子》（據常熟鐵琴銅劍樓藏宋刊本影印，收入《四部叢刊‧初編》〔上
　　海：商務印書館，1926〕，子部）。本文引《管子》處只註明篇章，不另列
　　卷頁。
23　馮友蘭，《中國哲學史》（上海：商務印書館，1934），頁222。
24　《道藏》、《道德真經真解‧敘事》，轉引自尹振環，《帛書老子與老子
　　術》，頁9。

是故聖人上德而下功，尊道而賤物，道德當身，故不以物
惑。是故身在草茅之中而無懾意，南面聽天下而無驕色。

《管子‧君臣上第三十》：

道也者，上之所以導民也。是故道德出於君，制令傳於相，
事業程於官。……是故別交正分之謂理，順理而不失之謂
道。道德定，而民有軌矣。

《管子‧君臣下第三十一》：

道德定於上，則百姓化於下矣。

即使逍遙超曠，以不治爲治的莊子及其學派對道德一詞亦有相同的看
法。《莊子‧天道》：

天道運而無所積，故萬物成；帝道運而無所積，故天下歸；
聖道運而無所積，故海內服。明於天，通於聖，六通四辟於
帝王之德者，其自爲也，昧然無不靜者矣。……夫虛靜恬
淡，寂寞無爲者，天地之本，而道德之至，故帝王聖人休
焉。休則虛，虛則實，實者備矣。……夫虛靜恬淡，寂寞無
爲者，萬物之本也。明此以南鄉，堯之爲君也；明此以北
面，舜之爲臣也。以此處上，帝王天子之德也；以此處下，
玄聖素王之道也。

這是先秦諸家中詮釋道德為帝王最高統治術最為透徹的。王夫之認為
「此篇之說有與《莊子》之旨迥不相侔者。……蓋秦漢間學黃老之術
以干人主者之所作也」[25]。問題在〈天道〉全篇並非每節都與《莊》、
《老》不相侔，而且戰國晚期百家本有互相吸收、融合、改造的大趨
勢。〈天道〉篇中「六通四辟」似襲取於《莊子・天下》篇，故較晚
出，然而究竟晚出到什麼程度很難判斷。以上引文中「道德之至」與
《荀子・勸學篇》中「道德之極」誰稍先稍後並無關宏旨[26]，真正有意
義的是《荀子》對「道德」連詞的詮釋與應用無殊於上引《管》、
《莊》之言。

　　「道德」連詞見於《荀子》八個不同篇章。茲擇要徵引詮釋如
下：

　　先引《荀子》全書首篇〈勸學〉：

> 學惡乎始？惡乎終？曰：其數則始乎誦經，終乎讀禮。其義
> 則始乎為士，終乎為聖人。真積力久則入，學至乎沒而後止
> 也。故學數有終，若其義則不可須臾舍也。為之，人也；舍
> 之，禽獸也。故書者，政事之紀也；詩者，中聲之所止也；
> 禮者，法之大分，群類之綱紀也，故學至乎禮而止矣。夫是

---

25　王夫之語轉引自《莊子校詮》，頁471。

26　關於荀子生卒年代，有清及近代學人意見紛紜。馮友蘭採清・江中《述
　　學》中說，認為荀子主要學術及政治活動不外西元前298至238年之60年
　　內；見馮友蘭，《中國哲學史》，頁350。最近佐藤將之討論荀子生平事跡
　　及年代最詳，雖未提及汪中，而主要見解與汪中大體相同。佐藤有兩點意
　　見甚為合理。荀子卒年當在春申君卒（前238），辭楚蘭陵令，鄉居後數年，
　　壽約八十左右，不可能如某些學人所說，壽達百歲以上。見 Sato Masayuki,
　　*The Confucian Quest for Order: The Origin and Formation of the Political
　　Thought of Xun Zi* (Leiden: Brill, 2003), pp. 39-56.

　　之謂道德之極。……

《荀子》之所以以通禮爲「道德之極」是因爲禮的最大功能是維護已有的政治社會階級制度，並對不同階級不平等的權利與義務加以合法化。當春秋以降「禮崩樂壞」的趨勢日益顯著的過程中，孔子和荀子都感覺到有將「禮」加強意識形態化的必要。荀子是儒家「禮」論的集大成者。上引文中的「聖」字，就表面字義言，是指畢生學習反思而成爲的「聖人」，也就是《荀子・儒效篇第八》中系統論述的「大儒」。惟「大儒」才「通則一天下」如周公，「窮則獨立貴名」如仲尼、子弓。無論窮或通，「禮」作爲「道德之極」都是借用和實際應用於政治的最高統治術。

　　「道德」的政治統治性在《荀子・王制篇第九》有最簡明扼要的綜述：

　　　　全道德，致隆高，綦文理，一天下，振毫末，使天下莫不順
　　　　比從服，天王之事也。

《荀子・正論篇第十八》把作爲最高統治術的「道德」與遠古聖王的關係有更明確的論說：

　　　　……堯、舜擅讓，是不然。天子者，勢位至尊，無敵於天
　　　　下，夫有誰與讓矣。道德純備，智惠甚明，南面而聽天下，
　　　　生民之屬，莫不振動從服以化順之，天下無隱士，無遺善，
　　　　同焉者是也，異焉者非也，夫有惡擅天下矣。

其餘如〈儒效篇第八〉的「道德之求」，〈王霸篇第十一〉的「道德誠明」，〈議兵篇第十五〉的「積禮義、尊道德」，〈彊國篇第十六〉的「道德之威」等等，無一指向個人修養的道德，而都說明與最高統治術有不可分的關係。

其他如戰國晚期雜糅道、刑名、兵、儒、陰陽的《鶡冠子》[27] 提出聖王承天時季候以施道德治術的原則。〈道端第六〉（小註為宋・陸佃的解說）：

> 仁人居左春以生之象仁，忠臣居前南方者見象忠，義臣居右秋以成之象義，聖人居後北方秘密象聖。左法仁，則春生殖。前法忠，則夏功立。右法義，則秋成熟。後法聖，則冬閉藏。先王用之，高而不墜，安而不亡。此萬物之本剽，天地之門戶，道德之益也。

再則《鶡冠子》討論「道德」時提出「元氣」一詞以為萬物的原始物質。〈泰錄第十一〉：

> 故天地成於元氣，萬物乘於天地，神聖乘〔秉〕於道德，以究其理。若上聖皇天者，先聖之所以倚威立有命也堯、舜、三代詰命未嘗不稱天者，蓋以倚威立命而已。

---

27 《鶡冠子》（據江陰繆氏藝風堂藏明翻宋本影印，收入《四部叢刊・初編》，子部）；李學勤，《簡帛佚籍學術史》（南昌：江西教育出版社，2001），頁55：「……鶡冠子其人活動於戰國晚期前半，《鶡冠子》其書成於焚書之前」；李書繁體字版早在1993年由台北時報文化出版公司出版。

西漢著述，如《淮南子‧天文訓》等所講的「元氣」是否受《鶡冠子》的影響，可留待思想史家去細究。本文只應作以下兩點綜結：(一)戰國中、晚期各家文本中出現的「道德」連詞，幾乎無一不具有「君人南面之術」的意義。(二)此一連詞的出現，幾乎無一不與可以釋爲同義詞的「聖王」、「神明」、「聖人」等等密切聯繫。

## 三、〈天下〉篇首段的主要論點

### (一)「道術」的掌握者及「道術」的内涵

　　顧頡剛先生曾把《莊子‧內篇》中的「天人」、「神人」、「聖人」、「至人」、「眞人」等詞做過通盤統計，認爲這些「人」稱都是指著「得道之最高者，非必有軒輊於其間」[28]。這就使今後學人不必再消耗精力去強求分辨這些得「道」之人之間的高下了。所以〈天下〉篇中的「天人」、「神人」、「至人」、「聖人」都是古代才德、智慧、威權、勢位集於一身的「聖王」。「道術」就是他們淳樸臻圓、「無所不在」的最高統治術。原文「聖人」之後列有「道之緒餘」的「君子」[29]，顯然是襄助聖王治理天下的統治階級成員。

　　「以法爲分，以名爲表，以參爲驗，以稽爲決，其數一、二、三、四是也，百官以此相齒」等句的大意是：隨著歷史和文明的演化，終於出現了合理分工，職守名實相符，行政效果可以稽核，不同等級的百官都按部就班辦事的政府。至此，〈天下〉篇才明白道出最

---

28　徵引語句出自王夫之《莊子解》；轉引自顧頡剛，《顧頡剛讀書筆記》（台北：聯經出版公司，1999），頁26-28。

29　徵引語句出自宣穎《南華經解》和王先謙《莊子集解》的注釋；轉引自《莊子校詮》，頁1296。

高統治術的內涵:「以事為常,以衣食為主,蕃息畜藏,老弱孤寡為意,皆有以養,民之理也。」王先謙釋「事」為「日用」甚有見[30]。綜合各家詮釋,並益以己見,〈天下〉篇提出的「道術」的基本關懷是保障全體人民,包括老弱孤寡無告之人,衣食及其他日常所需,並促進物資財富的增長,人口的蕃殖和邦國社會的安定。這個目標與《墨子·尚賢上》等篇所望實現的「三務」——「富」、「眾」、「治」——相當高度地吻合。在《墨子》中換一方式而言,「道術」最低的要求也必須能解決民之「三患」:「饑者不得食,寒者不得衣,勞者不得息。」

　　從學術史的觀點,有三點在此處應該提出:(一)歷代《莊子》注疏對養民之理這段語句的詮釋,大都符合文本原意,只是沒有強調指出這就是「道術」的核心。(二)近、現代思想史學界,尤以《老》、《莊》專家,卻無視〈天下〉篇中「道術」現實功利的內涵,專向玄虛縹緲宇宙人生本原方向去盡情發揮。(三)自郭象至今一千七百年間,竟無人先我把《墨》、《莊》所論「道術」做過互證。照理,這種互證本已可望發生矯枉的作用,但有鑑於上述偏離之見在當代《老》、《莊》研究方面聲勢之浩大,更由於筆者習慣上尊重盡可能多種證據的集聚,所以另闢第四節,從先秦、西漢五層文本的疊合再度肯定「道術」的原義。

(二) 對儒家的評價

　　郭沫若自1945年起,三十餘年間曾三度提出《莊子·天下》篇對孔子及儒家的推崇:

---

30　轉引自《莊子校詮》,頁1297。

《莊子》書中雖然很多地方在菲薄儒家，如像「雜篇」中的
〈盜跖〉、〈漁父〉兩篇更在痛罵孔子，但那些都是後學者
的呵佛罵祖的遊戲文字，而認眞稱讚儒或孔子的地方，則非
常嚴肅。〈天下〉篇把儒術列爲「內聖外王之道」的總要，
而稱道《詩》、《書》、《禮》、《樂》與鄒魯之士、縉紳
先生，謂百家眾技只是「一曲之士」，這態度不是很鮮明的
嗎？[31]

　　郭氏在中國大陸甚有影響的這種看法[32]，必須從史實和〈天下〉篇文
句、時序先後幾方面嚴肅檢核。就史實言，在官學業已開始流傳民間
的春秋晚期，孔子生平對學術和教育確已發生相當深鉅的影響。但孔
子的政治生涯是令他本人和弟子們失望的。弟子輩「聖化」孔子的運
動，在孔子未卒之前業已開始[33]，一個半多世紀以後，《孟子・萬章
章句下》雖已把孔子說成「金聲而玉振」的「集大成」者[34]，雖已把
「造聖」的工作往「造神」的方向推動，戰國晚期的孔子仍大有異於
漢末的「素王」。即使已成「素王」，還是需要心悅誠服的皇帝做
「外王」，才能實踐孔子的「仁政」。〈天下〉篇裡的「內聖外王」
是聖智權位合而爲一的，不是二分的。

---

31　郭沫若，〈莊子的批判〉（收入《莊子集釋》作〈代序〉），頁3。郭的序文
　　初見於所著《十批判書》（重慶：群益出版社，1945）。

32　金春峰，《漢代思想史》（北京：中國社會科學出版社，1997），頁71，有
　　與郭沫若同樣的見解。

33　如《論語・子罕第九》，子貢已謂孔子「固天縱之將聖」。

34　事實上，《孟子》謂孔子「金聲而玉振之」是受子思《五行》的影響，可
　　見「造聖」工作自孔子一世弟子以降未曾間斷過。詳見邢文，〈《孟子・
　　萬章》與楚簡《五行》〉，見《郭店楚簡研究》（收入《中國哲學・第二十
　　輯》〔瀋陽：遼寧教育出版社，1999〕），頁228-242。

章學誠（1738-1801）從歷史演化的觀點對孟子的「集大成」說有極深刻的評案：

> 孟子曰：「孔子之謂集大成。」今言集大成者爲周公，毋乃悖於孟子之指歟？曰：集之爲言，萃眾之所有而一也。自有天地，而至唐、虞、夏、商，皆聖人而得天子之位，經綸治化，一出於道體之適然。周公成文、武之德，適當帝全王備，殷因夏監，至於無可復加之際，故得藉爲制作典章，而以周道集古聖之成，斯乃所謂集大成也。孔子有德無位，即無從得制作之權，不得列於一成，安有大成可集乎？非孔子之聖遜於周公也，時會使然也。[35]

郭沫若的看法，顯然是不正確的，因爲先秦的孔子是與〈天下〉篇極度頌揚的「古之人」的語句和原義遠不相侔的：

> 古之人其備乎？配神明，醇天地，畜萬物，和天下，澤及百姓，明於本數，係於末度，六通四辟，大小精粗，其運無乎不在。

以上徵引的小段語句，確可釋爲代表「內聖外王之道」的「總要」，但只能是指著周公以前的聖王，絕無法釋爲「有德無位，……不得列於一成」的孔子，更不必提及一般儒家了。

---

35 章學誠著，葉瑛校注，《文史通義校注》（北京：中華書局，1985），頁121。

　　至於〈天下〉篇對儒家的評價問題，只有仔細分析緊接以上引文的三組平行語句才能得出正確的解答。茲將三組原文排列如下：

　　（一）其明而在數度者，舊法世傳之史尚多有之。
　　（二）其在《詩》、《書》、《禮》、《樂》者，鄒魯之士、縉紳先生多能明之。[36]
　　（三）其數散於天下而設於中國者，百家之學時或稱而道之。

首先，三組語句開首的句主「其」無疑都是「古之人其備乎」的「古人」，都是古代聖王，亦未嘗不可釋為他們的「道術」。「數度」根據郭嵩燾的解釋可簡釋為政治實踐上的原則和細節[37]。但是，「其明而在數度者，舊法世傳之史尚多有之」這句話文法非常特別難解；三思之後筆者深感有參考19世紀理雅格(James Legge, 1815-1897) 英譯的必要，因為他深通蘇格蘭常識邏輯派哲學，又長期備受與中國學人如王韜(1828-1897) 等切磋之益，而且英文文法不容詞義、詞序、時式等等過於囫圇[38]。譯文：

> Their intelligence, as seen in all their regulations, was handed down from age to age in their old laws, and much of it was still to be found in the Historians.[39]

---

36　見註2；根據徐復觀語句構造分析，刪去六句衍文。
37　《莊子集釋》卷一六，頁1068，註3。
38　關於 James Legge 英譯中國古代經典的參考價值，可參看劉家和、邵東方，〈理雅各英譯《書經》及《竹書紀年》析論〉，《中央研究院歷史語言研究所集刊》71.3(2000)。
39　參James Legge, tr., *Tao Te Ching and the Writing of Chuang-tzu*(據 London:

原句經過整理後，譯述如下：他們（古聖王）反映於全部政令規章的智慧是累世相傳於種種「舊法」的，而且往往在史官們（的檔冊中）仍可見到不少。所以應該再深究的就是這些「舊法」究竟涵蓋些什麼。《左傳》昭公七年（前535），曾言及「周文王之法」和楚文王（前689-677）的「僕區之法」，大概都是不公布的刑典，其詳已不可考。《左傳》文公六年（前621），對晉國正卿趙盾（宣子）的「始爲國政」有以下較詳的記載：

> 制事典，正法罪，辟獄刑，董逋逃，由質要，治舊洿，本秩禮，續常職，出滯淹。既成，以授大傅陽子與大師賈佗，使行諸晉國，以爲常法。

「以爲常法」並非趙盾的奢望，因爲《國語·晉語九》說明百數十年後晉國一直遵行「趙氏之典刑」。這個涵蓋立法、司法、刑獄，防止僭越（本秩禮），革除政治腐敗（治舊洿），管理財物契約帳目（由質要），以及考績和提拔被淹沒的人才（出滯淹）等等極廣泛的「舊法」，絕不是莊子之世一般儒士所能明悉[40]。

再則《國語·楚語上》楚莊王（前613-591在位）和太子傅討論太子所應受的教育時，後者提出現存的各國的《春秋》，非常重要的《世》（先王之世繫），《詩》、《禮》、《樂》、《令》（先王之官法時令）、《語》（治國之善語）、《故志》（所記前世成敗之書）、《訓

（續）————————————————————

40　Oxford University Press 1891年原版重印〔台北：文星書店，1963〕), p. 656.
對括弧內原詞的解釋皆根據楊伯峻，《春秋左傳注》（北京：中華書局，1981），「文公六年」，頁545-546。

典》（五帝之書）……等等[41]，作爲貴族學習的範疇也並非儒家誦習傳承的《詩》、《書》、《禮》、《樂》所能全部涵蓋。

　　經過以上的分析比較，第二組語句的眞義應可較明確解釋了：「古之人」的知識與智慧之保存於《詩》、《書》、《禮》、《樂》的，鄒魯一帶的儒士和（其他地區）官宦們大多還能通曉。這平實的論述事實上對儒家已經給予了一定程度的肯定，因爲《詩》、《書》、《禮》、《樂》究竟是傳統歷史文化的文本輯要，是無論在官在野的新興士人階級成員所必須誦習的教科書，但遠遠不是「把儒術列爲『內聖外王之道』的總要」。問題在當代思想史界，無論在中國大陸或海外，論及儒家時習慣上往往誇大它的優點和實際影響。余英時近作中強調指出「從戰國至漢代『六經』早已取得公認的『聖典』（"sacred books"）身分」[42]。案：「六經」一詞初見於《莊子・天運》，是否可早到戰國晚期不無疑問。余氏一生最服膺的老師錢賓四早已指出「秦廷焚書，猶不以《易》與《詩》、《書》同類」。王應麟在《困學紀聞》中也注意到「以《禮》、《樂》、《詩》、《書》、《易》、《春秋》爲六藝，始見於太史公〈滑稽列傳〉」[43]。更主要的是〈天運〉篇中頻頻向老聃請教的孔子，是以自嘲的口吻道及「六經」的：「丘治《詩》、《書》、《禮》、《樂》、《易》、《春秋》六經，自以爲久矣，孰（熟）知其故矣。以奸（干）七十二君，論先

---

41　《國語》（據清嘉慶五年〔1800〕讀未見書齋重雕北宋明道二年〔1033〕本影印〔台北：世界書局，1962〕）卷一七，〈楚語上〉，頁379-380。括弧內的解釋皆根據韋昭原註，時或簡化。

42　余英時，〈試説科舉在中國史上的功能與意義〉，《二十一世紀》89(2005.6)：14；王安石語轉引自頁15。

43　錢穆及王應麟語皆轉引自《莊子校詮》，頁547，註1。

王之道，而明周、召之迹，一君無所鉤（取）用。」[44]

再則孔子弟子中雖不乏「學而優則仕」之例，但儒家在戰國二百五十年間類能遵守並發揚入仕必須不違背正義的原則。1993年湖北荊門郭店楚墓發現的孔子之孫子思所著〈魯穆公問子思〉：「何如而可謂忠臣？」子思答曰：「恒稱其君之惡者，可謂忠臣矣。」另如〈六德〉篇中，子思從「親親」和道義觀點提出必要時為人子者應「為父絕君，不為君絕父」[45]。《史記・孟子、荀卿列傳》更能說明何以終戰國之世儒家在政治上之失意與被忽視：

> 孟軻（前379-281），鄒人也。受業子思之門人。道既通，游事齊宣王，宣王不能用。適梁，梁惠王不果所言，則見以為迂遠而闊於事情。當是之時，秦用商君，富國彊兵；楚、魏用吳起，戰勝弱敵；齊威王、宣王用孫子〔臏〕、田忌之徒，而諸侯東面朝齊。天下方務於合從連衡，以攻伐為賢，而孟軻乃述唐、虞、三代之德，是以所如者不合。退而與萬章之徒序《詩》、《書》、仲尼之意，作《孟子》七篇。[46]

余英時「聖典」之說難以成立，因為「聖典」的先決條件——統一帝國最高政權的承認與擁戴——是漢武帝以前所不存在的。相反地，戰國時代的儒家一貫是自家造聖，對當時一般政權而言，他們是抗議者[47]。

---

44　同前書，頁546。

45　姜廣輝，〈郭店楚簡中《子思子》——兼談郭店楚簡的思想史意義〉，收入《郭店楚簡研究》，頁87-88。

46　司馬遷，《史記》（點校本，北京：中華書局，1959）卷七四，頁2343。

47　此一論點最透徹的發揮是 Mark E. Lewis, *Writing and Authority in Early China* (Albany: State University of New York Press, 1999), pp. 63-66.

但是他文章裡所借重王安石的評語頗有參考價值：「先六經而後各家，莊子豈鄙儒哉！」如按戰國晚期的史實解釋，王安石的評論不但是正確的，而且是恰到好處的。因為「先」字有二義：(一)孔子及儒家所誦習、傳承、注釋的《詩》、《書》等典籍在時序上是大大早過百家的。(二)儒家對〈天下〉篇中所描繪的古代聖王淳樸臻圓的知識與智慧是全部肯定、高度讚揚的，大有異於百家那樣批評，甚或不時抗議的。所以「先」字的深意是與對文化遺產的態度有密切關係的。

　　總之，〈天下〉篇對儒家毫無鄙視之意，只有合理的肯定；但也絕對沒有把儒家列為「內聖外王之道的總要」。第三組：「其數散於天下而設於中國者，百家之學時或稱而道之」，與評價儒家無關，就不加以討論了。

## (三)「道術」分裂何以始自墨子

　　道術一詞文本上最早出現於《墨子‧尚賢上》已在第二節中詳論。墨子道術所希求成功實現的「三務」（富、眾、治），正符合〈天下〉篇所述道術尚未為天下裂以前聖王式最高統治者的基本關懷：「以衣食為主，蕃息畜藏，老弱孤寡為意，皆有以養，民之理也。」在道術詞源及界說上墨子既應居首要地位，何以〈天下〉篇反而獨獨把「道術將為天下裂」的責任落在墨翟、禽滑釐的肩擔上？

　　最能簡明論述《莊子‧天下》篇首章及全篇寫撰用意的是王闓運：「三代以前，異不相非，故道不裂。後世則不然，所以必作書論其意。」[48] 案：孔、墨皆距三代聖王已遠，但孔子及其累世弟子對傳統文化及制度惟有讚揚與累進理想化，而墨子及墨者卻對傳統禮樂制

---

48　轉引自《莊子校詮》，頁1303，註23。

度種種不平等及奢靡部分極力攻擊。墨子的〈節用〉、〈節葬〉、〈非樂〉諸章論辯偏激之處引起〈天下〉篇強烈反應：「……生不歌，死不服，桐棺三寸而無槨，……歌而非歌，哭而非哭，樂而非樂。……其生也勤，其死也薄。……使人憂，使人悲。……反天下之心，天下不堪。……其去王也遠矣！」墨子這種有違人性，背離聖王之教之「純」、「全」完整性，造成先秦思想史上一個小小的諷刺：最早鑄出道術一詞，並闡發其內中基本關懷的學派，竟被歸罪爲道術分裂的開端者。但〈天下〉篇並未失去其客觀與公道，對墨子「自苦爲極」的救世精神卻是十分讚揚的。

## 四、基本關懷的非形上性

### (一)五重文本疊合的證據

近年摸索先秦思想中大小課題的過程中，令筆者詫異的發現之一是，兩千年來竟無學人明白指出「道術」一詞源於注重功利的墨子，而不加深究即以爲源自《莊子・天下》。此中原因有二：(一)誠如聞一多先師所論，魏晉之間，《莊子》「竟是清談家的靈感的泉源。從此以後，中國人的文化上永遠留著莊子的烙印。他的書成了經典。他屢次榮膺帝王的尊封。至於歷代文人學者對他的崇拜更不用提」[49]。(二)清末郭慶藩《莊子集釋》〈後記〉未署名的「整理者」對《莊子》版本傳承與注釋的重點說明，很有參考價值。「《莊子》一書，漢以前很少有人稱引，也沒有人作注釋。魏晉之際，玄學盛行，才有

---

49 聞一多，〈莊子〉，收入氏著，《古典新義》(上海：開明書店，1947)，頁280。唐玄宗封莊子爲「南華眞人」；宋徽宗封莊子爲「微妙玄通眞人」。

晉人司馬彪、崔譔、向秀、郭象諸家的《注》和李頤的《集解》。」隋、唐兩代有關《莊子》的著述雖有二十多種，流傳至今的僅有陸德明的《莊子音義》和成玄英的《莊子注疏》。成玄英的《莊子注疏》和宋、明注釋《莊子》者類皆重哲學思想，且多以佛理釋《莊》。遲至清代，《莊子》注釋才注重校勘、訓詁和考證[50]。

　　但長期受玄學影響之下，清代學人的訓詁重點仍在音義，而不在《莊》文中關鍵詞的探原工作。即以博洽深思的孫詒讓為例，一生研撰之中，從未曾為「道術」一詞的起源做過《墨》、《莊》的溝通工作。由於近、現代《老》、《莊》研究風靡海內外，「道術」一詞的詮釋幾乎都是從玄學理論出發，完全忽視「道術」原始的性質與內涵。當代《莊》學名家陳鼓應即強調指出〈天下〉篇所謂的「道術」就是探討宇宙、人生本原的最高學問[51]。按此說法，「道術」的重要是由於它的本體論或形上屬性。

　　但是，本文第二節已考出方術一詞，源於重實際、重功利的《墨子》全書最早篇章之一〈尚賢上〉；本文第三節剖析〈天下〉篇首章內涵時，指出古聖王整體性的道術主要內涵養民之道，雖與《墨子》所論文字表現方式不同，而內涵卻大體相符。為充分證成鄙說，茲以五重意義相符、四重文本疊合的相關語句按時代先後徵引如下，以備讀者參考評正。

1.《論語·子路第十三》：

　　　子適衛，冉有僕。子曰：「庶矣哉！」

---

50　《莊子集釋》，〈點校後記〉，頁1117。

51　參註6。

冉有曰：「既庶矣，又何加焉？」曰：「富之。」

曰：「既富矣，又何加焉？」曰：「教之。」

2.《墨子·尚賢上》：

今者王公大人，為政於國家者，皆欲國家之富，人民之眾，刑政之治。

〔欲達成此目的，必須重賞重用「道術」之士〕[52]

《墨子·節葬下》：

親貧，則從事乎富之；人民寡，則從事乎眾之；眾亂，則從事乎治之。

〔此之謂「三務」〕

《墨子·非樂上》：

民有三患：饑者不得食，寒者不得衣，勞者不得息。

〔解決「三患」的辦法是執行「三務」；如此始能實踐「道術」的主旨，達成全民的「富」、「眾」、「治」〕

3.《莊子·天下》篇：

---

52　〔 〕內為筆者案語。

以事〔日用〕爲常，以衣食爲主，蓄息畜藏，老弱孤寡爲
意，皆有以養，民之理也。

〔意涵大體與《墨子》「三患」、「三務」相符〕

4.《鶡冠子·天則第四》：

寒者得衣，饑者得食，冤者得理，勞者得息，聖人之所期
也。

5.《淮南子·兵略訓》

主之所求於民者二：求民爲之勞也，欲民爲之死也。民之所
望於王者三：饑者能食之，勞者能息之，有功者能德之。[53]

先秦及漢初諸子文本流傳至今者爲數相當有限，而在有限的各家著述
之中，有關道術一詞淵源及其基本關懷的文本居然能有五種之多，
實是意想不到的幸事。道術一詞雖源於《墨子》，其中心關懷卻可
上溯到載於《論語》的孔子之言，下延至「牢籠天地，博極古今」的
《淮南子》[54]。道術的原義——解決基本民生、維持社會安定的一套
方略——時空雙向滲透哲學及政治思想之深而且廣是不難想見的。更
不容忽視的是綜合先秦思想的荀子，把墨子論道術的詞語反轉擴大爲

---

53　劉文典，《淮南鴻烈集解》（《國學基本叢書》本，上海：商務印書館，
　　　1923）卷一五，頁19下。
54　劉知幾《史通》語，轉引自劉安等著，陳廣忠注譯，《淮南子譯注》（長
　　　春：吉林文史出版社，1990），頁1。

人類的本能與普世的真理：「凡人有所一同：饑而欲食，寒而欲煖，勞而欲息，好利而惡害，是人之所生而有也，是無待而然者也，是禹、桀之所同也。」[55] 荀子理論的擴展於人性與教育姑且不論。本節上引五重文本疊合的證據已足有力說明先秦思想中的基本關懷，絕不是對「宇宙人生本原」的形上探索，而是不出日用人倫範疇的最現實的「君人南面之術」。

(二)歷史淵源：華夏人本主義文化

從華夏人本主義文化淵源和特徵的觀點看，《墨子》和《莊子‧天下》篇中所顯示的基本關懷，不但不令人驚異，反而是理所必然的。這個古文化的發祥地是華北黃土高原與毗鄰平原地區。產生這個文化的物質基礎是自始即能自我延續的村落定居農業——這是受了具有「自我加肥」（self-fertilizing）性能的黃土之賜。因此自新石器時代早期起，定居的村落即沿著渭水許多支流兩岸的黃土台地密集地出現。以著名的西安半坡和臨潼姜寨仰韶文化遺址為例，聚落的中心有為公共聚會的大房子，四周是同一氏族成員居住的小房群，另有陶窯和埋葬極有規律的墓地。小孩死後一般都行「瓷棺葬」，瓦瓷留一小孔以供靈魂出入繼續承受母愛。仰韶陶器圖案已有巫覡，大量象徵女陰的雙魚，而魚又是繁殖力最強的生物。生殖能力的崇拜完成了原始祖先崇拜必具的三個時式：過去、現在、未來。所以只有在這種累世生於茲、死於茲、葬於茲的最肥沃的黃土地帶才能逐步產生人類史上最高度發展的家氏族制度和祖先崇拜。

---

55  張覺，《荀子譯注》（上海：上海古籍出版社，1996），〈榮辱篇第四〉，頁55；另參〈非相篇第五〉，頁72。

　　商代卜辭詳示商王雖在一定的季節或日期祭祀天神、大神、昊天、上帝及日、月、風、雲、雨、雪、土地、山川等自然神祇，但祖先崇拜在全部宗教信仰中確已取得壓倒的優勢。商王室和王室貴族的「周祭」──由五種祀典組成的、輪番復始的各世代祖妣的祭祀系統──卻是終年不斷地排滿了三十六旬，偶或還有必要排到三十七旬[56]。這是祖先──廣義的「人」──已成為宗教體系重心的鐵證。

　　劉雨教授在一篇根據西周金文力作之中，一方面指出西周二十種祭禮之中，有十七種祭名與商代一致，另方面證明西周祭祖禮的重點和精神與商代有重要的不同：西周王室特別注重「近祖」。西周金文中除了康王祭文、武、成王三代以外，其餘諸王所祭俱以祖考兩代為對象，並無追祭三代者[57]。這種重心的轉移反映西周王室對祖先崇拜的想法越來越「現實」，最現實的莫過於代表受祭者的「尸」。由於周族的昭穆制，「尸」一般是受祭者之孫。在祭祀時，「尸」不但威儀棣棣地坐著受膜拜，接受多道酒肉蔬穀的奉獻，「尸」還要隨時向與祭者招呼還禮，最後還通過專業的「祝」向子孫作以下這類嘏辭：「承致，多福無疆，於女（汝）孝孫，來女孝孫，使女受祿於天，宜稼於田，眉壽萬年，勿替引之。」[58] 中國古代宗教思想之「現實」，引起性喜道家的超逸的聞一多先師極度的憎厭：

　　　　……所謂「祭如在，祭神如神在」之在，乃是物質的存在。
　　　　惟怕其不能「如在」，所以要設「尸」，以保證那「如在」

---

56　常玉芝，《商代周祭制度》（北京：中國社會科學出版社，1987）。

57　劉雨，〈西周金文中的祭祖禮〉，《考古學報》95（1989.4）。

58　詳見何炳棣，〈華夏人本主義文化：淵源、特徵及意義〉（上），《二十一世紀》33（1996.2）：97。

的最高度的眞實性。這態度可算執著到萬分，實際到萬分，
也平庸到萬分了。[59]

與聞師同年畢業於清華學堂，同年赴芝加哥大學專攻歐洲史和哲學的
雷海宗先師，既是篤誠的基督徒，又是具有高尚儒家情操的熱血愛國
者，卻能從西周青銅器群中「子孫永寶」、「其子子孫孫萬年永寶
用」之類文辭之普遍（更不要提《詩經・大雅》多首及其他西周文
獻），判斷舉世主要文化之中，以子孫世代繁衍爲中心價值的，只有古
代中國。上世紀中日戰爭期間，他曾作以下綜述：

> ……所謂拜祖，並非拜祖，而是拜祖先所象徵的過去、現在
> 與未來的整個家族，就是「拜子孫」也無不可。……個人之
> 前有無窮世代的祖先，個人之後有無窮世代的子孫，個人只
> 是個無窮之間的一個小點，個人的使命不是自己的發展，而
> 是維持無窮的長線於不墜；有助於維持此線的個人發展，才
> 是有意義有價值的發展。人生不能專爲自己，必須有大於自
> 己的理想目標，作爲自己追求的最高目的。這是古今中外一
> 切宗教的共同點。中國自四千年前文化初開起，就選擇了家
> 族生命與家族發展爲人生的最高目標，四千年間並無根本的
> 變化。[60]

---

59  徵引語句出自聞一多，《神話與詩》（上海：開明書店，1947），頁149；轉
    引自何炳棣，〈華夏人本主義文化：淵源、特徵及意義〉（上）。

60  雷海宗，〈時代的悲哀〉，收入雷海宗、林同濟，《文化形態史觀》（重印
    本，台北：業強出版社，1988），頁170。

孕育於如此悠久的人本宗教和文化的「道術」之所關懷的，有什麼能比保障人民休養生息、日用人倫更自然更基本？

## 五、〈天下〉所諱言的思想流派

《莊子‧天下》全篇論述思想流派，以儒墨始，以老莊終（辯者惠施附於莊周）。首尾之間，宋鈃、尹文「見侮不辱，……禁攻寢兵」似兼楊（朱）、墨；彭蒙、田駢、慎到似更趨向「道家」。作為自莊派觀點出發的哲學史綱，〈天下〉本可有主觀選擇或拒絕評介學說對象的自由和權利[61]。如果〈天下〉所顯示古代聖王道術的基本關懷不外日用人倫、生民之理的話，那麼〈天下〉所亟欲諱避不言的正是相反的一面，亦即《孫子兵法》——我國現存最早的私家著述[62]——開宗明義的警鐘：「兵者，國之大事，死生之地，存亡之道，不可不察也。」[63]事實上，《孫子》所論的「兵」是一個普世性無可避免不談的問題。正如韓非的觀察：「今境內之民……皆言兵，藏孫〔武〕、吳〔起〕之書者家有之。」[64] 後韓非百餘年的司馬遷也做了同樣的見

---

61　顧頡剛，《顧頡剛讀書筆記》，頁2355：「《莊子‧天下》篇遍評諸家，獨不及騶衍，疑此篇作於騶衍之前，衍果為戰國末年人也。」但也可能因為騶衍五德終始說尚未「以陰陽主運顯於諸侯」；見《史記‧封禪書》，頁1369。

62　請參閱何炳棣，〈中國現存最古的私家著述：《孫子兵法》〉。

63　《孫子兵法》（見孫武撰，曹操等注，楊丙安校理，《十一家注孫子校理》〔收入《新編諸子集成‧第一輯》，北京：中華書局，1999〕），〈計篇〉開卷語。

64　陳奇猷校注，《韓非子集釋》（上海：上海人民出版社，1974），〈五蠹第四十九〉，頁1066。

證：「世俗所稱師旅，皆道《孫子》十三篇。」[65] 可見從春秋末葉句踐滅吳所反映時代精神之鉅變，中經戰國七雄間日益酷烈的生存競爭，直迄西漢大一統帝國的成熟，四、五百年間，《孫子》這部代表近、現代以前人類對戰略及軍事辯證思維最高成就之作，是從來無法不被講求富國強兵之道者所私下奉爲圭臬的。

景慕莊周「上與造物者遊，而下與外死生、無終始者爲友」的〈天下〉作者，刻意避免觸及集「詭道」大成的《孫子》及深受其影響的各種「法家」的理論與實踐，是情有可原的[66]。至於累世誦習六藝，生徒廣眾，本富積極入世精神的儒家，竟在孟子影響之下，不惜歪曲史實，聲言「仲尼之徒，無道桓、文之事者，是以後世無傳焉」[67]，更無條件地宣揚「仁人無敵於天下」[68] 的自造「真理」[69]。孟子這種嗤戰爭爲不值一談的倨傲言行，事實上已開後世文人虛僞、矯飾、怯懦、「輕武」惡習的端倪。《呂氏春秋》〈孟秋紀第七〉、〈仲秋紀第八〉及〈季秋紀第九〉中諸篇和《淮南子·兵略訓》雖都認爲兵爭一向自遠古即無可避免，但主要看法仍受儒家影響較多——軍事的勝利取決於仁義與民心的向背[70]。惟獨司馬遷能從浮詞濫調之中對基本史實做出理智平衡的論斷：

---

65　《史記·孫子、吳起列傳》，頁2168。

66　例如〈天下〉評慎到「道」家思想，獨不涉及慎到的「法」治思想。

67　《孟子》（據清內府藏宋刊本影印，收入《四部叢刊·初編》，經部），〈梁惠王章句上〉。

68　《孟子·盡心章句下》。

69　荀子認爲「用兵攻戰之本在乎壹民」，明明是《孫子兵法·計篇》：「道者，令民與上同意也」的正確詮釋，而荀子對古代及戰國戰爭又做了檢討，但他的主要論點與孟子並無大差別，仍認爲「仁義」是無敵於天下的。參看《荀子譯注》，〈議兵篇〉，頁295-324。

70　參看《淮南鴻烈集解·兵略訓》全文。

……兵者，聖人所以討彊暴，平亂世，夷險阻，救危
殆。……自是〔成湯、周武〕之後，名士迭興，晉用咎犯
〔狐偃〕，而齊用王子[71]，吳用孫武，申明軍約，賞罰必
信，卒伯諸侯，兼列邦土，雖不及三代之誥誓，然身寵君
尊，當世顯揚，可不謂榮焉!?豈與世儒闇於大較〔法〕，不
權輕重，猥云德化，不當用兵，大至君辱失守，小乃侵犯削
弱，遂執不移等哉！故教笞不可廢於家，刑罰不可捐於國，
誅伐不可偃於天下，用之有巧拙，行之有順逆耳。[72]

至於何以先秦一般哲人都不願正視《孫子》所論的「死生之地，存亡之道」，問題可從兩方面看。正面看，先秦世界最高的精神主宰是歷經累進理想化的古代聖王無與倫比的道德威力。而另方面，春秋末葉居然出現《孫子》那樣高度理性，不信鬼神，不擇手段，專主功效，完全超出道德範疇的「行為主義」，正是聖王之道的悖反。試看《孫子》開卷的〈計篇〉：「道者，令民與上同意也，故可以與之死，可以與之生，而不畏危。」〈地形篇〉：「視卒如嬰兒，故可與之赴深谿；視卒如愛子，故可與之俱死。」〈九地篇〉更發揮極端行為主義的軍事理論：

　　將軍之事，靜以幽，正以治。能愚士卒之耳目，使之無知；

<hr />

71　張其昀主編，《中文大辭典》（第七版，台北：中國文化大學，1985），第6
　　冊，頁282，「王子城父」：「春秋齊人，惠公時大夫。長翟來寇，城父攻
　　殺之，埋北門。」事蹟見於《春秋左傳注》，「文公十一年」（前616）傳文
　　及楊伯峻注。

72　《史記‧律書》，頁1240-1241。

> 易其事，革其謀，使人無識；易其居，迂其途，使人不得
> 慮。帥與之期，如登高而去其梯；帥與之深入諸侯之地而發
> 其機，焚舟破釜，若驅群羊，驅而往，驅而來，莫知所之。
> 聚三軍之眾，投之於險，此謂將軍之事也。

筆者近年在考證《老子》辯證思維實祖述《孫子》一文裡，除主題外，已初步論證《孫子》行為主義對墨子及法家影響深鉅，並特別指出在應用方面，墨子不得不將孫武的行為主義全部加以倫理化，甚至宗教化。這樣一來，墨子對行將開始爭鳴的百家形成了一種道義上的「威脅」，因為百家理論雖各有其特色，但其共同核心都是班固在《漢書‧藝文志》所指的「君人南面之術」，而「君人南面之術」講求統治人民最有效的辦法本可是不擇手段的。墨子把全部治術，尤其是有關行為主義的應用都倫理化，甚至宗教化，因此逼得百家的理論都不得不披上道德、仁政、清靜、無為、心性及其他形上外衣。另一方面，墨子逼使未來的哲人、辯士、說客(商鞅是唯一例外)都不敢冒天下之大不韙，公開言說《孫子》理性思維最縝密、最重實際功效、最置道德價值於不顧的行為主義。連「極慘礉少恩」，集法家思想大成的韓非都需要《老子》為緣飾，即係明證。事實上最強有力的例證出自《孫子兵法》本身的最後一篇〈用間篇〉，討論利用間諜的極度陰險與高度保密的必要時，不得不解說：「非聖智不能用間，非仁義不能使間。……昔殷之興也，伊摯(尹)在夏；周之興也，呂牙在殷。」篇中的「聖」字和「仁義」連詞不但是《孫子》全書中所僅見，也是我國現存最古的私家著述中所首見。

可見在尼采(1844-1900)宣布上帝業已死亡以前，任何文明國家的治術和意識形態都無不需要披上宗教或道德的外衣。難能可貴的是

《淮南子・兵略訓》竟能揭開外衣，做出打穿後壁的歷史透視：

> 主之所求於民者二：求民爲之勞也，欲民爲之死也。民之所
> 望於主者三：饑者能食之，勞者能息之，有功者能德之。

其實，文本語句形式不同，而透視能力與《淮南子・兵略訓》相埒
者，尚有《管子》開卷〈牧民第一〉，位置僅亞於首節「四維」之後
的「四順」：

> 政之所興，在順民心。政之所廢，在逆民心。民惡憂勞，我
> 佚樂之。民惡貧賤，我富貴之。民惡危墜，我存安之。民惡
> 滅絕，我生育之。能佚樂之，則民爲之憂勞。能富貴之，則
> 民爲之貧賤。能存安之，則民爲之危墜。能生育之，則民爲
> 之滅絕。

這個歷史透視既說明本文根據五種重疊文本的分析與論斷之未失鵠
的，又將大有裨於筆者先秦兩漢政治思想及制度中孫、商軸心之建立
一文的寫撰。

（本文於民國九十五年四月二十日通過刊登）

## 附錄

　　近代中、日、西方學人從種種不同觀點研究老子其人其書的著述
已達數百萬言之多。即使避免專攻先秦思想四十餘年之久的本文作

者，在他近年〈中國思想史上一項基本性的翻案：《老子》辯證思維源於《孫子兵法》的論證〉裡，也曾提出從事於文字、專詞、詞源、語義、稱謂、制度、思想內涵以及命題與反命題先後之序等多維考證的必要。當時未能料到的是，對《莊子・天下》篇首段和全篇屢度反思之後，竟發現老聃必晚於孔子和墨子的新視角。所以特闢此附錄以供思想史界學人參考。

案：〈天下〉篇婉轉提出一個學派是否應負導致道術分裂的責任，主要是看它對傳統思想、文化、制度和治術所持的態度與立場。例如墨子不僅是道術一詞的鑄造者，而且他道術中的基本關懷又與歷代聖王生民之理大都吻合。但是，由於他對傳統文化及制度做了一些具體的批評與抗議，於是他在〈天下〉篇中被認為是首位導致道術分裂者。列於儒、墨之後的百家全是在「道術將為下天裂」的過程中先後形成的。各家在篇中出現的次序部分地是按照時代的先後，部分地是以學說相近而類聚。各家學說各有所長，但無例外都或多或少地與累世理想化過的聖王權位智慧渾然一體的最高統治術有異。根據〈天下〉篇是否分裂的標準，自宋鈃、尹文以至關尹、老聃無一不是孔、墨以後的導致道術分裂者，尤以老聃的學說對傳統的智慧與價值具有高度的「反命題」精神。限於篇幅，只舉一、兩例。如〈天下〉篇引老聃：「知其雄，守其雌，為天下谿」等句，見於今本《老子》第二十八章；西漢《老子道德經河上公章句》注釋最為精當：「雄以喻尊，雌以喻卑。……去〔雄〕之強梁，就雌之柔和，如是則天下歸之，如水之流入深谿也。」[73] 這分明是一反傳統觀念以柔勝剛的「君

---

[73] 《老子道德經河上公章句》的時代斷定為西漢是根據金春峰的考證；詳金春峰，《漢代思想史》，頁395-414。引文見於《老子道德經河上公章句》（北京：中華書局，1993），頁113。

人南面之術」。再如近年雖有學人認為郭店楚簡《老子》對儒家態度與今本有很大的不同，但事實上二者之間的不同不過是語氣緩激程度上的差別而已。今本《老子》第十八章有最激烈的非儒語句：

> 大道廢，有仁義；智慧出，有大偽；六親不和，有孝慈；國
> 家昏亂，有忠臣。

馬王堆漢初帛書《老子》與迄今最早的郭店楚簡《老子》，語氣雖與今本不同，但反儒、反正統、反權威的精神仍極明顯：

> 故大道廢，安有仁義；六親不合，安有孝慈；國家昏亂，安
> 有正貞、忠臣。[74]

誠然，老子其人其書的解答有賴盡量多維的考證，此附錄所提出的不過是一個新的視角。但是這個新的視角是出自道家莊派哲學史綱中最基本的內在分類邏輯，不是任何當代崇老學人所能輕易駁斥的[75]。

---

74　今本及簡、帛本均轉引自何炳棣，《有關《孫子》、《老子》的三篇考證》，頁20。

75　誠然，〈天下〉確稱關尹、老聃為「古之博大真人哉！」見《莊子校詮》，頁1338。但「古」字在先秦語境中意義與近、現代不同，可指真正遠古，可指近世。僅舉一例：《左傳》宣公二年(前607)引孔子贊直書「趙盾弑其君」的晉國史官董狐為「古之良史也」，贊趙盾為「古之賢大夫也」。時距孔子之生(前551)僅五十六年。按現代漢語標準，絕對稱不起真「古」。如距今一百六十餘年的鴉片戰爭，無不認為是「近代史」上重要年代之一，遠遠談不上「古」。〈天下〉稱老聃「古」，不過是指已故的前輩哲人而已，不可據以說明遠遠早於諸子百家。

# 引用書目

## 一、傳統文獻

《老子道德經河上公章句》(北京:中華書局,1993)。

《孟子》,據清內府藏宋刊本影印,收入《四部叢刊・初編》(上海:商務印書館,1926),經部。

《國語》,據清嘉慶五年(1800)讀未見書齋重雕北宋明道二年(1033)本影印(台北:世界書局,1962)。

《管子》,據常熟鐵琴銅劍樓藏宋刊本影印,收入《四部叢刊・初編》,子部。

《韓非子集釋》,陳奇猷校注(上海:上海人民出版社,1974)。

《鶡冠子》,據江陰繆氏藝風堂藏明翻宋本影印,收入《四部叢刊・初編》,子部。

王叔岷,《莊子校詮》(台北:中央研究院歷史語言研究所,1988)。

司馬遷,《史記》,點校本(北京:中華書局,1959)。

屈萬里,《尚書今註今譯》(台北:臺灣商務印書館,1975)。

孫武撰,《十一家注孫子校理》,曹操等注,楊丙安校理,收入《新編諸子集成・第一輯》(北京:中華書局,1999)。

孫詒讓,《墨子閒詁》,孫啓治點校,收入《新編諸子集成・第一輯》(北京:中華書局,2001)。

班固,《漢書》,點校本(北京:中華書局,1962)。

高明,《帛書老子校注》,收入《新編諸子集成・第一輯》(北京:中華書局,1996)。

張覺,《荀子譯注》(上海:上海古籍出版社,1996)。

許維遹，《呂氏春秋集釋》，重印本 (北京：中國書店，1985)。

郭慶藩，《莊子集釋》，重刊點校本 (北京：中華書局，1961)。

陳鼓應，《莊子今註今譯》(台北：臺灣商務印書館，1975)。

章學誠著，《文史通義校注》，葉瑛校注(北京：中華書局，1985)。

楊伯峻，《春秋左傳注》(北京：中華書局，1981)。

楊伯峻，《論語譯注》(北京：中華書局，1958)。

劉文典，《淮南鴻烈集解》，《國學基本叢書》本(上海：商務印書
　　館，1923)。

劉安等著，《淮南子譯注》，陳廣忠注譯(長春：吉林文史出版社，
　　1990)。

## 二、近人論著

尹振環

　1998　《帛書老子釋析》(貴陽：貴州人民出版社)。

　2000　《帛書老子與老子術》(貴陽：貴州人民出版社)。

　2001　《楚簡老子辨析：楚簡與帛書老子的比較研究》(北京：中
　　　　華書局)。

何炳棣

　1995　〈「天」與「天命」探原：古代史料甄別運用方法示
　　　　例〉，《中國哲學史》(中國哲學史學會)10(1995.1)。

　1996　〈華夏人本主義文化：淵源、特徵及意義〉(上)，《二十
　　　　一世紀》33(1996.2)。

　1999　〈中國現存最古的私家著述：《孫子兵法》〉，《歷史研
　　　　究》261(1999.5)。後收入《有關《孫子》、《老子》的三
　　　　篇考證》；又收入王元化主編，《學術集林‧第十七卷》

（上海：遠東出版社，2000）。

2000　〈司馬談、遷與老子年代〉，《燕京學報》新9。後收入《有關《孫子》、《老子》的三篇考證》。

2002a　《有關《孫子》、《老子》的三篇考證》，收入《中央研究院近代史研究所演講集・二》（台北：中央研究院近代史研究所）。

2002b　〈中國思想史上一項基本性的翻案：《老子》辯證思維源於《孫子兵法》的論證〉，收入《有關《孫子》、《老子》的三篇考證》。

余英時

2003　《朱熹的歷史世界：宋代士大夫政治文化的研究》（台北：允晨文化出版公司），下篇。

2005　〈試說科舉在中國史上的功能與意義〉，《二十一世紀》89（2005.6）。

李奇

1987　〈道德〉，收入《中國大百科全書・哲學》（北京、上海：中國大百科全書出版社）。

李零

2000　《中國方術考》，修訂本（北京：東方出版社）。

李學勤

1993　《簡帛佚籍學術史》（南昌：江西教育出版社，2001）；繁體字版（台北：時報文化出版公司，1993）。

邢文

1999　〈《孟子・萬章》與楚簡《五行》〉，見《郭店楚簡研究》，收入《中國哲學・第二十輯》（瀋陽：遼寧教育出版

社）。

金春峰

　　1997　《漢代思想史》（北京：中國社會科學出版社）。

姜廣輝

　　1999　〈郭店楚簡中《子思子》──兼談郭店楚簡的思想史意
　　　　　義〉，見《郭店楚簡研究》，收入《中國哲學‧第二十
　　　　　輯》。

晁福林

　　1989　〈從盤庚遷殷談到《尚書‧盤庚》三篇的次序〉，《中國
　　　　　史研究》41（1989.1）。

常玉芝

　　1987　《商代周祭制度》（北京：中國社會科學出版社）。

張立文主編

　　1989　《道》（北京：中國人民大學出版社）。

張其昀主編

　　1985　《中文大辭典》，第七版（台北：中國文化大學）。

張舜徽

　　1982　《周秦道論發微》（北京：中華書局）。

　　1997　《張舜徽學術論著選》（武漢：華中師範大學出版社）。

郭沫若

　　1945　〈莊子的批判〉，收入氏著，《十批判書》（重慶：群益出
　　　　　版社）。後收入郭慶藩，《莊子集釋》，重刊點校本（北
　　　　　京：中華書局，1961）。

馮友蘭

　　1934　《中國哲學史》（上海：商務印書館）。

馮契

    1987    〈莊子〉，收入《中國大百科全書・哲學》。

聞一多

    1947a    〈莊子〉，收入氏著，《古典新義》（上海：開明書店）。

    1947b    《神話與詩》（上海：開明書店）。

雷海宗

    1988    〈時代的悲哀〉，收入雷海宗、林同濟，《文化形態史觀》，重印本(台北：業強出版社)。

劉雨

    1989    〈西周金文中的祭祖禮〉，《考古學報》95(1989.4)。

劉家和、邵東方

    2000    〈理雅各英譯《書經》及《竹書紀年》析論〉，《中央研究院歷史語言研究所集刊》71.3。

顧頡剛

    1999    《顧頡剛讀書筆記》（台北：聯經出版事業公司）。

Karlgren, Bernhard, tr.

    1948-1949    "Glosses on The Book of Documents," *Bulletin of the Museum of Far Eastern Antiquities* (Stockholm) 20 & 21.

Legge, James, tr.(理雅格)

    1963a    *The Chinese Classics*, vol. 3, *The Shoo King*, 據 London: Oxford University Press 1895年原版重印（台北：文星書店）。

    1963b    *Tao Te Ching and the Writing of Chuang-tzu*, 據 London: Oxford University Press 1891年原版重印（台北：文星書店）。

Lewis, Mark E.

1999　　*Writing and Authority in Early China*（Albany: State University of New York Press）.

Sato, Masayuki（佐藤將之）

2003　　*The Confucian Quest for Order: The Origin and Formation of the Political Thought of Xun Zi*（Leiden: Brill）.

第十一章
# 國史上的「大事因緣」解謎：
## 從重建秦墨史實入手

　　秦人的祖先本屬東方鳥夷少皞族系，與殷商王朝關係密切。殷亡之前，一部分秦人曾西遷到今陝西渭水上中流地帶；大部留在東方的秦人，當西周開國之際，受周公東征的壓力，不得不遠徙至陝甘邊境肥沃的黃土高原，與戎狄雜處，從事農牧[1]。西元前9世紀初，秦非子為周孝王養馬於汧渭(今陝西扶風、眉縣一帶)，受封為附庸，受姓為嬴，受邑於秦。關於「秦川」的地望史書有不同的說法，要以酈道元《水經注》〈渭水上〉條所言為較正確。此項下詳舉渭水上中游諸多川流，特別指出秦水「過清水城，西南注清水，清〔水〕上下，咸謂之秦川。」[2] 近年考古發現古代所謂的秦川，地勢開闊，有發育良好的台地及宮室，固不必斤斤計較狹義「秦亭」之所在。[3] 主要的是秦的原始封地在今甘肅天水東北的清水縣境內，東距今陝西寶雞市僅約

1　顧頡剛，〈鳥夷族的圖騰崇拜及其氏族集團的興亡——周公東征史事考證四之七〉，刊於西安半坡博物館編，《史前研究》(西安：三秦出版社，2000)。王煦華，〈顧編後記〉：「顧頡剛先生於1960至1964，四年之中，曾作五次修改，並在日記中說：『考證文字，非改不可，改一次，深入一次，其精湛處有想不到者，眞一樂也。』」這種治學精神，值得後學效仿。
2　王國維校，《水經注校》(上海：上海人民出版社，1984)卷十七，頁575。
3　王學理、梁雲，《秦文化》(北京：文物出版社，2001)，頁118-119。

一百公里。

　　因累世與叛西周王室的西戎部落作戰，周宣王賜予非子曾孫秦仲以大夫的稱號。至西元前770年周平王避戎難東遷雒邑，秦襄公（秦仲之孫）護送有功。「平王封襄公爲諸侯，賜之岐以西之地，曰：『戎無道，侵奪我岐、豐之地，秦能攻逐戎，即有其地。』與誓，封爵之。襄公於是始國，與諸侯通使聘享之禮。」[4] 此後秦人聯合原來土著的周人，從陝甘邊境故居「西垂」步步與戎狄苦鬥，向東擴展疆土。幾乎一個世紀之後，西元前677年秦德公才遷都到雍城，今陝西鳳翔縣城之南最肥沃的「周原」地帶。此後數百年間秦與戎狄在黃土高原爭奪土地的武裝衝突時斷時續。

　　至於黃河以東的廣大地區，直到秦穆公（前659-621在位）才乘晉國內亂幾度東越黃河操縱晉國君主的廢立。但晉在文公（前636-627在位）整頓之下國勢日強，稱霸中原，此後長期成爲秦人東進的障礙。所以秦穆公只好向西「謀伐戎王，益國十二，開地千里，遂霸西戎。」[5] 總之，至穆公秦始躋身於春秋大國之林。

　　秦穆公卒後百餘年間秦國國力的發展受到內外的阻力。外部的阻力主要是黃河以東強大的晉國，即使在關中地區也不免受到戎狄部落的頑強抵抗；秦國內部社會、經濟、文化都比中原先進國家落後。最不利的是國家政權經常被庶長貴族操縱。庶長們竟能不時將秦公子流放到國外，或迎回到秦國，擅自廢立國君。最顯著的例子是秦懷公（前424-415在位）先被庶長等自晉國迎回繼承君位，最後又被庶長們囚禁，憤而自殺。直到秦獻公（前384-362在位）即位之後政治才逐漸安

---

4　《史記・秦本紀》（北京：中華書局點校本，1982第二版），頁179。
5　《史記・秦本紀》，頁194。

定。《史記・秦本紀》對此期間的內外情勢有簡要的綜述：「秦以往者數易君，君臣乖亂，故晉復彊，奪秦河西地。」[6] 正是從秦晉（魏）爭奪河西地的經過——這正也是墨學專家和一般思想史家所從未想到的專題——才可望較深體會《墨子》現存最後〈備城門〉等十一篇所論防禦戰術的眞實性和墨者鉅子制度的性質、演變及其異常重要而從未經揭發的歷史使命。

## 一、河西地在秦史上的重要意義

爲了解秦魏爭奪河西爭奪戰的歷史意義，有必要先簡述河西的地貌。眾所周知，黃土高原最引人注目的是中分晉陝兩省的黃河。這段縱向的黃河全長七百多公里，所謂的「河西」僅指最南一小段的黃河西岸地區。歷史地理學家史念海曾做過實地考察：

> 黃河由晉陝峽谷而下，至龍門出峽，繼續南流，至潼關附近爲秦嶺所阻，又折而東流。龍門與潼關之間河長僅133公里，河身卻極爲寬廣。龍門以北的河水猶緊緊束縛於兩岸山崖之中，河寬只有0.15公里。一出龍門，河面便驟然寬廣。……〔至〕汾河口附近，黃河的寬度竟達到14.5公里。……[7]（見圖一）

這段黃河東邊的汾水和涑水流域是三晉政治、經濟、文化和人口的重

---

6　《史記・秦本紀》，頁200。

7　史念海，《黃土高原歷史地理研究》（鄭州：黃河水利出版社，2001），頁45-46。

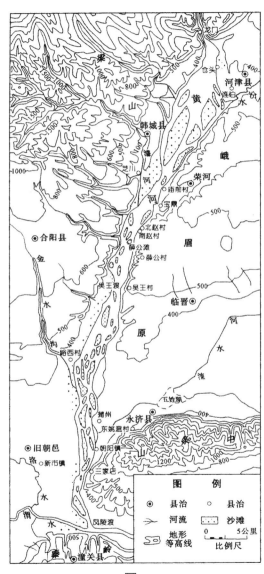

圖一

心；西邊陝西境內的洛水和渭水下游平原是有待嬴秦充分開發的寶藏。這些河流及其眾多支流都匯集此區，注入龍門、潼關之間的黃河。所以無論從軍事或經濟的觀點都是秦魏必爭之地。

由於黃土高原土質疏鬆，長期流水的侵蝕把表層的黃土堆積切割成溝壑原梁縱橫破碎的地貌[8]，而如此複雜的地貌正是刺激戰國初期攻守戰術和武器創新的主要因素之一。《水經注》所述河西的河流系統大有助於了解古代軍事地理。很幸運，乾隆1784版《韓城縣志》和1769版《郃陽縣全志》不但證明《水經注》記載的正確，而且備極詳盡地描述每條大小河流曲折的流程——這是當代所有晉陝地圖所望塵莫及的。由於魏國在河西最主要基地少梁在今韓城縣境內，本文僅按《水經注》所述境內三條「主河」（其實相對黃河、汾、渭、洛諸水而言都是很小的河流），列舉乾隆《韓城縣志》中更小的支流。惟有如此，才可望反映河西古代行軍作戰攀登跋涉的艱苦與鬥爭的酷烈。

按《水經注》，自龍門峽而南順序有暢谷水（今名盤河）、峪谷水（今名濩水）和陶渠水（今名芝川河）。此三河皆源於西北方梁山山麓，非常曲折地繞經山峽、市鎮、城垣，或單獨或匯合注入黃河。此三河全程大約都在一百華里以上。（見圖二）

乾隆《韓城縣志》卷一：

> 暢谷水：縣舊志一名盤水，源出硃砂嶺，歷縣北、逕馮峰口，東過薛曲里，暖水自西南入焉；又南過帶村，東入於〔黃〕河。

---

8　本文簡短的綜述大都根據以下兩種專著：黃河水利委員會勘測規劃設計院編，《中國黃土高原地貌圖集》與曾昭璇，《中國的地形》（廣州：廣東科技出版社，1985），黃土高原專節，頁190-205。

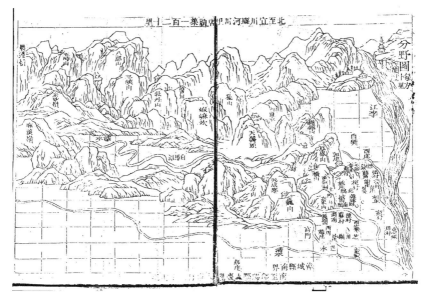

圖二

濼水：源出麻羨嶺，東流過石門，離水自南入焉。又東過景
村，谷水自北入焉。又東北過土嶺，洫水自西北入焉。又東
出土門，岸高口窄，水勢迅急，過邑城西轉而南，其勢益
激，澗水自西入焉。……南過馬頭山，潦水自西入焉。……
又東南合芝水，入於河。


陶渠水：舊縣志芝川河，……源出方山，東南流，諸山水自西南來
會。踰高家坡，濻水自北來入焉。……又東過呂庄，沈水自西北來入
焉。又東過芝川鎮南司馬〔遷〕祠，北合濼水入於河。

　　核對古今地名，陶渠水北合濼水入於河之處正是魏在河西最大基
地少梁的所在。

　　至於韓城縣南的郃陽，地形上是由高原進入平原的過渡地帶。境內東北較高，黃河有三個渡口，在古代行軍和物資運輸上可能有相當意義。更大的意義是郃陽以南及西南的平原，雖然海拔顯著降低不少，而地貌卻支離破碎。這是因為洛、渭兩大水系匯集於此，涇流長期侵蝕的結果。這種港汊溝渠縱橫交錯的地貌正是戰國初期秦魏「城、塹」軍事工程技術激烈競爭的原因。秦魏河西爭戰聚集於少梁原（今韓城縣芝川鎮），芝水繞過司馬祠，北合濩水，即將注入黃河之處，至晚在乾隆年間還保留有東少梁、西少梁之名。少梁原執大河咽喉，傍山依水，高屋建瓴，氣象萬千，難怪《水經注》載「昔魏文侯與吳起浮河而下，美河山之固，即於此也。」[9] 君臣泛舟之舉應發生於西元前408年，因此年魏軍在吳起指揮之下攻占了秦國河西地的全部[10]。

　　茲將秦魏河西戰爭史事列表如下：

| 秦紀年 | 西元前 | 事　　件 | 地　名　考　釋 |
|---|---|---|---|
| 靈六 | 419 | 魏城少梁，秦擊之。 | 今陝西韓城縣南芝川鎮，芝水北合濩水，注入黃河。今黃河西岸尚保留東少梁、西少梁之名。梁本古國名，秦穆公十九年（前641）滅梁，邑名少梁。秦惠文王十一年（前327）更名夏陽，《水經注》習用夏陽之名。 |
| 靈七 | 418 | 秦魏戰於少梁。 | |
| 靈八 | 417 | 魏復城少梁。秦城塹河瀕。 | |

---

9　王國維校，《水經注校》卷四，頁110。

10　關於魏攻占秦河西地全部的年代，參看林劍鳴，《秦史稿》（上海：上海人民出版社，1981），頁170-171註3長文；楊寬，《戰國史》（上海：上海人民出版社，1981），附錄三，頁560。

| 靈十 | 415 | 秦城籍姑，補修繁龐城。 | 籍姑在韓城縣北三十五里。繁龐在韓城縣東南。 |
|---|---|---|---|
| 簡二 | 413 | 魏敗秦軍於鄭下。 | 鄭在今陝西華縣境內。 |
| 簡三 | 412 | 魏圍繁龐，出其民。 | |
| 簡六 | 409 | 秦令史初帶劍。<br>魏伐秦，築臨晉、元里。 | 臨晉在洛水下游之西，蒲城縣東南三十五里。元里在洛水東北澄城縣南。 |
| 簡七 | 408 | 魏伐秦，攻占全部河西地；南進至鄭，北還，築洛陰、郃陽二城。 | 鄭在渭水之南，今華縣境。洛陰在今大荔縣境，洛水折向東南行將注入渭水處。 |
| 惠七 | 393 | 魏敗秦於注。 | 注城在今河南臨汝縣西北。 |
| 惠十 | 390 | 與魏戰於武城，縣陝。 | 武城在今渭南縣西北。陝在今河南之三門峽市境。 |
| 惠十一 | 389 | 秦侵魏之陰晉 | 陰晉在今華陰縣境。 |
| 惠十五 | 385 | 不滿小主夫人當政之秦庶長私迎公子連於鄭所之塞，不得入。公子連等繞道北翟，自焉氏入秦。秦討寇軍譁變，擁公子連至雍，小主夫人自殺，公子連即位，是為獻公。※ | 鄭所之塞在今華縣境。王念孫謂焉氏即漢之烏氏縣，在今甘肅平涼境內。《中國古今地名大辭典》謂焉氏在今寧夏固原境內。 |
| 獻元 | 384 | 止從死 | |
| 獻二 | 383 | 城櫟陽 | 櫟陽在今臨潼東北，渭水北岸。 |
| 獻十一 | 374 | 縣櫟陽〈六國年表〉 | |
| 獻十九 | 366 | 敗韓、魏於洛陰。 | |
| 獻廿一 | 364 | 與晉戰於石門，斬首六萬，天子賀以黼黻。 | 石門山「在山西解縣東南，名徑嶺，左右壁立，間不容軌。……通河南陝縣。……秦敗三晉之師於石門。……」《中國古今地名大辭典》。《史記‧正義》引〈括地志〉誤釋為陝西三原縣西北之堯門 |

| | | | 山，俗名石門。 |
|---|---|---|---|
| 獻廿三 | 362 | 與魏戰於少梁，虜其太子。取繁龐。 | |
| 孝八 | 354 | 與魏戰於元里，斬首七千，取少梁。 | |
| 孝十 | 352 | 以衛鞅爲大良造，將兵圍魏之安邑，降之。 | |
| 孝十二 | 350 | 徙都咸陽。 | |
| 孝廿二 | 340 | 衛鞅擊魏，虜魏公子卬；封鞅爲列侯，號商君。 | |
| 孝廿四 | 339 | 與魏戰於岸門，虜其將魏錯。 | |
| 惠文六 | 332 | 魏納陰晉，秦更其名曰寧秦。 | |
| 惠文八 | 330 | 魏入河西地於秦。 | |
| 惠文九 | 329 | 秦渡河取汾陽、皮氏。 | |
| 惠文十一 | 327 | 更名少梁曰夏陽。 | |

※《史記・秦本紀》：出子二年「庶長改迎靈公之子獻公於河西而立之。……」敘事過簡有誤。獻公被迎返秦即位事根據《呂氏春秋・當賞》：秦小主夫人用奄變，群賢不說(悅)自匿，百姓鬱怨非上。公子連亡在魏，聞之，欲入，因群臣與民從鄭所之塞。右主然守塞，弗入，曰：「臣有義，不兩主。公子勉去矣。」公子連去，入翟，從焉氏塞，〔塞守〕菌改入之。夫人聞之，大駭，令吏興卒，奉命曰：「寇在邊。」卒與吏其始發也，皆曰：「往擊寇」，中道因變曰：「非擊寇也，迎主君也。」公子連因與卒俱來，至雍，圍夫人，夫人自殺。公子連立，是爲獻公。〔獻公〕怨右主然，而將重罪之；德菌改，而欲厚賞之。監突爭之曰：「不可。秦公子之在外者眾，若此則人臣爭入亡公子矣。此不便主。」「獻公以爲然，故復右主然之罪，而賜菌改官大夫，賜守塞者人米二十石。獻公可謂能用賞罰矣。……」陳奇猷《呂氏春秋新校釋》(上海：古籍出版社，2002)，頁1624，長注18，既未能了解獻公返國之艱險與苦辛，更誤斷焉氏塞爲今陝西富平縣之關山古驛

口，距鄭所之塞僅半日行程。正確了解《呂氏春秋‧當賞》中的主要故事將大有助於考釋獻公何以與墨者建立密切關係。

　　據以上河西戰爭史事表，魏國在西元前419-408年這十一年間，攻占秦河西地的戰略完全成功。開頭經過三年的拉鋸戰已初步完成少梁要塞的工程。隨即居高臨下沿著黃河南進。讀到《史記》魏「圍繁龐，出其民」即可體會出這兩短句不啻是司馬遷大寫意筆法描繪的一幅攀城蟻附浴血肉搏的圖畫。魏軍攻占郃陽之後，即轉而揮師西南，進入洛水下游行將注入渭水的平原地帶。這地帶川流異常曲折，港汊縱橫，激戰之後雙方都需要選擇地點高壘深塹。魏一度進軍深入渭水以南的鄭（今陝西華縣境內），然後自動撤回到渭北建築新根據地郃陽和洛陰。弱勢的秦只能退守下游洛水的西和南：「塹洛，城重泉。」《括地志》：「重泉故城在同州蒲城縣東南四十五里」，應在今大荔縣境內，距今西安市東緣僅僅一百二三十公里了。可見魏占領下的全部河西已如一把利劍直指秦國的心腹了。

　　魏之所以如此成功，一則因為西元前453年韓、趙、魏三家滅智分晉以後，事實上已成為三個主權國家，以魏的國力為最強。二則魏文侯勵精圖治，有識人之明，把規劃進占河西的任務全部委之吳起。吳起不愧是典型名將，深深了解在什麼情況應該量力而行，適可而止。應該進一步指出的是：此後不久（大概是西元前387年後不久）因避魏武侯寵臣之讒，吳起改仕楚國[11]，而秦獻公於西元前384年即位之後亦忍辱持重，從事內政和軍事的改革，不輕易言戰。這些因素正幫助說

---

11　《史記‧魏世家》記武侯九年（前387）「使吳起伐齊，至靈丘。」設若吳起迅即改仕楚國，他在楚國推行的一系列改革，最多不過只有六、七年時機。

明何以西元前408年以後幾乎四分之一世紀秦魏兩國在河西地並無大戰。

　　古今學人幾無不同意現存《墨子》書尾〈備城門〉等十一篇最爲難讀，這是由於歷代重文輕武，更由於原書有關城守諸篇部分原簡在漢代遺失和錯置。經過半個世紀中西學者的注、譯和考詮[12]，這些篇章裡的錯字、專詞、術語和內容大致已能通讀；讀後大有助於加深了解秦魏河西戰爭在軍事及政制史上的重要意義和墨者對增強秦國攻防戰術的貢獻。讀了《墨子》最後這十一篇再重溫《史記》，就會聯想到選擇地點修築一座要塞城所需空中、地面、道路、橋梁、水面、地穴全方位所需軍事工程技術及規模之艱鉅和交戰時動用機械與大小兵器種型之可觀。堅而且厚的要塞主城城牆的頂部之內必須築有利於與敵人短兵相接的「女垣」。主城四隅尚須築有更高的「望樓」和與主

---

12　研讀《墨子》有關城守十一篇，仍須先讀孫詒讓，《墨子閒詁》及吳毓江，《墨子校注》，皆以中華書局版引用方便。岑仲勉，《墨子城守各篇簡注》（北京：中華書局，1959），除若干細節待商外，是本文所最倚重的專著。軍人出身、曾師從張政烺、楊伯峻的藍永蔚教授，《春秋時代的步兵》（北京：中華書局，1979）最後論述春秋末年的要塞城池攻守戰頗爲生動，有參考價值。近四十年來《墨子》城守諸篇，特別是攻守武器及軍事技術研究的中心移向美國，以葉山（Robin D.S. Yates）教授的著作爲最有貢獻：葉氏從未發表的哈佛大學博士論文 "The City Under Siege: Technology and Organization as seen in the Reconstructed Text of the Military Chapters of *Mo-tzu*" （1980），本文作者兩度參讀其膠片；葉氏中譯論文，刊於李國豪等主編，《中國科技史探索》（上海：上海古籍出版社，1986），頁403-435：〈攻守城器械及東周軍事技術〉；葉氏長文 "Early Poliorcetics: The Mohists to the Sung," 刊於 Joseph Needham, *Science and Civilization in China*, Vol. 5, Part 6, "Military Technology – the Gunpowder Epic," （Cambridge University Press, 1994）, pp. 241-485; 葉氏 "New Light on Ancient Chinese Military Texts: Notes on the Nature and Evolution, and the Development of Military Specialization in Warring States China," in *T'oung pao*, LXXIV（1988）, pp. 211-248.

城配合向敵人交叉側射的若干「行城」和「雜城」，更無論外圍的濠池、吊橋和木柵等屏障了。〈備城門〉開宗明義，禽滑釐請教墨子如何抵禦攻城的十二法：「臨、鉤、衝、梯、堙、水、穴、突、空洞、蟻傅、轒轀、軒車。」大體而言，「臨」是攻者在城外：「積土為高，以臨我城」，也指敵人所用高達數層樓的撞城車。「堙」也是積土為坡，主要似為填塞壕池。「鉤」是鉤引兵士上城的大鉤梯。「衝」是從側面攻城的「衝車」。雲「梯」易懂，無須再釋。「轒轀」據《通典》卷一六〇〈兵十三〉是「攻城戰具，作四輪車，上以繩為脊，生牛皮蒙之，下可藏十人，填隍推之，直抵城下，可以攻掘，金火木石所不能敗，謂之轒轀車。」「軒車」大概也是有掩蓋的大車。「水」指灌水淹城。「空洞」指挖地洞和地道。但「穴」和「突」原文殘闕，「穴」或「火」之誤，「突」部分的音義是敵人用重器突破城根時，守者以「突門」防堵，並施煙薰。「空洞」是挖地道，葉山繪有墨家地道內通煙管道示意圖，並有利用鼓風設備通過管道燒艾煙薰敵人的簡述。「蟻附(傅)」源自《孫子》，是形容士兵密集攀登城牆的行動和搏鬥[13]。

墨子壯年即以城防及軍械發明製造聞於列國。遠早於古代西方，墨子及其精於工藝的信徒即懂得槓桿和滑車的原理。墨家所發明和改進的軍事機械雖無法一一詳考，但其最重要的發明之一，投石機的構造保存於《墨子》本書、《通典》和《武經備要》諸書。其威力之大，射程之遠，命中率之高，部分地反映於它摔背(「夫」)的長度——30至35

---

13　主要根據岑仲勉，《墨子城守各篇簡註》全書；葉山，〈攻守城器械及東周軍事技術〉；李零，《兵以詐立——我讀〈孫子〉》(北京：中華書局，2007)，〈謀攻第三〉附錄《墨子》「十二攻」，頁141-153。

尺之間。這在古代世界是無與倫比的[14]。經過近數十年來中西學者的研究，墨者與統一之前的秦國有密切關係已成定論。本文的考詮對象當然應該是這種密切關係究竟何時開始。

## 二、墨者鉅子制始末考辨

歷代學人論秦轉弱爲強多採《荀子・議兵》四世之說。四世指秦孝公、惠文王、武王、昭（襄）王。四君在位西元前361-251年，共百十年。事實上自強運動必須上溯到孝公之父獻公（前384-362在位）。《史記・六國年表》：「秦靈公元年（前424）生獻公。」西元前415年靈公卒，庶長等專權，不立獻公而立其叔祖簡公。於是年僅九歲的公子連（獻公之名）即被流放於東鄰魏國。爲較充分了解獻公圖強的決心，有必要蠡測其青少年時代及即位初期所飽受的一系列心靈上的創傷和感情上的震撼。他十六歲（前408）即開始蒙受莫大的國恥與國難——祖國國防上最險要的地區竟變成魏國的西河郡。另方面，他流亡幾近三十年間目睹魏國變法的成就，這對他精神上既不無啓發，更多所刺激。但他一生最大的外來衝擊莫過於即位後四年（前381）所發生的驚天地泣鬼神的連鎖事件：陽城君因參加攻殺藏身於楚悼王屍體之下的吳起犯罪失國；陽城君的失國導致墨者鉅子孟勝及其弟子百八十五人的集體身殉以踐墨子之義。兩千四百年後，我們設身處地從秦獻公的經歷反思，才能體會出秦孝公元年（前361）求賢令原文句句是事實，處處含血淚。求賢令的原文以及原文前司馬遷的綜述都值得徵

---

14　正側面構造示意圖見Needham, *Sciences and Civilization in China*, Vol. 5, Part 6, pp. 208.

引、分析、詮釋：

> 孝公元年，河山以東彊國六，與齊威、楚宣、魏惠、燕悼、
> 韓哀、趙成侯並。淮泗之間小國十餘。楚、魏與秦接界。魏
> 築長城，自鄭濱洛以北，有上郡。楚自漢中，南有巴、黔
> 中。周室微，諸侯力政，爭相併。秦僻在雍州，不與中國諸
> 侯之會盟，夷翟遇之。
> 孝公於是布惠，振（賑）孤寡，招戰士，明功賞。下令國中
> 曰：「昔我繆公自岐雍之閒，修德行武，東平晉亂，以河為
> 界，西霸戎翟，廣地千里，天子致伯，諸侯畢賀，為後世開
> 業，甚光美。會往者厲、躁、簡公、出子之不寧，國家內
> 憂，未遑外事，三晉攻奪我先君河西地，諸侯卑秦，醜莫大
> 焉。獻公即位，鎮撫邊境，徙治櫟陽，且欲東伐，復繆公之
> 故地，修繆公之政令。寡人思念先君之意，常痛於心。賓客
> 群臣有能出奇計彊秦者，吾且尊官，與之分土。」於是乃出
> 兵東圍陝城，西斬戎之獂王。

此處應該特別辨明的是：求賢令原文之前「孝公於是布惠，振孤寡，
招戰士，明功賞」，並非始自孝公元年。孝公即位時年二十一，百般
政務有待觀察反思，六年之後才決定重用商鞅實行變法。正如同戰國
以降論秦變法之成功類皆歸功於商鞅，傳統史家論秦轉弱為強的樞機
一向溯源至孝公，並不斤斤計較時序上的差錯。事實上，結合求賢令
「獻公即位，鎮撫邊境，徙治櫟陽，且欲東伐，復繆公之故
地，……」我們可以肯定「招戰士，明功賞」等都是獻公業已實行的
措施與方略。試想：提到自強主要辦法之一的「招戰士」，當時有什

麼戰士能與軍械設計及製造方面勝過公輸般，紀律操守方面與一向扶弱抑強、重義輕生的墨者集團相比擬？本節以下討論的重心必須移向墨者鉅子制的始末，然後才再移回到獻公在國史上重要的意義。

墨者鉅子制並非以學派宗師墨翟本人開始。現在《墨子》書中從未稱墨子爲鉅子，亦無鉅子專詞的出現。鉅子一詞始現於《莊子·天下》，三位鉅子的姓名及事功只出現於《呂氏春秋》。馮友蘭先生認爲「墨者之第一任鉅子當爲墨子」之說[15]，沒有文本根據。

墨者集團紀律雖嚴，墨子威信雖高，但他尚未具有後來鉅子對墨徒生死予奪的絕對權威。相反地，弟子輩中頗不乏對他的教義提出問難的。如《墨子·公孟》篇：「有游於子墨子之門者，謂子墨子曰：先生以鬼神爲明知，能爲禍福，爲善者富之，爲暴者禍之。今吾事先生久矣，而福不至。意者先生之言有不善乎？鬼神不明乎？我何故不得福也？」同篇記有「子墨子有疾，〔弟子〕跌鼻進而問曰：先生以鬼神爲明，能爲禍福，爲善者賞之，爲不善者罰之。今先生聖人也，何故有疾？意者先生之言有不善乎？鬼神不明知乎？」古今學人每徵引《淮南子·泰族訓》：「墨子服役者百八十人，皆可使赴火蹈刃，死不旋踵。」以說明墨者對墨子無條件地崇拜與服從，殊不知《淮南子》此項綜述僅僅是根據第一任鉅子孟勝及其弟子因陽城君失國集體殺身就義一事，並不能完全準確地反映墨子生前對所有弟子都具有不容置疑的絕對權威。

墨子晚年大都居於魯陽，爲楚國封君陽城君的座上客，主要任務應是率領幹練弟子爲陽城君「守國」。想像中當時分散於各處的墨者都不免考慮兩個迫切的問題：如何愼選墨子的承繼人和如何保證墨者

---

15　馮友蘭，《中國哲學史》(上海：商務印書館，1934)，上冊，頁113-114。

集團將來的完整和興旺。惟其因爲繼承人的德行才智很難比擬墨子這位大宗師，所以有必要賦予繼承人以絕對的權威，藉以提高他的聲望，促進墨者集團的精誠團結。就資歷及操守而言，理想的承繼人應該是力行大禹之道，一向自苦爲極的，被尊稱爲「子禽子」的禽滑釐。他在《莊子‧天下》篇中的地位顯然是僅次於墨翟的學派宗師，但《呂氏春秋》所記鉅子沒有他的名字。關於禽滑釐先墨子辭世的可能，我們只能從《墨子‧備梯》篇的開卷白臆測：「禽滑釐子事子墨子三年，手足胼胝，面目黧黑，役身給使，不敢問欲。子墨子其哀之，乃管酒塊脯，寄于大山，昧荼坐之，以樵（醮）禽子。」有如此憔悴紀錄的禽滑釐享受不到墨子八十左右的高壽是在情理之中的。

孟勝被指定爲首任鉅子的年份無法確知，但應在墨子辭世（不出西元前393-381年之間）之前。他的事蹟《呂氏春秋‧上德》有生動的追述：

> 墨者巨子孟勝善荊之陽城君。陽城君令守於國，毀璜以爲符，約曰：「符合，聽之。」荊王薨，群臣攻吳起，兵於喪所，陽城君與焉，荊罪之。陽城君走。荊收其國。孟勝曰：「受人之國，與之有符。今不見符，而力不能禁。不能死，不可。」其弟子徐弱諫孟勝曰：「死而有益陽城君，死之可矣。無益也，而絕墨者於世，不可。」孟勝曰：「不然。吾於陽城君，非師則友也，非友則臣也。不死，自今以來，求嚴師必不於墨者矣，求賢友必不於墨者矣，求良臣必不於墨者矣。死之所以行墨者之義，而繼其業者也。我將屬鉅子於宋之田襄子。田襄子，賢也。何患墨者之絕世也？」徐弱曰：「若夫子之言，弱請先死以除路。」還歿頭前於孟勝，

因使二人傳鉅子於田襄子。孟勝死，弟子死者百八十五人。
(二人)欲反死孟勝於荊，田襄子止之曰：「孟子已傳鉅子於
我矣，當聽。」遂反死之，墨者以為不聽鉅子不察。[16]

近年一部列入「國家社科基金成果文庫」的鄭杰文著《中國墨學通
史》，論及墨家學團的組織、鉅子制的演變以及墨家學派分裂原因等
等均較前人著述詳細。其主要論斷與本文有密切關係，值得鄭重討
論。此書綜序：「在墨子時代，墨家學團的維繫手段，主要是在榜樣
力量的感召下學團成員自覺自律；……在墨子去世後的『巨子』時
代，墨家學團經過了由『準宗教信仰』到『嚴明法紀』的階段變化。
在孟勝為巨子的時代，維繫手段在榜樣力量之外又增添了宗教信
仰。」自孟勝為墨家巨子起，學團巨子已兼有宗教首領性質，「準宗
教」信仰也成為學團內部的主要維繫力量[17]。

　　這項論斷，恐怕與事實不符。最主要的理由是孟勝之言：「吾於
陽城君，非師則友也，非友則臣也，不死，自今以來，求嚴師必不於
墨者矣，求賢友必不於墨者矣，求良臣必不於墨者矣。死之所以行墨
者之義，而繼其業者也。」孟勝及其弟子百八十五人決定拋棄珍貴生
命之前，全無一字言及天帝鬼神、天堂來世，一切憑諸道義良心——
這正是與人類史上諸般殉教者迥然不同，也正是比古典希臘悲劇更富
悲劇意味的悲劇。

　　《呂氏春秋‧去私》篇載有類似的墨者悲劇：

---

16　許維遹，《呂氏春秋集釋》(北京：中國書店，1985影印1935版重刊本)卷十
　　九，頁11下至12下。
17　鄭杰文，《中國墨學通史》(北京：人民出版社，2006)，頁62。

> 墨子有鉅子腹䵍，居秦，其子殺人。秦惠王曰：先生之年長
> 矣，非有他子也。寡人已令吏弗誅矣，先生之所以聽寡人
> 也。腹䵍對曰：墨者之法曰：殺人者死，傷人者刑，此所以
> 禁殺傷人也。夫禁殺傷人者，天下之大義也。王雖爲之賜，
> 而令吏弗誅，腹䵍不可不行墨子之法，不許惠王，而遂殺
> 之。……

腹䵍老年大義滅親一事，有力反映維繫墨者學團的力量始終不是準宗
教信仰，而一貫是道義原則，也就是「墨者之法」。

此外理應探討的是孟勝死後多久國際墨子學團才開始分化的。
《韓非子・顯學》：「自墨子之死也，有相里氏之墨，有相夫氏之
墨，有鄧陵氏之墨。……墨離爲三。」但未說明與墨子卒年的大致時
間距離。《莊子・天下》篇所提供的線索值得仔細詮析：

> 相里勤之弟子，五(伍)侯之徒，南方之墨者苦獲、己齒、鄧
> 陵子之屬，俱誦墨經，而倍譎(背異)不同，相謂別墨；以堅
> 白同異之辯相訾，以觭偶不仵之辭相應；以巨子爲聖人，皆
> 願爲之尸，冀得爲其後世，至今不決。[18]

《墨經》，參加與惠施、公孫龍等堅白同異之辯都是比較晚的事實，
與孟勝、田襄子已有相當長的時間距離。「以巨子爲聖人，皆願爲之
尸」之「尸」字，特別需要認眞詮釋。王叔岷《莊子校詮》：「郭

---

18　王叔岷，《莊子校詮》(台北：中央研究院歷史語言研究所專刊，1988)，
　　頁1311及頁1315-1318諸注。

（象）《注》：『尸者，主也。』成（玄英）《疏》：『咸願爲師
主。』……謂皆願以巨子爲其主也。」[19] 陳鼓應譯文：「以鉅子當作
聖人，都願奉他爲主師，希望承繼他的事業，到現在還紛爭不
決。」[20] 案：郭象、成玄英釋「尸」都僅僅徵引《儀禮・士虞禮》鄭
玄注中提綱性的頭三個字：「尸，主也」，全都不引鄭的原文，所以
很容易引起後人的誤解。其實鄭文雖簡略，已能道出「尸」的作用：
「尸，主也。孝子之祭，不見親之形象，心無所繫，立尸而主意
焉。」[21]「虞」是葬後思親安神之禮，《禮記・檀弓下》有精確的說
明：「虞而立尸，有几筵。卒哭而諱，生事畢而鬼事始已。」王夢鷗
《禮記今註今譯》：「在葬後的安神祭，始有尸，有几案和席子。卒
哭以後始稱死者之名。因爲用生人的禮待他，到此已告結束，而開始
以鬼神的禮來待他了。」[22] 古今學人論「尸」再沒有比聞一多先生更
透徹幽默的了：

> 所謂「祭如在，祭神如神在」之在，乃是物質的存在。惟其
> 怕不能「如在」，所以要設「尸」，以保證那「如在」的最
> 高度的眞實性。……[23]

至於代表受祭者的「尸」應該由什麼活著的人充任，《禮記・祭統》
有最明確的申明：「夫祭之道，孫爲王父尸。」周初祭祀最主要的對

---

19　王叔岷，《莊子校詮》，頁1318。

20　陳鼓應，《莊子今註今譯》（台北：臺灣商務印書館，1975），頁949。

21　《影印阮刻十三經注疏》（台北：文化圖書公司，1970），頁1168。

22　王夢鷗，《禮記今註今譯》（台北：臺灣商務印書館，1974），頁149。

23　聞一多，《神話與詩》（上海：開明書店，1947），頁149。

象是文王，祭文王時充任「尸」的是嫡孫成王。

其實即使拋開歷代注疏不論，把《莊子·天下》「皆願爲之尸」釋爲「都願奉他(鉅子)爲主師」於事於理也講不通。因爲根據墨家教義和規律，所有的墨者都應該絕對服從鉅子的意志和命令。原則上鉅子制存在一天，墨者集團即不允許內部有分裂。鉅子既一向是被墨者認爲聖人，具有絕對權威的最高領袖，墨者根本沒有必要再爭著以他爲師主。爲了解〈天下〉篇有關鉅子原文的眞義，除「尸」字的定義之外，還需要把握事態發生先後之序。筆者認爲相里勤等互相詆斥的派別只能發生於鉅子制業已中斷之後，一向以過去的鉅子爲聖人的各派首領才皆願成爲鉅子的合法承繼人(尸)，都希望接續他的事業，可是墨家各派間的競爭「至今不決」。「今」無疑應是《莊子·天下》篇作者的時代，應該不會早於西元前250年左右——距離鉅子制的中斷已有相當時距了。

筆者的推斷是根據《呂氏春秋》裡的三項紀事：

(一)〈首時〉篇載有齊之墨者田鳩(俅)「欲見秦惠王，留秦三年而弗得見。客有言之於楚王者，往見楚王，楚王說(悅)之，與將軍之節以如秦。至，因見惠王。」[24]

(二)〈去宥〉篇：「東方之墨者謝子，將西見秦惠王。惠王問秦之唐姑果。唐姑果恐王之親謝子賢於己也，對曰：⋯⋯其爲人甚險，將奮於說以取少主也。王因藏怒以待之。謝子至，說王，王弗聽。謝子不說，遂辭而行。」[25]

以上兩項紀事反映在國際墨者大集團中一向享有絕對權威的鉅子

---

24　許維遹，《呂氏春秋集釋》，〈孝行覽·首時〉卷十四，頁16下。
25　同上，〈先識覽·去宥〉卷十六，頁25上、下。

已不存在；否則四方入秦求仕的墨者不會受到秦墨中狡猾分子的百般阻撓和嫉妒中傷。正因此類事件一再發生，所以同書〈去尤〉篇才有「秦墨者之相妒也」概括式的評議[26]。

（三）支持鄒說最直接的證據是〈應言〉篇中「司馬喜（熹）難墨者師於中山王前以非政」的故事。內中「墨者師曰：今趙興兵而攻中山」一語供給了具體的年代線索。《史記・趙世家》詳列趙武靈王二十年（前306）起屢度「略中山地」，直到趙惠文王三年（前296）「滅中山」。惟其因為鉅子制出於各種原因已不復存在，所以墨者各派系的領袖只能被稱為「墨者師」了[27]。

研究墨者鉅子制的始末，首先必須做時代上雙向的推測：由腹䵍仕秦上溯推其生年，再從西元前381年第二任鉅子田襄子向下推測傳位於腹䵍時後者的大約年齡。從《呂氏春秋・去私》篇，腹䵍之子殺人，「秦惠王曰：先生之年長矣……」為根據，先假定惠文君元年（前337）時腹䵍年已60或65歲。於是得出兩個數字：西元前397或402年。再假定田襄子充任鉅子共20或25年始傳位於腹䵍，如此則腹䵍繼任為鉅子時的年齡即有兩組數字：36或41歲、41或46歲。所有以上的推算都在情理之中，而以41歲繼承鉅子的可能性更大一些。折成西元，不出前366-356這十年，按秦曆應在獻公晚年。按常識性邏輯進一步推論，墨者入秦必早於腹䵍之初任鉅子，因為非要等到入秦墨者力量聲望在國際墨者集團中已達高峰，鉅子之榮才能輪到秦墨，而這個過程是需要相當歲月的。

可是試圖臆測田襄子仕宋的時間跨度卻是十分困難的。《呂氏春

26　同上，〈有始覽・去尤〉卷十三，頁13上。

27　同上，〈審應覽・應言〉卷十八，頁25上、下。

秋・上德》篇雖詳述西元前381年孟勝死陽城君之難,屬弟子二人傳鉅子之位於宋之賢者田襄子,現存所有先秦文獻全無一字涉及田襄子此後的事功與言行,以致博洽旁通如孫詒讓,在其〈墨學傳授考〉中亦感束手無策[28]。筆者窮思經年發現《史記・六國年表》西元前4世紀前半有關宋國僅有的兩次敘事可能供給唯一的線索[29]。

(一)韓文侯二年(前385)「伐鄭,取陽城。伐宋,到彭城,執宋君。」「到彭城」應釋為韓軍伐鄭後向東推進,攻陷彭城(今徐州市),俘虜宋君後即班師西返,否則跨國戰線過長難以久守。但是宋國極重要的都市被攻陷而且國君為韓俘虜,不能不說是宋國的一大危機和國恥。有鑒於往昔墨子預防楚國與公叔般攻宋,事先遣派弟子禽滑釐等三百人為宋守城,今番田襄子本諸墨家史例率眾援宋加強城防,並與繼位宋君建立君臣師友關係,以致四年後承繼孟勝為第二任鉅子應該是合理的揣想。

(二)魏惠王六年(前365)「伐宋,取儀台。」《中國古今地名大詞典》謂儀台在今河南虞城縣西南,西距今商丘市約三十公里,東距徐州市約七十公里。這又是宋國城防的失敗和疆土的喪失。田襄子的結局雖不可確知,但依照墨家傳統理應身殉墨者之義,至少也應引咎退位,而且事前出於道義,必須指定一位國際上能孚眾望的墨者做為鉅子的承繼人。

總之,以上兩項事實恰好反映田襄子仕宋的時間跨度,並遙遙呼應本文所估腹䵍受命為第三任鉅子的年份。

---

28　孫詒讓,《墨子閒詁》,孫啓治點校(北京:中華書局,2001),頁720。

29　《史記・六國年表》,頁714、719;〈魏世家〉,頁1844。

## 三、獻公朝墨者仕秦考實

雖然戰國時期文獻從未有明言墨者何時開始入秦的，孫詒讓《墨子閒詁》〈號令〉篇目之下，卻有極重要的雙行小字的考證：

> 蘇〔時學〕云：「墨子當春秋後，其時海內外諸國自楚、越外，無稱王者，故〈迎敵祠〉篇言：『公誓太廟』，可證其為當時之言。若〈號令〉篇所言令丞尉、三老、五大夫、太守、關內侯、公乘、〔男子〕，皆秦時官，其號令亦秦時法，而篇首稱王，更非戰國以前人語，此蓋出商鞅輩所為，而世之為墨者取以益其書也。倘以為墨子之言，則誤矣。」案：蘇說未搞，令丞尉、三老、五大夫等制並在商鞅前。詳篇中。[30]

孫詒讓糾正蘇時學，證明〈迎敵祠〉中秦官之名早於商鞅，確是主要貢獻，因推理墨者入秦必早於孝公，而在獻公之世。但蘇時學也有他的卓識——指出詞中「公誓太廟」的「公」有其相對較早的時代性。為便於討論，我們先考訂〈迎敵祠〉「公誓太廟」一段，然後再詮考篇首巫祝儀式的長文。

> ……公素服誓於太廟，曰：其人為不道，不修義詳(祥)，唯

---

30　孫詒讓，《墨子閒詁》，頁586。手邊無蘇時學書，承北京中華書局副總編輯顧青先生代校，發現孫引蘇文，遺漏「男子」二字，特此申謝。

力是正。曰：予必壞亡爾社稷，滅爾百姓。二參子尚(夙)夜
自廈(勵)，以勤寡人，和心比力兼左右，各死(尸)而守。[31]

案：秦惠文君即位後十四年稱王，次年(前324)為更元元年。〈迎敵
祠〉篇稱「公素服誓於太廟」的「公」究竟是更元前的惠文君、其父
孝公或其祖父獻公從未經墨學專家提出討論。我們先從「素服」和誓
詞內容加以蠡測。素服象徵一種哀悼，哀悼的對象可以是已逝的先
君，也可能是社稷過去所受敵國的創傷和凌辱。誓詞的話應分為三小
段。開頭三句是秦君對敵人(魏)不講道義、唯暴力是尚作風的概括。
緊接的是敵君對秦社稷人民狠毒居心的自白(事實上當然是秦君想像
的)。最後幾句是對陪誓左右的二三子(將領)恪遵職守、戮力同心，
「以勤寡人」勗勉的話。如果本文詮釋不誤，誓師之「公」不會是指
業已能屢勝三晉、屢受天子賀的孝公和惠文君，只可能是充滿悲鬱心
情、長期忍辱負重的獻公，而且是遠在臨終前二年(前364)「與晉戰於
石門，斬首六萬，天子賀以黼黻」[32]之前的獻公。

以下討論〈迎敵祠〉的巫祝儀式部分。由於《漢書・藝文志》兵
陰陽之末列出《別成子望軍氣》六篇、圖三卷，《辟兵威勢方》七十
篇，更由於〈迎敵祠〉充滿了五行迷信，不少近現代墨學專家都認為
此篇反映晚期墨學的巫祝化[33]。筆者不同意這種看法，認為全篇是早
期秦墨活動的紀實。茲徵引〈迎敵祠〉有關巫祝的原文以備考訂它的
年代的早晚：

---

31  同上，頁577-578。
32  《史記・秦本紀》，頁201。
33  如同劉昭瑞，〈墨者行為與道教法術〉，刊在《中國史研究》，1993年第2
　　期，頁125-132。

敵以東方來，迎之東壇，壇高八尺，堂密八，年八十者八
人；主祭青旗，青神長八尺者八，弩八、八發而止，將服必
青，其牲以雞。敵以南方來，迎之南壇，壇高七尺，堂密
七，年七十者七人；主祭赤旗，赤神長七尺者七，弩七、七
發而止，將服必赤，其牲以狗。敵以西方來，迎之西壇，壇
高九尺，堂密九，年九十者九人；主祭白旗，素神長九尺者
九，弩九、九發而止，將服必白，其牲以羊。敵以北方來，
迎之北壇，壇高六尺，堂密六，年六十者六人；主祭黑旗，
黑神長六尺者六，弩六、六發而止，將服必黑，其牲以彘。
從外宅諸名大祠，靈巫或(咸)禱焉，給禱牲。

……

凡望氣，有大將氣，有小將氣，有往氣，有來氣，〔有勝
氣〕，有敗氣，能得明此者可知成敗、吉凶。

……

舉巫、醫、卜有所長，具藥宮之，善為舍。望氣舍近守宮。
巫必近公社，必敬神之。巫、卜以請報守，守獨智(知)巫、
卜望氣之請而已。其出入為流言，驚駭恐吏民，謹微察之，
斷，罪不赦。[34]

案：五行系統在《墨子‧貴義》篇已經出現：

子墨子北之齊，遇日者。日者曰：帝以今日殺黑龍於北方，
而先生之色黑，不可以北。子墨子不聽，遂北，至淄水，不

---

34 《墨子閒詁》，頁573-575。

遂而反焉。日者曰：我謂先生不可以北。子墨子曰：南之人
不得北，北之人不得南，其色有黑者，有白者，何故皆不遂
也？且帝以甲乙殺青龍於東方，以丙丁殺赤龍於南方，以庚
辛殺白龍於西方，以壬癸殺黑龍於北方。……

墨子不僅言及四龍，並且道出四龍的各別顏色、方位、五行屬性、代
表各方屬性的天干，以及各組天干中的陰干和陽干。可見西元前5世
紀，五行說的基本要素和符號早已齊備，無殊於近千年來盛行於士庶
間的子平基本語彙了。

　　事實上遠在墨子之前就已有五行的學說。例如西元前512年面呈吳
王闔閭的《孫子·行軍》篇中就已經提到「黃帝之所以勝四帝」，
1973年銀雀山出土的兵家殘簡中還發現〈黃帝伐赤帝〉一篇。此篇殘
簡經當代諸家考訂校補之後，主要內容已可知曉：黃帝南伐赤帝，
「東伐青帝，……西伐白帝，……北伐黑帝」，全得全勝。《墨子·
貴義》篇中的龍，顯然就是銀雀山兵家殘簡中的帝。

　　五行相生相剋的觀念在《孫子》以前早已成熟。《左傳》昭公二
十九年(前513)，即吳王闔閭召見孫武之前一年，晉史墨答問時即申述
五行一向皆有專官(神)，稱為「五正」，經常舉行「五祀」，而且這
些祭祀木、火、金、水、土五行的專官都「世不失職」。可見上世紀
齊思和認為五行相剋說原於鄒衍，因而判斷《孫子》成書之晚是不能
成立的[35]。

---

35　參看何炳棣，〈中國現存最古的私家著述：《孫子兵法》〉，初刊於《歷
　　史研究》，1999年第5期，頁77-78；重刊於王元化主編，《學術集林》，第
　　17卷(上海，遠東出版社，2000年)，頁40-42；收入《有關〈孫子〉〈老
　　子〉的三篇考證》，台北：中央研究院近代史研究所演講集(2)，2002，頁

　　至於巫術與卜筮，淵源極古。所謂三代的聖王事實上無一不是政教合一的「大巫」，更不必提王室、貴族屬下的卜、史、祝和民間的巫覡了。即使最「人本」、最理性的孔子，晚年喜《易》，韋編三絕；1973年馬王堆出土漢文帝初年手抄《周易‧要篇》中孔子答子貢問，是否相信《易》中的「筮」，孔子曰：「我觀其德義耳，吾與巫史同途而殊歸。」終春秋之世，「國之大事，唯祀與戎」，全部的祀和戎中的祀都與巫、祝、史牢不可分。

　　至於墨家所宗的大禹與巫術的關係尤為密切。歷代巫師作法時必行「禹步」。楊雄《法言‧重黎》：「昔者姒氏治水土，而巫步多禹。」李軌注：禹「治水土，涉山川，病足，故行跛也。……而俗巫多效禹步。」[36] 1975年底湖北雲夢發掘所獲秦簡《日書》中五行相勝生剋說，不但與《墨子‧貴義》篇所述完全相符，而且已有從納音法推出的「禹須臾」吉日表。「須臾」是「立成」之義，大利出行。「名曰禹須臾」，當是日者借禹之名以增重其說[37]。近年秦簡《日書》研究顯示五行生剋，衝破害合等原則已「非常成熟」，時日吉凶的選擇與避諱在民間已很普遍[38]。墨子出身平民，極力推崇大禹自苦為極的救世精神，於是當華夏及其周遭宗教思想逐步人本理性化的過程中，墨者所保留的巫術較其他學派為多，是本不足怪的。

（續）────────────────

　　45-47。

36　汪榮寶，《法言義疏》（北京：中華書局，1987），頁317。

37　饒宗頤，〈秦簡中的五行說和納音說〉，饒宗頤、曾憲通，《楚地出土文獻三種研究‧雲夢睡虎地秦簡日書研究》（北京：中華書局，1993），頁459。

38　劉增貴，〈秦簡《日書》中的出行禮俗與信仰〉，《中央研究院歷史語言研究所集刊》，2001年第3分，頁503-541；及〈睡虎地秦簡《日書》〈土忌〉篇數術考釋〉，《中央研究院歷史語言研究所集刊》，2007年第4分，頁671-704。

　　至於有關望氣術最早的文獻記載是杜佑《通典》卷一六二末〈風雲氣候雜占〉項所引，見於《太平御覽》的《司馬法》佚文：

> 若細雨沐軍，臨機必有捷。迴風相觸，道還而無功。雲類群羊，必走之道，氣如驚鹿，必敗之勢。黑雲出壘，赤氣臨軍，皆敗之兆。若煙非煙，此慶雲也，必勝。若霧非霧，是泣軍也，必敗。

杜佑最後的按語：「是知風雨之占其來久矣。」問題在：現存《司馬法》文本及其時代都還有待考證。本文本節目的在推測〈迎敵祠〉在墨家著述中的相對早晚，為慎重計還是借重《史記·日者列傳》的《集解》和《索隱》。二者都認為「古人占候卜筮，通謂之『日者』」，而「日者」一詞在先秦文獻中最早出現於《墨子·貴義》。司馬貞〈索隱述贊〉：「日者之名，有自來矣。吉凶占候，著於《墨子》。」這是就文本言最可靠的綜結。所以五行系統、占候望氣等等絕不是戰國末期墨者「巫祝化」以後才有的現象，而確是墨者初仕秦獻公時早已具有的原始巫祝文化積澱。

　　理應順便指出的是，表面上這五光十色的誓師儀式是由巫祝導演的，而幕後真正的控制者是從未失去高度理性的「守」——由秦獻公自己從墨者精英中遴選出來的最高城防長官。現存《墨子》有關城守的十一篇中，篇幅最長、性質迥異於〈迎敵祠〉的〈號令〉篇，內中詳盡地列出種種有關安國、守城等實事求是的軍令和法規，卻獨獨插進〈迎敵祠〉中唯一理性的條款，似乎更足說明本文以上觀察的正確：

望氣者必近太守。巫舍必近公社，必敬神之。巫、祝、史與望氣者必以善言告民，以情上報守，守獨知其請而已。無與望氣者妄爲不善言驚恐民，斷，勿赦。

杜佑《通典》卷一六二「兵十五」最後望氣條結尾雙行小字註中的綜結大有助於讀者的反思：

雖云任賢使能則不占而事利，令明法審則不筮而計成，封功賞勞則不禱而福從，共苦同甘則犯逆而功就，然而臨機制用亦有此爲助焉。

在大體上受人本主義文化薰陶下的古代華夏民族鬥爭之中，巫祝儀式及望氣雜占等迷信僅僅具有邊緣的作用應該是接近事實的。

回到本節的主題，我們還需要解釋：何以秦獻公自始即不得不委派墨者統籌全部城防事宜，並充任集軍政權於一身的城區最高長官——「守」；何以圍城居民、男女老幼，都按照軍隊編制組成五人基本單位的「伍」，受極度嚴酷「連坐」刑罰的控制。《墨子・號令》：

圍城之重禁，敵人卒而至，嚴令吏民無敢讙囂、三最(三人相聚之義)、並行、相視坐泣流涕。若視舉手相探，相指相呼，相靡相踵，相投相擊、相靡(以身及衣)、訟駁言語、及非令也而視敵動移者，斬。伍人不得，斬；得之，除。伍人踰城歸敵，伍人不得，斬；與伯(百)歸敵，隊吏斬；與吏歸敵，隊將斬。歸敵者，父母、妻子、同產皆車裂；先覺之，

除。當術需敵，離地，斬。伍人不得，斬，得之，除。[39]

銀雀山漢簡中墨家殘簡竟有敵尚未至時，防守人員入廁必須銜枚，不准二人同行，違者斬之令![40]

這種極度嚴峻的城防法令規章只有從本文秦魏河西爭戰史年表底註《呂氏春秋・當賞》所載，秦獻公返國即位途中極度艱險的經過中，才能得到合理的解答。他初試從最近的鄭所之塞入秦，被守塞官右主然所拒，其理由正當：「臣有義，不兩主。公子勉去矣。」獻公不得不深入北翟，幸焉氏塞守塞的菌改迎之重入秦境。但此舉雖極有利於獻公，卻因秦公子在外者多，政治上會留下不良影響。奉小主夫人命北上擊寇的軍隊半途譁變，獻公才能南下至雍即位，但總觀全局，第一步的關鍵確是決定於守塞官員臨時所選擇的效忠對象及其是否有決心和能力防阻內奸外諜的情報傳遞。秦獻公立法圖強首要的整頓對象之一當然是嚴城防之守。

再則〈備城門〉篇禽滑釐請問墨子守城十二法首段很像是全部有關城防諸篇的「序言」。內中尤堪注意的是討論：

且守者雖善(而君不用之)，則猶若不可以守也。若君用之，守者又必能乎？守者不能，而君用之，則猶若不可以守也。然則守者必善而君尊(專)用之，然後可以守也。[41]

---

39　岑仲勉，《墨子城守各篇簡注》，〈號令〉，頁103，分段較其他《墨子》注疏合理。

40　Needham, *Science and Civilization in China*, Vol. 5, Part 6, 葉山專著，頁317，底註g。

41　〈備城門〉首段，根據吳毓江，《墨子校注》(北京：中華書局，2006)，頁759。

這種「君用臣能」是任何聘募墨者時雙方第一考慮的因素。事實上，除了「守」的能力外，同樣重要的是他的操守。在獻公飽受驚險回國即位後的第四年，鉅子孟勝及其弟子百八十五人集體殉義之後，城防最高長官及其隨從之選，捨墨其誰應已係不爭之論了。

## 四、圖強運動中墨者的主要貢獻

### (一)軍事方面

獻公之前的半個世紀，秦弱魏強只是一種相對的說法。就疆域、人口、資源而論，秦本有足夠的潛力演變成為一等軍事強國，主要的關鍵在有英明的君主領導改革。根據本文以上的多邊考釋，獻公即位後的第四年，亦即墨者首任鉅子孟勝及其弟子集體死楚陽城君之難那一年，獻公與墨者應即開始合作，而且關係如魚得水異常融洽，所以城防要區集軍政大權於一身的「守」都從墨者甄選。《漢書·百官公卿表》謂「郡守，秦官，……景帝中二年(前148)更名太守。」戰國史籍雖然殘闕，但「守」的起源至少可上溯到春秋晚期。《韓非子·內儲說上》載有「董閼(安)于為趙上地守，」「李悝為魏文侯上地之守。」按：董安于為趙簡子(卒於西元前475年)家臣。魏文侯在位五十年(前445-396)，李悝是魏國最出名的首「相」，實行法制和農村經濟改革的政治家，其初任「守」職應在文侯的早期。據注釋，上地即上郡，前者在今陝西榆林、延安之間，後者在今山西上黨一帶[42]。秦獻公任墨者為「守」更有近例可援：魏於西元前408年攻占全部秦河西地

---

42　張覺，《韓非子譯注》(台北：台灣古籍出版社，1996)，頁560、577。

後，即任吳起爲西河守[43]。

秦制城防最高長官「守」之下，還有由墨者充任的「尉」。《墨子・備城門》篇說明「城上四隅……四尉舍焉。」「百步一亭……亭一尉，尉必取有重厚忠信可任事者。」亭尉掌旗幟。各種城防士卒，包括童子及女子，都依照「青、赤、黃、白、黑」五色旗幟各守崗位。敵人攻城由遠而近時，亭尉手執大旗，有如近代童子軍領隊之「打旗語」，並鼓聲，指揮部隊的行動。夜間只好用火。此外還有門尉，責任是執行極嚴格的監守城門、防諜杜奸的規令，白晝必須親自巡察三次，夜間巡察一次[44]。

至於尉的起源，初見於《左傳・閔公二年(前660)》，是晉國的高級軍官。《左傳・襄公十九年(前554)》：「公享晉六卿于蒲圃，賜之三命之服，軍尉、司馬、司空、輿尉、候奄皆受一命之服。」可見軍尉是中央的軍職，品級僅在卿帥之下，眾官之上。隨著戰國初期戰爭規模及頻率的上升，邊區地方漸有設置中低級尉官的必要。韋昭《辨釋名》對尉的綜釋最簡明合理：「廷尉、郡尉、縣尉皆古官也。……凡掌賊及司察之官皆曰尉。尉，罰也，言以罪罰姦非也。」[45]

---

43 《史記・孫子吳起列傳》，頁2166：「〔魏〕文侯以吳起善用兵，廉平，盡能得士心，乃以爲西河守，以拒秦、韓」，是正確的敘事。但下文有誤：「魏文侯既卒，起事其子武侯。武侯浮河西下，中流，顧而謂吳起曰：美哉山河之固，此魏國之寶也。」案：吳起爲西河守應始自魏攻占秦全部河西地之年(前408)，《水經注》：「昔魏文侯與吳起浮河西下，美河山之固」紀事正確。《史記・魏世家》，頁1842，記魏武侯九年(前389)「使吳起伐齊」，吳起不久因避讒改仕楚悼王，西元前381年悼王卒，吳起爲楚貴戚亂箭射死，則吳起仕楚變法最多不過七八年。吳起之死引起墨者首任鉅子孟勝率弟子集體死楚陽城君難，遂激發秦獻公徵募墨者增強城防的決心。

44 摘自〈旗幟〉〈號令〉篇。

45 引在《墨子閒詁》，頁519-520，「尉」注。

　　在睡虎地秦簡發現之前，高亨注譯《商君書·境內》篇時指出：
「縣有四尉，他書無證。」[46] 其實現存《墨子》城守諸篇，尤以反映
墨者仕秦初期情況的〈備城門〉篇明明指出「城上四隅……四尉舍
焉。」不過《商君書·境內》篇「縣有四尉」的「縣」反映孝公十二
年（前350）商鞅把全國舊有的地方行政單位劃成四十一縣這一重要史
實，原來要塞性的「城」也劃為一般性的「縣」了。

　　另外必須一提的是，尉的主要責任雖是防諜杜奸，嚴格執行罪
罰，還有訓練基層吏員及士卒射弩技術的責任。《秦律雜鈔·除吏
律》：

　　　除士吏，發弩嗇夫不如律，及發弩射不中，尉貲二甲。發弩
　　　嗇夫射不中，貲二甲，免，嗇夫任之。

此律在軍事史上的意義，于豪亮、李均明〈秦簡所反映的軍事制度〉
文中有較充分的發揮：

　　　弩機是射程遠、殺傷力強的一種武器，使用這種武器的士兵
　　　在當時的軍隊中是一支重要的力量，對這支軍隊必需要加以
　　　必要的訓練。士吏和發弩嗇夫是軍隊的基層官吏，發弩則是
　　　使用弩機的士兵，對於他們發射弩機的成績必須加以考核，
　　　如果發射不中，任命他們的負責官吏令、尉都要受處分。[47]

---

46　高亨，《商君書注譯》（北京：中華書局，1974），頁151，注46。

47　中華書局編輯部編，《雲夢秦簡研究》（北京：中華書局，1981），頁160。

參照〈備城門〉和〈號令〉等篇，訓練士兵使用先進武器的權利和責任大都落在墨者身上應該是事實。但是戰國史大家楊寬對此懷疑：「《墨子‧非攻中》篇列舉各種武器沒有提及弩，因爲它的著作年代在春秋戰國間。至於《墨子‧備城門》以下講守城各篇，不但常提到弩，而且有『連弩』，因爲它的著作年代已在戰國末期。」[48] 事實上早於墨子百年以上的《孫子兵法》，其〈作戰〉篇已提到「甲胄矢弩」，〈勢〉篇形容「勢如彍弩，節如發機。」近年拙作〈中國現存最古的私家著述：《孫子兵法》〉證明全書十三篇撰成於西元前512年吳王闔廬召見之前。西方專家獨立判斷與拙見亦不謀而大體相合[49]。

為一勞永逸，楊寬的置疑還是應該在《墨子》書中去求解答。案：〈備城門〉篇中墨子和大弟子禽滑釐提綱挈領式論應付攻城十二法之外，多方反映墨者仕秦初期情況，史料價值甚高。篇中不止一次提到「弩」和「必射五十步以上」的「木弩」，言及以竹木爲原料的矢(箭)，並希望能多利用齊國的鐵來造箭頭。〈備高臨〉篇中「連弩之車」是該篇和《墨子》全書中僅有的一次出現。為審慎，有必要細讀該篇的原文：

> 禽子再拜再拜曰：敢向敵人積土爲高，以臨吾城，薪土俱上，以爲羊黔(高大足以攻城的土山基址)，蒙櫓俱前，逐屬之城，兵弩俱上，爲之奈何？
> 子墨子曰：子問羊黔之守邪？羊黔者將之拙者也，足以勞

---

48　楊寬，《戰國史》，頁280，注。

49　例如Robin D.S. Yates, "New Light on Ancient Chinese Military Texts," *T'oung Pao* (1988), esp. pp. 218-219; 與Needham, *Science and Civilization in China*, Vol. 5, Part 6, pp. 12-19, Krztsztof Gawlikowski意見。

卒，不足以害城。守爲臺城，以臨羊黔，左右出巨各二十
尺，行城三十尺，強弩射之，技機籍之，奇器口之，然則羊
黔之攻敗矣。

緊接以上引文的二百一十六字全都是機件部門名稱、尺寸、長短、厚
薄、重量的數字，與引文中的師徒對話完全不能銜接呼應。原文中師
徒問答的對象是如何應付敵人利用羊黔來進攻，羊黔是敵人逐步堆築
逼近我方城樓垣牆的高大土山基址，而連弩車「其牙一發，諸弦齊
起，及七百步，所中城壘無不摧隕。」[50] 從常識就可斷言連弩機和羊
黔絕不是同一時代的產物，它在全部《墨子》書中僅有的一次出現，
顯然是末期墨者抄填強行插入世代相傳原有的墨者手冊中的。連弩機
在歷史文獻中的首次出現要晚到秦始皇生命的最後一年(前211-210)，
那時因求神藥，始皇「自以連弩候大魚出射之」[51]。楊寬根據僅有的
一次出現，即推斷《墨子》城守諸篇都是戰國末年之作，是不能使人
信服的。

　　回到正題，由於飽受多年流亡生涯的苦痛和即位後四年所受墨者
集體殉義的感召，獻公自始即對墨者有充分的信任，以致墨者似乎成
爲秦國軍隊中的全能幹部和嚴格紀律的執行者。被聘募的墨者也一再
表示對獻公效忠之忱。平時對「重室子」(貴家子弟)表面上予以優
待，而事實上是嚴加看守。敵軍來攻時，令重室子居城隅高樓上作偵
察守候的工作，「失候斬」。其他「守城之重禁」和「大姦之所生」

---

50　岑仲勉參照《通典》及《太白陰經》所言車弩之制，見於所著《墨子城守
　　各篇簡注》，頁41。
51　《史記・秦始皇本紀》，頁263。

「具以聞於上」[52]。墨者對秦中央集權消除異己方面的貢獻是不容懷疑的。此外，秦國當局自始即極力汲取利用墨者對軍事工程及武器製造方面的專長也是可以肯定的[53]。總而語之，墨者對秦軍事上轉弱爲強的重大貢獻，在獻公晚年與魏戰於石門、斬首六萬、天子賀以黼黻的大凱旋中得到充分的證實。

## (二)戶籍與連坐

傳統和近代中外學人研究古代中國以軍統政的地緣組織的起源，每多上溯到齊桓公(前685-643在位)時管仲的創舉和西元前543年鄭國子產的改革。事實上齊、鄭的改革都不能認爲是秦制的先例。茲分別辨析如下。

爲了解管仲的改革，須對《周禮》中的鄉遂制度略加說明。《周禮》雖成書較晚，「其所述的制度已非西周時代的本來面目，夾雜有許多拼湊和理想的部分，但其中鄉遂制度，基本上還保存著西周、春秋時代的特點。」

據《周禮》，周天子直轄的王畿之內，王城、近郊和相當開闊的「四郊」統稱爲「國」；四郊以外以至王畿的邊境間更廣大的區域統稱爲「野」。國分爲「六鄉」，野分爲「六遂」。諸侯直轄的領土和

---

52　俱見於〈備城門〉；〈號令〉篇亦富參考價值。

53　最有資格評估墨子及墨者對軍事工程及武器製造方面貢獻的是葉山(Robin Yates)教授的兩項著作：一、李約瑟, *Science and Civilization in China*, Vol. 5, Part 6內頁山大專刊規模的長文，評述自墨子至北宋《武經總要》的城防攻守技術及武器。全文250頁，居巨冊之半。二、已經譯成中文的〈攻守城器械及東周軍事技術〉，刊在李國豪、張孟聞、曹天欽主編，《中國科技史探索》，頁403-435。此文除肯定墨者軍事工藝的長期影響外，扼要地指出墨者組織民眾參加城防戰爭等等，對促進秦國統一曾起過「重要的歷史作用」。

卿大夫的采邑大都遵照王畿而劃分「國野」和「鄉遂」。國野和鄉遂
幾可視爲平行的同義詞。鄉和遂不但是不同的兩大行政區劃，其居民
亦屬於兩個不同的社會階級。前者的居民，至春秋早、中期還與城居
的各階層貴族保有一定程度的血緣關係，統稱爲「國人」，享有公民
權利，是邦君擴充兵源的首要對象。後者的居民爲數眾多，一向被稱
爲「野人」或「氓」，不享受國人的公民權利，沒有充當士兵的資
格，主要是負擔農業生產上的無償勞動。

國野鄉遂的區別既明，管仲改革的眞義就容易了解了。《國語‧
齊語》：

> 管子於是制國以爲二十一鄉，工商之鄉六，士鄉十五。〔齊
> 桓〕公帥五鄉焉，國子帥五鄉焉，高子帥五鄉焉。……
> 管子於是制國，五家爲軌，軌爲之長；十軌爲里，里有司；
> 四里爲連，連爲之長。十連爲鄉，鄉有良人焉。以爲軍令，
> 五家爲軌，故五人爲伍，軌長帥之。十軌爲里，故五十人爲
> 小戎，里有司帥之。四里爲連，故二百人爲卒，連長帥之。
> 十連爲鄉，故二千人爲旅，鄉良人帥之。五鄉一帥，故萬人
> 爲一軍，五鄉之帥帥之。三軍故有中軍之鼓，有國子之鼓，
> 有高子之鼓。春以蒐振旅，秋以獮治兵。是故卒伍整於里，
> 軍旅整於郊。內教既成，令勿使遷徙。伍之人祭祀同福，死
> 喪同恤，禍災共之。人與人相疇，家與家相疇，世同居，少
> 同遊，故夜戰聲相聞，足以不乖；晝戰目相見，足以相識，
> 其歡欣足以相死。居同樂，行同和，死同哀，是故守則同

固，戰則同強。[54]

管仲軍政統一原則下行政單位的劃分，事實上僅限於分屬於桓公及國子、高子二上卿直轄的「鄉」區。全國分成二十一鄉之後，其中六個士商之鄉與兵役無關，只有十五個「士鄉」才分別由桓公和國子、高子二上卿統帥。即便在全國有限的「鄉」區之內，國君都不能享有統一指揮的權力；而且維繫這十五士鄉人員的力量還是大部要靠舊家族的感情紐帶。

《管子・問》篇中所提的一長串問題，都是齊國朝廷為了善後所應加深探問的：

> ……問國之棄人何族之子弟也？問鄉之良家其所牧養者幾何人矣。……問宗子之牧昆弟者，以貧從昆弟者幾何家？餘子仕而有田宅，今入者幾何人？子弟以孝聞於鄉里者幾何人？餘子父母存，不養而出離者幾何人？……[55]

這種依然聯繫到宗法親屬關係的問題說明齊管仲的改革絕不會是秦獻公全國統一性戶籍編制的歷史前例。

近代國際漢學界研究古代中國戶籍制度的第二個誤解，是以為西元前543年鄭子產法令中「廬井有伍」，就是全國性以軍統政戶籍制度的創立[56]。為審慎計，有必要將《左傳》原文及19世紀理雅各（James

---

54 《國語・齊語》，四部備要本卷六，〈齊語〉，頁4上至5下。
55 黎鳳翔，《管子校注》（北京：中華書局，2004），頁486-487。
56 Robin Yates, "Social Status in the Ch'in: Evidence from the Yun-Meng Legal Documents, Part One: Commoners," *Harvard Journal of Asiatic Studies*, June,

Legge)英譯徵引如下：

《左傳‧襄三十年》：

子產使都鄙有章，上下有服，田有封洫，廬井有伍。

Legge譯文：

Tsze-Ch'an made the central cities and border lands of the State
be exactly defined, and enjoined on the high and inferior officers
to wear [only] their distinctive robes. The fields were all marked
out by their banks and ditches. The houses and tsing（井）were
divided into fives, responsible for one another.[57]

英譯是根據杜預的詮釋，文字非常清楚明白，在國際上影響很大。但楊伯峻《春秋左傳注》充分汲取《左傳》權威、伯父楊樹達的淹博精深，往往能做出比較正確的注釋。他特別指出「都鄙有章」不過是都邑和鄙野應保持傳統的區別，並不意味這兩種不同地區都需要精確丈量後劃定（exactly defined）。「上下有服」的「服」不是指服裝，而是指職守。最重要的是「廬井有伍」的「伍」應是「賦」的借字，是納賦稅之意，而不是戶籍中由五家構成的基本單位。杜預注：「使五家相保」更會引起古今讀者的誤會，以爲是五家連坐法的初現。上世紀

（續）——————————————
　　1987, p. 222也認爲管仲及子產爲以軍統政地方行政體制改革之先河。因葉山在國際中國學界影響甚大，特此提出以供國際學人參考。

57　James Legge, *The Ch'un Ts'ew with the Tso Chuen*（台北：文星，1963），reprint of the 1872 edition, p. 558.

前半葉，童書業根據顧頡剛早期課堂筆記而撰的《春秋史》，更把「廬井有伍」釋為「五家為伍的保甲制度」的濫觴[58]。至於「廬井有伍」的「廬」字，《漢書・食貨志》顏師古注：「廬，田中屋也。春夏居之，秋冬則去。」[59] 廬井一詞尚具井田古制遺義，怎能是全國性軍政合一的戶籍制度中五家構成的基本單位呢？

為探求關鍵詞「伍」的真義，只靠古今諸家注釋是不夠的，必須要了解子產頒布「廬井有伍」背後的政治實況和理念。幸而《左傳》襄廿九及卅年的敘事是根據最原始的《鄭書》（當時鄭國的史籍），複雜繁瑣之中每有耐人尋味的話語。簡而言之，子產是在內外危機重重、幾乎無法形成一個能勉強運作的政權的情況下，強行被命為執政的。他背後的全力支持者是無私讓賢的罕氏族長正卿子皮。當「鄭子皮授子產政」時，子產堅辭，因為深深了解「國小而偪，族大寵多，不可為也。」秋間受命執政初期，在答覆子大叔(美秀而文的游吉，廿一年後繼子產執政為正卿)問難的談話中，子產毫無虛偽地徵引《鄭書》中的諺語：「安定國家，必大焉先。」意思是欲求國家的安定，必須先使世卿巨室安心。這個坦誠露骨談話的時間大概是在西元前543年秋八月，《左傳》緊接此項談話的紀事就是子產頒布的「使都鄙有章，……廬井有伍」的法令了。如果這串法令的頒布不會晚到年底的話，他從執政之初到頒布一系列法令只有三幾個月的時間。試問：在這樣匆迫的時間之內，更在施政必須先姑息大族巨室原則之下，「廬井有伍」怎會是戶籍制度革命的首發巨炮呢？事實上，細讀國人對子產法令的反應也會得到同樣的論斷。《左傳・襄公三十年》：

---

58　童書業，《春秋史》(上海：開明書店，1947)，頁151-152。

59　《漢書・食貨志》(北京：中華書局點校本，1982第二版)，頁1119，注五。

從政一年，輿人誦之，曰：「取我衣冠而褚(貯)之，取我田
疇而伍之。孰殺子產，吾其與之。」及三年，又誦之，曰：
「我有子弟，子產誨之；我有田疇，子產殖之。子產而死，
誰其嗣之？」

楊伯峻訓「伍」為「賦」之借字，是根據《呂氏春秋・樂成》篇「我
有田疇，而子產賦之。」[60] 楊注極是，因初徵此稅之時，國人不無疑
懼，勉強從命，三年以後，田疇因封洫水利而增值，子弟鄉校教育也
得到改善，所以由懷疑轉而歌誦；處處反映鄉里聚落秩序依舊，絕未
曾有過強迫執行戶籍制度革命性基層組織單位改革的痕跡。五年後(昭
公四年，前538)「鄭子產作丘賦」是進一步徵軍賦，其性質大體與前
此魯、楚等國之用心相似，徵賦主要是為改良擴充多種武器的質量，
都不是從事軍政合一戶籍制度革命的先例。[61]

秦國變法成功最重要的關鍵是戶籍制度的革新。傳統及近代中外
學人幾無不歸功(或歸罪)於商鞅。其立論的文獻根據不外：

(1)《韓非子・和氏》：「商君教秦孝公以連什伍，設告坐之
過。」

---

60　楊伯峻，《春秋左傳注》(北京：中華書局，1981)，頁1118。
61　姑舉楚國之例(襄公二十五年，前548)：「楚蒍掩為司馬，子木使庀賦，數
　　甲兵。甲午，蒍掩書土田，度山林，鳩藪澤，辨京陵，表淳鹵，數疆潦，
　　規偃豬，町原防，牧隰皋，井衍沃，量入修賦，賦車籍馬，賦車兵、徒
　　兵、甲楯之數。既成，以授子木，禮也。」楊注：「甲兵泛指一切武
　　器。」「車兵」「徒兵」俱指車上戰士和徒兵的不同兵器。一系列土地利
　　用及增賦方式都是為了增強武備。敘事始於「甲午」，此年的十月八日，
　　結束於十二月前，所以司馬能完成調查。「既成，以授〔令尹〕子木，禮
　　也」正反映司馬這項調查工作是合乎禮俗，並無大事改革之意。《春秋左
　　傳注》，頁1106-1108。

（2）《韓非子・定法》：「公孫鞅之治秦也，設告相坐而責其實，連什伍而同其罪。」

（3）《淮南子・泰族訓》：「商鞅為秦立相坐之法……。」

（4）《史記・秦始皇本紀》附《秦紀》：「獻公……十年(前375)為戶籍相伍。」

（5）《史記・商君列傳》：孝公六年(前356)「以衛鞅為左庶長，卒定變法之令。令民為什伍，而相牧司(伺)連坐。」

本文以下所論與前此諸說不同之處在指出連坐法禁淵源甚古，「連什伍而同其罪」則始於獻公，而且俱深受墨者影響。為簡捷計，先論連坐。

墨子政治理論的核心是「尚同」。筆者十餘年前發現〈尚同〉的篇名，實際上是《孫子兵法・計》篇「道者，令民與上同意也」一語最忠實巧妙的簡化[62]。此語乍讀之下似不足為奇，但具有糾正春秋「政多出門」歷史積弊的深意。為適應戰國初期列國間競爭日趨激烈的新情勢，墨子就把這句名言引伸利用為建立一元化中央集權政體理論與實踐的張本。〈尚同〉理論的出發點是在「未有政刑」的初民社會裡，人人追逐自己的私利，人人有自己的意見，「天下之百姓皆以水火毒藥相虧害，……天下之亂，若禽獸然。」欲使政治及社會上軌道，惟有人民自鄉里而上，層層都服從各級的「政長」，最後所有各級的人民和政長都絕對服從於天子。這種政體一定是公正合理的，因為天子是上天為人民福利而選擇出來的。〈尚同〉上中下三篇一再出現「一同天下之義」的語句，下篇更進而推論：「治天下之國，若治

---

62　請參閱拙著，〈《老子》辯證思維源於《孫子兵法》的論證〉，刊於《有關《孫子》《老子》的三篇考證》，頁21-22。

一家；使天下之民，若使一夫。……聖王皆以尙同爲政，故天下
治。」這顯然是「道者，令民與上同意也」理論範疇最大可能的延伸
和提昇。

　　筆者無意深究墨子「政原論」邏輯上有欠圓通，但有必要考辨何
以「尙同」模式的政體在國史上首度出現於秦獻、孝之世。案：墨子
爲實現他所憧憬的一元化政制，訂下一條指令性的原則：「上同而不
下比。」上同之義無須再釋，「不下比」的意思是，下邊的百姓不准
比周勾結，對當地的政治情況有所隱匿。換言之，唯有以天下百姓爲
耳目，高高在上的天子才能賞善懲惡，順利推行政體的運作。〈尙
同・中〉：「是以數千萬里之外有爲善者，其室人未遍知，鄉里未遍
聞，天子得而賞之。數千萬里之外有爲不善者，其室人未遍知，鄉里
未遍聞，天子得而罰之。是以舉天下之人皆恐懼振動惕慄，不敢爲淫
暴，曰：天子之視聽也神。」我們必須秉公指出，墨子的手段雖不無
類似近現代獨裁特務統治之處，但他的居心是善良的、反侵略的，試
求改善人民生計的。

　　最堪注意的是〈尙同・下〉徵引已佚〈大(泰)誓〉──武王伐紂
師渡孟津的誓言──：「小人見姦巧乃聞，不言也，發罪鈞。」清代
江聲的解釋：「發，謂發覺也。鈞，同也。言知姦巧之情而匿不以告，
比事發覺，則其罪與彼姦巧者同。」這就是「連坐」。再《尙書・湯
誓》：「爾不從誓言，予則孥戮汝，罔有攸赦。」鄭玄注：「大罪不止
其身，又孥戮其子孫。」同篇中武王歷數紂的罪行內有「罪人以
族」，可見殷代已有「連坐」[63]。《史記・秦本紀》載秦文公十三年

---

63　劉海年，〈秦律刑罰考析〉，刊在中華書局編輯部編《雲夢秦簡研究》，
　　頁201。

「初有史以紀事」，二十年(前746)「法初有三族之罪。」三族指父母、妻子、同產(兄弟)。可見早於商鞅四百年秦國已有連坐法了。

獻公即位之初，百廢待舉，抵禦外侮，莫先於鞏固城防；鞏固城防，莫先於徵募墨者。墨者自始即發現，「上同而不下比」的政治理念和手段，幾乎無一不與獻公的圖強願望與步驟同軌合拍。獻公難忘回國過關的危難，城防立法之初，寧失之過嚴，勿失之過疏，所以本文上節所引《墨子‧號令》篇圍城禁令是很極端的規定，在平常的情況，同伍連坐之罪有一定的範圍，伍人檢舉也非漫無限制[64]。無論如何「相牧司連坐」絕非始自商鞅是可以肯定的。

《史記》〈秦紀〉獻公十年「爲戶籍相伍」必須與〈商君列傳〉「令民爲什伍，而相牧司連坐」一起詮釋。首先應該討論的是什和伍這兩個戶籍上最低層統計單位的特點。如本節上引《國語‧齊語》所載管仲在全國十五個「士鄉」編制軍隊的各種單位是始由五家組成的「軌」，也就是伍，十軌爲里，四里爲連，十連爲鄉，根本不提什這個單位。所以如此是因爲什不是最小的單位，也就不宜作爲全部統計的基數。事實上，什的單位是存在的。《管子‧立政》：「分國以爲五鄉，鄉爲之師。分鄉以爲五州，州爲之長。分州以爲十里，里爲之尉。分里以爲十游，游爲之宗。十家爲什，五家爲伍，什伍皆有長焉。」同書〈禁藏〉和〈度地〉等篇也都提到什伍之制。至於什作爲組織單位的特殊功能，《尉繚子‧伍制令》有很好的說明：

　　夫什伍相結，上下相聯，無有不得之姦，無有不揭之罪，父

---

64　杜正勝，《編戶齊民：傳統政治社會結構之形成》(台北：聯經出版公司，1990)，頁136。

> 不得以私其子，兄不得以私其弟，而況國人聚舍同食，烏能
> 以干令相私者哉？[65]

正是爲了整軍圖強防諜杜奸，獻公戶籍改革之初即定下什伍之制。這不是全憑揣想，而是有幸《墨子》書中保存了原始第一性的紀錄。〈備城門〉：「城上十人一什長」；〈迎敵祠〉：「司馬視城修卒伍……五步有五長，十步有什長，百步有百長。」經過筆者多方考證，〈迎敵祠〉所言皆獻公早期事，〈備城門〉甚至言及徵募墨者之初，主客雙方必要的考慮，大有助於了解秦墨早期的活動，其史料價值之高遠在《史記》三言兩語式敘事之上。

至於什伍所轄士兵的種型和原來的身分，〈備城門〉篇中兩條「示範性」的規律都有說明。「守法，五十步丈夫十人，丁女二十人，老小十人，計之五十步四十人。城下(或應作上)樓卒，率一步一人，二十步二十人。城小大以此率之，乃足以守圍(禦)。」如果敵人大舉進攻，無論師眾多少，只能分四路進攻，屆時守城兵士不過「丈夫千人，丁女子二千人，老小千人，凡四千人而足以應之。」[66] 可見戶籍是兵農不分軍民合一的。什伍戰時與平時的成員可能不完全符合，但二者間必有密切的聯繫。從《韓非子》和《史記》相關詞語及注釋揣測，什伍之制應該自始即逐步推行於全國的，其最初主要動機是爲防止人民違法犯禁的，防止人民犯禁最適宜的組織單位是什伍，

---

65　劉仲平，《尉繚子今註今譯》（台北：臺灣商務印書館，1975），〈伍制令〉，頁186。

66　岑仲勉，《墨子城守各篇簡注》，頁25，解釋何以敵人大軍十萬「攻無過四隊者」：「敵眾雖十萬，大約不過分四隊進攻，其說頗類似近世不宜多線戰爭之軍略。攻道之面狹，則利於守者……。」

而防止犯法的工作平時較戰時更爲根本。所以〈商君列傳〉「令民爲
什伍，而相牧司連坐」的綜述相當正確，唯一需要糾正的是什伍和連
坐不始於商鞅，而始於十九年前的獻公。這應該是合理的論斷[67]。

　　由於秦簡中尚未發現戶籍原件，其具體形式尚無法確知。但張金
光在其廿餘年心血結晶的《秦制研究》對秦戶籍特色及其主要意義有
扼要的解說和評估：

　　……秦戶籍爲戶，役冊合編，戶籍同時是應役者的徭役檔
案。此制爲漢及後世所承。……秦戶籍，就其內容而言，爲
綜合體式，詳於籍注，……凡國家治民所掌握的每一個人口
的一切狀況、家庭關係等等，盡在戶口一簿之中。因之，政
府只要一簿在手，便可統理庶政。秦所開創之戶籍實爲人籍
之綜合百科人事檔，是國與家最爲重要的典章，是典中之
典，爲國家一切章法之根本。……編籍與「相伍（即編戶）」

---

67　可是羅開玉，〈秦國「什伍」、「伍人」考——讀雲夢秦簡札記〉，《四
　　川大學學報》，1981年第2期，頁85-88，獨持異説，而且對海外中國學界不
　　無影響。他認爲「雲夢秦簡的大量資料證明〔《史記》〕這些注釋與史事
　　不符合。」他論辯中自認爲最有力的證據是：「若『什』爲『十家連坐』
　　的話，那它應在里之下，『伍』之上。但在秦簡的大量資料中，並看不出
　　它的存在。」（頁86）首先，我們須知治古史最易犯的錯誤是對「默證」缺
　　乏足夠的了解，往往以爲現存古文獻中之所卽無卽表明從來未曾有過，而且
　　以爲持此態度是治學方法謹嚴的標誌。實際上秦簡中《秦律雜抄》裡的
　　〈敦（屯）表律〉卽證明「什」的存在：「敦（屯）長，什伍智（知）弗告，貲
　　一甲；伍二甲。」秦簡整理小組的注釋非常合理：此處「什伍」從下文另
　　有「伍」看，應指同什的人而言。屯長就是伍長，同什之人只罰一甲，而
　　同伍之人罰二甲，正是因爲同伍比同什關係更密切。但他仍堅持「什」是
　　「臨時性的軍事編制」與「十家連坐」無關。這種偏見是由於未曾細讀
　　《墨子・備城門》諸篇內容，不了解獻公對防諜杜奸實行什伍連坐的迫切
　　需要。

相爲表裡，相互爲用。戶籍組織與社會行政編組是統一的，
以縣繫鄉，以鄉繫里，以里繫伍，以伍繫民戶，以戶繫口。
這便構成了以秦戶籍爲綱的一條完整的繫民繩索。[68]

　　從社會及政治觀點，獻公的戶籍改革既徹底掃除傳統鄉遂國野的區分，又奠下走向統一集權國家的通衢大道。

## (三)參與初步推廣縣制

　　秦爲增強新征服的邊區衝要之地設縣，可以上溯到春秋中期。穆公以後，《史記》〈秦本紀〉及〈六國年表〉僅記有屬公二十一年(前456)縣頻陽(今陝西富平縣東北)及惠公十年(前390)縣陝(今河南三門峽西)。獻公朝〈秦本紀〉只記有二年(前383)「城櫟陽」，但因〈集解〉引徐廣「徙都」之說，引起不少近代學人誤會。實際上獻公決心設置具有國防意義的縣，始於即位後的第六年(前379)「初縣蒲、藍田、善明氏，」再五年後才「縣櫟陽」。近年考古發掘證明即使築成重要國防和經濟基地的縣以後，櫟陽城垣面積和建築規模還是遠遠不能與都城雍和未來的都城咸陽相比[69]。按常理推測，當獻公決意興建一系列的縣以爲軍事根據地時，必有墨者精英及軍事工程技術專家參與籌劃及領導。

## (四)推動〈尚同〉理念的實踐

　　結束本節之前，尚須推測評估墨者對獻公政治改革理念及實踐方

---

68　張金光，《秦制研究》(上海：上海古籍出版社，2004)，頁787-788、823。
69　王學理、梁雲，《秦文化》，頁143-144。

面的影響。案：自宗師墨翟始，散於列國的弟子以專長論可分為三派：「論辯」者遊說從政，「說書」者傳播學說，「從事」者製器守衛[70]。「從事」派的墨者固為獻公所急需，然「論辯」、「說書」之傑出者亦絕不會錯過赴秦入仕的黃金機會。另方面「從事」者中的精英亦必能通解宗師的中心政治理念與實踐的原則、方法和步驟。飽經滄桑的獻公深明富國強兵有賴政治、社會、經濟力量的平行發展，所以元年即下令廢除殉葬舊俗，七年「初行為市」，十年即「為戶籍相伍」。恰為臣民之間只有外來的墨者，除技術專長外，還能秉承墨翟的尚同理念及推行政制一元化的原則與方法。唯有墨者才能背誦「小人見姦巧乃聞，不言也，發罪鈞」的歷史教訓。筆者相信獻公之所以自始即決心邁向政制一元化的嶄新大道是與墨者一再闡發〈尚同〉精義分不開的。此項推論的合理性，反射於一個多世紀後荀子的視察和評估之中。

《荀子・彊國》

應侯(范睢)問孫卿子曰：「入秦何見？」

孫卿子曰：「其固塞險，形勢便，山林川谷美，天材之利多，是形勝也。入境，觀其風俗，其百姓樸，其聲樂不流污，其服不挑(佻)，甚畏有司而順，古之民也。及都邑官府，其百吏肅然，莫不恭儉、敦敬、忠信而不楛，古之吏也。入其國，觀其士大夫，出於其門，入於公門，歸於其家，無有私事也；不比周，不朋黨，倜然莫不明通而公也，

---

70　鄭杰文，《中國墨學通史》，頁31-41，對墨者三種人才的功能與活動有很好的敘述與分析。

古之士大夫也。觀其朝廷，其朝閒，聽決百事不留，恬然如
無治者，古之朝也。故四世有勝，非幸也，數也。」

范雎於西元前266年封爲應侯，卒於西元前255年。荀子親自觀察到的
秦晚期的政風民俗，豈不是百年後墨子「上同而不下比」理念高度實
現的最權威的見證嗎？荀子這著名的論斷中唯一需要修正的是「四世
有勝」的「四」應改爲「五」，因爲四世只能上溯到孝公，五世上溯
到獻公才符合本文考證的結果。

　　總之，從本節重建多方面史實反思，獻公朝確是轉弱爲強的樞
紐，而促成這種演變的核心力量卻是來自仕秦的墨者。

## 伍、結論

### (一)秦墨的命運

　　兩千多年來哲學及思想史界最大的困惑莫過於墨子學派何以從顯
學倏忽衰微淪爲絕學。20世紀前半論者有胡適、梁啓超、錢穆、方授
楚、陳柱、郭沫若諸家，但「在解釋墨學衰微問題上，言之成理的說
法少，似是而非的議論則太多，這反而防礙對眞正原因的把握」[71]。
就思想及制度方面作簡要的析論。

　　(1)墨子理想過高，難爲常人接受。《莊子・天下》篇所論，至今
仍有參考價值：

今墨子獨生不歌，死不服，桐棺三寸而無槨，以爲法式。以

---

71　張永義，《墨子與中國文化》(貴陽：貴州人民出版社，2001)，頁331。

此教人，恐不愛人；以此自行，固不愛己。……其生也勤，
其死也薄，其道大觳，使人憂，使人悲，其行難爲也，恐其
不可以爲聖人之道，反天下之心，天下不堪。墨子雖獨任，
奈天下何！

(2)時代巨變不利於墨學及墨者

當秦獻公徵募墨者之初，秦是被侵略的弱者，正是篤信兼愛非攻
的墨者樂意效忠的對象。但經過獻公晚年與魏「戰於石門，斬首六
萬，天子賀以黼黻」大凱旋後，秦迅即變成最強的軍事侵略國。這一
基本事實既造成所有墨者良心信念的矛盾，更切斷所有墨者社團發展
的機會。

(3)獻公與墨者的特殊因緣

筆者曾屢度提到墨者的種種專長恰恰迎合獻公迫切的需要。撰此
結論之際，再度反思，深覺二者之間的關係堪稱是特殊因緣。之所以
特殊是：建立關係之初雙方都覺得一切同軌合拍，歡同魚水；雙方都
不能預料局勢發展下去會只對秦國有利而對墨者極端不利。這是因爲
戰國期間主要國家都在建立中央控制下的新型官僚制度，墨者仕秦之
初即以多種專長被分配到官僚機構中的不同部門，事功雖有冊籍可
稽，姓名則匿而不彰。墨者的種種技能和專長既經常被政府汲取利
用，其地位和功用就越來越「邊緣化」了。秦墨最無法抗拒的是統一
集權中央化的政治洪流，自始只有浸泳其中任其漂蕩，不能也不容逃
脫。事實上，仕秦四、五世代以後業已完全消融於此洪流了。從理論
及事實觀點推想，至晚到始皇三十四年(前213)詩書百家之禁，墨者已

經完全消聲斂跡湮沒無聞了[72]。

由於墨學衰微，墨者無聞已久，司馬遷撰《史記》只能以二十四字附墨翟於〈孟子荀卿列傳〉之尾[73]：「蓋墨翟，宋之大夫，善守禦，爲節用。或曰並孔子時，或曰在其後。」然而他的〈六國年表〉序秦獲「天助」說還值得我們玩味。

> ……秦始小國僻遠，諸夏賓之，比於戎翟，至獻公之後常雄諸侯。論秦之德義不如魯、衛之暴戾者，量秦之兵不如三晉之彊也，然卒并天下，非必險固便形勢利也，蓋若天所助焉。

首先，「至獻公之後常雄諸侯」一語，既有其模糊性又有其合理性。模糊性是由於秦「燒天下詩書，諸侯史記尤甚，……獨有《秦記》，又不載日月，其文略不具。」合理性是「之後」兩字，事實上等於默認獻公對變法圖強已經爲孝公、商鞅做了良好的奠基工作。後世讀史者往往會遇到這類傳統論史的表達方式的。再則通過本文的多方考證，史遷所講的「天之助」無疑應該是墨者「人之助」；但是秦之所以能得到墨者「人之助」就只能歸之於特殊因緣了。

## (二)國史上的「大事因緣」

六十多年前陳寅恪師於馮友蘭師《中國哲學史》下冊〈審查報告〉三，特別提出兩項論斷。一：

---

72　同上，頁307-318。
73　《史記》，頁2350。

佛教經典言：「佛爲一大事因緣出現於世。」中國自秦以後，迄於今日，其思想之演變歷程，至繁至久。要之，只爲一大事因緣，即〔兩宋〕新儒學之產生及其傳衍而已。

二：略闡由佛引起儒釋道三教混融之後，轉而反溯：

儒者在古代本爲典章學術所寄託之專家，李斯受荀卿之學，佐成秦治，秦之法制實儒家一派學說之所附繫。……夫政治社會一切公私行動莫不與法典相關，而法典爲儒家學說具體之實現，故二千年來華夏民族所受儒家學說之影響最深最鉅者，實在制度法律公私生活之方面，而關於學術思想之方面，或轉有不如佛道二教者。

今日反思，陳師兩項論斷皆有商榷餘地。兩宋新儒學之產生，固然是我國近千年來思想史上的大事，但就全部傳統中國歷史而言，眞正最大之事應是秦專制集權統一郡縣制大帝國的建立及其傳衍。

至於陳師第二項論斷——二千年來「法典爲儒家學說具體之實現」——之不盡符合史實，顯然是由於他在馮著審查報告中近乎炫耀的自嘲：「寅恪平生爲不古不今之學，思想囿於咸豐、同治之世，議論近乎(曾)湘鄉、(張)南皮之間。」國史上對傳統政制之本質及其運作了解最深刻的當推漢宣帝和毛澤東。

《漢書·元帝紀》：

孝元皇帝，宣帝太子也。……八歲立爲太子。壯大，柔仁好儒。見宣帝所用多文法吏，以刑名繩下，……嘗侍燕從容

言：「陛下持刑太深，宜用儒生。」宣帝作色曰：「漢家自
有制度，本以霸王道雜之，奈何純〔任〕德教，用周政乎！
且俗儒不達時宜，好是古非今，使人眩於名實，不知所守，
何足委任！」乃歎曰：「亂我家者，太子也！」[74]

毛澤東〈讀《封建論》呈郭老〉，寫於1973年8月5日：

勸君少罵秦始皇，焚坑事業要商量。
祖龍魂死秦猶在，孔學名高實粃糠。
百代都行秦政法，十批不是好文章。
熟讀唐人封建論，莫從子厚返文王。[75]

結束本文，「大事因緣」的「因」和「緣」尚需解釋。「因」當然是
篤行兼愛非攻，不惜摩頂放踵以利天下的墨翟。「緣」則甚奇，奇
在：墨者原來兼愛非攻無私救世的情懷，在竭忠盡智仕秦的過程中，
竟無情地被時代化為本身生命的高酸消溶劑──這才是人類史上值得
謳歌讚嘆的永恆悲劇！[76]

2010年4月23日

---

74 《漢書·元帝紀》，頁277。
75 《毛澤東傳》（北京：中央文獻出版社，2003），下冊，頁1657。
76 墨者的悲劇也可釋為弗洛伊德提出的人類生存本能與死亡本能鬥爭的悲劇。

第十二章

# 儒家宗法模式的宇宙本體論：

從張載的〈西銘〉談起

　　傳統儒家的著述堪稱汗牛充棟，有關當代新儒家的著述亦已車載斗量。在20世紀內，尤以二次大戰以後，世界性的「中國學界」裡，無論就文章、專刊、論文集的數量，或就國際學術研討會的頻率而言，沒有任何中國研究領域能比傳統及當代中國思想史更爲熱門的。自1980年代起，中國大陸恢復了儒學研究的興趣並開始與海外合作以後，古今儒學研究更成爲熱門中的熱門。因此，思想史研究局內外都不免會提出：關於儒學要義難道還眞會有發前人之所未發的可能嗎？

　　也許由於我個人教研的頭五十年內極力避免專攻中國思想史，也許由於我的過分天眞，我的答覆是肯定的：對傳統儒學要義，今後肯定能有新穎而又較深入而正確的闡發。原因是由於極大多數當代新儒家及其傾慕者都堅持以發揚儒家思想中所謂的「積極功能」爲前提，忽視或避免討論儒家思想中種種「負面」的作用。因此，他們對儒家思想內涵往往過分「淨化」，以致對儒家思想體系中的基本特徵不免有詮釋失當，甚或根本錯誤。筆者採取生平罕用的大題小作法——試以張載〈西銘〉一文爲視窗，上溯至《易傳》與董仲舒，旁涉及二程與朱熹等理學奠基人，以期證成鄙說：秦漢以降儒家的宇宙本體論是宗法模式的。設若鄙說確能成立，中外相關學人對儒家學說旨要的若干看法照理就應作一嚴肅的新反思了。

## 一、〈西銘〉：宗法模式的宇宙本體論

　　張載的〈西銘〉，原名〈訂頑〉，可能是近千年來最有影響、最廣受讚揚的一篇哲學論文。爲了解此文之非常意義必先指出張載在中國思想史上所處的地位。對理學有精深研究的蒙培元教授作了以下的評述：「張載是眞正的理學家，也是理學形成階段的第一個重要環節。他建立了以氣爲本體的宇宙論，批評了佛道以空無爲世界本原的唯心論，在理學史上作出了重要貢獻。他的『太虛即氣』的學說以及萬物產生於太虛而又回到太虛的學說，肯定了物質的永恆性。他提出『氣化之謂道』以及『天地之氣，雖聚散攻取百塗，然其爲理也順而不妄』（《正蒙・太和》)的命題，賦予理這一範疇以規律的意義，同樣具有重要意義。」[1]

　　張載在思想史上占有崇高地位尙有其他原因。與其他哲學家比，張載更「明確」地提出「天人合一」的命題。再則由於張載以「氣」爲宇宙本體，他不但受到明末清初「唯物」思想家王廷相、王夫之等的讚揚，而且更受到當今大陸思想史方面學人的普遍重視。此外，我國歷代哲人表示自己的使命感和抱負的從來沒有能勝過張載的：「爲天地立心，爲生民立命，爲往聖繼絕學，爲萬世開太平。」

　　〈西銘〉一文很早就爲比張載小十二、三歲的程顥、程頤兄弟推崇備至。各種版本的二程文集和語錄及張載文集所錄所輯的二程和朱熹等人對〈西銘〉評讚的文辭雖時有出入，但無一不對〈西銘〉給予

---

1　蒙培元，《理學的演變——從朱熹到王夫之戴震》（台北：文津出版社，1990），頁3。

極高的評價，韓愈〈原道〉一文在我國思想史上的重要性是眾所公認的，而程頤對〈西銘〉的評價遠遠超過韓愈的〈原道〉：

> 孟子之後，只有(韓愈)〈原道〉一篇，其間言語固多病，然大要盡近理。若〈西銘〉則是〈原道〉之宗祖也。〈原道〉卻只說道元，未到〈西銘〉意思。據張子厚(張載字)之文，醇然無出此文也。自孟子後，蓋未見此書。[2]

朱熹對〈西銘〉文章義理及結構有特殊的體會：

> 〈西銘〉前一段如棋盤，後一段如人下棋。〈西銘〉有個直劈下底道理，又有個橫截斷底道理。[3]

六個半世紀以後，在康熙《御制性理精義》的「凡例」中，〈西銘〉得到官方最權威的重新肯定：「張子〈西銘〉乃有宋理學之宗祖，誠為《語》、《孟》以後僅見之書，蓋悉載全文，附以朱子解說，使學者知道理之根源、學問之樞要。」

〈西銘〉是我國近千年思想方面影響至深且巨的一篇論文應該是並不誇張的史實，更令人驚異的是此文全長不過253字。為了便利分析和討論，我們將〈西銘〉分成小段，每段加以號碼，徵引如下：

> (1)乾稱父，坤稱母；予茲藐焉，乃混然中處。故天地之

---

2　《張子全書》，見《四部備要本》卷十五，頁1。
3　同上書，頁4。

塞，吾其體；天地之帥，吾其性。民，吾同胞；物，吾與
也。

(2)大君者，吾父母宗子；其大臣，宗子之家相也。

(3)尊高年，所以長其長；慈孤弱，所以幼其幼。聖，其合
德；賢，其秀也。凡天下疲癃殘疾，煢獨鰥寡，皆吾兄弟之
顛連而無告者也。于時保之，子之翼也。樂且不憂，純乎孝
者也。違曰悖德，害仁曰賊；濟惡者不才。其踐形，唯肖者
也。知化則善述其事，窮神則善繼其志。不愧屋漏為無忝，
存心養性為匪懈。惡旨酒，崇伯子之顧養；育英才，穎封人
之錫類。不弛勞而厎豫，舜其功也；無所逃而待烹，申生其
恭也。體其受而歸全者，參乎！勇于從而順令者，伯奇也。

(4)富貴福澤，將厚吾生也；貧賤憂戚，庸玉女于成也。
存，吾順事；沒，吾寧也。[4]

大凡〈西銘〉的古今讀者類皆對首段大氣磅礴、言簡意賅、天人一體
的宇宙論最為傾服。但是，雖然同樣是傾服，古今學者對〈西銘〉首
段的詮釋卻有相當大的不同。當代畢生從事中國思想史研撰而卓然獨
立於新儒家之外的韋政通先生即認為：「〈西銘〉全文最可貴的是因
為它表現了『民吾同胞，物吾與也』的博愛精神。人所以能有這種精
神是基於『天地之塞吾其體，天地之帥吾其性』的天人一本的形上肯
定。……至於『尊高年，所以長其長；慈孤弱，所以幼其幼，……凡
天下疲癃殘疾，煢獨鰥寡，皆吾兄弟之顛連而無告者也』云云，則是

---

4　本文所徵引的〈西銘〉全文及朱熹注解皆取自《張橫渠先生文集》，《正
誼堂全書》本卷1。

博愛精神的具體說明，也就是能體天之德的表現。這樣橫渠使天人合一論不只限於成聖成賢的修養，也包括仁愛與民本精神的發揚，而達成成聖成賢的終極目標。這是一個新的發展。」[5]

最近，我國梵文、吐火羅等古代語文教研奠基人，學隆望重的清華老學長季羨林教授提到張載的「民胞物與」時，認爲「民」絕不限於中國人民，而包括全世界人民，「物」包括所有的動物和植物；而最重要的是人與萬物之間是一種「夥伴關係」，而不是「征服、被征服」者之間的關係。他認爲「這是中、西最大的區別」[6]。因此，〈西銘〉不但充分表現至高至大的博愛精神，並且表現出類似莊子《齊物論》式的泛平等精神。

事實上，即使筆者本人自1948年秋起，在海外講授中國通史四十年之久，也一貫以〈西銘〉代表傳統儒家天人合一意境與個人修養的高峰。年年在班上解讀〈西銘〉英文節譯，學生亦每每頷首讚嘆；〈西銘〉一文氣魄和魅力有如此者！〈西銘〉原文1930、40年代曾在馮友蘭的《中國哲學史》中匆匆過目，直到1995年秋較深刻體會出華夏人本主義文化中的「宗法基因」之後，才遲遲發覺〈西銘〉實是重新瞰窺理學家深層意義的理想「天窗」。

〈西銘〉文中最刺目的是一向被絕大多數當代思想史學人所忽略的第二小段：「大君者，吾父母宗子；其大臣，宗子之家相也。」這段話不啻是張載宇宙本體論宗法模式最坦白而又最直接的供認。「大君」一詞初見於《周易・師卦・上六》：「大君有命，開國承家。」「大君」指周天子，經過天子策命，諸侯始得「開國承家」。董仲舒

---

5　韋政通，《中國思想史》，下冊（台北：水牛出版社，1980），頁109。

6　季羨林，〈對21世紀人文科學建設的幾點意見〉，載《文史哲》（1998年第1期）。

於《春秋繁露‧郊祭》予以新解：「天者，百神之大君也。」「大君」一詞於是被抬到無可再高的地位。〈西銘〉雖將「大君」由「天」挪回到「人」，「大君」一詞所表達的森嚴專制的意味就遠非《易傳》中與諸侯分享天下的周王所可比擬的了。朱熹注釋「大君」為天、人之間的鏈環自是極為正確的：「乾父坤母，而人在其中，則凡天下之人皆天地之子矣。然繼承天地，統理人物，則大君而已，故為父母之宗子。輔佐大君，綱紀眾事，則大臣而已，故為宗子之家相。」「大君」顯然是一統專制帝國的皇帝，天下唯一至高的「宗子」。以天下為家，以大臣為「家相」完全是宗法意識。

　　除了「大君者……」這提綱性的一小段外，〈西銘〉一文最長的第三段對宗法模式的倫理規範與踐履提供了有力的內證。此段中提到崇伯(禹)、穎考叔、舜、晉獻公的太子申生、孔子弟子曾參，周宣王時代的尹伯奇，或據史實，或據傳說，都作為「孝」的典範。朱熹同時的人就不乏對以上孝之六例，尤其是太子申生，提出質難的。朱熹始終不能給予圓滿的答覆，只能說「人有妄，天則無妄；若教自家死，便是理合如此，只得聽受之」[7]。

　　特別值得當代學人注意的是二程最著名的弟子之一楊時(龜山)即對張載「民胞物與」一語極為不滿，認為是非儒家正統思想，近於墨子「兼愛」之說。二程雖已加以辯證，但朱熹的詮釋和判斷，不但更具權威，而且強調〈西銘〉文中絕無博愛和平等的理念。請讀朱熹〈西銘〉全文注解完畢之後的「論曰」：

　　　　天地之間，理一而已。然乾道成男，坤道成女，二氣交感，

---

7　黎靖德編，《朱子語類》，第7冊(北京：中華書局，1986)，頁2522。

化生萬物，則其大小之分、親疏之等，至于十百千萬而不能
齊也。不有聖賢者出，孰能合其異而反其同哉？〈西銘〉之
作，意蓋如此。程子以爲明理一而分殊，可謂一言以蔽之
矣。蓋以乾爲父，以坤爲母，有生之類，無物不然，所謂理
一也。而人物之生，血脈之屬，各親其親，各子其子，則其
分亦安得不殊哉？一統而萬殊，則雖天下一家，中國一人，
而不流于兼愛之弊；萬殊而一貫，則雖親疏異性，貴賤異
等，而不牿于爲我之私，此〈西銘〉之大指也。

朱熹對〈西銘〉的了解遠較當代多數〈西銘〉詮釋者爲深刻而正確。
試證以張載自己的兩條綜述：「天之生物，便有尊卑大小之象，人順
之而已。」「人與動植之類已是大分不齊，于其中又極有不齊。其嘗
謂天下之物無兩個有相似者。」[8]
　　綜括以上，〈西銘〉所構繪的宇宙本體論不可能是基於博愛和泛
平等的理念，無疑是宗法模式的。
　　此外，張載〈西銘〉一文之外，其本人《文集》之內，對他宇宙
本體論的宗法模式另提供了有力的佐證，張載不但對周代宗法制度具
有特殊濃厚的興趣，而且很可能是「宗法」一詞的創用者。（參見錢
杭：《周代宗法制度史研究・緒論》，學林出版社1991年版）《禮記》
中的〈喪服小記〉和〈大傳〉是研究周代宗法制度的基本文獻，內有
大宗、小宗定義繼承和外遷原則及相關親屬身分稱謂等等，而獨沒有
對全部制度如「宗法」這種概念性的專詞。張載《經學理窟》中〈宗
法〉一文極力主張重立宗子之法：

---

8　《張子全書》卷5，頁3、卷12，頁3。

> 管攝天下人心，收宗族，厚風俗，使人不忘本，須是明譜系
> 世族與立宗子法。……宗子之法不立，則朝廷無世臣。且如
> 公卿一日崛起于貧賤之中以至公相，宗法不立，既死，遂族
> 散，其家不傳。宗法若立，則人人各知來處，朝廷大有益。
> 或問朝廷有何所益。公卿各保其家，忠義豈有不立；忠義既
> 立，朝廷之本豈有不固。今驟得富貴者止能爲三四十年之
> 計，造宅一區，及其所有，既死，則眾子分裂，未幾蕩盡，
> 則家遂不存。如此，則家且不能保，又安能保國家？[9]

張載提倡恢復周代的宗法親屬組織自有其時代背景。經李唐三百年世變及黃巢和五代戰亂，中古門第消融殆盡；趙宋開國之後，平民雖可由科舉入仕，但已無世祿可依。這正說明何以范仲淹以終身薪俸積蓄創立范氏義莊，計族人口數按月予以補助；這也正是張載「既死，遂族散，其家不傳」感嘆的原因。其實張載也明白復古之不可能，向朝廷提出的請求也很有限：「不若各就墳冢給與（功臣之後）田五、七頃與一閑名目，使之世守其祿。不惟可以爲天下忠義之勸，亦是爲忠義者實受其報。又如先代帝王陵寢，其下多閑田，每處與十畝田，一閑官，世守之。」[10]

張載恢復宗法制度的志願和晚年小規模井田試驗雖都不成功，但他「宗子之法不立，則朝廷無世臣」一語對當代及後世影響甚大。此語在程頤文集和語錄中再三再四地重現；在明清文集中亦不時被徵引而又略加闡發。例如明代以廉正聞名的都御史葛守禮（1505-1578），當

---

退休爲宗族捐義田千畝之際，爲文開頭即對張載的名句的因果關係上加了一層「邏輯」；「夫宗法不立，則天下無世家；天下無世家，則朝廷無世臣。」[11]總之，張載的宇宙本體論和生平思想、行爲，甚至願望都是宗法模式的。這應該不是一個不公道的結論。

　　結束本節之前，應該順便提一提一個有關理學家們的史實。眾所周知，最爲後世所詬病、被認爲是最殘酷乏人性的就是程頤反對婦女再嫁的言論：「餓死事極小，失節事極大。」事實上，伊川此語淵源於張載之論古禮：

> 以義理言，則婦死不當再娶，夫死不當再嫁。當其初娶時便期以終身，豈復有再嫁之事，禽獸猶有不再匹者。男子正爲無嗣承祭祀之重，猶可再娶；雖再娶，尚謂之繼室。婦人雖生窮惡而死，不可也。介甫(王安石)直謂婦人得再嫁，豈有是理！……今婦人夫死不可再嫁，如天地之大義。……[12]

## 二、宗法模式宇宙本體論溯源

　　宋代理學家幾無不先鑽研《易》理而後講述寫撰者。張載著作中亦以《易說》篇幅最長。〈西銘〉中宇宙本體論的淵源，無疑是《易傳・繫辭上》開宗明義之語：「天尊地卑，乾坤定矣。卑高以陳，貴賤位矣。……乾道成男，坤道成女。乾知大始，坤作成物。乾以易知，坤以簡從……。」可見在《周易》由筮法開始哲學化的階段，男

---

11　《萬端肅公集》卷7(嘉慶1802重刊本)，頁17下。
12　衛湜，《禮記集說》(台北《四庫薈要》本)卷63，頁20、21。

尊女卑、貴賤有等宗法模式的宇宙觀業已被認爲是天經地義。乾的功能是主管、領導，坤的功能是工作、完成。〈說卦〉更清楚地說明宗法模式宇宙論思維是以最基本的血緣單位爲出發點的：「乾，天也，故稱乎父。坤，地也，故稱乎母。震，一索而得男，故謂之長男。巽，一索而得女，故謂之長女。坎，再索而得男，故謂之中男。離，再索而得女，故謂之中女。艮，三索而得男，故謂之少男。兌，三索而得女，故謂之少女。」〈說卦〉緊接著便強調這基本血緣單位的男系宗法性：「乾爲天、爲圜、爲君、爲父、爲王……。」

近年一篇評估《易大傳》的宏觀史論指出《易傳》有「簡易、變易、不易」三種概念，其論「不易」概念對後代思想的影響對本文本節都極富參考價值：「《易傳》中『不易』的精神爲中國古文化的穩定、強化提供了理論支柱。……歷代都有很多思想家發揮《易傳》這一思想，將封建等級秩序加以神聖化。……宋明理學的本質是將封建倫理道德高揚到本體論的高度，故而理學的創始者們幾乎無不解《易》：周敦頤有《太極圖·易說》、《易通》，張載曾坐虎皮椅講《易》，著有《橫渠易說》，程頤有《伊川易傳》，邵雍也繼承和發揮《易傳》的思想著《皇極經世》，朱熹則有《易本義》、《易學啓蒙》。理學家解《易》的結果是將《易傳》『天人合一』的文化哲學更加精緻化爲『天理』，將封建禮法視爲萬古不變的宇宙普遍法則。《易傳》的『不易』精神一方面保證了中國古代文化的穩定和承繼性，另一方面使我國傳統文化變得日益僵化、保守。」[13]

《易傳》是張載宗法模式的宇宙本體論的主要源頭應無疑義。惟

---

13　張文修，〈試論《易大傳》思想與中國古代文代〉，載《中國史研究》（1992年第2期）。

《易傳》成於戰國時代，西周式宗法氏族制度雖已行將瓦解，七強雖日益集權於國君，但大一統郡縣制專制帝國尚未出現。因此，《易傳》宇宙論描繪宗法模式的文字還是比較含蓄。漢武帝登極以後，大一統專制帝國基礎已經鞏固，宇宙論描繪宗法模式的文字便需要更露骨、更絕對了。

> 是故天執其道爲萬物主，君執其常爲一國主。天不可不剛，
> 主不可不堅；天不剛則列星亂其行，主不堅則邪臣亂其
> 官。……地卑其位而上其氣，暴其形而著其情，受其死而獻
> 其生，成其事而歸其功，卑其位所以事天也。[14]

《春秋繁露‧第十一‧五行對》進一步說明，與「天」比，「地」雖然對風雨農穫以及萬物生命所需的供應方面大有功勞，但是「地不敢有其功，名一歸于天。……故下事上如地事天也，可謂大忠矣。」《春秋繁露‧第四十四‧王道通三》更把絕對化了的天尊地卑原則應用到君臣關係：「是故《春秋》君不名惡，臣不名善。善皆歸于君，惡皆歸于臣。臣之義，比于地；故爲人臣者視地之事天也。……惡之屬，盡爲陰；善之屬，盡爲陽。陽爲德，陰爲刑。」

從這種宇宙論得出「善皆歸于君，惡皆歸于臣」的政治概念逐漸就導致出「臣罪當誅，君王聖明」這類政治踐履。儘管張載的〈西銘〉成功地把宗法倫理提升到宇宙本體論的高度，儘管〈西銘〉乍讀之下會給人以普泛仁愛感覺，他理論的深層宗法意識與董仲舒的理論並無二致。董、張二儒雖相隔千年之久，但《春秋繁露》和〈西銘〉

---

14　《春秋繁露‧第七十八‧天地之行》。

寫撰的動機是大體相同的。〈西銘〉之作有其時代背景。就政治言，經歷了五代「五十三年間易八姓十三君」的戰亂篡弒，趙宋開國之後迫切需要重建皇帝的權威，厲行中央集權，重整綱紀人倫。就社會言，中古門第業已消融，已無世祿可依的新興士大夫大都是通過科舉入仕的，充分了解他們的政治和經濟利益是與趙宋王朝牢不可分的。〈西銘〉宇宙本體論的目的正是賦予專制王朝以最高層次的理論根據。

張載宇宙本體論的宗法模式既與《易傳》及董仲舒一脈相承，而〈西銘〉又是歷經二程、朱熹、王廷相、王夫之、戴震等哲人以至帝王儒士一致讚揚朗誦的文章，因此，筆者縱觀的總結——兩千年來覆載儒家思維的框架是宗法模式的——應無大誤。

## 三、餘論

宗法是民主的悖反，其理至明。如果本文的推論尚無大誤，當代第二、三代新儒家及其海內外唱合者認為傳統儒家思想中有民主的源頭活水的看法，照理就很難成立了。但孔子和孟子學說之中尚無系統的宇宙論，而孟子民為貴之說每每被當代學人認為最近乎民主思想。因此，本文結束之前，似有對孔孟社會和政治思想的重點作一簡要檢討的必要。

孔子政治和社會思想的重心是「禮」，禮最重要的功用在維護當時金字塔式不平等的階級制度。禮的本質和功用儘管如此保守，孔子之所以能成為偉大的思想家的原因之一是：在維護封建秩序的同時，提出了長期有效的改革方案「有教無類」（語見《論語‧衛靈公》）。換言之，不論生在貴族或平民的家庭，原則上人人應享有平等的教育

機會。如此，才智操守具備之人理應充當統治階級的成員，而知行平庸之輩，無論其原來家世如何高貴，皆應屬於被統治階級。孔子晚年廣收弟子公開講學就是對「有教無類」這一原則的躬自踐履。政治方面，儘管儒家自西漢與法家結合以後，一貫充任專制帝王的僕從和工具，而在社會及教育方面，孔子一向是「王者師」。兩漢的荐舉和雛形的考試制度、太學和郡國學校，隋唐以降的科舉考試和地方學校制度，無一不代表孔子「有教無類」原則的逐步實踐。筆者1962年出版的《明清社會史論》，根據盡可能大量多樣的史料，證明自有宋建國以降的一千年內，至少在明清兩代五個半世紀之中，科舉確是平民入仕的主要渠道。這個現象是工業革命以前西方國家和社會所沒有的。孔子「有教無類」的長期歷史實踐雖在一定程度之內促進統治者與平民階級間的血液循環，但科舉制度背後的儒家意識形態仍是封建宗法的，絕非民主的。

　　《孟子》全書之中最令古今學人驚異、誤解的莫過〈盡心下〉：「民為貴，社稷次之，君為輕。」此一名句不能只照文字表面注釋，必須從孟子全部思想體系中去求真解。同章中另有「諸侯之寶三：土地、人民、政事」一語。無土地不能有邦國，邦國安危盛衰有賴君主任人和處理政務民生的得失。君主如暴虐無度，或因天年或因「革命」，可以更易，而土地人民不可或缺。土地的開發端賴人民，所以一國之中惟人民獨具永恆的重要性，這才是「民為貴」正確的解釋。如就孟子全部思想體系而言，在正常狀況下，「君」不但不「輕」，事實上是最處於樞紐地位，最「重」。孟子理論以「仁政」為本，「仁政」的主要內容及功能在全書開頭的〈梁惠王〉章言之最詳。惟人君始能「發政施仁」，關鍵在「君」，其理至明。論及社會，孟子一再強調權力及義務迥然不同的統治與被統治階級分工的必要。如

# 第十三章

# 北魏洛陽城郭規劃

　　我國中古都城的規模與建置，實是人類史上相當特殊、極值得研究的問題。姑以都城所占的地理空間而論，羅馬帝國極盛時代的首都羅馬所占的面積是大約九方英里，約合七十方清里強。東羅馬帝國千餘年的首都君士坦丁堡內外兩城所占面積也大約是九方英里[1]。羅馬帝國的東西兩京無疑義的是傳統西方最大的城市。一般歐洲中古名城所占面積都遠較上古羅馬和中古君士坦丁堡為小。即以中古的倫敦而論，直至13世紀末，其王宮、教堂、官署、市廛、民居等項建築還填不滿上古羅馬帝國駐軍所築的城垣，而這座成員所占的地面不過三百三十英畝，即半方英里另十英畝[2]。而我國唐代的長安，城垣所占的面積，不包括大明宮，已經超過三十方英里，亦即二百三十五方清里；全盛時代城內的人口大約靠近一百萬[3]。其規模之宏遠，不特在我國歷代帝都之上，且為工業革命以前人類史上所僅見。至於這種偉大都城建置營劃的淵源，陳寅恪先生曾作以下的結論：「東魏鄴都及隋代大

---

1　根據1963版，《大英百科全書》。

2　Carl Stephenson, *Borough and Town, A Study of Urban Origins in England* (The Medieval Academy of America, 1933), pp. 187-188.

3　平岡武夫，《長安與洛陽》（漢譯，西安，1957），頁29-30。

興及唐代長安之都邑建置，全部直受北魏洛都之影響。」[4] 由此可見北魏後其首都洛陽的規劃與建置，實是我國中古史甚或人類史上一個很有意義的問題。

洛陽是我國上古中古兩大名都之一，北魏楊衒之的《洛陽伽藍記》又是我國中古一部傑作，因此北魏洛陽不但引起過當代若干歷史家與考古家的注意，並且近年來還成了校刊注釋家的重要研究對象。

當代學人有關北魏洛陽的著作已經相當可觀[5]。再經過大陸上1954年的實地考古勘察，北魏洛陽城垣的方位和尺度這一問題，可以說已經得到了初步的解決。不過前此考古結果與文獻數字互證工作，似乎還不夠精到。本文第一節就進一步作此項文獻與考古的互證，並對文獻數字提出新的解釋與糾正。第二節對北魏洛陽宮苑方位和面積提出討論，並作推測。第三節討論千五百年來一直不能解決的北魏洛陽城垣內外的坊里總數問題。《伽藍記》所給的總數是二百二十，而《魏書》紀傳和《資治通鑑》所給的總數是三百二十和三百二十三。這個僅從版本數字本身無法解決的問題，希望從實際推算中得一解答。第四節分析北魏洛陽城郭規劃的幾種特徵及其對後代都城建置的影響。

---

4　陳寅恪，〈隋唐制度淵源略論稿〉，《中央研究院歷史語言研究所專刊》（1943），頁50。

5　當代學人中論漢魏洛陽古城，最早為William Charles White, *Tombs of Old Lo-yang* (Shanghai, 1934)及*Tomb Tile Pictures of Ancient China* (Toronto, 1939)；勞榦，〈北魏洛陽城圖的復原〉，《中央研究院歷史語言研究所集刊》，第20本，上冊，對洛陽宮苑方位甚有參考價值；森鹿三，〈北魏洛陽城の規模について〉，《東洋史研究》第11卷，第4號（1952年2月）；范祥雍，《洛陽伽藍記校注》（上海，1958），對史實釋甚詳；周祖謨，《洛陽伽藍記校釋》（1963），獨詳佛教史乘注釋；徐高阮，《重刊洛陽伽藍記》（台北：中央研究院歷史語言研究所史語所，1960），對分別正文子注，功力最深。凡本文所引楊衒之，《洛陽伽藍記》，皆以徐本頁數為依，不另詳版本及校刊者姓名。

尤注重說明北魏洛陽所創的坊里制不僅是都城土地利用的制度，更是全部京師社會經濟營劃的方案。

本文之作，純出偶然[6]，而且我個人歷年研究的時代對象一向偏重明清。初度涉獵中古史料，原不敢望必能有所發明。

## 一、城垣的尺度與面積

漢、魏、晉、北魏的洛陽城垣的方位和尺度大致相同，都是由上古成周城原址擴大重建而成，這是古今學人所一致同意的。

這期間洛陽城垣的尺度和面積，幸而在文獻裡有數字留傳至今。《續漢書‧郡國志》劉昭注引〈帝王世紀〉：「城東西六里十一步，南北九里一百步。」又引晉《元康地道記》：「城內南北九里七十步，東西六里十步，為地三百頃十二畝有三十六步。」[7]這兩種數字很接近，後者的數字究竟是否全部或一部分是晉初實測而得的；究竟是根據那個朝代的尺度；究竟是指城垣的那兩邊；內中那些數字準確，那些可能有傳抄的錯誤──這一些問題都應該與近年考古實勘的結果推算互證。

1954年夏秋之際，大陸上曾對漢魏漢隋唐的洛陽城址做了實地的

---

6　紐約出版家John Wiley近年籌出歷史都會專刊數十種，上起希臘、羅馬，下迄當代紐約、倫敦，西方名都大邑，囊括殆盡，惟苦無人撰寫中國歷史名城。屢度堅約，情不可卻，因允撰《十八世紀之揚州》一書，以介紹我國傳統城市之設計與經濟社會文化生活各面。為促進西方讀者了解我國傳統城市之若干特徵，除與西方歷史都會略加比較外，並須扼要分析我國古今若干城市之面積，設計與性能。翻讀當代有關北魏洛陽論著之後，深感其中若干問題非特極富興味，且有待進一步之考訂，因有是篇之作。偶然成章，實遠出原擬寫撰計畫之外。

7　《後漢書》（四部備要本）卷29，頁3下。

考古勘查。勘查結果在1955年由郭寶鈞、閻文儒分撰報告，同時發表[8]。閻氏報告較詳，附圖也比較清楚。本文所引用的實勘數字和附圖採自閻文。

閻氏圖(本文附圖一)中漢魏洛城的東、北、西三邊垣牆大體都是根據實測繪製的。南邊城垣雖是一條推測的虛線，但是根據東城垣最南端的城垣遺址以直角向西投射而成的。東城垣最南端這個勘出的重要據點，南距今日洛水北岸僅四十八公尺，其餘南部城垣早已都被洛水所浸沉。這充分證明在過去千五百年中，洛水確是不斷的北移。《洛陽伽藍記》所述，當時城牆以南洛水以北，有不少坊里、寺院，又有漢國子學、明堂、辟雍、靈台等建築。而現在漢魏石經出土處及靈台遺址已距洛水南岸一公里以上。《伽藍記》云：「出宣陽門外四里至洛水上，作浮橋，所謂永橋也。」[9]《文選》潘岳〈閑居賦〉李善注引《河南郡縣境界簿》：「城南五里，洛水浮橋。」[10] 兩者之間相差一里，可能都相當接近事實，因為內中有晉和北魏後期尺度的不同。李善注又引晉楊佺期《洛陽記》：「城南七里，名曰洛水。」不但晉里較短，而且可能指著灣曲的洛水距南城垣最遠的地方。總之，洛水不斷的北移以致淹沒沖毀北魏洛城的南垣是毫無疑問的。

至於文獻數字與考古結果的比較，閻氏結語如下：

---

8　郭寶鈞，〈洛陽古城勘察簡報〉，《考古通訊》(1955年創刊號)，頁9-21，並附圖片多幀。閻文儒，〈洛陽漢魏隋唐城址勘查記〉，《考古學報》(1955年第9冊)，頁117-136，附地圖及圖片。本文以下引證閻氏此文，一律簡稱「閻文」。再閻氏另有〈隋唐東都成的建築及其形制〉，《北京大學學報》(人文科學)，(1956年第4號)，亦有一小節討論北魏洛陽。

9　卷3，頁24上。

10　《文選》(世界書局，影印嘉慶重刊淳熙本)，頁209。

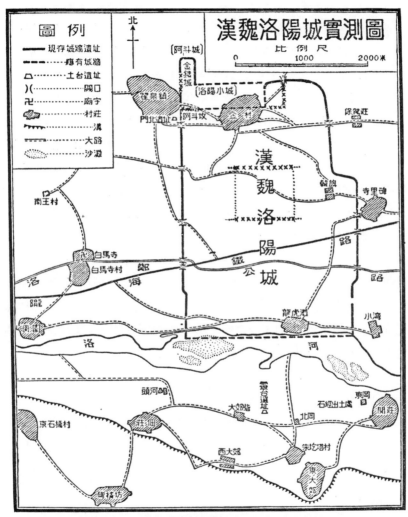

附圖(一)　採自閻文儒：「洛陽漢魏隋唐城址勘查記」，考古學報，第九册，一九五五。

凡××××皆本文作者所加，以表明宮苑垣牆所在。

凡……亦本文作者所加，以表明宮城無法確定之垣牆。

「《續漢書‧郡國志》卷十九雒陽注引晉《元康地道記》
云：『洛陽城內南北九里七十步，東西六里十步。』若用最
近洛陽晉墓出土的骨尺折算，每晉尺等於0.24米。則南北長
9里7〔本文作者按：閻氏誤，應爲70〕步，折合3972米
〔按：誤，應爲3988.8公尺〕；東西長6里10步，折合2604
米〔按：閻氏誤以晉步五尺，晉步應爲六尺，應共折爲
2606.4公尺〕。東城垣實測數爲3862.7米，較上述記載短少
109.3米〔按：誤，應爲126.1公尺〕；西城垣實測爲3811
米，較記載短161米〔按：誤，應爲177.8公尺〕。所短的尺
數，可能就是被洛水沖刷了的長度。北城垣實測數爲2600
米，較記載短4米〔按：誤，應爲6.4尺〕。」[11]

從閻氏以上的論斷，看來文獻上的數字與他實測的數字大體上還吻
合。問題似乎已經解決。但因以下四個理由，我們必須再進一步核算
互證。(一)閻氏等實勘工作之中，最重要的關鍵是確定東城垣的最南
端。他對此重要據點，曾做詳細報告：

「東城垣最南端，今天能看到的在龍虎寨(龍虎攤村東的一
個小土堡)東□小灣村西，洛水北岸，距河堤48米處，有城
垣遺址。遺址高5.5米，夯土曾有7、9、10、12釐米等不同
的厚度。由於夯土的崩圮，可以看出直徑10釐米以上的夾棍
眼。」[12]

---

11　閻文，頁135，註1。
12　同上，頁118。

可見這東城垣最南端的勘定是很審慎的。最應注意的就是這一據點距今日洛水北岸48公尺，以南並無被洛水浸蝕的痕跡。(二)言事實測所得尺數與晉《元康地道記》的尺數的差異，事實上是相當的大。照我所改正的數字來看，實測東西城垣要較文獻上南北的長度少了126.1或177.8公尺之多。而且閻氏折算晉前尺僅取整數，一般都認為晉前尺應作24.12公分或24.188公分[13]。如此折算起來，差別還要更大。東城垣是較長的一邊，而且自南到北據他報告都相當完整，竟會較文獻數字短少了四五百華尺之多，是令人不能無疑的。(三)如果按照閻氏的解釋，東西兩垣所欠之尺數是被洛水沖刷的部分，這不是等於否定東垣南端據點的確定(事實上據點以南直接至洛水北岸並無沖刷痕跡)，漢魏洛城面積便要增大不少，益發和文獻上數字不合(此點詳下)。(四)應用文獻數字的先決條件，是應該把〈帝王世紀〉與晉《元康地道記》的兩種時代對象不同的數字之間，先作一番互證工作。這步工作前人都未曾作過，都以為二者間很接近就隨意選擇後者。從考證原理來講，這兩整數字應具有同樣的重要，不應任意取捨。兩書所給的洛城南北長度相差三十步或一百八十尺，東西的長度相差僅一步或六尺。兩書所給的南北長度可能都指對同一邊由南到北的城垣，也可能指對不同的東城垣和西城垣。此點以下再行討論。至於兩書所給的東西的長度，相差僅僅一步或六尺之少，不但必是指對同一邊由東到西的城垣，而且必是用同一種尺度。這兩部書雖然編纂的時代略同，而兩書的對象是不同的朝代。《隋書・經籍志》，二：「〈帝王世紀〉十卷，皇甫謐撰，起三皇，盡漢魏。」則其尺度必非晉尺可知。

---

13　吳承洛，《中國度量衡史》(上海：上海商務印書館，1937)，頁65；曾武秀，〈中國歷代尺度概述〉，《歷史研究》(1964年第3號)，頁169。

　　爲審愼計，我們先不要武斷晉《元康地道記》中的數字是漢尺或是晉尺。我們不妨將〈帝王世紀〉數字以漢尺折成公尺，將晉《元康地道記》數字以漢晉兩種尺度折成公尺，與閻氏實測數字作一比較。兩種文獻都未明言南北里步數是指東城垣或西城垣，東西里步數是指北城垣或南城垣。這點要比較以後才能決定。再閻氏緊實測東、北、西三邊城垣，南城垣因除最東端外皆係推測，故無實測數。但依閻圖量洽爲二公分，當合2500公尺。下表中兩書數字折成公尺後，括弧中公尺數表示與閻氏實測數字的差別。漢尺以23.1公分計，晉前尺以24.12公分計。

|  | 實測公尺數 | 〈帝王世紀〉<br>（漢尺折公尺） | 晉《元康地道記》 | |
|---|---|---|---|---|
|  |  |  | （漢尺折公尺） | （晉尺折公尺） |
| 東城垣 | 3862.7 | 3880.8（18.1） | 3839.2（-23.5） | 4008.7（146.0） |
| 西城垣 | 3811.0 | 3880.8（69.8） | 3839.2（28.2） | 4008.7（187.7） |
| 南城垣 | 2500.0 | 2510.0（10.0） | 2508.6（8.6） | 2629.4（129.4） |
| 北城垣 | 2600.0 | 2510.0（-90.0） | 2508.6（-91.4） | 2629.4（29.4） |

　　自東漢至北魏的洛陽城最後在6世紀前半遭到嚴重的破壞，至今已千四百餘年。除非漢晉政府丈量過於荒謬，萬無折成公尺之數反較今日實測之數爲少之理。

　　所以〈帝王世紀〉中南北的長度應係指東城垣而言，晉《元康地道記》中南北的長度應係漢尺之數，只西城垣而言。其與西城垣實測相差之數應該還不到28.2公尺，因爲閻氏等西城垣僅測到今日洛水北岸，最南端有一小段是推測的，並不包在實測尺數之中。〈帝王世紀〉和晉《元康地道記》中東西長度應係皆指南城垣而言。《地道記》中表度數字如照晉尺算與實測數字相差過大，如以漢尺算，一切

可以解釋相當圓滿。所以我認爲《地道記》中的里步數是從漢代文獻中摘錄的。兩書中的數字反映出漢代洛城的丈量是相當認眞的。

　　文獻中只有晉《元康地道記》，給了洛城面積的數字，「爲地三百頃十二畝有三十六步」。這個重要數字一向被忽略，應該與閻氏實測所製的洛城圖互證。據閻圖洛城並不是規則的長方形，東、西、北三邊城垣都不是直線，東北兩邊尤甚，有幾處成了弧形的曲線。閻氏既未給實測的面積，我們只好用平面測量儀來量估。量估結果，城內面積大約是10.2方公里，亦即3.94方英里，或2519.68英畝。我國方里成爲地積單位自清代始，約折合30.87方清里。方英里和方公里都是很大的地積單位，爲更明顯的表現文獻與實測面積的差異，應兼用較小的單位清代方里和英畝。

　　我國自秦以降皆以240方步爲一畝，但經秦漢迄唐初皆以六尺爲步。《舊唐書・食貨志》上：「武德七年(624)始定律令，以度田之制五尺爲步。」[14]秦漢魏晉一畝都是8640方尺，而不是如初唐以後皆6000方尺。如漢尺仍以23.1公分，晉前尺仍以24.12公分計，則一漢畝約合0.114英畝，一晉畝約合0.124英畝強。晉《元康地道記》城積30,012.15畝如以漢畝計，則約合5.346方英里，13.846方公里，41.91方清里，3421.38英畝。如以晉畝計，則約合6.14方英里，15.9方公里，48.14方清里，3921.5英畝。無論以漢畝或以晉畝計，都要比閻圖城積大50%或60%。差別如此之大，絕無法以洛城南垣被洛水沖刷解釋，因爲即使假設洛城東西兩垣南端被洛水沖刷去了200公尺之多，面積也不過比閻圖城積增加半方里或全積的5%。《地道記》的城積數字既連畝以下零星方步數字都有，可見不是一個籠統概略的數字，應該是當

---

14　藝文書局影印殿版卷48，頁4上。

時相當認眞實量而得的數字。所以晉《元康地道記》城積數字裡，必有一嚴重的傳抄錯誤。

這錯誤其實顯而易見。如以洛城強作規則長方，以《地道記》洛城東西及南北長度相乘所得的城積不過是208頃又90畝強。我國數字中最易看錯抄錯的莫過二、三兩字。我們不妨先假定三百頃是二百頃傳抄之誤，然後再以漢畝漢晉畝折成各種地積單位，與考古實測城積比較如下：

以漢畝計

|  | 方公里 | 方英里 | 英畝 | 方清里 |
|---|---|---|---|---|
| 實測城積 | 10.20 | 3.94 | 2519.68 | 30.87 |
| 《地道記》城積 | 9.23 | 3.56 | 2281.38 | 27.91 |
| 差異 | -0.97 | -0.38 | -238.30 | -2.96 |

以晉畝計

|  | 方公里 | 方英里 | 英畝 | 方清里 |
|---|---|---|---|---|
| 實測城積 | 10.20 | 3.94 | 2519.68 | 30.87 |
| 《地道記》城積 | 10.03 | 3.88 | 2481.50 | 30.42 |
| 差異 | -0.07 | -0.06 | -38.18 | -0.45 |

以漢畝計，文獻城積與實測城積還有差不多20%的差異；如以晉畝計，則差別還不到1.5%，相差還不到半方清里。這種差別可能由於當時城垣比現存遺基厚，晉《元康地道記》明明說是「城內」的面積。這以上折算比較的結果，可謂若合符契，這絕不可能是偶然的巧合。晉《元康地道記》之編纂去蕭梁劉昭徵引之時已二百餘年，其間

幾經輾轉，傳抄有訛，本在情理之中。實際折算比較結果最爲雄辯，所以我認爲劉昭注中的「三百頃」應該是「二百頃」，而且應該是晉代的地積單位。

　　唯一需要解釋的，就是何以晉《元康地道記》中城垣長度應該是漢尺，而城內面積卻又應該是晉畝呢？這問題可能有以下幾種解釋：(一)我國度量衡制，尤以度制，本極複雜。官民新舊諸尺同時並存並行，幾乎歷代都是如此。民國期間度量衡之新舊混淆就是我們耳聞目睹的活例。(二)西晉元康(291-299)可能是度制異常紊亂的時期。《晉書·律曆志》，上，雖云：「武帝秦始九年(273)中書監荀勗校太樂，八音不和，……依周禮制尺」；事實上：「荀勗新尺惟以調音律，至於人間未甚流布。」[15]然而另一方面，西晉政府既於西元273年頒布新尺，官方丈量，尤其是都城丈量，自必倡用新制。民國十八年劃一度量衡制，頒布市尺，民間雖不加聞問，而政府地政檔冊之中卻都是市尺是畝，同時中央級地方政府舊檔冊中仍皆是清代度制地積單位。所以晉初政府新舊檔冊中漢晉單位混淆並存，本係情理中事。(三)古人撰述，類多採取「剪刀漿糊」的方式，逐類輯比，新陳一爐，根本沒有詳加辨識的習慣；更何況晉《元康地道記》所根據當時政府古今檔冊本身，也未必處處注明漢、晉度制地積之別呢？

　　如果以上的估算和推測不誤，北魏洛城長度和面積問題應該認爲是相當圓滿的解決了。考古勘測肯定了古代文獻數字的價值，文獻數字，經過估算考訂後，加強了我們對近年考古工作的信心。閻圖南城垣推測的虛線應該是相當正確的。

　　本節結束以前，應該附帶簡單指出，最早繪供漢魏洛城地圖的是

---

15　藝文書局影印殿版卷16，頁29下及頁32上。

加拿大聯合教會駐河南區主教懷履光（Bishop William Charles White）。在他1934年出版的《洛陽古城古墓考》和1939年出版的《中國古墓甎圖考》都有漢代洛陽城郊圖，但都沒有詳細說明該圖是否全部實測而成[16]。與文獻數字及閻圖比較，懷圖除洛水以北的西城垣和北城垣的一部分以外，應該是假想的，而不是實測的[17]。

## 二、宮苑方位與面積的推測

現存文獻對西晉和北魏洛城的宮苑方位，所言均不詳明，對宮城尺度完全沒有數字。《元河南志》云：

> 按魏略曰，董卓燒南北二宮，魏武帝更於廈門內立北宮。魏世宮殿名所見獨少，疑承漢之舊故也。

---

16　當代學人中論漢魏洛陽古城，最早爲William Charles White, *Tombs of Old Lo-yang*（Shanghai,1934）及*Tomb Tile Pictures of Ancient China*（Toronto, 1939）；勞榦，〈北魏洛陽城圖的復原〉，《歷史語言研究所集刊》，第20本，上冊，對洛陽宮苑方位甚有參考價值；森鹿三，〈北魏洛陽城の規模について〉，《東洋史研究》第11卷，第4號（1952年2月）；范祥雍，《洛陽伽藍記校注》（上海，1958），對史實注釋甚詳；周祖謨：《洛陽伽藍記校釋》（1963），獨詳佛教史乘注釋；徐高阮，《重刊洛陽伽藍記》（台北：中央研究院歷史語言研究所史語所，1960），對分別正文子注，功力最深。凡本文所引楊衒之，《洛陽伽藍記》，皆以徐本頁數爲依，不另詳版本及校刊者姓名。近年大陸考古勘查報告，另詳（見本篇註8）。

17　懷氏地圖，證以閻圖，南、東、北三垣皆係猜臆而繪，南城垣遠在今日洛水之南，故長度無一不錯。最有趣者，按懷圖量算，洛城面積恰與晉《元康地道記》之「三百頃十二畝有三十六步」合。想係就西垣一部實測，再取《地道記》城積臆湊而成，故未嘗將文獻中長度及城積數字互證也。按懷氏半生精力用在爲其母邦購攫我國古物，原非眞正考古學家。

　　至於元魏宮城，僅云：「按宮殿多仍魏晉名，或云依洛陽圖修繕。」[18]因此北魏宮苑方位的初步推決，應以近年部分的不完全的考古勘查結果爲主，再與文獻資料互相銓證。

　　閻文儒圖（見本文附圖一）與郭寶鈞圖（本文未附）都確定了洛城西北角突出部分爲金墉城的一部分，這與文獻記載完全符合，毋庸再論。惟洛城北垣內宮苑遺址因民國間不斷的盜掘，今日殘闕已甚。閻、郭二氏初步勘查及詮釋文獻的工作似乎頗有商榷的餘地。

　　閻、郭圖皆以金墉城東南沿洛城北垣虛線內南北狹東西寬的整個長方形地帶作爲洛陽小城。他們的文獻根據有二。《水經穀水注》：「穀水徑洛陽小城北，因阿舊城，憑結金墉。永嘉之亂，結以爲壘，號洛陽壘。」[19]再就是《洛陽伽藍記》：「晉永康中，惠帝幽於金墉城，東有洛陽小城，永嘉中所築。[20]」

　　事實上，閻、郭沒有仔細續讀《水經穀水注》，緊結上段徵引之句，即說穀水「又東立大夏門下」。大夏門及漢之夏門，是洛水北垣西部之門，將金墉城和其更小的依附堡壘、洛陽小城或洛陽壘，與沿洛城北垣之主要宮院隔開。金墉城本身面積已經很小，一向是用來作幽禁魏晉被廢帝后和戰亂時集中堅守的，不是普通性的小宮城。自魏明帝(227-239)初築至隋末李密擊敗王世充進據金墉，這座小城始終是爲幽禁和防守用的。這在顧祖禹《讀史方輿紀要》裡有詳細的記載[21]。以金墉之小，而一向不被稱爲小城，爲增強金墉防禦而築的洛陽小城一定是一個更小的城壘，築於永嘉(307-312)戰亂之中，

---

18　《藕者零拾》本卷2，頁17上及卷3，頁2上。
19　楊守敬纂疏，熊會貞參疏，《水經注疏》(1955影印抄稿)卷16，頁20下。
20　卷1，頁8上。
21　道光江西敷文閣版卷48，頁10下至11下。

絕不會是洛城北部宮苑的主要部分。此外，《洛陽伽藍記‧原序》明明解說：

> 自廣莫門〔本文作者按：及洛城北垣東部之門，參看附圖二〕以西，至於大夏門〔按：即北垣西部之門〕，宮牆相連，被諸城上也。[22]

這北垣兩門之間較大的一片地方，內中有不少殿閣亭榭和園林蔬圃，就是漢代北宮和芳林園，自魏晉以降直到北魏末葉都叫作華林園[23]。北魏遷洛以後。已無正式北宮之名，可是華林園是宮苑，孝文、宣武等帝不時賜筵和偶爾狩獵的地方[24]。

所以洛陽小城是純爲永嘉戰亂之中增強金墉城防禦的一個小堡壘；閻、郭二氏途中認爲是洛陽小城的長方地帶，除毗連金墉的最西一小塊地方以外，其餘應係華林園。

華林園和金墉城方位既定，應估計洛城北部全部宮苑的面積。閻圖中北城垣最東端向西712公尺處，有一闕口，寬19公尺，他確定作漢代穀門及魏晉以降廣莫門的遺址，這是對的。由此闕口向西340公尺處，「以西夷爲平地」。[25]這是由於歷代盜掘，宮院北牆遺跡毀滅。根據《洛陽伽藍記》和《元河南志》，我們應該認爲這闕口西邊向西，凡在我於閻圖所稱「洛陽小城」全區所加xxx線之內的地區，全是

---

22　原序，頁2上。
23　詳《元河南志》卷2、卷3。
24　詳《魏書》(藝文影印殿版)卷7下〈高祖紀下〉、卷8〈世宗紀〉。
25　閻文，頁120。

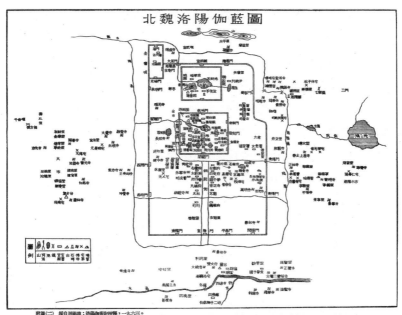

北魏洛陽伽藍圖

附圖(二) 採自周祖謨：洛陽伽藍記校釋，一九六三。
周圖評於地名，可供讀者參考。惟業非供提以例圖作，當作圖示意圖看。以下要點，似可商權：(1) 城區太大，外郭區小：東郭七里墟、三門等處勘將城東垣七、八里墟，應向東推展。西部洛郭永寧寺之外應正。(2) 城北部宮苑方位將秋銀路圖指圖(一)較正。(3) 洛城北牟之步廣里、金市北牆均已不存在。(4) 城內東部抱洋里郭似應在東陽門之南。(5) 據圖考古發勘，南非垣應道在洛城相當中路南西，故圖南部大部分街道積向西移動。

北魏的宮苑。照閣圖量估，如果將廣莫門缺口以西略有弧形之處以直線計，平行量到金墉城西垣，長度是三公分強，約合1500公尺強。這宮苑區的南北長度，據閣氏說明，為334公尺。再加金墉城向北突出部分的面積(南北404公尺，東西180公尺)，共得約573,720平方公尺，或作0.574方公里，141.8英畝，1.74方清里。以上面積約數包括大夏門向南分隔華林園和金墉城的街道面積。但這條御道不妨當作北部宮院的一部分。北魏洛城北部宮苑面積看來好像很小，其實以清畝計，共占地939.6畝，內中大都皆係園林亭榭，已足供當年帝室遊樂之用了。

　　北魏洛陽主要的宮城(以下稱宮城)是在洛城的中央。從《洛陽伽藍記》中所述由宮城各門放射而出的御道，再從閣氏等的局部勘查，

宮城方位可以大體確定。宮城的北垣應該沿著閶闔門(洛城西垣自北第二門)平行向東的御道,宮城南垣應該是沿著西陽門(洛城西垣自北第三門)平行向東的御道。這兩個城門就是閻圖中阿斗墳以南的第二第三闕口,其間距離實測爲814公尺。閻等雖於1954年曾在漢魏洛城中試掘「重點」,而且發現隆起的工程遺跡,可惜當時位曾大規模掘測,至今無法確定宮城東西的長度[26]。

想像中可能宮城東西會較南北稍長。姑以正方粗估,則面積爲662,596平方公尺,或163.4英畝,約合二方清里。北魏工程面積的確定,還有待進一步的考古勘測了。

即以保守的粗估,北魏洛陽工程和極北部的宮院約占全城面積的八分之一,雖遠較唐代東西兩京的宮城爲小,但較之中古倫敦的全部城區以相差無幾了。

## 三、城郭坊里總數的考訂

《洛陽伽藍記》全書最後,對北魏洛陽內城外郭的規劃建置,有以下的綜述:

> 京師東西二十里,南北十五里。戶十萬九千餘,廟社宮室府曹以外,方三百步爲一里。里開四門,門置里正二人,吏四人,門士八人。合有二百二十里。[27]

26 閻文,頁122。
27 頁46下至47上。

但《魏書·廣陽王嘉傳》云：

> 嘉表請於京四面築坊三百二十，各周一千二百步。乞發三正
> 復丁，以充茲役，雖有暫勞，姦盜永止。詔從之。[28]

《魏書·宣武帝紀》云：

> 景明二年(501)……九月丁酉，發畿內夫五萬人築京師三百
> 二十三坊，四旬而罷。[29]

《資治通鑑·齊紀十》，同年九月：

> 魏司州牧廣陽王嘉請築洛陽三百二十三坊，各方三百步。
> 曰：「雖有暫勞，姦盜永息。」丁酉，發畿內夫五萬人築
> 之，四旬而罷。[30]

因《魏書》紀傳兩則與《通鑑》一則皆云三百二十坊或三百二十三
坊，近年兩位《伽藍記》的校釋者都很懷疑《伽藍記》的數字之正
確，內中一位以為《伽藍記》的數字可能是錯的[31]。但上引《通鑑》
一則顯係簡併《魏書》兩則而成，三則同源，不足以證明另種獨立史

---

28　卷18，頁12上。
29　卷8，頁3下。
30　中華書局，1956鉛印本，頁4498。
31　范祥雍，《洛陽伽藍記校注》，頁351，註2，以為誤。周祖謨，《洛陽伽
　　藍記校釋》，頁228，亦表懷疑。

籍數字之必訛。這數字上三、二之辨，實是了解北魏洛陽城郭規模的
關鍵，一般校讎既無法裁決，只有再從推算中求一解答。

推算的先決條件之一，是要知道《伽藍記》中一般里程數字之是
否準確。洛陽城垣既已證明是大致九、六漢里，《伽藍記》所云「京
師東西二十里，南北十五里」自應指城區和四郭大約的總面積。《元
河南志》云：「按城之大小見上文，而楊衒之增廣而言者，蓋兼城之
內外也。」[32]這種解釋自屬正確。

關於北魏洛陽附東西南北的極限，《伽藍記》曾幾度提及。卷
四，城西，云：「自延酤〔里〕以西，張方溝以東，南臨洛水，北達
芒山，其間東西二里，南北十五里，並名爲壽丘里，皇宗所居也，民間
號爲王子坊。」這裡雖然僅敘述西郊宗室集中的高等住宅區，實際上已
經指出「大洛陽市」的南北距離是十五里。卷二，城東，云：「出建春
門外……崇義里東有七里橋。……七里橋東一里，郭門開三道，時人號
爲三門，離別者多云相送三門外，京師士子送去迎歸，常在此處。」[33]
七里橋確實是離洛城東垣七里，橋下的水也叫作七里澗[34]。由橋往東一
里至三門，既爲送往迎來之處，又有郭門三道，必爲市區東方極限無
缺。故東郊極限距洛城東垣八里。卷四，城西：「出閶闔門外七里有
長分橋。……朝士迎送，多在此處。」[35]再加洛城「東西六里十
步」，將漢里折成北魏後里，計五里弱，恰爲二十里。《伽藍記》中
里程數字是大體準確可信的。北魏洛陽城區及副郭總面積約爲三百方
里，應該是北魏後期的度制。

32　卷3，頁3下。
33　兩條見卷4，頁32下及卷2，頁13下至15上。
34　《水經注疏》卷16，頁59上及下。
35　《伽藍記》卷4，頁36下。

　　推算另依先決條件是「合有二百二十里」中的「里」字的定義。「方三百步爲一里」，就是每邊三百步的正方。按唐武德七年(624)始以五尺爲步，前此皆以六尺爲步。北魏時一里三百步，故「方三百步」恰恰是一方里。因爲方里成爲地積單位遲至清代始，所以北魏時不得不以步計。《魏書‧廣陽王嘉傳》所云「各周一千二百步」也就是說「里」是四邊每邊三百步的正方，即一方里。按里字自古本與邑、鄰、閭、巷等字時常混用；但北魏洛陽之所以獨稱曰里，實因每個坊里恰恰是每邊一里。我國大規模相當整齊的規劃坊里實自北魏洛陽始，草創依始，最自然的面積單位是方里。隋唐東都洛陽的坊里仍是正方，而長安的坊里卻大多是長方，而面積亦非一方里，所以便稱作坊，不再稱里。

　　《魏書》高祖起，太和十九年(495)六月「戊午，詔長尺大斗，依周禮制度，頒之天下。[36]」新度量制是爲了增加政府的絲絹和糧食的收入，政府當然在提倡新制。宣武初葉規劃首都城郭坊里，想當用新尺。每北魏後尺爲29.6公分[37]，合0.925清代營造尺，每一北魏方里折合0.855方清里。北魏首都「大洛陽市」的總面積應約爲256.5方清里，二百二十坊里的總面積應約爲188.1方清里。

　　但據《伽藍記》，「大洛陽市」應除掉「廟舍宮室府曹以外」才劃成二百二十里。此外幾條很寬的御道和很多次等的街道也占去了不少面積。城北一里左右即是芒山，城南幾里又是洛水，四郭之內又有伊、洛、瀍、澗諸水，又有穀水圍繞城垣四周邊貫通成的中心。這些合留在洛都境內造成了不少的湖、泊、陂、池、溝、渠、堰[38]。其池

---

36　卷7下，頁18下。
37　曾武秀，〈中國歷代尺度概述〉，頁170。
38　詳《水經注疏》卷16，穀水條。

泊之小者可不影響正方形的里的劃分，其大者勢必占去相當地面。今
日據圖粗測洛水寬處達一公里以上，其平均寬度如以半公里算，自西
到東流經洛境十五里，河面一項所占面積就在十五方清里左右，何況
洛水蜿蜒，南北貼岸之處必有不少地方無法劃入正方的坊里。北魏洛
陽城區和附郭的街道共占面積多少，無法推測。但我們知道唐代長安
街道，逐條細算之後，連同城東南一隅相當兩坊未見空地，共占地45
方清里，約當長安全城總面積的19%[39]。唐代長安街道之寬在人類史
上可謂空前絕後，北魏洛陽街道在比例上絕不會占去同樣多的面積。
但另一方面，北魏洛都城郭之內川流渠泊確比長安要多得很多，連同
街道及地形不規則難以利用的地方，應該占全部大市區的20%左右。
這當然是極粗率的臆測，如果就以此估推，北魏洛都城郭及限之內無
法劃歸坊里的地面應為51.3方清里。

　　大市區總面積，除掉了二百二十里和未經劃歸坊里等處的面積，
只剩下大約17方清里，這就大約代表「廟社宮室府曹」所占的面積。
本文第一節估算洛陽城區的面積是30.87方清里，所以「廟社宮室府
曹」約占城內面積的55%，而宮城和沿北垣的宮苑又約占「廟社宮室
府曹」面積的四分之一弱。「廟社宮室府曹」占城區一半以上，初視
之下，似有未合；但事實上宮城與華林園之間，宮城東西兩垣附近，
既未經建置府曹，亦未經劃歸坊里，尚有不少政府保留的空地。此點
當於第四節(一)詳論。如果這些宮城附近係留未經利用之地算在「廟
社宮室府曹」之內，則本節粗估各項應與事實相距不遠。

　　上文業已指明，《伽藍記》中里程和洛陽城郭極限等數字皆相當
準確。《魏書》所說三百二十坊或三百二十三坊的淨總面積即已稍稍

---

39　街道長寬數字跟據平岡武夫，《長安與洛陽》，圖版(一)。

超過《伽藍記》所說的洛陽城郭全部的面積。如果再加上「廟社宮室府曹」本身所占之地和附近空地、街道河渠和無法劃歸坊里等處的面積，其總面積要大大的超過了《伽藍記》所說的全部大市區。這是不合理的。

　　經過此番大致的估計與核對，我以為北魏洛陽城郭全區坊里總數應從《伽藍記》之說，是二百二十，《魏書》似有傳抄之誤。

## 四、規劃特徵及其影響

### (一)宮苑單位的形成

　　楊衒之所述洛都規模確甚可觀，但這種規模是數十年因時因地制宜一再擴充的結果。遷洛伊始，本無全盤都城計畫可言。遷都是孝文帝(471-499)全盤政策——用夏變夷以圖增強北魏帝國的中央化；行均田以圖稍抑豪強，增加稅收，促進生產；藉大規模漢化以爭取政治文化的正統；移都伊洛通運四方，更進一步準備征服蕭齊——中的一個環節。在逐步企圖實現這個多方面艱鉅工作的過程中，孝文帝重建洛都不得不大體遵循晉都遺規，甚至最初不得不因陋就簡。

　　孝文帝於太和十七年(493)九月庚午「幸洛陽，巡故宮基址。帝顧謂侍臣曰，『晉德不修，早傾宗祀，荒毀至此，用傷朕懷。』遂詠〈黍離〉之詩，為之流涕。」丁丑，「仍定遷都之計」。「冬十月戊寅朔，幸金墉城。詔司空穆亮與尚書李沖，將作大匠董爵經始洛京。」至太和十九年(495)八月，「金墉宮成」，「九月庚午，六宮及文武盡遷洛陽。」[40]《伽藍記》云：「遷京之始，工卻未就，高祖住

---

在金墉城。」[41]可見金墉城築成之後即行遷都，其餘宮室大體皆依照晉宮遺規仍在趕造，初無創制可言。

惟其因爲宮城重建事出倉促，而全部洛都城郭設計營建尤非短期所能完成，所以當孝文、宣武之世就不得不粗擬一個消極防範性的城區土地利用原則，大致規定了城區那些地方不得漫無計畫的占用。當初洛都設計詳綱，早已無存，不過幸而在《魏書・釋老志》中還保留下來任城王澄的一篇長奏。任城王澄是皇室中最有爲有守屢被孝文帝視爲「社稷臣」，而且是勸說代北鮮卑貴族促成遷洛的中心人物[42]。他因爲「自遷都以來，年踰二紀，寺奪民居，三分且一」，才以三朝元老的身分「批尋舊旨，研究圖格」，徵引「高祖立制」，主張對佛寺興建予以限制。他這篇奏章雖針對佛寺，實爲現存有關洛都土地利用防範原則的唯一片段史料。他在神龜元年(517)奏章中開始就說：

> 仰惟高祖定鼎嵩瀍，卜世悠遠，慮括始終，制洽天人，造物開符，鎚祇萬葉。故都城制云：「城內唯擬一永寧寺地，郭內唯擬尼寺一所，餘悉城郭之外。」欲令永遵此制，無敢踰矩。逮景明(500-503)之初，微有犯禁，故世宗仰修先志，爰發明旨，城內不造立浮圖僧尼寺舍。[43]

從以上奏章很明顯的可以看出當初北魏朝廷必有更較廣義的都城土地利用限禁條例。本節的目的不在詳溯逐步違禁在洛城內建立佛寺的歷

---

41　原序，頁2上。
42　《魏書》卷19中〈任城王澄傳〉，頁2下-27下。北魏列帝諸子中，澄傳獨長。
43　《魏書》卷124，〈釋老志〉，頁20下，全奏頁20下-24上。

史，而在說明消極防範性都城土地利用原則的最後結果之一，即是洛城北半部形成了一個特殊的宮苑單位。

爲證成此說，不妨將落陽全城分作面積略等的南北兩半來研究。宮城南垣外，西有西陽門內的御道，東有東陽門內的御道，這兩條連而爲一的御道便是橫貫落成的東西軸心。最耐人尋味的現象就是這條軸心以北，只有一個特殊性的坊里，所有其餘洛城內部坊里之見於《伽藍記》的，都在這軸心之南。

北半城唯一的坊里是延年里，其特殊的歷史值得追溯。《伽藍記》云：

> 建中寺，普泰元年(531)尚書令樂平王爾朱世隆所立也。本是閹官劉騰宅。屋宇奢侈，梁棟踰制，一里之間，廊廡充溢，堂比宣光殿，門匹前明門，博敞弘麗，諸王莫及也。在西陽門內御道北，所謂延年里。……長秋寺，劉騰所立也，騰初爲長秋卿，因以爲名。在西陽門內御道北一里，亦在延年里，即是晉中朝時金市處。[44]

劉騰當靈太后胡氏臨朝的時期(516-519)已經「特蒙進寵，多所干託，內外碎密，栖栖不倦」。正光元年(519)七月，劉騰和宗元义合謀，發動政變，幽靈太后於北宮。「四年之中，生殺之威決於騰、义之手，八座九卿，且造騰宅，參其顏色。」[45]正因爲劉騰在此期間「總勒禁旅，決事殿中」[46]才能在西陽門內御道北破例建了窮極侈華的第宅。

---

44　卷1，頁6下至7上。

45　《魏書》卷94，〈閹官列傳〉，頁17上-17下。

46　《北史》(藝文影印殿版)卷4，〈魏肅宗孝明帝紀〉。

如此豪奢的第宅既經建成，靈太后還朝以後只有轉賜當權皇胄和非皇族的跋扈軍人，才劃成延年里。可見自移都到西元519年西陽門東陽門御道以北是從不允許建造坊里的。

也許有人會指出《伽藍記》曾言及洛城東北角，華林園之東有一步廣里。《伽藍記》此段敘事值得細讀：

> 建春門〔洛城東垣最北之門〕內御道南有勾盾、典農、籍田三署。籍田南有司農寺。御道北有空地，擬作東宮，晉中朝時太倉處也。太倉西有翟泉，周迴三里。……高祖於泉北置河南尹，中朝時步廣里也。[47]

步廣里明明是西晉時的里名，既就其原址建了河南尹署，此里在北魏當然已不存在[48]。最靠近華林園東垣，已廢晉太倉處「擬作東宮」而未果行，和洛城東北部仍有不少空地，更足以反映遷都伊始，雖因人力物力時間所限，不可能有全盤宮苑的營建計畫，也未嘗沒有保留宮城附近空地以備將來擴充宮室的消極防範原則。

不但洛城東西軸心之北沒有普通的坊里，而且除了少數官署以外，寺院都是例外。建中寺和長秋寺都在特殊的延年里一方里之內，貼近洛城西垣，與工程有相當距離。此外只有一個瑤光寺，距離宮城西垣最北的千秋門有二里之遙，這是「世宗宣武皇帝所立」[49]，必須看作廣義宮苑的一部分。更可注意的就是洛城北半根本沒有任何市

---

47　卷1，頁10下。
48　本文附圖（二），採自周祖謨，內仍有步廣里及金市，誤。范祥雍圖，本文未採，無以上里市。
49　《伽藍記》卷1，頁7下。

場，因爲晉朝的金市原址已經不存在，其原址即是延年里的一部分。

　　也許有人會質難：《伽藍記》所列城內坊里一共寥寥無幾，未提及北半城坊里之名，是否即可作爲沒有一般坊里的鐵證呢？《伽藍記》敘事的重心在寺院和第宅，由寺院第宅而及坊里，由坊里而及其他掌故和生活片面。前此研究《伽藍記》的學者，皆重校刊注釋，從未有牢牢把握一里是一方里這個具體面積觀念來構圖的，結果所構圖中一律顯出北魏洛城之空曠。

　　事實上，根據閶圖比例測估，洛城東西軸心以南半城的面積不過十四方清里，約合16.4方魏里弱。《伽藍記》所列南半城的坊里，計有永康、義井、宜壽、永和、治粟、衣冠、凌陰七個之多。其淨占面積即應爲七方魏里，即幾乎占了南半城總積之半。此外自宮城南門一直向南直達洛城南垣的宣陽門這條御道，即桐駝街兩邊都是官署。街東由北而南有左衛府、司徒府、國子學、宗正寺、太廟和護軍府。街西順序有右衛府、太尉府、將作曹、九級府、太社和司州牧署。右衛府西有御史臺，將作曹西有昭玄曹。這十四個官署不會占第完全相等。《水經注》中稱「司徒、太尉兩坊」[50]，很可能這兩個最重要的衙署就占了相當兩個坊里的面積。此外還應除去縱橫幾條至少寬達九軌的御道，各府曹坊里的街道，和縱橫幾道流貫南半城的陽渠。所餘空地已經不多，應在城區的西南和東南兩隅。自遷洛以來，城區土地利用本多禁限，而全城興築絕非短期所能完成，南半城至西元534年遷都至鄴爲止，仍有些未經利用的空地是很可能的。因此《伽藍記》所列洛城南半業經建置的七個坊里，應該是相當詳盡的，可能是絕對詳盡的。

---

50　楊守敬，熊會貞，《水經注疏》卷16，頁40上。

　　我相信《伽藍記》敘事詳於洛城南半而略於北半，正因為北半大
體是宮苑的保留區，本無多可述。事實上，《伽藍記》曾敘及北半城
有特殊背景的延年里，宣武帝私人所見的瑤光寺，甚至晉代原有的金
市和步廣里，其對北半程序是根本也不得不認為是相當詳細。如果以
上的分析不太錯誤，我們可以作一總結。洛都營建之始，事出倉卒，
宮城與華林園皆循晉代遺歸，未能打成一片，也不得不允許少數衙署
建於工程的東北和西南。但大體上北半城形成了一個獨立的廣義的宮
苑區，與洛城其他部分和外郭一般坊里市場是隔離開的。

　　西漢長安的宮殿群是分散在城內各處，並與民居混雜在一起
的。這當然引起了很多的不便，因而不得不於宮殿單位之間造起飛閣
複道[51]。東漢洛陽南宮記載殘闕，方位極難確定，暫可不論。僅就西
晉洛陽宮城附近的步廣里和金市而言，可知晉代還沒有將宮苑造成一
個單獨隔離的區域。北魏洛陽宮苑南北部雖尚未能打成一片，但因有
土地利用的禁限，將大部分的北半城無形中造成了一個獨立的宮苑單
位。

　　這是我國宮苑設計史上的一塊計里碑。北魏洛都的宮苑區尚不整
齊，隋唐的西東兩都就更進一步設計了完整的、獨立的、隔離的宮苑
單位。此後宋元明清四代宮苑設計無不如此。所以在宮苑設計史上北
魏洛陽是一個轉變的關鍵。

(二)城區軸心原則的確立

　　上文已經說明，北魏洛陽工程南垣外的御道是全落成的東西軸
心。更重要的是南半城的南北軸心。這條軸心北起宮城南門闔闔門，

---

　　51　武伯綸，《西安歷史述略》(西安，1955)，第5章。

南迄洛城南垣的宣陽門。這條銅駝街將洛城南半分成大略相等的兩半。西漢長安城內並無軸心之可言。東漢洛城因南宮方位很難確定，不得不存疑。北魏洛城既大體遵循西晉規制，可能晉時已有東西和南北的兩個軸心。都城設計中的軸心制雖可能不自北魏洛陽始，但北魏洛城設計無疑義的直接影響了唐代的長安。因為唐代長安皇城及工程占全城最北部的中央，所以由皇城南垣中點一直向南的朱雀門大街便成了全城最重要的軸心。這是南北的軸心，街東屬萬年縣，街西屬長安縣。後代京都及一般城池的設計，雖因地形關係不一定能像唐代長安中分的整齊，在可能範圍以內總多少採取這種軸心的原則。在我國都城設計史上，這重要的軸心原則雖未必創始於北魏洛陽，至少是經由北魏洛陽才趨確立而普遍應用的。

## (三)計畫坊里制的創始

坊里兩字由來甚古，但大規模、有計畫、相當整齊的坊里制則創始於北魏的洛陽。據《魏書·宣武紀》，西元501年秋採納了廣陽王嘉的建議，徵發了畿內五萬民夫築建大批的坊里。根據「四旬而罷」一語，這次的工作大都應是圈劃二百二十坊里的經界和趕造若干坊里以應遷洛皇室、胡漢貴族和官吏的急需。前此附郭當然已有貴族和官吏業經興建的第宅和若干庶民的聚集，此後才一律劃歸坊里制之內。

《伽藍記》云東郭極限三門，有郭門三道。這暗示至少東郭極限有圍牆，至於是否南、西、北三郭極限都有圍牆，無法確知。不過北垣以北一里稍多即是天然屏障芒山，南垣外數里伊洛之間地形甚不規則，是否有圍牆，尚當存疑。《伽藍記》和上引任城王澄的奏章，都僅言城郭之分，並未有內城外城的稱呼。我國歷代對城垣建置，如皇宮、宮城、子城、內城、羅城、外城等等，均極注意，但現存北魏史

料和隋唐以後相關資料都從未言及北魏洛陽附郭有外城。短短四句之內，趕造不少坊里又完成周圍大約七千魏里的城垣，是不甚可能的。想像中《伽藍記》中所暗示東郭的圍牆必非正式的城垣。森鹿三認爲西元501年以後北魏洛陽便有了「內城」和「外城」，似尚待詳考。爲審慎計，我們應襲用城郭兩字以茲分辨洛京城垣內外的區域。

西元501年雖劃出了二百二十坊里的經界，當時大多數坊里尚未營建，甚至還沒有名稱。《伽藍記》所述中書舍人常景的事蹟即係明證：「景……正始（504-507）初，詔刊律令，……又詔青州刺史劉芳入預其議，……又共芳造洛陽宮殿門閣之名，經途里邑之號。」[52]綜檢《伽藍記》全書，洛都郭內里名僅得三十五。惟內中皇宗所聚居的壽丘里是一總稱，實際包括東西寬達二里，南北長達十五里的整個區域，應約合三十普通坊里之數。西郭洛陽大市本身包括八個坊里，不應另計；但南郭伊洛之間另有四通市，東郭尚有洛陽小市[53]，連同內城八個坊里，共總不足七十八，約當總數二百二十之三分之一弱。《伽藍記》所舉郭內里名可能不甚詳盡，但列舉之數與計畫營建之數相差很多，這至少反映自坊里制初創至遷都鄴城的三十幾年間，洛邑全境之內必有不少空地未曾作城市性的利用，都還是原野蔬圃。此點《伽藍記》雖未明言，但不是不合理的猜測。試以唐代長安爲例，雖歷充帝都垂三百年，城內南部約三分之一的坊里仍是空曠少有人居[54]，近代南北兩京，尤以南京，城內曠土之多是盡人皆知的事實。以北魏都洛爲期之短，洛邑全境幅員之廣，《伽藍記》所列郭內業經建置坊里之

---

52　卷1，頁4上。
53　卷4〈洛陽大市〉，頁31上；卷3〈四通市〉，頁24；卷2〈洛陽小市〉，頁19上。
54　平岡武夫，《長安與洛陽》，頁30。

數，實際上已頗爲不少。

　　作爲一種都城地理空間利用的制度，北魏洛陽的坊里制對隋唐東西兩京有直接的影響。徐松《唐兩京坊考》引章述《兩京新記》東都洛陽：「每坊東西南北各廣三百步，開十字街，四出趨門。」[55]唐初武德七年(624)雖規定每步由六尺改爲五尺，但唐洛陽城初築於隋大業元年(605)，似乎隋唐洛陽的坊仍是每步六尺。所以唐洛陽的坊的建置形式和單位面積與北魏洛陽的里完全一樣。唐長安因地制宜，城內坊有幾種大小。徐松引呂大臨長安圖：「皇城之南三十六坊，各東西二門，縱各三百五十步，中十八坊，各廣三百五十步，外十八坊各廣四百五十步。皇城左右共七十四坊，各四門，廣各六百五十步；南六坊，縱各五百五十步；此六坊，縱各四百步。市居二坊之地，方六百步，面各二門，四面街各廣百步。」[56]

　　由此可見隋唐兩京的坊制是直接師承北魏洛陽的里制。惟一基本的不同是北魏洛都興建比較倉促，大多數坊里都在外郭，而隋唐兩京卻把所有的坊都設在城內。唐長安城區面積已經超過三十方英里或二百三十五方清里，再加上大明宮，總面積和北魏洛邑城郭極限的面積略等。這不像是偶然的巧合，很可能隋唐根據北魏洛都的經驗和未竟之業，定下了宏遠的規劃，將首都城垣造到極大限度，以應長時期發展對地理空間的種種需要。

　　事實上北魏洛都的坊里制絕不僅是京都土地利用的制度，其最主要特徵是京都全盤的社會經濟設計。依照當時的社會階級觀念，北魏政府將洛陽城郭坊里劃成若干社會經濟性能不同的區域。因此，北魏

---

55　《叢書集成》本卷5，頁148。

56　同上，卷1，頁32。

洛陽的坊里制充分反映當時的社會經濟制度。這一重要特徵，前此研究北魏洛邑規劃的學者都未曾作有系統的研究。《伽藍記》對北魏洛陽坊里之間的區域性，敘述最詳，也最精采，值得分析。

《伽藍記》全書所列半數以上的坊里都是劃歸統治階級居住享樂而用的洛陽城區北半部大體是宮苑區，在坊里制以外(除去延年里)。南半城有九寺七里，全都是統治階級的禁臠。從靈太后胡氏所建的永寧寺，「僧房樓觀一千餘間……營建過度」；清河王懌所立的景樂寺，「常設女樂，歌聲繞梁，……得往觀者，以為至天堂」，並有「奇禽異獸，舞抃殿庭，飛空幻惑，世所未睹，異端奇術，總萃其中」；以至苞信縣令段暉捨宅所立的光明寺，無一不是專供貴族和官吏玩賞的。洛陽全城八里之中，延年、永和當世名為「貴里」，為達官顯宦之所聚；就是比較不奢侈的衣冠、凌陰、治粟等里也都是府曹屬吏的住宅[57]。城內當然有不少為統治階級驅役的人，但不見一般庶民棲居的痕跡。整個城區的政治和社會性能是統治的，經濟性能是消費的、「寄生的」。這種純消費和寄生的最明顯表徵就是全城無一市場，所有生活享受之需由附郭、全國，甚至異域供給。

郭內統治階級集中的區域，在東郭為暉文、敬義、昭德、孝敬、孝義、景寧等里[58]。洛城以南，洛水以北的區域，有漢國子學、明堂、辟雍、靈台、孝文帝所建的報德寺，宣武帝所建的景明寺等寺院，和「居止第宅，匹於帝宮，……僮僕六千，妓女五百」的高陽王雍的第邸[59]。西郭最西部，北起芒山，南臨洛水，「其間東西二里，南北十五里，並名為壽丘里，皇宗所居也，民間號為王子坊。……帝

---

57　以上所引，均見卷1〈城內〉。
58　綜結卷2〈城東〉。
59　卷3〈城南〉，頁22上-23上；頁26上-26下。

族王侯，外戚公主，擅山海之利，居川林之饒，爭修園宅，互相誇競」[60]。這些附郭坊里的社會經濟性能與城區的坊里相同。

一般庶民居住營生的區域，在東郭北部有建陽、綏民、崇義等里，在東郭偏東部分有殖貨里和洛陽小市[61]。但大多數庶民工商集中在西陽門外御道南北由八個工商專里所構成的洛陽大市。這些工商專里頗有行業集中的現象。例如調音、樂律二里，「里內之人，絲竹謳歌，天下妙伎出焉」；延酤、治殤二里，「里內之人多釀酒為業」；慈孝、奉終二里，「里內之人以賣棺槨為業，賃輀車為事」。餘如通商、達貨二里，「里內之人，盡皆工巧，屠販為生，資財巨萬」。與洛陽大市毗連，另有阜財、金肆二里，「富人在焉」[62]。

洛水以南劃成為南朝降人和異域遠邦歸附經商的人的專區。《伽藍記》所數最詳細生動：

> 永橋以南，圜丘以北，伊洛之間，夾御道。東有四夷館，一曰金陵，二曰燕然，三曰扶桑，四曰崦嵫。西有四夷里，一曰歸正，二曰歸德，三曰慕化，四曰慕義。吳人投國者處金

---

60　卷4〈城西〉，頁32下-33上。

61　綜結卷2〈城東〉。

62　卷4，頁31上至32下。「出西陽門外御道南四里有洛陽大市，周迴八里」一語中的「里」字，前此作圖者如范祥雍和周祖謨皆釋做里程的里，意即大市每邊二里，四周八里，其周遭還有調音等八個工商坊里。這似乎不正確。「周迴八里」應該釋作大市周迴以內，共有八個坊里，即調音等八個工商專里。因為西郭極限距落成西垣不過七里，大市以西又有寬達二里的壽丘里，故大市的西部邊界距西陽門僅有五里。大市本身寬度為二里，故《伽藍記》所云距西陽門四里，應指大市的中點與城門的距離。祇有如此解釋，西郭極限與洛城西垣的距離才是七里。如范周兩氏之說，則西郭便寬至九里或十里，與《伽藍記》里程不合。

陵館，三年已後賜宅歸正里。……北夷來附者處燕然館，三
年已後賜宅歸德里。……東夷來附者處扶桑館，賜宅慕化
里。西夷來附者處崦嵫館，賜宅慕義里。自蔥嶺以西，至於
大秦，百國千城莫不歡附。商胡販客，日奔塞下，所謂盡天
下之區已。樂中國土風因而宅者，不可勝數，是以附化之
民，萬有餘家。門巷修整，閶闔填列，青槐蔭陌，綠柳垂
停。天下難得之貨咸悉在焉。別立市於洛水南，號曰四通
市，民間謂之永橋市。[63]

內中歸正里，「民間號爲吳人坊，南方來投化者多居其內。近伊洛二
水，任其習御。里三千餘家，自立巷市，所賣口味，多是水族，時人
謂之魚鱉市也。」[64]

綜合以上，東郭的殖貨里和洛陽小市是民間次等的市場。主要的
市場在西南兩郭，除供應一般人民日用所需而外，還供應統治階級比
較奢侈的和技藝上的需要。至於洛京城郭十萬九千餘戶的食糧，絕非
郭內及鄰近郡縣所能供應，大多有賴北魏政府的漕運。《水經注》：
「大城東有太倉，倉夏運船，常有千計。」[65]太倉以北，即晉朝常滿
倉原址，改爲租場，「天下貢賦所聚蓄也」[66]。

因爲北魏洛邑的坊里制反映當時的社會階級觀念，坊里之間區域
的劃分大部爲了統治階級的利益與享受。里既有貴賤之分，當時人
往往對所住區域有敏銳的心理反應。例如：「景明初，僞齊建安王蕭

---

63　卷3，頁24上至24下。

64　卷2，頁19上。

65　《水經注疏》卷16，頁58上。

66　《伽藍記》卷2，頁12上。

寶寅來降，封會稽公。爲築宅於歸正里。後進爵爲齊王，尙南陽長公主。寶寅恥與夷人同列，令公主啓世宗，求入城內。世宗從之，賜宅於永安里。」[67]隨他同時歸降的會稽人張景仁，原來住在吳人坊，但他恥於和其他南朝降人同住一區，後移居孝義里[68]。

以上是統治階級分子對坊里區域的敏感。其實這種心理一般平民也不能免。《伽藍記》云：

> 洛陽城東北有上商里，殷之頑民所居處也。高祖名聞義里。遷京之始，朝士住其中，迭相幾刺，竟皆去之。唯有造瓦者止其內，京師瓦器出焉。世人歌曰：「洛城東北上商里，殷之頑民昔所止，今日百姓造瓮子，人皆棄去住者恥。」[69]

因爲北魏洛陽坊里之間區域的劃分大體上也就是統治與被統治階級身分的劃分，所以庶民之富者不免在心理上，甚至形式上，起了一種反抗。《伽藍記》云：

> 有劉寶者，最爲富室。州郡都會之處，皆立一宅，各養馬十匹。至於鹽粟貴賤，市價高下，所在一例，舟車所通，人跡所履，莫不商販焉。是以海內之貨，咸萃其庭。產匹銅山，家藏金穴，宅宇踰制，樓觀出雲，車馬服飾，擬於王者。[70]

---

67　卷3，頁24上。
68　卷2，頁19上。
69　卷5，〈城北〉，頁38下。
70　卷4，〈城西〉，頁31上-31下。

《伽藍記》又云:「神龜(517-518)年中,以工商上僭,議不聽衣金銀錦繡;雖立此制,竟不施行。」[71]可見洛都西郭富民對政府規制作心理和形式上反抗的,實不祇劉寶一人。

北魏洛陽城內坊里既全部保留為統治階級之用,四郭坊里之間區域之劃分又大致根據社會階級身分,則北魏洛都坊里之制與西漢長安宮室、衙署、市廛、民居之混雜交錯者大有不同。這兩種不同的都邑規劃反映兩個不同時代的社會現象與觀念。漢初長安營建之際,六國冑裔早已式微,販夫狗屠竟成將相,一般社會階級身分觀念本甚模糊。北魏遷洛同年之中,孝文帝下詔「制定姓族」,換言之,即是將鮮卑和漢族的統治階級通盤的門第化、世襲化、品級化[72]。在「以貴成貴,以賤襲賤」的原則下,將全部社會各階層,至少在法律上,予以凝結。甚至不贊同孝文帝這種將社會階層全部凝結的漢人韓顯宗,在他建議洛都規制的奏章裡,都認為「寺署有別,四民異居」是「永垂百世,不刊之範」[73]。北魏洛陽坊里制中呈現出相當嚴格的階級與身分的區分,自是情理中事。

唐兩京坊制,無論就地理空間利用或都城社會經濟設計而論,大體皆遵照北魏洛都規制遺意。唐長安與洛陽坊里之間也有區域性和階級性,並也有專業集中一區的現象。不但兩京如此,即一般城邑規劃亦係大體根據貴賤士庶不得淆混的原則。《舊唐書·食貨志》云:

---

71　卷4,頁32上。

72　《魏書》卷113,〈官氏志〉,頁40上-41下。

73　《魏書》卷60,〈韓麒麟傳附子顯宗傳〉。「以貴承貴,以賤襲賤」一語,頁13下;對洛邑營建第一奏,頁8上-8下;第二奏,頁10上-11上。第二奏內云:「仰維太祖道武帝創基撥亂,日不暇給,然猶分別士庶,不令雜居,伎作屠沽,各有攸處……」,可見北魏代北舊都,即一向有身分區域的劃分。

在邑居者爲坊，在田野者爲村。……士農工商，四人各業。
食祿之家不得與下人爭利，工商雜類不得預於士伍。[74]

無疑義的，唐初這項詔令不過是根據南北朝社會經濟觀念與經驗而作
的廣泛原則和理想。此類法令原則和理想必與實際社會經濟現象有相
當距離，而且必無法長期嚴格實行於任何通都大邑。北魏都洛，前後
不足四十年，已屢見「工商上僭」，禁限「竟不施行」。在特殊情形
下，如安插成千的南朝降人，一時也無法按照階級身分嚴格的劃分區
域。上引張景仁初住吳人坊，即是一例。此外，廣義的統治階級的最
下層人士與一般庶民之間，身分階層的劃分本甚模稜。《伽藍記》所
述東郭建陽里，「里內士庶，二千餘戶」[75]，即係明證。然而正因爲
北魏都洛爲期甚暫，所以法令原則和社會實況之間的距離尚不顯著。

　　李唐享國垂三百年之久。期間均田、府兵、租庸調制之弛廢，土
地私有、募兵、兩稅諸制之代興，工商諸業發展因而促成舉國上下之
交相逐利，關中、齊、趙閥閱之漸次削弱，胡漢寒門之藉戎伍科舉而
致身通顯──凡此諸端，無一不對原有定制發生長期的浸蝕作用。降
至趙宋，農商經濟續有發展，社會門第業經銷融，階級身分日趨流
動，故汴京里巷之間，第邸同闤肆毗鄰，仕宦與庶萬肩擦，身分行業
區域禁限消除，北魏洛都坊里遺意盡失。甚而里巷形狀面積亦無復後
魏隋唐之整齊規律[76]。

---

74　藝文影印殿版卷48，頁5上。

75　卷2，頁12下。

76　敍述北宋汴京的名作是孟元老的《東京夢華錄》，此書最好的注釋是鄧之
　　誠先生的《東京夢華錄注》（上海，1959）。討論唐以後坊里制的崩潰的著
　　作很多，以加藤繁諸文爲最早，皆重印於《支那經濟史考證》（東洋文庫，
　　1952-1953），上、下冊。

綜觀坊里之制，從初創到廢替，前後四百餘年，不僅是都城土地利用的方案，更是京師社會經濟營劃的核心。從這坊里制一隅，頗不難窺測中世紀社會經濟演變的犖犖大端。所以元魏洛陽的坊里制確是中古社會經濟史上一個富有意味的問題。

1964年聖誕前夕，芝加哥

第十四章

# 從愛的起源和性質初測《紅樓夢》 在世界文學史上應有的地位

　　筆者六十年來專治史學，對中西文學從未受過專門訓練。但第二次退休以後，不時翻檢西方文哲典籍自娛，無意中發現古今中外言情文學雖浩如煙海，然其意蘊內涵能深達抽象理論層次，如愛的起源這樣基本問題的，中西總計不過三部著作而已。西方文學中有彌爾頓的《失樂園》，哲學中有柏拉圖的《酒談會》，中國只有曹雪芹的《紅樓夢》。本文上篇即扼要討論此三書的相關論點，並略作比較。

　　本文下篇擷取近年西方研究愛的性質的綜合著作的精要[1]，結合近代心理分析學之理論與原則，來核對和評估《紅樓夢》的成就和水準。本篇首先討論賈寶玉的性格與怪癖，因為他是全書的核心。隨即

---

1　西方關於愛的理論著作數量相當可觀。本文所經常參考的是兩部新校的綜合之作，一是Irving Singer, *The Nature of Love*，自上古至當代共3冊，均由芝加哥大學出版社出版，第1冊是1984年的第2版，第2冊1984版，第3冊1987版。二是Martin S. Bergmann, *The Anatomy of Loving*(New York: Columbia University Press, 1987)。前者是以古今文學及哲學為主而兼及當代心理分析。後者是從心理分析的原理和臨床經驗解釋重要文哲著作。筆者必須聲明的是本文是在中文圖書相當有限、完全缺乏漢譯西方文哲名著的條件下寫撰的。

探究色欲和愛情的關係及其分際。最後舉出實例以詳細研討曹雪芹特別提出的「意淫」的心理科學意義，並不得不對當代紅學家們的諸種詮釋略加檢討。

筆者必須聲明，本文討論範疇僅限於男女之愛，凡有關宗教、上帝、柏拉圖、理想，浪漫諸式之愛，一概不論。因為「現實」的男女之愛，已經是人類文學上最普遍的主題之一了。更須鄭重聲明的是，筆者討論《酒談會》時，經過內心幾度的辯論，決定完全避免涉及它的「博雅」，即使介紹它狹義的愛之時，也不得不力求簡易化，否則勢必要大大超過本文的範疇和本期刊所能許可的篇幅。

## 上篇　愛的起源

### 《失樂園》

西方對人類男女之愛的起源問題最權威的「原材料」是《聖經‧舊約》中的〈創世紀〉。〈創世紀〉中命令式平鋪直敘的「紀事」的最精采而又最權威的詮釋是英國彌爾頓（John Milton, 1608-1674）長達10,558行的史詩《失樂園》（*Paradise Lost*）[2]。彌爾頓在英國文學史上地位之重要僅亞於莎士比亞（1564-1616）是舉世公認的，但除了專家之外，很少人知道彌氏學問之淵博。他對神學、宇宙學、天文、物理、煉丹術、化學、地質、動植物學、宗教、哲學、希臘及羅馬古典文學、歐陸及英國文學幾乎無一不能運用自如。在某種意義下，如以《失樂園》代表牛頓（Sir Isaac Newton, 1642-1727）以前之綜

---

2　本文採用的版本是：M.Y. Hughes,ed, John Milton, *Paradise Lost : A Poem in Twelve Books*（New York: The Odessey Press, 1962）編輯者長序、詳注及歷代名家評論，俱極有用。

合知識之結晶亦非過分誇張。18世紀法國最重要的啟蒙思想家伏爾泰（Voltaire, 1694-1778）曾於1726-28年訪問英國兩年半，以英文論彌氏之偉大史詩為法國文學所無法產生，並盛讚彌氏詮釋《聖經》〈創世紀〉之精當：「如果上帝、天使、撒旦(魔王)真正講話，我相信他們會按照彌爾頓那樣來講。」[3]

　　《舊約》〈創世紀〉所紀，耶合華上帝六天之內即把整個宇宙、所有非生物及生物和人類創造出來了，所以下令第七天休息。在第六天，「上帝說，我們要照我們的形象、按照我們的樣式造人」，並給人以管理一切陸、海、空中動物的特權。這天「上帝就照著自己的形象造人，乃是照著他的形象造男女。上帝就賜福他們，又對他們說，要生養眾多，遍滿地面。……」《舊約》此處敘事顯然前後有矛盾，男人女人既於第六天已經造出來，而且還經過上帝賜福、俾能在大地上無限繁殖，可是第二章立伊甸園(Eden)以安置人時，卻只有一個男人，上帝又說「那人獨居不好，他要為他造一個配偶幫助他。……使他沉睡，他就睡了，於是取下他的一條肋骨，又把肉合起來。耶合華上帝就用那人身上所取的肋骨造成一個女人，領他(她)到那人跟前。……當時夫妻二人，赤身露體，並不羞恥。」眾所周知，男人就是人類始祖亞當(Adam)，女人就是他的妻子夏娃(Eve)。由於夏娃受了蛇的誘惑，摘下「知識之果」吃了下去，而且使亞當也吃，因此對赤身露體感到羞恥，被逐出伊甸園，永遠失去了長生，就像其他動物一樣總逃不了死亡。這就是著名的「失足」或「墮落」(fall)和「原罪」(original sin)。「失足」和「原罪」過去兩千年來為西方教會人士、神學家、哲學家、詩人、劇作家等寫作中最通常主題之一，而以

---

3　*Voltaire's Essay on Milton*(英國劍橋私印), 1954. p. 4.

藝術技巧結合義理人性詮釋愛的起源最明澈的，首屈一指當推《失樂園》。

《失樂園》排場之大，意蘊之深，藝術手法之靈活多樣，無韻詩體節奏音響之卓越，早有公論。本文本節只能就遠隔數千行、分散十二卷中直接有關愛的起源部分抽出，按事態發展程式，作一摘要。

首先必須指出，彌氏對伊甸園有多次多維度的描寫，巧妙地以園中景物托襯亞當和夏娃的情緒。亞當入世初醒、睡眼惺忪之際，已發覺四周有平疇綠野、丘陵鳴泉、林木垂蔭、百花錦簇、仙果纍纍、甘芳欲滴，眞如原詩中屢度綜述，色（sight）、香（smell）、味（taste）無不具備，供他摘食享用。動物方面，猛如獅虎，馴若麋鹿，莫不和祥共處，各自成雙，嗅吻狎昵。好一派春日遲遲，懶洋洋單身漢奈何不得的醉人情景！

正因如此，亞當聽了上帝禁食「知識之樹」之果的命令之後，立即向上帝訴苦，提出請求：「您已賜與所有方物，但就我而言，寂寞之中誰能獨享，……怎能找到滿足？」[4]上帝故意與他辯難，提醒他所有天上飛禽地上走獸都聽命於他，何以仍感寂寞。亞當回答，人與動物之間無平等關係可言，無法構成和諧的社會（society）；只有各自歸類，匹配成雙，才能美滿。爲協助亞當克服寂寥，上帝才抽出他的一條肋骨，合泥吹氣，造出他的配偶夏娃[5]。

與此息息相關的是性愛與「原罪」孰先孰後的問題。《舊約》第三章的主題是「始祖被誘惑」，「逐出伊甸」。此章以下所述全是逐出樂園以後的事。第四章開頭：「有一日，那人（亞當）和他的妻子夏

---

4　原詩，第8卷，363-367行。
5　原詩，第8卷，383-397行。

娃同房，夏娃就懷孕……。」這說明何以大多數歷代神學家及經典注釋家，甚至很多研究彌爾頓的專家們都認為性愛是亞、夏吃了禁果、被逐出園後才發生的。因此，性愛和「失足」及「原罪」幾可視為一事之兩面。

實際上大大不然。彌氏《失樂園》中，有兩次用間接的手法隱約地寫出亞、夏洞房之夜(按：即是二人初生之日的傍晚)的做愛。一次是亞當向大天使拉斐爾(Raphael)的追憶[6]， 一次是撒旦魔王決心引誘夏娃吃禁果之前，化身為魚鷹兒(cormorant，鸕鷀，象徵饞涎貪吃者)在樹頂偷偷觀察兩人的做愛[7]。後者描寫兩人半裸擁抱的動作較為明顯。做愛的前曲和過程中，不但各種花果異香四溢，虎豹獅象亦無不嬉嬉蹦跳，甚至宇宙間有些星辰都彼此相告，真可謂是普天同慶，只苦煞那垂涎欲滴的偷看者撒旦。

當代一位彌著專家特別指出，亞當對大天使拉斐爾綜結洞房之事是「世間幸福的總和」(the sum of earthly bliss)一語，肯定是對「失足」之前初次性愛的評價[8]。全部史詩中初次性愛字面正上的鐵證是「破身deflowered」一字的出現[9]。這字出自亞當的回憶，確是發生於「墮落」之前。事實的經過是：二人婚後黎明即起，亞當告夏娃不可忽視園中工作的責任，建議兩人在同一處工作。夏娃卻願各自一方，

---

6　原詩，第8卷，510-533行。

7　原詩，第4卷，492-499行，其他襯托的描寫亦甚精采。

8　原詩，第8卷，522行。詳細的研究，見於Peter Lindenbaum, "Lovemaking in Milton's Paradise," *Milton Studies* (Pittsburg: University of Pittsburg Press, 1975)I, pp. 277-306, 特別是277頁的提要。

9　此次出現於原詩，第9卷，901行。參閱Kathleen M. Swain, "Flower, Fruit, and Seed:A Reading of *Paradise Lost*," *Milton Studies*,V, 1974, pp.155-176, 特別是155頁提要。

工作後再會面。就當她獨自工作時，撒旦化身爲蛇向她百般誘惑，更刺激她的虛榮心。她爲了滿足求知的欲望才吃了禁果。吃了才感到後果堪虞，於是走向亞當面告。亞當見她神色慌張，面容憔悴，聆悉之下，立即想到她命運的瞬刻巨變：由昨夜的無限青春嫵媚立即要面對死亡。「損容、破身」等詞就在想到這兩極巨變中，如雷電般地在他腦海中一閃而過。亞當斟酌之後，堅信自己對夏娃之愛的眞摯，寧願冒死亡之險也要與她同命運。這樣，他才決定也吃禁果，此後二人才被逐出樂園。

夏娃何時破身是研究西方愛的起源與性質裡的關鍵問題。由於《新約》中保羅(St. Paul)的訓誡在歷史上發生很大的影響，此後基督教雖不得不默認夫妻行房爲正當，但「正宗」者一貫鼓勵自動禁欲，以獨身貞操爲美德，視一般性愛爲污穢。彌爾頓對這種傳統看法極爲反對，在《失樂園》中微妙描述亞、夏做愛之後，立即從敘事轉到評論，對傳統視性愛爲污穢的諸般「僞善者hypocrites」痛加抨擊。他進而提出，亞、夏的出生既基於上帝的意願，二人的成婚又是上帝親自主持的，這樣神聖的結合中正當的快樂和幸福有何不潔之可言[10]!?

綜結以上，西方宗教及文學上，愛起源於人的寂寞感，由寂寞而引起的對異性伴侶的要求是與人的原始性驅力無法分開的。希伯來和基督教的「原罪」是由於不服從上帝禁食知識樹果的命令，與男女間

---

10　原詩，第4卷，738-775行；參閱Lindenbaum文。加拿大文學評批名家　　Northrop Frye, *The Return of Eden* (Toronto: University of Toronto Press, 1965),　　pp. 60-88，評論彌氏就宗教原理對食、色有深刻的闡發。彌氏謂人與萬物不　　同之處，在上帝造人時與人以靈魂，靈魂可分爲三個不同層次：理智　　(reason)、意志(will)、欲望(appetite)。欲望受制於理智及意志，而意志又　　受制於理性。欲望既係神聖創世(creation)的一部分，當然是「善良」　　(good)的。

正當的性愛無涉。《失樂園》中對愛的起源正確的詮釋是符合近代生理學知識和心理分析理論的。

《酒談會》

20世紀西方盛行一種看法：全部西方哲學幾可視爲對柏拉圖（約前427-337）一人著述的詮釋。這種說法雖不免誇張，但卻有相當道理。即以愛的理論而言，柏氏名著之一，《酒談會》（Symposium），就是必讀之書。此書記有與宴七人的談話，其中最重要的是喜劇家亞里斯多芬尼斯（Aristophanes，約前448-388）的寓言和柏拉圖老師蘇格拉底（前469-399）的議論。二者代表對愛的兩種不同理論，對後世俱有影響。

亞氏所講的是極爲幽默的寓言。這寓言說，最初的人是圓柱型的，每人具有四雙手臂、四條腿，同一頭顱有兩個完全相似的面孔，而面孔朝向相反的方向。這種最初的圓柱人分爲三性：出自太陽的具有雙副男性生殖器官，出自大地的具有雙副女性生殖器官，出自月亮的具有一副男性生殖器官和一副女性生殖器官。在這階段他們之間還沒有性的關係。圓柱人孔武有力，又非常傲慢，曾向天神進攻，爲天神所敗。由於天神仍將需要人的經常祭獻，所以主神宙斯（Zeus）不能將人消滅，而只能設法將人削弱。於是他就將圓柱人自上而下中分爲二，並警告他們，今後如再抗命，他們將會再度遭受中分，到那時他們將只能用一條腿跳動了。宙斯又把原來的雙副生殖器官中分後重新安置於每個新人的身上。此後每個新人才無止無休地渴望與原身另外一半的新人重新會合成爲一體。由於圓柱人本有三性，所以中分之後有傾向男同性愛、女同性愛和異性愛的三種人。

按：亞氏寓言與更古的印度寓言大同小異，都說明最初的人是因

爲不甘孤寂才有對已失原我之半的重新結合的渴求，這種渴求本可釋爲最初的人對「愛」的需求[11]。這正說明何以柏拉圖以輕鬆的方式保持了表面荒唐、內藏眞理的亞氏寓言的全部情趣。但是，我們有理由相信柏拉圖愛的主論是借蘇格拉底口中闡發的。按：《酒談會》撰寫的年代一般相信是在西元前385年前後，時距蘇氏飲鴆自盡已十四年左右。再則《酒談會》中七人談話次序的安排顯然以蘇氏爲最重要，而且蘇氏在書中強調地指出：

> 現有一種理論認爲相愛者是那些追求他們另外一半的人。但照我的理論，愛不是愛它的一半，或是整個，除非它是善美（good）。[12]

可見柏拉圖雖兼容並包，內心中是以亞氏寓言爲輔，自己的理論爲主的。

由於柏氏借師說法，立意偏頗玄遠，非參照古代希臘風尙，不易了解。古代希臘認爲男人優秀，男性之間的愛高於異性之間的愛。異性之愛主要是爲了傳種接代，使人類得以「不朽」。一般成年男子最初應以美少年爲愛的對象，少年獻身之後希望受到成年愛人的庇護和

---

11　近代學人中有一派認爲亞氏寓言僅僅是喜劇家開玩笑，並無深義，如A.E. Taylor的議論，見於 *The Banquet Plato*（New York：Concord Press, 1985），pp.89-91，但大多數學人認爲亞氏寓言對後世愛的起源理論具有相當影響。心理分析專家Bergmann認爲柏拉圖可能對亞氏寓言的意蘊不完全洞悉，但爲了周全，把它收在書裡，如果是如此，可謂幸而有中。筆者同意這個看法。

12　Tom Griffith, Jr., *Symposium of Plato*（Berkeley: University of California Press, 1989）.原文在p. 205-e。

轉導以逐步發展智慧與德性。自成年人觀點，愛所追求的是美，最初是個別男少年的身體之美，但美的追求絕不應停在個人的階段，必須提升到「共相」（universal）的美的層次，這就不再以個人為對象了。再進一步就必須由「共相」的美更去升格追求精神及靈魂方面的美，也就是所謂的「絕對的美」。最後分析起來，「絕對的美」只能在哲學及科學之間去苦思深索。

　　顯而易見，柏氏愛的主論是無法適應社會現實的，因為自古至今沒有任何人類社會能全部或大部建在男同性愛之上的。他理論的另一致命傷是從愛中試圖逐步剝除個人的成分。他的主論的目的是以蘇格拉底為一實例以初步形成性的昇華論。《酒談會》最後一個談話人是著名美男子、頗富政治潛力的阿爾西白阿的斯（Alcibiades），他到得最晚，已半有醉意，一見蘇格拉底，即指斥他寡情，並自招如何崇敬蘇氏，特別選蘇為愛人，曾極力勸誘蘇氏和他同床過夜，而蘇氏竟終夜高談哲理，對他身體的引誘絲毫無動於衷。據此，蘇格拉底不愧是一昇華實例。而柏拉圖本人，享齡八旬的獨身者，更是人類史上性的昇華的最佳實例之一。事實證明，柏氏雛形的性昇華論對心理分析的奠基人弗洛伊德（Sigmund Freud, 1856-1939）是有貢獻的。

　　儘管當《酒談會》寫撰之際，柏拉圖對亞氏寓言的「純淨」（net）意義可能未能充分洞悉，寓言中此半新人和彼半新人重會的渴求，是與弗洛伊德性行為和個性發展必須追溯到嬰兒階段是前後映輝呼應的；從愛的起源的理論觀點看，亞氏寓言的重要性，包括它在心理分析上的意義，是遠遠超過柏氏愛的主論的。

## 《紅樓夢》

　　至晚從嚴復翻譯西方名著起，中國有識之士即已開始探討中西文

化的同異。五四時期，對這問題了解最深刻，眼光最犀利，態度最坦誠，言之最有物的當推一代文史大師陳寅恪先師。早在1919年12月24日，他就在哈佛大學與同窗吳宓(雨僧)先師縱論中西文化的不同：

> 中國之哲學美術，遠不如希臘。不特科學爲遜泰西也。但中
> 國古人素擅長政治及實踐倫理學，與羅馬人相似。其言道
> 德，惟重實用，不究虛理。其長短處均在此。[13]

中國古代宗教思想及體系更是以廣義的人、不是主宰的大神爲本，以祖先崇拜爲重心。因此，神話雖不算少，但類皆東鱗西爪，缺乏豐富的幻想與哲理。即以比較晚出的創世神話而言，《山海經・大荒西經》只說：「有神十人，名曰女媧之腸。」西漢《淮南子・覽冥訓》才提到女媧「煉五色石以補蒼天」。清儒盧文弨所輯漢末《風俗通義》的《逸文》裡，才談到造人：「俗說：天地開闢，未有人民，女媧摶黃土作人。務劇力不暇供，乃引絚於泥中，舉以爲人。故富貴者黃土人，貧賤者絚人也。」[14]

中國古代神話照例是平鋪直敘，就事言事。中國傳統文學雖在元明兩代已不乏言情的戲劇和小說，但類皆以詞藻豔麗稱，缺乏生動的個性描寫。所以中國古代的神話和文學都沒有，也不可能提出，像愛的起源這樣高度抽象理論性的問題。

如上文所示，以西方文化之多元，宗教、文學、哲學創造之豐

---

13　吳學昭，《吳宓與陳寅恪》(北京：清華大學出版社，1992)，頁9。

14　以上徵引，俱見於袁珂，《中國神話史》(上海：上海文藝出版社，1988)，頁25、111。袁氏序中謂中國神話豐富，如指條目數量，勉強可通；如指幻想意蘊，很難令人接受。

富，而較有系統論及愛的起源的僅有彌爾頓的《失樂園》和柏拉圖的《酒談會》兩部「超級」著作。曹雪芹的《紅樓夢》卻是中國唯一的，也是世界上極少數的，對愛情探原的傑作。爲集中研賞愛的起源的故事，我們對書中第一及第五回中的寓言架構及其作用暫不討論；爲審愼計，只用曹雪芹自己的文字敍述原委。以下曹氏原文採自《乾隆甲戌脂硯齋重評石頭記》，因爲此一版本既沒有刪節，也沒有像現行其他版本中增添了與原義大相牴觸的一句：「只因當年這個石頭媧皇未用，自己卻也落得逍遙自在。」《甲戌重評》本敍述如下：

> 原來女媧氏煉石補天時，於大荒山無稽崖煉成高經十二丈，方經二十四丈，頑石三萬六千五百零一塊。媧皇氏只用了三萬六千五百塊，只單單的剩下了一塊未用，便棄在此山青埂峰下。誰知此石自經煆煉之後，靈性已通，因見眾石俱得補天，獨自己無材，不堪入選，遂自怨自嘆，日夜悲號慚愧。一日正當嗟悼之際，俄見一僧一道遠遠而來，生得骨格不凡，豐神迥別，說說笑笑，來到峰下，坐於石邊，高談快論。先是說些雲山霧海神仙玄幻之事，後便說到紅塵中榮華富貴。此石聽了，不覺打動凡心，也想到人間去享一享這榮華富貴。但自恨粗蠢，不得已便口吐人言，向那僧道說道：「大師，弟子蠢物，不能見禮了。適間二位談那人世間榮耀繁華，心切慕之。弟子質雖粗蠢，性卻稍通，況見二師仙形道體，定非凡品，必有補天濟世之材，利物濟人之德。如蒙發一點慈心，攜帶弟子得入紅塵，在那富貴場中，溫柔鄉里，受享幾年，自當永佩洪恩，萬劫不忘也。」
> 二仙師聽畢，齊憨笑道：「善哉，善哉，那紅塵中有卻有些

樂事，但不能永遠依恃。又有美中不足，好事多魔八個字緊
相連屬。瞬息間則又樂極悲生，人非物換，究竟是到頭一
夢，萬境歸空，到不如不去的好。」這石凡心已熾，那裡聽
得進這話去，乃復苦求再四。二仙知不可強制，乃嘆道：
「此亦靜極思動、無中生有之數也。既如此，我們便攜你去
受享受享，只是到不得意時，切莫後悔。」石道：「自然自
然。」那僧又道：「若說你性靈，卻又如此質蠢，並更無奇
貴之處，如此也只好踮腳而已。也罷，我如今大施佛法助你
助，待劫終之日，復還本質，以了此案，你道好否？」石頭
聽了，感謝不盡。那僧便念咒書符，大展幻術，將一塊大石
登時變成一塊鮮明瑩潔的美玉，且又縮成扇墜大小的可佩可
拿。那僧托於掌上，笑道：「形體到也是個寶物了，還只沒
有實在的好處，須得鐫上數字，使人一見便知是奇物方妙，
然後好攜你到那昌明隆盛之邦，詩禮簪纓之族，花柳繁華
地，溫柔富貴鄉去安身樂業。」石頭聽了，喜不能禁。乃
問：「不知賜了弟子那幾件奇處，又不知攜了弟子到何地
方，望乞明示，使弟子不惑。」那僧笑道：「你且莫問，日
後自然明白的。」說著，便袖了這石，同那道人飄然而去，
竟不知投奔何方何舍。

　　至於此後靈石的主要活動和它下凡前夕的情況，是第一回甄士隱
晝寢中由另一僧人敘述的：

　　　只因西方靈河岸上、三生石畔有絳珠草一株，時有赤瑕宮神
　　　瑛侍者(按：即靈石)日以甘露灌溉，這絳珠草便得久延歲

月。後來既受天地精華，復得雨露滋養，遂得脫去草胎木
質，得換人形，僅修成個女體，終日游於離恨天外，饑則食
蜜青果爲膳，渴則飲灌愁海水爲湯。只尚未酬報灌漑之德，
故其五衷便鬱結著一段纏綿不盡之意。恰近日神瑛侍者凡心
偶熾，乘此昌明太平朝世，意欲下凡，造歷幻緣，已在警幻
仙子案前掛了號。警幻亦曾問及灌漑之情未償，趁此到可了
結的。那絳珠仙子道：「他是甘露之惠，我並無此水可還。
他既下世爲人，我也去下世爲人，但把我一生所有的眼淚還
他，也償還得過他了。」

愛起源於寂寥，在全書提綱第五回中，另以曲子的方式濃縮地再行點
出：

開闢鴻濛，誰爲情種？都只爲風月情濃。奈何天，傷懷日，
寂懷日，寂寥時，試遣愚衷：因此上演出這懷金悼玉的《紅
樓夢》。

　　《紅樓夢》楔子的指導思想是東方「內在」（immanent）宗教和哲
學，認爲神靈寓於宇宙萬物之中。因此，那塊頑石初具靈性之後，而
尚未化成人形之前，即已有求偶的強烈要求。此中眞諦本是與亞氏寓
言中圓柱人中分後兩半重合的渴求和《失樂園》中亞當求偶之源出孤
寂基本相通的。所不同者在於《紅樓夢》中靈石在渴望求偶的同時即
對仙草無條件地做出「自我奉獻」──「日以甘露灌漑」。案：亞氏
中分後的人都因感到性和情感上的不足才渴望重合彼半，此外似並無
深意。彌氏《失樂園》手法高明，除明申丈夫亞當地位權力均高於妻

子夏娃外，微妙地描繪出亞當為真的愛情所驅使，對夏娃的人格、個性、意願都相當尊重，並極力避免強施丈夫的種種特權。這一意境已相當接近「體貼」。但我們必須強調指出，這種近於「體貼」之情是他們成婚後逐步發生的，在亞當向上帝求偶之時，他的要求是單純生理和心理的。當無法預料仙草是否將會回應之時，靈石已主動地、不計功利地向她做出自我奉獻，這不能不說是《紅樓夢》原愛理論中獨具的「高貴」成分。

愛的起源本身，在邏輯上本與以後愛的發展和結局並無直接的必然關係。由於《紅樓夢》是一部有關「愛」的綜合巨著，愛的起源、發展和結局都是它重要的組成部分。更由於悲劇性的結局，楔子中講愛的起源之時，即不得不儘先埋伏下悲劇的根苗——下凡前夕絳珠仙草以淚償情的心願。其中哲理是中國人所熟知的佛教因果因緣的觀念。但作者的藝術手法似乎比希臘悲劇中特爾斐（Delphic）女祭司傳達神諭（oracle）還要高明。神諭雖多半因悲劇主角已犯倫理過失，但有時主角是正直不阿的英雄人物而無辜遭受悲慘的結局，以致劇中硬性的神諭會引起讀者的不平。再則神諭或由人從女祭司處代傳，或由合唱隊唱出，從近代的觀點看，總不免是一種外來（extraneous）的因素。而《紅樓夢》楔子以後，寶、黛關係和命運幾乎完全取決於複雜人事的發展，不受外在超自然力量的干擾。這種芝草以淚償情的覃思奇構開門見山就給讀者一種永恆淒惋的感受。由於全書主題及結構的不同，這種淒惋的感受是讀西方兩大名著中愛的起源時所不能得到的。

結束愛的起源的討論之前，史料淵源問題理應略事檢討。積累研究明示《舊約·創世紀》故事中的多種「原材料」，如造人、樂園、蛇、人本不朽而因墮失而喪失不朽等等，皆可上溯到古代近東較早的農耕和游牧民族。希伯來人的天才在吸收了各種原材料而能創出迥然

不同的宗教與倫理體系。彌爾頓是17世紀歐洲最大的「通儒」之一，《失樂園》中的舊原料是多到不可勝數的，但他在這長篇史詩中藝術再創造水準之高、規模之大是舉世公認的。

反觀柏拉圖所述亞氏圓柱人中分的寓言，是源於印度的，亞氏以喜劇家的天才對它略加修改，以詼諧不經的方式講述出來的，因此，兩千多年來迷惑了不知多少讀者。其「精意」要等到弗洛伊德心理分析建成之後始大明於世。

《紅樓夢》原愛故事中舊材料可稱是最少的。石頭這件原料確有其較早淵源。故事背後的老莊和禪悅是盛清士大夫普遍的文化消遣。但頑石變成靈石，靈石以甘露灌漑仙草，仙草立願以淚報償雨露之恩（恩在此就是愛），這一構想和寫法，即使不經系統的考證，也應該可以肯定是清新原始的，是代表曹雪芹個人對愛之始於寂寥的深刻而又沉痛的體會。依靠舊原料之多少雖與評估三大愛之起源的故事的高下並無直接的關係，但曹的故事所依靠的舊材料最少，原始性最高，即反映他幻想的豐富和創造天才的卓越。

## 下篇　愛的性質

### 寶玉的性格與怪癖

弗洛伊德心理分析理論的基石之一是自嬰兒時期即已具有的戀母仇父情結（伊的帕絲，Oedipus#complex）。這個理論，經過一個多世紀的廣泛研討和臨床試驗，已經證明大體上極為有用。但這原則不能直接應用於寶玉。基本原因是他的家庭不是近代西方式以父母子女構成的小家庭，而是盛清時代貴族大家族。當代心理分析學派早已承認社會環境和教育等因素的不可忽視，早已不以單純的性潛能（libido）解釋

性格與行為了。

　　寶玉的生母是王夫人，榮府婦女中地位之高，僅亞於賈母。《紅樓夢》書中曾有概述，賈府男女嬰兒各由乳母一人餵奶，乳母稱嬤嬤，在僕從中地位較高。餵奶之後，嬰兒其餘諸事均由各房丫鬟們看管侍候。嬰兒及兒童照例是生長於很多婦女之手。以寶玉論，他最初吃奶，從口腔中得到滿足之時，還沒有觀察老少美醜的能力；恐怕他自感官開始發育起，對乳母李嬤嬤即無好感，這可以從第二十回敘事中追測——寶玉初移入怡紅院時，對李嬤嬤深惡痛絕到曾一度堅持要把她攆出去，以免她不斷欺凌丫鬟們。寶玉自能辨聲、色、味、嗅、溫涼、皮膚接觸之前，即已受到丫鬟們經常拍、抱、聞、吻，他的戀母情結一定是與王夫人無關，一定是複合型(composite)、多樣型的。像寶玉這類的「個案」，不特西方心理分析專家未曾研究過，中外心理、教育、社會、歷史、文學等專家似也未曾注意及之。但我們有理由相信，寶玉自始即不具有對任何個別女孩子的戀結，等到知識稍開之後，即由對多型女孩的喜愛擴大轉移到對女性(gender)的理想化了。「女兒是水做的骨肉，……我見了女兒就清爽」，也就不難理解了。

　　但是寶玉並非對整個女性都理想化。他厭惡老醜、生過孩子的女人，認為未出嫁的姑娘們最純潔美好。弗洛伊德認為在開化社會中，一般而言，童貞成為男性占有、控制女性的欲望與權利的象徵[15]。這看法大體是正確的[16]。宋明以後的中國，對程頤的「名言」「餓死事

---

15　《弗洛伊德心理著作全集標準版》，*The Standard Edition of the Complete Psychological Works of Sigmund Freud*，以下簡稱 《全集》(London: the Hogarth Press, 1957重印本)，第11冊，pp. 192-208；*The Taboo Vivginity*。

16　古代希臘是一重要例外。Guilia Sassu, *Greek Virginity* (Cambridge: Harvard

極小，失節事極大」越來越重視，男子對女子童貞及貞節的單面自私的看法，也就更爲變本加厲。

　　寶玉的童稚時期既不是西方式的戀母，當然也不會像西方單純的「仇父」。賈政是二府中最正直的「老爺」，性生活比較有節制，從未曾糟蹋過任何美貌侍女。所以從窄狹的潛意識講，賈政在性方面從來不是寶玉嫉妒的對象。弗洛伊德的《自我與本我》是研究兒童個性的形成與發展的經典著作[17]。按此書理論，嬰兒初生時，其心靈結構中僅有「本我」（id）。「本我」是性潛能及其他原始強烈欲望的淵藪，最初嬰兒每一欲望，如飢餓，必須立即滿足。隨著嬰兒腦子及感官機能的逐步發展，誕生五、六個月之後，那調節本我的「自我」（ego）已開始生長，但作爲人的良心裁判者的「超我」（superego）大概要從五、六歲或稍晚才開始生長。如在近代西方，兒童從五、六歲起亟需父母的管教和對人事環境的初步了解。如果是男孩，這階段中父教尤其重要。據心理分析原理，男孩最初的「仇父」心理，隨著超我的生長，往往會變成對父親的景仰，由景仰而模仿，以致還可能養成兒子漸具事業方面將來超過父親的意願和決心。由於賈政忙於公事，對寶玉既不能經常合理地加以督責和獎勵，又不能採取放任政策由他去發展自己的個性和稟賦。寶玉的超我既然絕對不容許「仇父」念頭的存在（因爲在當時社會裡，尤其是在纓簪詩禮之家，「仇父」是不容於國法家法，不齒於人類的），他心理上「防禦機制」（defense

（續）────────────────

　　　University Press, 1990）。古代希臘對處女膜問題不甚重視。已有多次性經驗的婦女，如果保持緘默，並無感情牽連，往往仍被認爲處女。神話中不乏處女膜可以重獲之例。

17　《全集》，第17冊，*The Ego and the Id*。本文中多處有關心理分析的應用，多根據此書，不再一一詳注。

mechanisms)中最自然的辦法是把經常「懼父」的緊張轉移到對全體男性的憎厭。這是「防禦機制」中常用的「置換」（displacement）方法。此外，寶玉生長過程中親自觀察到寧榮兩府成年男子行為的鄙劣和對女性的玩弄摧殘，當然更促成這種心理「置換」程序。因此，冷子興口述寶玉說：「男子是泥做的骨肉……見了男子便覺濁臭逼人」，就容易理解了。

寶玉的「自我」開始生長遠遠早於「超我」，已如上述，寶玉在最初的五、六年，也就是他的「自我」生長初期，他的基本需求和欲望的滿足者和他對周遭環境人事的「教導者」，幾乎全是女性，尤其是一群青春俊俏的丫鬟們。因此，這些少女在他童稚的心靈裡種下了不少所謂的「先意識」（preconscious）。這種「先意識」在童稚階段是「意識」（conscious），但隨著生長過程而逐漸退藏於「潛意識」（subconscious）中，就不易感覺到了。及至成人階段，因特殊事故而苦憶深索時，「先意識」往往會被重新發現。寶玉當初的「先意識」中女性影響之深而且鉅，是無庸置疑的。這就幫助說明何以他性格和作風之中具有部分的「女性」徵象，何以他對女性的情感和需要有特殊深刻的了解與同情。

寶玉個性形成的程序也應略加綜析。首先，他一出生就是全家的樞紐人物，就是賈母和王夫人等的寵愛的中心，已經注定是全家中最「特權」的人物。按理論，稍稍長大之後，自我的任務是觀察社會現實，隨時提醒充滿自私欲望的本我行動不可踰限，但自我本身並不具有任何道德觀念，仍是在現實許可範圍之內和本我一起追求快樂的，所以在寶玉個性成長的很早階段，享樂主義已經非常根深柢固了。一般而言，男孩從五、六歲超我開始生長時最需要父親的教育。賈政忙於外事，不能給寶玉一個經常、穩定、恩威並施的父親的形象與影

響。賈政幾度責打寶玉，結果反而引起賈母加倍庇護疼寵愛孫的決心和行為。這就更加強寶玉對科舉仕進的深惡痛絕。凡此心理、人事、環境因素造成寶玉那種淳厚善良、廣義愛美、貪歡享樂、逃避現實，對女性心態具有特殊了解、對待女性非常溫柔體貼的性格。但《紅樓夢》作者在書中對自己一向貪歡、終身一事無成的責備卻是出自超我的良心之言。

　　寶玉引人注意的怪癖莫過於喜歡吃或偷吃賈府以花瓣自製的胭脂。這也有心理分析的解釋。嬰兒時期的寶玉，醒時一定有丫鬟抱的，抱過他的丫鬟照例是年輕貌美的，用自製的胭脂化妝的。她們親聞寶玉這樣清秀可愛的嬰兒的臉龐是正常而又經常的。寶玉自襁褓中即從此中得到快感，在成長過程中有愛吃胭脂的戀物癖（fetishism），本毫不足怪。

　　所可怪的是他求滿足這一特殊戀物癖的方式。如第二十四回，寶玉回到怡紅院自己房裡，見鴛鴦坐在床上和襲人談話。「寶玉便把臉湊在〔鴛鴦〕脖頸上聞那香氣，不住用手摩挲，其白膩不在襲人之下。便猴上身去涎著臉笑道：『好姐姐，把你嘴上的胭脂賞了我吃吧！』」初讀之下，已有性經驗即將成人的寶玉竟當人面要求吸吮鴛鴦嘴唇上的胭脂，可能是對寶玉廣義「好色」的誇張性描寫。殊不知心理分析明示，好物癖經常是和偷偷摸摸的行為模式分不開的。例如一個有好婦女內衣褲癖的男子，如果去店中買，便覺得索然寡味；如果能從曬衣繩上偷來婦女用過的內衣褲，便覺得興味百倍了。正是因為同樣的道理，寶玉才決然冒一閨房中的小不韙，當襲人面提出這個要求。事實上，女孩子們心理喜歡寶玉這種要求，因為她們也從此中得到滿足。但此類事如讓賈母和王夫人知道，便不妥當，如讓賈政知道，當然會有較嚴重的懲戒，所以求吃胭脂是屬於偷偷摸摸之類的行

為。這類戀物癖是出自「前意識」，而不是出自「潛意識」，所以在個性發展中只占次要的地位。愛半偷吃胭脂之類之事雖看來很碎瑣，而事實上卻反映曹雪芹對性心理確有第一手深刻銳敏的體會。

## 色欲和愛情

一位當代紅學專家曾作過大略的統計：「王夢阮《紅樓夢索隱》說『全書紀事者不十之三，言情者反十之七。』他是就一百二十回說的，統計或亦不確。但作為『談情』一個重要組成部分的寶黛愛情描寫，在前八十回中就占了十分之三的篇幅，這確是一個事實。」他再進一步把全書所言之「情」分為「風月之情」、「兒女眞情」和居此二者之間的「賈寶玉對少女們的尊重、體貼、關心和熱愛，對她們『傾情盡心』」[18]。

筆者認為這種分類大體可用，頭兩類不妨用現代詞彙分別稱之為「色欲」和「愛情」。可意會而不可言傳的第三類，實際上大都可以歸類為「意淫」。由於二百餘年來對《紅樓夢》中的「意淫」的詮釋雖多，而其眞正意涵至今不明，所以筆者暫時襲用此詞而另闢專節以心理分析原則詮釋它的意涵。

《紅樓夢》中描寫色情的故事很多，而且類皆合情合理，讀來令人感到高度的眞實性。如第二十一回賈璉趁著女兒大姐出痘和多姑娘幽會的描寫之維妙維肖，便是一例，不必詳加徵引。更奇的是這故事餘波的處理。按：平兒本是好心為他向鳳姐保密的。書中續寫：「賈璉見他（平兒）嬌俏動情，便摟著求歡。平兒奪手跑出來。急的賈璉彎

---

18　鄒進先，〈試論《紅樓夢》「談情」的思想意識〉，《紅樓夢學刊》（1981年第4輯）。

著腰恨道：『死促狹的小娟婦兒，一定浪上人的火來，他又跑了。』……」真可謂寫得入木三分，令人拍案。但本節的目的不在讚揚曹氏手法的高法。而在評估他對性心理的體會是否真夠正確而又深刻。因此，只選賈瑞和秦鍾兩例作為檢討的資料。

　　賈瑞這隻癩蛤蟆想吃鳳姐這塊天鵝肉，兩次遭了毒計，病勢垂危之際，來了一個道士，給了他太虛幻境警幻仙姑所制的「風月寶鑒」這面鏡子，叫他只許看背面，三日管保病好。為了心理分析之需，必須徵引第十二回原文：

> 賈瑞接了鏡子，想道：「這道士倒有意思，我何不一照試試？」拿起那「寶鑒」來，向反面一照，只見一個骷髏兒立在裡面。賈瑞忙掩了，罵那道士：「混賬！如何嚇我！我倒再照照正面是什麼？」想著，便將正面一照，只見鳳姐站在裡面點手兒叫他。賈瑞心中一喜，蕩悠悠覺得進了鏡子，與鳳姐雲雨一番，鳳姐仍送他出來。到了床上，「嗳喲」了一聲，一睜眼，鏡子重新又掉過來，仍是反面立著一個骷髏。賈瑞自覺汗津津的，底下已遺了一灘精。心中到底不足，又翻過正面來，只見鳳姐還招手叫他，他又進去；如此三四次……

筆者回想在高小初讀、初中再讀《紅樓夢》時即一再感覺到鏡子的正反兩面代表賈瑞心靈中意志與欲望的鬥爭，道士和鏡子等超自然的因素僅僅是象徵，並非故事發展必需之物。可惜那時根本未曾聽說過弗洛伊德的名字，更不知心理分析為何物。按弗氏說，本我是性驅力和潛意識的淵藪，超我才是本我嚴屬的道德良心裁判者。賈瑞幼失雙

親，由窮書生祖父賈代儒養大。祖父的管教雖嚴而漏洞很多，賈瑞欺騙、逃避責任、私下尋樂的積習早已養成，他的超我之微弱自不待言。「風月寶鑒」反面的骷髏就象徵他的超我在生死存亡的關頭對他的本我的最後的警告，也就是弗氏學說中生存本能(life instinct)對死亡本能(death instinct)最後的掙扎。賈瑞故事對筆者少年心靈能有非常的衝擊正是由於曹雪芹對人類潛意識的作用有深刻的體會。在心理分析科學基礎奠立一百餘年之前，曹氏能有這種體會和寫作技巧，不能不歸功於他個人的特殊天才。

※　　※　　※

《紅樓夢》全書中可以肯定和寶玉有過性愛的只有四人：秦可卿、襲人、秦鍾、寶釵。秦可卿事寓之於夢，寶、襲做愛有如蜻蜓點水，寶釵最後與寶玉成為夫婦。秦鍾之事，書中所敘原委較詳，且能肯定說明寶玉對男女兩性俱有癖好，這是全面了解寶玉性格為人不可或缺的個案。由於作者在現存所有版本的第十五回中對秦鍾故事故下存疑之筆，所以寶玉和秦鍾性愛的真確性有稍事檢討的必要。

秦可卿殯儀舉行於鐵檻寺，因人多寶玉及秦鍾等到饅頭庵過夜。秦鍾趁黑暗摟住業已心許的女尼智能求歡，她起初掙扎不許，《乾隆甲戌脂硯齋重評石頭記》：「秦鍾求道：『好人，我已急死了！……』說著，一口吹了燈，滿屋漆黑，將智能抱在炕上，就雲雨起來。……只見一人進來，將他二人按住，也不則聲。二人不知是誰，唬的不敢動。只聽那人嗤的一聲掌不住笑了，二人聽聲，方知是寶玉……羞的智能趁黑地跑了。寶玉拉了秦鍾出來道：『你可還和我強？』秦鍾笑道：『好人，你只別嚷的眾人知道，你要怎麼樣，我都

依你。』寶玉笑道：『這會子也不用說，等一會睡下，再細細的算
賬。……』」脂硯在秦鍾央求寶玉開頭所說「好人」二字之旁，硃
批：「前以〔此〕二字稱智能，今又稱玉兄，看官細想。」再加上數
行後脂硯雙行小字硃批，寶玉和秦鍾那晚的性愛是可以肯定的。

　　寶玉秦鍾同性愛這一事實正說明柏拉圖、弗洛伊德學說的正確──
──人的性格上男女之分並不如一般想像那樣絕對的。據1940年代金賽
（Alfred Kinsey）性行為研究所對5,300男人調查的結果，內中大約一半
在青春期前曾有過同性性行為，十六至五十五歲之間的，有四分之一
一生平曾有過至少三年的同性性行為，但內中只有十分之一可被認為是
同性戀者。此後另一廣泛對七十六個不同社會的調查顯示出所有這些
社會雖都是異性為婚的，但三分之二的男子偶爾都有過同性戀行為；
有些社會男少年間的同性戀行為幾乎已儀式化，可是到青春期同性戀
行為一般都已停止[19]。從明清小說、筆記可以斷定好男色並不少見。
清代早晚各期的《學政全書》中都有嚴禁曾遭雞姦男童參加生童考試
的規定。《紅樓夢》所述馮淵、薛蟠等之好男色，以及已有嬌妻美妾
的賈璉仍有孌童，應該都是寫實。秦鍾故事的最大意義在說明肉體和
精神都是寶玉的「愛」的重要組成部分；某些極力想把寶玉的「愛」
淨化、理想化的企圖是注定徒勞無功、不能令人信服的。

※　※　※

　　在中國傳統社會裡，寶、黛之愛不但堪稱為至真至純的愛，且是
二百多年來紅學欣賞、研究、辯論的重心。有關全書這兩位主角的論

---

　　19　詳見最近版《大英百科全書》，"homosexuality"專文。

著既已很多，本文本節僅試用西方的愛情理論對寶、黛之愛作一簡要的分析。

19世紀中葉德國哲學家叔本華（Arthur Schopenhauer, 1788-1860）已經提出愛的最重要特徵是雙方都相信對方是世上最理想的、獨一無二的、不可代替的[20]。曹雪芹自撰的前八十回中已描述過寶玉多次向黛玉用剖心、招供、戲謔、挑逗、道歉、發誓各種方式表示她是他唯一真愛的對象。黛玉屢次反思之後也了解寶玉感情的真摯。不愧為真正的「知己」，但因自己身體羸弱多病，父母雙亡，終身大事無人積極代她作主而悲傷自憐。第五十七回中，因紫鵑故意試探寶玉而謊說不久蘇州林家族人會接黛玉回去，為她訂親，寶玉因此立即變得痴呆，一時造成家中一大危機。賈母究出真相，寶玉部分恢復神智之後，林之孝家的人前來慰問，寶玉聽見一個「林」字，「便滿床鬧起，說：『了不得了，林家的人來接他們了，快打出去吧！』賈母聽了也忙說：『打出去吧！』又忙安慰說：『那不是林家的人，林家的人都死絕了，再沒有人來接她，你只管放心吧！』寶玉道：『憑他是誰，除了林妹妹，都不許姓林了！』」寶玉最後這句話似乎從未被徵引過，誰知只有從這半瘋半癲的幼稚話才最能巧妙地，深刻地反映出愛的最基本特徵——獨有性（exclusivity）呢!?

叔本華提出愛的第二個特徵是得不到愛的痛苦是人間最大的痛苦。寶玉的屢痴屢癲、黛玉終身的以淚償情還不夠充分證明叔、曹二人不謀而合的卓識嗎？

此外，西方傳統中多注重相愛者對「合而為一」（merge）的渴求。最極端的例子是中古特里斯丹（Tristan）和伊索爾達（Isolde）的傳說故

---

20　詳見Bergmann, pp. 130-131。

事，這對愛人最後在「死」中才能求到完全的「合而爲一」。從現實的觀點，一對男女要求完全的「全而爲一」是不可能的，但雙方力求接近「會合」的情緒和狀況是可能。首先，寶玉初見黛玉即覺得好像曾經見過，這雖是旁示「前緣」的手法，卻說明確是「一見傾心」。寶、黛從兩小無猜直到長大，關係最爲親昵，而且二人價值觀念也相同，彼此了解最深。黛玉經常爲感到孤寂而悲傷，寶玉曾向她招出自己心靈深處也有類似的孤寂，沒有一個同母的弟妹。寶玉不只一次地向黛玉表示同生共死的願望等等都是會合意願的表達方式。事實上，早在第二十九回中，曹雪芹已有綜合性的按語：寶、黛「兩個原是一個心」。總之，曹雪芹對寶、黛二人的眞正愛情的刻畫與描寫是禁得起嚴格的現代理論考驗的。

當代一位心理分析專家提醒讀者，叔本華的愛的理論祇有在一個個性高度發展的社會才能提出；即使在個人主義淵源最久的歐洲也要等到19世紀中葉才能有叔氏這種理論的出現。事實上，他的愛的理論原則對很多社會和文化都難以適用[21]。反觀康(熙)、雍(正)、乾(隆)初的清皇朝，正是漢化極深、嚴格以程朱「正統」意識結合禮教、宗族以統馭全民的時代。當時男女之間的不平等，正如第五十七回中紫鵑私下提醒黛玉：「公子王孫雖多，那一個不是三房五妾，今兒朝東，明兒朝西？娶一個天仙來，也不過三夜五夜也就撂在脖子後頭了。甚至於憐新棄舊反目成仇的，多著呢！」與西方比，寶、黛愛情之「專」是非打折扣不可的。然而在當時制度和禮教控制之下，黛玉和其他女人對男子的特權卻早已認爲是當然的。雖在這種時代局限下，寶、黛之間的愛，不但是他們本人，就是當時和近代的讀者也還

---

21　同上，p. 131。

都認為是「眞」而且「專」的。

## 意淫

《紅樓夢》的提綱第五回裡，寶玉夢中警幻仙姑和他論「淫」的話，非常重要：

> 忽見警幻說道：「塵世中多少富貴之家，那些綠窗風月，繡閣煙霞，皆被那些淫污紈褲與那些流蕩女子玷辱了。更可惜者，自古來，多少輕薄浪子，皆以『好色不淫』爲解，又以『情而不淫』作案，此皆飾非掩醜之語也。好色即淫，知情更淫。是以巫山之會，雲雨之歡，皆由既悦其色，復戀其情所致也。吾所愛汝者，乃天下古今第一淫人也。」
> 寶玉聽了，唬的慌忙答道：「仙姑差了，我因懶於讀書，家父母尚多垂訓飭，豈敢再冒『淫』字？況且年紀尚小，不知『淫』字爲何物。」警幻道：「非也，淫雖一理，意則有別。如世之好淫者，不過悦容貌，喜歌舞，調笑無厭，雲雨無時，恨不能盡天下之美女供我片時之趣興，此皆皮膚淫濫之蠢物耳。如爾天分中生成一段痴情，吾輩推之爲『意淫』。『意淫』二字惟心會而不可口傳，可神通而不可語達。汝今獨得此二字，在閨閣中固可爲良友，然於世道中未免迂闊怪詭，百口嘲謗，萬目睚眥。……」

迄今解釋「意淫」的紅學家們，仁者見仁，智者見智，應該先摘其要，以備參考。最早的解釋者是脂硯。在《乾隆甲戌脂硯齋重評石頭記》第五回「意淫」行間硃批：「按寶玉一生心性，只不過是體貼二

字，故曰意淫。」當代紅學家馮宇認為寶玉「無論姐姐妹妹，還是奴隸丫頭，他都一視同仁，尊重她們的人格，欽羨她們的才智，分擔她們的憂愁，同情她們的遭際。寶玉的『體貼』『多情』，無不是純真無邪的感情。這種感情，乃是經過淨化，昇華為純潔高尚的一種精神世界。」在此之前，他並認為「『意淫』很有柏拉圖式的精神戀愛的味道。」[22]另位紅學家蔡義江詮釋警幻情榜中所言「寶玉係情不情」，比較實事求是。他說：「『情不情』，前一『情』字是對……『有情』的意思；『不情』是指不知情人的人或無知覺之物；也就是說，寶玉不但能鍾情於有情的人，甚至也用情於無知者。」根據蔡的解釋，另位紅學家鄒進先把「意淫」推廣為超越了「男女之情」而成為「一種博愛思想」了[23]。

　　以上諸家對「意淫」的詮釋，雖各有部分可取之處，但都不夠正確，內中還有些看法是錯誤的。原因有二。首先，舉世紅學家們前此並無一人先去做「意淫」個案的搜集工作(當然搜集之先即須了解『意淫』大致為何物)。再則至今尚無一人按照生理、心理科學知識去分析每個「意淫」個案的內容、性質和科學意義。本文本節正是志在從事於這種前人未曾做過的工作。筆者先選六例依章回前後排列於下，每個案之後，再稍作分析與詮釋。

　　第十九回，寶玉私訪襲人的家，「見房中三五個女孩兒，見他進來，都低了頭，羞的臉上通紅。」等眾人不在，寶玉向襲人稱讚那穿紅的姑娘，並表示「怎麼也得他在咱們家就好了。……我不過是贊他好，正配生在這深宅大院裡，沒的我們這宗濁物倒生在這裡。」襲人

---

22　馮宇，〈論太虛幻境與警幻仙姑〉，《紅樓夢研究集刊》(1981年第6輯)。
23　鄒進先，〈試論《紅樓夢》「談情」的思想意識〉，《紅樓夢學刊》(1981年第4輯)。

道：「他雖然沒這樣造化，倒也嬌生慣養的，我姨父姨娘的寶貝兒似的，如今十七歲，各樣的嫁妝都齊備了，明年就出嫁。」「寶玉聽了『出嫁』二字，不禁又『唉』了兩聲。正不自在。……」寶玉對穿紅姑娘顯然一見即發生性的吸引，其實那三五個女孩一見了他都「羞的臉上通紅」也正反映她們潛意識中因性刺激而引起的正常心理、生理反應。寶玉在此片刻中的言行都說明他的念頭是「自私」的，心靈深處本是想「占有」她的。所以一聽見她明年將出嫁，即「不自在」。這是「意淫」之輕者，他的超我從開頭就警告他不能對穿紅及其他房內女孩過度生邪念。

第二十八回，寶玉要求瞧瞧寶釵臂上的香串子。「寶釵原生的肌膚豐澤，一時褪不下來。寶玉在旁邊看著雪白的胳膊，不覺動了羨慕之心。暗暗想道：『這個膀子若長在林姑娘身上，或者還得摸一摸，偏長在她身上，正是恨我沒福。』忽然想起『金玉』一事來，再看寶釵形容，只見臉若銀盆，眼同水杏，唇不點而含丹，眉不畫而橫翠，比黛玉另具一種嫵媚風流，不覺又呆了。寶釵褪下來串子來給他，他又忘了接。寶釵見他呆呆的，自己倒不好意思的，起來扔下串子，回身才要走，……」寶釵身體之美的刺激，使寶玉的本我中的潛意識做出極強烈的、馬上要滿足性愛的要求。當然有阻礙。「忽然想起『金玉』一事」——惟有實現「金玉」前緣才能使性愛合法化——不是寶玉本我和自我閃電般的最佳「辯論」依據嗎？但那嚴格的良心裁判者，寶玉的超我，馬上就嚴厲地回答：「此非其時，切勿作非非之想。」寶玉的發呆不就是反映他心靈深處剎那間的爭辯嗎？書中雖未明寫，寶釵不但能容忍寶玉的發呆，其實她自己也陷入半呆狀況，心靈中得到應有的信心和滿足。這是「意淫」最大的「限度」了，因為這「淫」的「意」已瀕臨「肉」的危崖了。

　　第三十五回，「寶玉聽說，便知是通判傅試家的嬤嬤來了。那傅試原是賈政的門生，……寶玉素昔最厭勇男蠢婦的，今日卻如何又命這兩個婆子進來？其中原來有個原故。只因那寶玉聞得傅試有個妹子，名喚傅秋芳，也是個瓊閨秀玉，常聽人說，才貌俱全，雖自未親睹，然遐思遙愛之心，十分誠敬，不命他們進來，恐薄了傅秋芳，因此連忙命讓進來。」這是最輕的「意淫」，不需要再加析。但在此應該一提的是這個故事與全部《紅樓夢》中不少大體相類之事，都反映寶玉對所有長得過得去的少女開始都是輕泛的「占有欲」或「意淫」。

　　第四十四回，因賈璉與多姑娘幽會，鳳姐怒中誤打了平兒，寶玉讓平兒到怡紅院，對她百般安慰，並下令為她熨衣裳，用上好脂粉為她化妝。「平兒依言妝飾，果見鮮豔異常，且又甜香滿頰。……寶玉因自來從不曾在平兒前盡過心，且平兒又是個極聰明、極清俊的上等女孩兒，比不得那起俗拙蠢物，深以為恨。……不想……竟得在平兒前稍盡片心，也算今生意中不想之樂，因歪在床上，心內怡然自得。忽又思及，賈璉之俗、鳳姐之威，他竟能周全妥貼，今兒還遭荼毒，也就薄命的很了！想到此間，便又傷感起來。……」這故事描述得非常成功，敘事中已經說明寶玉一向感到平兒對他「性」的吸引力，而他的超我自始即能有效地抑制他對平兒的潛在欲望。平兒的無辜遭責給與寶玉「性」昇華良好的機會，經過「盡心」提升到對她「薄命」的深切同情。這故事是極富代表性的「意淫」昇華實例。

　　第五十八回，寶玉「只見柳垂金線，桃吐丹霞，山石之後，一株大杏樹花已全落，葉稠陰翠，上面已結了豆子大小的許多小杏。寶玉因想道：能病了幾天，竟把杏花辜負了，不覺到『綠葉成陰子滿枝』了！因此仰望杏子不捨。又想起邢岫煙已擇了夫婿一事，雖說男女大

事，不可不行，但未免又少了一個好女兒，不過二年，便也要『綠葉成陰子滿枝』了；再過幾日，這杏樹子落枝空，再幾年，岫煙也不免烏髮如銀，紅顏似縞。因此，不免傷心，只管對杏嘆息。」這個缺乏強烈刺激的觸景生情故事，仍然屬於「意淫」範圍，原因是它的核心仍然是「性」。寶玉不但因「未免又少了一個好女兒」而忽焉不樂，他幻想之快，倏忽間連她未來因「性」而引起的生理變化等等都在腦海中一閃而過。這是次於傅秋芳的第二最輕的「意淫」實例。

第六十二回，「呆香菱情解石榴裙」。香菱和豆官等四、五女孩找花草，香菱說她有「夫妻蕙」，遭到豆官等的玩笑，以致被推倒在地，婆婆薛姨媽給她做的嶄新的石榴紅裙在泥水中染污。寶玉力勸她等他回去叫襲人拿她的那條同色新裙給香菱換，這樣可以避免薛姨媽等的責問。香菱同意等。在回怡紅院的路上，寶玉「心下暗想：『可惜這樣一個人，沒父母，連自己本姓都忘了，被人拐出來，偏又賣給這個霸王！』因又想起：『往日平兒也是意外想不到的，今兒更是意外之意外的事了！』」襲人把裙子拿來之後，香菱讓寶玉背過臉去，這才向內解下換上。換了之後，襲人馬上回去了。這時「香菱見寶玉蹲在地下，將才夫妻蕙與並蒂菱用樹枝兒挖了一個坑，先抓些落花來鋪墊了，將這菱蕙安放上，又將落花來掩了，方撮土掩埋平伏。香菱拉他的手笑道：『這又叫什麼？怪道人人說你慣會鬼鬼祟祟使人肉麻呢。你瞧瞧，你這手弄得泥污苔滑的，還不快洗去！』寶玉笑著，方起身走了去洗手。香菱也自走開。二人已走了數步，香菱復轉身回來，叫住寶玉。寶玉不知有何話說，扎煞著兩隻泥手，笑嘻嘻的轉來，問：『作什麼？』香菱紅了臉，只管笑，嘴裡卻要說什麼，又說不出口來。……」

香菱換裙故事恐怕是全書中描寫「意淫」發展過程最詳細的例

子，作者所用的藝術手法也最值得仔細分析。這故事原起於石榴裙，裙之爲物（更不必加石榴兩字）本身對男性就是一種性的刺激。襲人回去之前，香菱叫寶玉背過臉去，脫換裙子的舉動必增加雙方性的刺激。此外還有「夫妻蕙」這一性的暗碼和寶玉那麼多情地以花瓣陪埋「夫妻蕙」的舉動，這些高度象徵性的因素，和旁無他人的有利機緣，更激動了香菱的性潛意識。因此，她才主動拉住寶玉的手，在這親密皮膚接觸的情況下，她更用女孩子慣使的「打情罵俏」的花招——笑寶玉「慣會鬼鬼祟祟使人肉麻」——來造成高度的性的緊張。由於高度緊張，雙方不得不稍退，可是香菱潛意識裡對情欲已很難控制，所以又回轉身來叫住寶玉，但只紅著臉，說不出話來。此刻的香菱，相當於凝視寶釵的豐肌玉臂而發呆的寶玉，「淫」的「意」已瀕臨「肉」的危崖了。要不是有人來打斷，這故事就很難收場了。

　　綜合以上六例，「意淫」的內涵是遠比前此所有詮釋爲複雜。筆者認爲「意淫」具有以下的特徵。

　　（一）一般而言，「意淫」必須有具體的對象，對象必須具有性吸引力。「意淫」絕不是「純眞無邪的感情」、「博愛」或「柏拉圖式的愛」。

　　（二）「意淫」與體膚之「淫」同源：皆出自性潛能淵藪的本我。因此，二者後面的驅力是相同的，原來的目標都是在追求性的快樂與滿足的。

　　（三）「意淫」的對象是超我嚴格視爲性的「禁臠」的，換言之，是從倫理道德觀點看不能也不應與之性交之人。

　　（四）「意淫」對象寬廣而富彈性。試想：從未曾相識的傅秋芳，匆匆初見一面的襲人的姨妹，到平兒、香菱，甚至訂親以前的寶釵，都可成爲對象。因此，「意淫」自始即有遠近輕重和喜愛程度不同之別。

（五）「意淫」必須向對象投入自己心（psychic）、性（sexual）、能力（energy）總量的一部分，投入的多少視喜愛程度深淺而異。這種「投入」就是心理分析所謂的「欲能投入」（cathexis）。寶玉對傅秋芳的投入最少，對香菱的投入就多得多，所以對她換裙一事終身牢記在心，認為意外而又意外的「快樂」。

（六）「意淫」最終一定會變成性的昇華。因為如果走到頭仍不能、不敢、不應實現性愛，就必須轉移方向了。弗洛伊德認為昇華就是心理「防禦機制」裡的「移代」（displacement）。他申論凡人類近於原始、侵始、攫取、滿欲等粗暴行為，因受強烈社會制裁，遲早必會轉化成比較溫和文明的行為；因為這樣才能見容於社會，甚至有時還會化干戈為玉帛。性昇華亦同此理。性昇華就是將潛意識中自私滿欲的驅力提升轉化為體貼、同情、憐憫。性昇華不失為一種淨化，而淨化總是趨向高尚純潔的。

正是由於性昇華是一種淨化，所以當代紅學家中頗不乏從事於將寶玉全部感情高尚化、純潔化的工作。內中以余英時教授的《紅樓夢的兩個世界》[24]影響最大，一時被譽為新的「典範」。在此文中他詳釋曹雪芹藝術架構的高妙，把大觀園內外分成兩個截然不同的世界：園外骯髒，園內純潔。此文第62長注對這兩個世界的鮮明的對照蜻蜓點水式地加以淡化，並特別討論「意淫」的意義：

> 我們一再強調《紅樓夢》的兩個世界，一方面是涇渭分明的，而另一方面又是互相交涉的。情與淫的關係也正是如

---

24　本文是採自胡文彬、周雷編，《海外紅學論集》（上海：上海古籍出版社，1982）。

此。曹雪芹並非禁欲者，……在第五回中他開宗明義地說
「好色即淫，知情更淫」，而反對「好色不淫」、「情而不
淫」之類的矯飾論調。大體說來，他認爲情可以，甚至必然
包括淫；由情而淫雖淫亦情，故情又可叫做「意淫」。但另
一方面，淫絕不能包括情；這種狹義的「淫」，他又稱之爲
「皮膚之淫」。

世上具有愛情而做愛的是相當普遍的。如果「情」眞能等同「意
淫」，曹雪芹從他的感情經驗和思維體系中何以在「情」字之外還要
特別精心地另造「意淫」一詞來？何以警幻對寶玉說「今汝獨得此
『意淫』二字？」何以「意淫」一詞二百餘年來不知迷惑了多少讀
者？讓我們回到最顯淺的起點，「意淫」似可先試釋成「淫意」，換
言之，就是有淫的意向和動機，而不是眞正地行淫事。這忠實於字面
的初步試釋正與本文對「意淫」內涵特徵的仔細分析幾乎完全符合。
而余先生對「意淫」的定義和詮釋與語言邏輯和經驗常識都相牴觸。

　　爲了徹底清澄前此的錯誤和了解的不周，我們有必要對「意淫」
續加深索：

　　(七)從語言邏輯與心理內涵，我們必須指出「意淫」和「昇華」
或「淨化」不能等同。「意淫」開始必須有對象和特殊引起「意淫」
的情況，「意淫」必有它發展的過程，這過程走完，最後才達成「昇
華」或「淨化」。全體和部分是不能等同的。

　　(八)「意淫」有兩個層次：個別具體的層次和共相抽象的層次。
本文所舉六例都是屬於前者的，經常的「意淫」是屬於前者的。寶玉
對所有具有性吸力少女(包括未曾見過的)的廣義的性的興趣，和反映
深層「占有欲」的對少女行將出嫁而發生的怏怏不樂都屬於共相抽象

的層次。寶玉的「意淫」如此深廣，難怪警幻仙姑對寶玉說「吾所愛汝者，乃〔因汝為〕天下古今第一淫人也。」

正由於從上引寶釵、平兒、香菱三例看，作為寶玉的「意淫」對象的這三位少女都向寶玉做出或多或少的正面反應，都對他的「意淫」欣賞，並都從其中得到一定程度的快樂和滿足。這正說明何以警幻仙姑對「意淫」的寶玉說他在閨閣中可為良友。因為自人性觀點看，世上幾沒有任何妙齡女子不喜歡與青春少年調情賣俏的。

最後，《兩個世界》的看法對研究曹雪芹的藝術構思和手法可能有相當參考價值，但對了解《紅夢樓》主要意蘊的博大精深可能是一個障礙。因為無論從愛的起源與愛的性質，尤其是從心理分析的科學觀點看，人的心靈機構是萬萬無法強行中分為二的。

## 全文小結

舉世談愛之作汗牛充棟，但能系統地描述愛的起源之作，西方只有彌爾頓的《失樂園》和柏拉圖的《酒談會》，東方只有曹雪芹的《紅樓夢》。這一極簡單的事實也就最基本：它明示出曹雪芹在世界文學上「超級」巨星的地位。

本文應用西方對愛的性質理論綜合知論中的精華，特別是屢經修正的心理分析中的科學原則，來初步分析評估《紅樓夢》的主要意蘊與內涵，發現《紅樓夢》不但能符合西方理論的精華，而且處處禁得起科學考驗。

更有一事引起炎黃子孫的深思。雖然愛的性質事實上是非常不易下一精確界定的，但西方對這問題用功最勤的學者，辛格（Irving Singer，麻省理工大學哲學教授），近年對合理的愛應具的基本特徵，

曾作以下極簡短的概述，而且用的是問話的方式：

> 人類往往是自我取向的，具有占有和滿慾欲的，常常是對最
> 親密的人〔企圖〕操縱支配的。我們如何才能使愛己和對他
> 人善意的關懷，性的渴求和非滿慾的(non-appetitive)對另方
> 身心整體的接受，侵略(的本性)和一種同情、體貼的自我奉
> 獻，取得調協？[25]

筆者按：上引辛格的話是他檢討了自希臘至當今西方文、哲、宗教、心理等方面所闡發的各式各樣的愛和斟酌當代高度個性解放的社會需要之後才做出的概述，而這概述只能代表他的希望和理想。可是幾年前筆者匆匆初讀他這概述之後，心中默默即刻的回答是：「二百多年前賈寶玉不就基本上已經取得了這種調協了嗎？」如果辛格和本文作者的理解不太離譜，曹雪芹所塑造的愛(姑先與古希臘悲劇中極端強烈的情欲相比)，豈不是更普遍全人性、更能自「平凡」中見出「永恆」的偉大嗎？

　　因此，筆者覺得曹雪芹只應與西方文學史上最具永恆，最具全人性價值的超級作家為儔伍。換言之，他應屬的「俱樂部」裡的會員是索福克勒斯(Sophocles, 496?-406B.C.)、但丁(1265-1321)、莎士比亞、彌爾頓、歌德(1749-1832)、杜思妥也夫斯基(1821-1881)、托爾斯泰(1828-1910)等一、二十人而已。

　　　　　　　　　1993年11月底草就於南加州鄂宛市龜岩村寓所

---

25　Singer，第2冊，p. 14。

# 後記

筆者長期讀史，對王國維的《觀堂集林》相當熟悉，卻迄未曾遍翻王氏全集或遺書。年節後圖書館重開，取閱上海古籍書店重印之《王國維遺書》第五冊，始初度獲讀王氏《紅樓夢評論》全文。姑不論其所最尊崇的叔本華哲學之是否允當，靜安先生對《紅樓夢》之哲理意蘊、美學造詣，識見之宏，視野之闊，九十年來，世罕其匹。更可喜的是他論《紅夢樓》的文學價值頗具比較觀點，至今猶不可易：

> 夫歐洲近世之文學中所以推格代(按：即歌德)之《法斯特》
> (按：即《浮士德》Faust)爲第一者，以其描寫博士法斯德
> 之苦痛及其解脫之途徑最爲精切故也，若《紅樓夢》之寫寶
> 玉，又豈有以異於彼乎？……且法斯德之苦痛、天才之苦
> 痛；寶玉之苦痛、人人所有之苦痛也。其存於人之根柢者爲
> 獨深，而其希救濟也爲尤切。……
> 由叔本華之說，悲劇之中又有三種之別。第一種之悲劇由極
> 惡(筆者按：或極英豪倔強)之人極其所有之能力以交構之
> 者。第二種由於盲目的運命者。第三者之悲劇，由於劇中之
> 人物之位置及關係而不得不然者，非必有蛇蠍之性質與意外
> 之變故也，但由普通之人物、普通之境遇逼之，不得不如
> 是。彼等明知其害，交施之而交受之，各加以力而各不任其
> 咎。此種悲劇，其感人賢於前二者遠甚。何則？彼示人生最
> 大之不幸非例外之事，而人生之所固有故也。若前二者之悲
> 劇，吾人對蛇蠍之人物與盲目之命運，未嘗不悚然戰慄，然

　　以其罕見之故，猶幸吾生之可以免，而不必求息肩之地也。
　　但在第三種，則見此非常之勢力足以破壞人生之福祉者，無
　　時而不可墜於吾前。且此等慘酷之行，不但時時可受諸己，
　　而或可以加諸人，躬丁其酷而無不平之可鳴，此可謂天下之
　　至慘也。若《紅樓夢》則正第三種之悲劇也。……

以上所引一代宗師所論，正與本文結語中所指出，較諸古代希臘及歐西偉大悲劇，《紅樓夢》似更普及於全人性，「更能自『平凡』中見出『永恆』的偉大」，不謀而合。《紅樓夢》不愧靜安先生先我斷定為「宇宙之大著述」，「可謂悲劇中之悲劇也」。

1994年1月5日補撰

## 附錄

# 美洲作物的引進、傳播及其對中國
# 糧食生產的影響

　　二十五年前，就是新中國宣布要實現建國後第一次全國人口普查
的一年，我下了決心開始研究中國近古和近代人口的歷史。無疑義地
人口是造成近代中國貧弱的最基本因素。為研究明清人口，必須先搞
清傳統人口調查，一些基本術語的制度內涵的演變(例如明初擔負無償
勞役十六至六十歲的「丁」，到了清初早已變成了納稅單位，與壯丁
和人口已毫無關係)，更必須從多類史料，尤其是北美各館共有近四千
種的地方志，去研究傳統官方土地統計數字的性質，土地利用和糧食
生產，各省區間大規模的移民運動，自然災害，人為變亂，以及政治
和制度上有關人口消長的一系列問題。在這相當長期的研究過程中，
最有趣的問題之一，就是新大陸幾種農作物引進的經過，四百餘年間
在我國傳播的概況，和對我國土地利用及糧食生產的長期影響。

　　美洲作物傳華的問題，我雖已用英文發表了研究的結果[1]，但英文

---

1　Ping-ti Ho, "The Introduction of American Food Plants into China," *American Anthropologist*, Vol.57, No.2, Part I, April, 1955; "American food Plants in China," *Plant Science Bulletin* (Botanical Society of America), Vol. 2, No. 1, January, 1956; *Studies on the Population of China, 1368-1953* (Harvard University

寫法偏重分析綜合，比較簡練，大量有趣的史料都未徵譯。近年曾三訪祖國，對祖國人口持續性的「爆炸」，使我非常關切，早有撰文討論之志。今承邀撰文，百忙之中，翻檢舊箧，勉為此文，以為香港《大公報》壽，為關心祖國國計民生者參考，並為討論中國人口問題奠下部分的歷史基礎。

此文討論四種美洲作物——落花生、甘藷、玉蜀黍、馬鈴薯——的方式不盡相同。前三者方志中記錄較多，玉蜀黍尤甚，兩三週內完全按時代和地區將所有已搜紀錄盡行排列是絕不可能的。即使將廿餘年前劄記中的相關資料都徵引出來也還是不免很大的漏洞。由於海外的中國方志，連近十餘年內香港、台灣影印的計算在內，也不過四千種左右，而國立北京圖書館就有七千種以上。惟有希望退休之後能在北京補看三千餘種前此未曾過目的方志以後，才敢試寫「定稿」。因此，在這篇「未定稿」中，對前三種作物的傳播僅作概括式的討論，只詳於俗名的列舉。馬鈴薯的資料較少，已搜集的傳播紀錄將全部羅列，志書編者們的觀察和案語也擇要抄錄，因為從這些方志編者的觀察和案語中，我們最能了解當時土地、食糧、人口之間的矛盾。

# 一、落花生

落花生早經植物學家證明是起源於南美洲的巴西。20世紀兩位西方漢學家都根據萬曆戊申（1608）版浙江台州內陸的《仙居縣志》而斷定落花生的傳華就是在西元1600年左右[2]。事實上，蘇州學人黃省曾

（續）————————————

Press, 1959; 2nd printing, 1969）, Ch. 8, Section III.

2    Berthold Laufer, "Notes on the Introduction of the Ground-nut into China," *Congrès international des Américanistes*, xve session, 1906; L.C. Goodrich, "Early

(1496-1546)在他所著《種芋法》中已經提到：

> 又有皮黃肉白，甘美可食，莖葉如扁豆而細，謂之香芋。又
> 有引蔓開花，花落即生，名之曰落花生。皆嘉定有之。[3]

福州王世懋的《學圃雜疏》，原序撰於萬曆丁亥(1587)，有敘述：

> 香芋、落花生產嘉定。落花生尤甘，皆易生物，可種也。[4]

具有確定年份的證據是嘉靖戊戌(1538)的《常熟縣志》的物產之中已
經列有落花生。

　　最初引進落花生的地區，應該稍加討論。雖然1608年《仙居縣
志》和康熙辛卯(1711)的《衢州府志》都說浙江落花生的種子，是來
自福建，但為研究引進的最早階段，這兩種志書都失之過晚。《明
史》卷323，「佛郎機」：

> 佛郎機，近滿剌加。正德中，據滿剌加地，逐其王。十三年
> (1518)遣使臣加必丹末等貢方物，請封，始知其名。詔給方
> 物之直，遣還。其人久留不去，剽劫行旅，至掠小兒為食。
> 已而夤緣鎮守中貴，許入京。武宗南巡，其使火者亞三
> (Tomé Pires)因江彬侍帝左右，帝時學其語以為戲。……亞
> 三侍帝驕甚，從駕入都，居會同館。……明年，武宗崩，亞

(續)————————————————————————

Notes of the Peanut in China," *Monumenta Serica*, Vol. 2, 1936-37.

3　《叢書集成》本，頁3。

4　《叢書集成》本，頁12。

　　三下吏，……乃伏法。

從《明史》卷16，〈武宗本紀〉，武宗親討寧王宸濠，於正德十四年
冬十二月丙戌(1520年1月16)至十五年閏八月丁酉(1520年9月19)足足
八個月都下駐南京。落花生非常可能就是1520年亞三等人帶到江南一
帶的。只有這樣解釋，才能符合嘉定、常熟等最早種植的地區和《常
熟縣志》及黃省曾的年代。

　　但這不等於說落花生在歷史上僅僅向江南引進一次。葡萄牙人於
1522年被驅逐出廣州之後，便在漳州、泉州和寧波三港非法通商[5]。既
然可以交換物質，落花生也一定向漳、泉、寧波輸入。因此，明末清
初確有不少人相信落花生最早傳入福建，清代浙江方志很有幾種明白
地指出「落花生……向自閩廣來」[6]。終明清兩代，浙江的花生大都自
福建引進，與花生最初由葡人引進到江蘇南部並不衝突。事實上，新
作物的引進往往不只一次。我們很清楚，20世紀解放以前，西方傳教
士不知向中國內地引進多少次不同的馬鈴薯種。16世紀前半葡人一再
把花生傳進閩南，較後還有沿海華商主動從日本再引進花生的。例如
乾隆丁卯(1747)的《福清縣志》卷2，頁18下：「落花生，康熙初年，
僧應元自扶桑攜歸。」

　　從植物學史和人類學史的觀點看，不同文化接觸時，具有經濟價
值的作物和兵器往往是自始即行交換的[7]。這當然不是客觀規律，但對

---

5　Chang T'ien-tse, Sino-Portuguese Trade from *1514 to 1644: A Synthesis of Portuguese and Chinese Sources* (Leyden: E.J. Brill, 1934), Ch. 4.

6　嘉慶1803《山陰縣志》卷8，頁2下；嘉慶1809《瑞安縣志》卷1，頁32下。

7　E.D. Merrill, "The Phytogeography of Cultivated Plants in Relation to the Assumed Pre-Columbian Eurasian American contacts," *American Anthropologist*, Vol. 33 (1931).

研究早期中葡關係卻甚允當。這是因爲葡萄牙人在拓植初期極端重視武器和食糧，而16世紀初葉的明廷也對歐洲的進步武器非常重視。因此，除了花生和其他作物外，早在1520年，也就是葡人抵達廣東沿海的後六年，相當數量的「佛郎機銃」已經傳進了福建[8]。

官方對新武器一向注意，對新作物往往忽視。幸而由於落花生植物形狀特殊，味美而富於營養，很快地就引起少數江南士子的注意，引進十餘年內，即見於著錄。傳統中國有關某些植物或作物的文獻的質和量，是值得歷史學界和植物學界稱道的。有關花生的早期記載是特別值得稱道的。

但是花生引進以後在中國各省傳播的歷史，方志中漏洞很多。這是因爲方志的編纂者大都是受了「四體不勤，五穀不分」毒素的士大夫，多半墨守陳規，注重鄉土名人掌故，忽視生產技術方面的新生事物。關於落花生傳播記載的遺漏，最顯著的例子之一就是徽州。清初上海葉夢珠《閱世編》卷7，頁13下至14上：「萬壽果，一名長生果，向出徽州。」萬壽果、長生果就是落花生。葉是非常留心世務的，「向出徽州」一語說明徽州在明代必已早就種植花生。由於徽商足跡遍天下，有些徽商很早就把花生帶回徽屬各縣。但是嘉靖1564、康熙1683、1699和道光1827各版的《徽州府志》的〈物產〉卷，對所有新大陸傳來的三種重要作物完全不提。遲遲到1820年代，因爲長期開山種玉蜀黍造成了嚴重的水土流失和河道氾濫，道光1827的《徽州府志》的編者才作案語(卷5之2，頁3下)：「案：昔間有而今充斥者，惟包蘆。如田畔種蒔，亦稊稗資生類耳。自皖民漫山種之，爲河道之

---

8　張維華，《明史佛朗機呂宋和蘭意大里亞四傳注釋》(北京：哈佛燕京社，1934)，頁26-31。

害，不可救止。舊志所無，不必闌入。」(旁圈本文作者加)因花生種於沙地，與開山無關，所以此志因「舊志所無」，仍不「闌入」。

徽州對新作物記載的忽略，似乎代表了一般皖南諸府州縣。據我涉獵所及，皖南對美洲作物最早的記載是乾隆1792《廣德州志》，載有玉蜀黍、番薯和落花生。美洲作物見於皖南文獻如此之晚，肯定是與史實不符的。

茲將落花生較早記載，早期及晚期特殊俗名排列於下：

1. 嘉靖1538江蘇《常熟縣志》，「落花生」。

2. 黃省曾(1490-1540)，《種芋法》，「落花生」，產嘉定。

3. 王世懋，《學圃雜疏》(序1587)，「落花生」，產嘉定

4. 萬曆1604江蘇《崇明縣志》，「落花生」。

5. 萬曆1605江蘇《嘉定縣志》，「落花生」。

6. 萬曆1608浙江《仙居縣志》，「落花生」。

7. 萬曆1609浙江《錢塘縣志》，「落花生」。棣案：明代方志及著錄僅限於此。福建沿海為花生入輸主要地區之一，且晚明及清初浙江方志數種皆曰落花生種自閩中。足徵福建方志遺漏之多。

8. 方以智，《物理小識》(1664版)卷6，頁29下至30上：「落花生……一名土露子。」

9. 葉夢珠，《閱世編》(清初)，「落花生」，「萬壽果」，「長生果」。松江府屬皆有，一般視為珍品。

10. 康熙1684江蘇《高郵州志》：「落花生，名地果，又名滴露生。」

12. 康熙1684陝西《華州志》：「萬壽果」。

13. 康熙1685江蘇《揚州府志》卷7，頁12下：「落花生，《高郵志》名地果，又名無花果，以不花而實也，即滴花生。」

14. 屈大均，《廣東新語》（序1700）卷27，頁32下至33上，落花生當17世紀末在廣東已相當普遍。

15. 雍正1731廣東《惠來縣志》，「落花生」，「地豆」。

16. 乾隆1738雲南《彌勒州志》，「落地松」。

17. 乾隆1748江蘇《淮安府志》，「長生果」。

18. 乾隆1758廣東《廉州府志》，「地荳，一名落花生。」

19. 乾隆1769廣西《梧州府志》，「落花生……嶺南人呼爲豆魁。」

20. 乾隆1782山東《邱縣志》，「落花甜，頗少。」

21. 嘉慶1799廣西《全州志》，「人參豆」。

22. 李調元（1734-1803），《南越筆記》（叢書集成本）卷1，頁195：「落花生……味甘以清，微有參氣，亦名落花參。」

23. 嘉慶1811廣東《雷州府志》，「番荳」。

24. 道光1825四川《綏靖屯志》，「延壽果，又名長生果。」

25. 道光1826廣西《潯州府志》，「地豆即落花生。」

26. 廣光1827廣東《高州府志》，「番豆，落花生。」

27. 道光1829浙江《武康縣志》，引在同治1874《湖州府志》卷32，頁14下：「落花生，一名長生果，溫州人設廠種之。昔無今有。」

28. 道光1831廣西《博白縣志》，「番豆」。

29. 同治1870湖南《沅陵縣志》，「及第果，又名落花生。」

30. 同治1871江西《建昌府志》，「及第果，俗名落花生。」

31. 光緒1878廣西《新寧州志》，「落花生一名地蠶。」

32. 光緒1887四川《興文縣志》，「白菓」。

33. 光緒1893廣西《貴縣志》，「相思果」。

34. 光緒1907甘肅《洮州廳志》，「延壽果」。

計落花生名稱之可考者，共有：(一)落花生，(二)地豆，(三)番豆，(四)豆魁，(五)地果，(六)地鹽，(七)白果，(八)人參豆，(九)落花參，(十)落地松，(十一)萬壽果，(十二)長生果，(十三)延壽果，(十四)及第果，(十五)相思果，(十六)滴露生，(十七)滴花生，(十八)土露子，(十九)無花果。土名之中，尚有某些區域一音之變，如至今雲南各地遍稱花生為「花松」，就是顯著的例子。

嘉道間檀萃，所著《滇海虞衡志》可補方志紀錄之闕。卷10，頁73至74(叢書集成本)：

> 落花生為南果中第一，以其資於民用者最廣。……高、雷、廉、瓊多種之。大牛車運之以上海船，而貨於中國。以充苞苴，則紙裹而加以紅籤；以陪燕席，則豆堆而砌白貝。尋常杯杓，必資花生，故自朝市至夜市，爛然星陳。乃若海濱滋生，以醡油為上，故自閩及粵無不食落花生油。且膏之為燈，供夜作。今已遍於海濱諸省，利至大。惟宜沙地，且耐水淹，數日不死。長江、黃河沙地甚多，若遍種之，其生必大旺。……若南北遍種落花生，其利益中原尤厚。故因此志而推言之。

卷11，頁85：

> 粵海之濱，以種落花生為生涯。彼名地豆，醡油，皆供給數省。……江西頗種之。而吾鄉〔棣案：檀萃安徽望江籍〕從來未有種之者，由於不知其利也。……彌勒大種落花松，與

草蘇以醡油，故其民俗漸豐裕，將來廣行全滇，亦大利益
也。

乾隆1736《雲南通志》卷27，〈物產〉，雖僅云：「落花生，臨安者
佳」，但已視爲通產。

棣案：檀萃的觀察頗富預言性。落花生確自廣東逐步向北傳播。
如道光1825湖南《永州府志》卷7上，頁4上：「落花生，俗亦稱人參
豆。……舊志〔康熙1682〕郡境間一有之，今見道〔州〕、寧〔遠〕、
永〔明〕間沙土徧種，收穫甚多，一物可見今昔之異。」乾隆1747
《長沙府志》、乾隆1746《岳州府志》均已列落花生爲當地常產。太
平軍興期間，湖南府州縣普遍編輯新志。1860-70年代間花生的種植在
湖南推廣到衡州府屬的清泉，湘東的茶陵、醴陵一帶，湘西的麻陽、
沅陵一帶，並洞庭湖西常德府屬的武陵[9]。康熙1720《西江志》物產部
分疏漏極多，對光緒1880的《江西通志》還有很壞的影響，物產之部
簡略特甚。與長江內地諸省相同，江西普遍編纂府縣方志在太平軍役
期間。據同治1871《南昌府志》卷8，頁9下：「落花生，寧州、武寧
沙地多種之。」同治1871《建昌府志》，同治1872《饒州府志》及同
治1874的《雩都縣志》皆載有落花生。同治1873《鉛山縣志》卷5，頁
27下：「落花生……種者極多。」19世紀後半，落花生種植的利益漸
被農民所了解，同治1872《瑞金縣志》卷2，頁45下，所述，可爲代
表：

---

9　同治1869《清泉縣志》卷4，頁7上；同治1871《茶陵州志》卷7；同治1871
　　《醴陵縣志》卷1，頁29下；同治1870《麻陽縣志》卷5，頁2下至3上；同治
　　1870《沅陵縣志》卷38，頁22下；同治1863《武陵縣志》卷28，頁2上。

> 落花生……向皆南雄與南安產也。近來瑞之浮四里人多種
> 之。生殖繁茂，每種一畝，約收二三石不等。其苗可糞田，
> 每年互相更代，且其田不糞而自肥饒，土人云較之種煙，本
> 少而利尤多云。

同治1868《南安府志》卷2，頁40上至41下，對物產記載極簡，但強調
了落花生在南康的高度商品化，南康人不少因以致富。

　　西南廣西、雲南、貴州、四川諸省方志足堪補充《滇海虞衡志》
中綜括性的敘述。

(甲)廣西省

　　1. 乾隆1742《南寧府志》。

　　2. 乾隆1769《梧州府志》卷3，頁15下：「落花生，……嶺南人呼
為豆魁……雖亦名豆，實蔬品也。」

　　3. 嘉慶1800《廣西通志》卷89，〈物產〉，桂林府，落花生，出
全州。亦見嘉慶1799《全州志》，「人參豆」。

　　4. 道光1828《慶遠府志》，頁8、頁16上：「落花生，食不盡用以
榨油。」

　　5. 道光1831《博白縣志》卷12，頁22上：「落花生，……近來出
產愈多。博邑農民之利，稻穀外，惟此為最。」

　　6. 同治1872《潯州府志》卷8，頁2上：「地豆，即落花生。潯州
煙草之外，惟地豆最盛。……每年出息，可抵穀石之半。」

　　7. 光緒1876《上林縣志》，「地豆」。

　　8. 光緒1876《新寧州志》，「地蠶」。

　　9. 光緒1890《富川縣志》。

　　10. 光緒1892《鎮安府志》。落花生種植相當普遍。

　　11. 光緒1893《貴縣志》卷1，頁2上：「落花生……各里寨，畬嶺者多種之。……各商採買榨油，每年不下千數萬斤，亦土產之大宗者。瘠土之民，並無穀粒，其完糧完婚之事多藉此。」

　　12. 光緒1894《鬱林州志》。

(乙)雲南省

　　1. 乾隆1739《彌勒州志》，「落地松」。

　　2. 乾隆1760《東川府志》。

　　3. 乾隆1765《永北府志》。

　　4. 乾隆1790《騰越州志》。

　　5. 乾隆1791《蒙自縣志》，「落地松」。

　　6. 嘉慶1799《臨安府志》。

　　7. 道光1829《尋甸州志》。

　　8. 道光1848《廣南府志》。

(丙)貴州省

　　1. 道光1838《永寧州志》。

　　2. 道光1841《遵義府志》。

　　3. 道光1841《思南府志》。

　　4. 道光1850《貴陽府志》。

　　5. 咸豐1854《興義府志》。

　　6. 光緒1879《畢節縣志》。

　　7. 光緒1890《銅仁府志》。

(丁)四川省

　　1. 乾隆1757《廣元縣志》。

　　2. 乾隆1775《威遠縣志》。

　　3. 乾隆1778《營山縣志》。

4. 乾隆1786《潼川府志》卷3，頁7下：「落花生……藝種之饒，倍於他處。」

5. 乾隆1786《鹽亭縣志》。

6. 嘉慶1800《清溪縣志》卷1，頁55下：「落花生，出大渡河。」

7. 嘉慶1811《金堂縣志》。

8. 嘉慶1812《什邡縣志》。

9. 嘉慶1812《宜賓縣志》。

10. 嘉慶1812《漢州志》。

11. 嘉慶1812《樂山縣志》。

12. 嘉慶1812《江安縣志》。

13. 嘉慶1813《洪雅縣志》。

14. 嘉慶1813《納谿縣志》。

15. 嘉慶1813《夾江縣志》。

16. 嘉慶1814《犍爲縣志》。

17. 嘉慶1815《青神縣志》。

18. 嘉慶1818《邛州直隸州志》。

19. 道光1829《新津縣志》。

20. 道光1835《鄰水縣志》。

21. 道光1838《仁壽縣志》卷2，頁17上：「落花生……遍山種之。九月驅豬食其中，一二百頭瘠而往，輒肥而歸。居民以此致富者甚眾。」

22. 道光1840《南溪縣志》。

23. 道光1843《石柱廳志》。

24. 道光1844《新都縣志》。

25. 道光1845《榮縣志》。

26. 道光1845《昭化縣志》。

27. 咸豐1857《冕寧縣志》。

28. 同治1867《彰明縣志》。

29. 同治1869《新寧縣志》。

30. 同治1870《會理州志》。

31. 同治1873《筠連縣志》。

32. 同治1873《新繁縣志》卷4，頁23上：「落花生，凡河洲均產。」

33. 光緒1875《江津縣志》。

34. 光緒1875《定遠廳志》。

35. 光緒1887《興文縣志》。

36. 光緒1892《名山縣志》。

37. 光緒1893《奉節縣志》。

38. 光緒1894《黔江縣志》。

39. 光緒1895《敘州府志》卷21，頁6上：「落花生……各廳屬皆產。」

40. 光緒1902《東鄉縣志》。

41. 光緒1904《江油縣志》卷10，頁1下：「落花生，出沙地。」

42. 光緒1906《越嶲廳志》卷3之2，頁2上：「落花生，出河邊大樹堡。」

43. 民國1915《峨邊縣志》。

44. 民國1929《遂寧縣志》。

45. 民國1931《宣漢縣志》。

46. 民國1931《武勝縣志》。

落花生直到清中葉，確如檀萃所說，究竟是「南果」。在華北諸

省的傳播大抵都是乾隆晚期以後的事。郝懿行，《曬書堂筆錄》外集，《郝氏遺書》本，有以下的敘事：「京師人張筵，必旅陳肴核，名品甚繁，而長生果居其一。……余以乾隆丁未(1787)始遊京師，友朋燕集，杯盤交錯，恆擘殼剖肉，燆食殊甘，俗人謂之落花生。」可見在18世紀末，落花生在北京仍是相當珍貴，尚未視同常產。光緒1885《畿輔通志》卷5，頁11下，落花生條下，編者注明是「新增」，並說明「今本土西山一帶產此甚廣。」光緒1884河北《玉田縣志》和光緒1889《良鄉縣志》也開始記載落花生。光緒1879《永平府志》卷25，頁15下：「落花生，昔無今有。」這應該大體上與史實相符。河南的情形也差不多。20世紀以前，河南志書中記有落花生的也不過是嘉慶1803《商城縣志》、道光1831《尉氏縣志》、道光1837《許州志》，和同治1871《葉縣志》數種而已。

　　山東方面，已檢志書中以乾隆1749《臨清州志》和乾隆1782《邱縣志》爲較早記載落花生的志書。臨清是運河上的重要商埠，邱縣在臨清之西不遠，現改屬河北。1782《邱縣志》卷1，頁19下：「落花甜，頗少。」尤足反映當時此物在魯西一帶種植甚不普遍。到了19世紀，沿海沿河的沙地，始漸種植落花生。如道光1830《冠縣志》已記有落花生，道光1838《觀城縣志》已記有落花甜。如道光1845《膠州志》卷14，頁4下：「落花生……東鄙種者尤廣。」如同治1869《黃縣志》和光緒1885《日照縣志》已都以落花生爲通產。山東成爲落花生生產和出口最重要的省份之一，應該僅自20世紀初葉始。生產重心之一是泰安地區。翻檢乾隆1762和1782兩版和道光1828版的《泰安縣志》，都沒有花生。民國1929的《泰安縣志》卷4，頁30下，才說明：「近年居民以能辨土宜之宜，種植花生，獲大利。」以致窮鄉僻谷，都變成比較富饒。民國1931《福山縣志稿》卷1之3，頁3上：「長生

果，……在昔第充果實，今則隨地種植，爲出口貨之大宗。」

其他各省不能一一追溯。總之，花生自1520年傳入中土，迄今已四個半世紀。雖在各省區傳播先後廣狹皆有不同，但對我國沿海、沿大小河流及其他沙壤地帶的利用，對民食、油料等方面所起的積累的影響，部分地可以從下表中反映出來。

### 表1　世界花生生產概況（1973年）

| | 收穫面積（公頃） | 公頃平均產量（公斤） | 總產量（公噸） |
|---|---|---|---|
| 全世界 | 44,180,000 | 1,423 | 62,882,000 |
| 印度 | 7,360,000 | 815 | 6,000,000 |
| 中國 | 2,173,000 | 1,242 | 2,697,000 |
| 美國 | 605,000 | 2,603 | 1,576,000 |
| 其他發達國家 | 9,333,000 | 2,090 | 1,950,000 |

資料來源：Food and Agriculture Organization of the United Nations, *Production Yearbook*, Rome, 1973.

### 世界花生生產概況（2003年）

| | 收穫面積（公頃） | 公頃平均產量（公斤） | 總產量（公噸） |
|---|---|---|---|
| 全世界 | 26,462,857 | 13,475 | 35,658,427 |
| 印度 | 8,000,000* | 9,375F | 7,500,000* |
| 中國 | 5,125,400F | 26,237 | 13,447,455 |
| 美國 | 530,950 | 35,404F | 1,879,750 |

* Unofficial Figure

F, FAO estimate

資料來源：Food and Agriculture Organization of the United Nations, FAOSTAT data, http://www.fao.org/waicent/portal/statistics_en.asp , last updated Feb 2004.

## 二、甘藷

甘藷，現代一般稱山芋、紅薯、白薯、番薯，源出於中美和南

美。雖然學術界大體認爲甘藷的世界性的傳播是哥倫布發現新大陸以後才開始的，但近二十年來有若干科學跡象使一些學人相信在哥倫布以前甘藷已傳入太平洋玻里尼西亞島群中某些島嶼[10]。甘藷傳華的歷史，自明末清初即有兩種說法。第一種說法以清初久任(1647-1654)福建按察使和布政使的周亮工爲代表。他在《閩小記》中有以下的討論：

> 萬曆中閩人得之外國，瘠土砂礫之地，皆可以種。初種於漳郡，漸及泉州，漸及莆〔田〕，近則長樂、福清皆種之。蓋度閩而南有呂宋國，國度海而西爲西洋，……閩人多賈呂宋焉。其國有朱薯，……其初入閩時值歲饑，得是而人足一歲。其種也不與五穀爭地，凡瘠鹵沙岡皆可以長。糞治之則加大，天雨根益奮滿，即大旱不糞治，亦不失徑寸圍。泉人𧚩之，斤不值一錢，二斤而可飽矣。

另一說法是根據康熙1663和乾隆1763兩版的《長樂縣志》而略加考證的。施鴻保，《閩雜記》(光緒1875)卷10，可爲代表：

> 若閩之番薯，李元仲《寧化縣志》〔棣案：指康熙1683版〕，周櫟園《閩小記》皆言萬曆間閩人得之南洋呂宋，而不著其人姓名。《長樂縣志》則稱邑人陳振龍賈呂宋，丐其種歸。其子經綸陳六益八利及種法，獻之巡撫金學曾，檄所

---

10　此種意見摘要，散見於Jacques Barrau, ed., *Plants and the Migrations of Pacific Peoples: A Symposium* (Honolulu: Bishop Museum Press, 1963)。

屬如法栽植。歲大穫，民賴之，名曰金薯。經綸三世孫世
元，〔世〕元子，長、雲，次、燮，復傳其種於浙江，河
南，山東，順天等處，咸食其利。世元刊有《金薯傳習
錄》，是閩中番薯始自陳振龍父子，確有明證。

閩人郭柏蒼，在他光緒1886刊印的《閩產錄異》中，肯定了施鴻保的
說法，並指出番薯始經巡撫明令傳播的歲荒之年是1598年。

　　事實上，以上兩種說法並不衝突。漳州距呂宋本較福州為近，漳
州人自南宋以來即長期與菲律賓諸島通商。1570年代，西班牙開始有
效地控占呂宋之後，因食糧商貨供應多賴閩商，所以大致上歡迎華人
赴馬尼拉貿易。1584年起，每年去菲華舶二三十艘，商賈人數每年兩
三千，甚至可達四千人。《明史》卷323，「呂宋」條，引晚明閩南著
作：「閩人以其地近且饒富，商販至數萬人，往往久居不返，以長子
孫。」在1594年歉收之年以前一二十年間，上萬的呂宋閩商之中，必
不乏注意到像甘藷這類易種廣收的新作物的人，而且這些留心民食的
人並不限於漳州或長樂。傳播新作物需要最低限度的穩定局面，1570
年代的後半和1580年代，西班牙在菲殖民政權和閩商的關係大體可謂
穩定。另外，無疑義地，西班牙殖民者極關心呂宋和菲律賓較重要諸
島的糧食問題。早在1543年春，西班牙艦隊一再想在菲島群中某些小
島播種玉蜀黍，因土人及葡人作梗，都未成功[11]。呂宋在1570年代的
相對穩定局勢之上，必有相當規模的甘藷種植。

　　前此研究甘藷傳華的中外學者都只注意福建沿海，忽視滇、緬、

---

11　陳荊和，《十六世紀之菲律賓華僑》（香港：新亞研究所東南亞研究室，
　　1963），頁12-13。

印度這條內陸通衢。修撰嘉靖1563《大理府志》的李元陽，是一位注意新生事物的學人。在這府志裡，他雖沒有詳細地解釋新作物名詞，但他毫不模糊地列舉薯蕷之屬五：「山藥、山薯、紫蕷、白蕷、紅蕷。」（卷2，頁24下）棣按：山藥（Dioscorea）係中國土生，南北皆產，要以河南懷慶府所產為最有名。山藥與栽培的甘藷（Impomocea batatas）在分類和遺傳上並無親緣關係。雖然大理李志僅列紫、白、紅蕷並無特別注釋，但二十幾年前遍檢全美各主要中文圖書館三千五百種以上中國方志之後，我發現很多晚明、清代和民國的各省府州縣廳志中，紅、白、紫、黃蕷(芋)、藷(薯)、苕都是指甘藷，而都不指土生的山藥。崇禎1629《太倉州志》卷5，頁35上至35下，就是較早就明白區別山藥和甘藷的：「案州中山藥，為世美味，以東土沙磧勻潤，地方使然。然歲穫無多。如去年奇荒，則種人先流孳，徒見抱蔓。何不取紅山藥種，家家藝之，則水旱有恃。」這「紅山藥」就是甘藷的俗名。再如萬曆1606福建《古田縣志》卷5，頁24下：「薯，似山藥而大，有紅、白二種。」只要與山藥、芋(taro)對列，紅、白、紫、黃蕷、藷、苕都可視為甘藷。直到今日，甘藷最普通的俗稱仍是紅薯、白薯、山芋。

除了嘉靖《大理府志》外，李元陽還編纂萬曆二年(1574)的《雲南通志》。這兩部書是明白記錄甘藷的最早著作，而且充分意味著甘藷是從印、緬引進的。下節中將另詳論，李氏二志中並多處列了「玉麥」，就是玉蜀黍，或玉米。兩種重要美洲作物同列，增加我們對16世紀雲南文獻的信心。此外，語言學的證據和16世紀印、緬、滇通衢的歷史實況更幫忙肯定這兩種新大陸的作物確是從西南引進中國內地的。

美國人類學家康克林(Harold C. Conklin)曾搜集了大洋洲諸島和非

洲沿海諸部落共五百種語言和方言中甘藷的名稱，並曾與多位植物、
語言、人類學家研討。大量語言的資料說明自15世紀末和16世紀初，
葡萄牙人把甘藷帶到非洲沿海諸地、印度西岸的要港果阿（Goa）、今
日印尼的部分島嶼群，和南北美洲的中緯度沿海諸地，而西班牙卻先
把甘藷傳到墨西哥的太平洋岸，然後再從墨西哥的西海岸傳到西太平
洋區，包括菲律賓[12]。

　　葡萄牙殖民帝國形成的歷史是一般人所熟悉的。早在1509年葡人
已將果阿作為東方殖民地的主要根據地。1511年已經占領馬剌加，即
今馬六甲。1512年即開始占領香料群島（也就是摩鹿加群島）。1514年
已在廣州所屬屯門島試叩大明帝國的南門。葡人海上進展如此的快，
他們已引進到果阿的美洲作物在印、緬、滇的傳播照理不會太慢。

　　另一史實，一般人並不清楚，這就是明代滇緬之存在著一條物
質、文化不斷交流的通衢大道，東起昆明，中經大理、下關，西越保
山、騰越而達緬甸。萬曆晚期曾任廣西巡撫、足跡幾遍全國、留心世
務的謝肇淛，在他的名著《五雜俎》中，盛稱「滇中沃野千里，地富
物饒。」[13]在他的另一著作《滇略》，描寫了這條通衢西段的繁榮景
象：

> 永昌、騰越之間，沃野千里，控制緬甸，亦一大都會也。山
> 高水深，饒竹木鹿豕魚蝦之利。其人儇巧，善製作，金銀銅
> 鐵、象牙、寶石、料絲、什器、布屬之屬皆精好，甲他處。
> 加以諸夷所產虎魄、水精、碧玉、古喇錦、西洋布及阿魏、

---

12　Herald C. Conklin, "The Oceanian-African Hypothesis and the Sweet Potato," in
　　Barrau, ed., *Plants and the Migrations of Pacific Peoples*, pp. 129-136.
13　日本1795版，卷4，頁25上下。

鴉片諸藥物，輻輳轉販，不脛而走四方。故其習尚漸趨華
飾，飲食宴樂。諺謂永昌一日費三百石釀米，亭午以後，途
皆醉人，此其敝也。[14]

綜合海陸兩方面資料看來，海道自呂宋傳到漳州和福州似應在1570、
80年代；而西南的甘藷似應在16世紀的最初三四十年間即已傳入雲
南。否則不易於1563年見於著錄，更不易解釋何以在1574年的《雲南
通志》裡，甘藷已被六個府、州列為當地物產。

甘藷由印、緬入滇雖然比由海路入閩要早，但在我國西南諸省早
期的傳播，在文獻上卻很難追溯。這大都要歸罪於明清六版《四川總
志》（嘉靖1541，萬曆1581、1619，康熙1671，雍正1733，嘉慶1816）
物產部分往往根本不談糧食，專重非食物的特產。這個劣例又影響了
不少明末清初四川的若干府、州、縣志的體例。明清兩代的《貴州通
志》和《湖廣總志》也犯了同樣的毛病。

甘藷自福建早期的傳播比較容易追溯。萬曆1594由福建巡撫金學
曾的提倡，甘藷在福建引起了較廣泛的注意。泉州著名學人何喬遠，
在主編崇禎1629的《閩書》時，撰了一篇〈番薯頌〉，讚揚它的種種
經濟價值。徐光啟在1625至1628年編輯《農政全書》時，把何喬遠的
〈番薯頌〉完全徵引，並派人到閩南去取薯種，並確在上海一帶試
種。

廣東的甘藷可能是由葡人直接傳入；也可能是由閩南傳播的。屈
大均，《廣東新語》（序作於康熙1700）卷27，頁29下：「番藷近自呂

---

14　明刻本，序無年代，有「崇禎仲冬行人顧鋐查記」之印，美國國會圖書館
　　藏。卷4，〈俗略〉，頁15下。

宋來，……切爲粒，蒸曝貯之，是曰藷糧。」吳方震，《嶺南雜記》
（叢書集成本），頁41：「番薯有數種，江浙間亦甚多而賤，皆從海舶
來者。形如山藥而短，皮有紅白二種，香甘可代飯。十月間徧畦開
花，如小錦葵。粵中處處種之。康熙三十八年（1699）粵中米價踴貴，
賴此以活。有切碎曬乾爲糧者，有製爲粉如蕨粉藕粉者。」

　　茲將見諸方志的甘藷俗名列舉如下：

　　1. 嘉靖1563《大理府志》卷2，「白蕷、紅蕷、紫蕷。」

　　2. 萬曆1574《雲南通志》卷3，姚安州，景東府，順寧州，「紅
薯」。

　　3. 萬曆1594後福州一帶稱甘藷爲「金薯」。

　　4. 萬曆1595《普陀山志》卷2，頁43下：「番芾來自日本，味甚甘
美。」

　　5. 萬曆1606福建《古田縣志》卷5，頁24上：「薯，似山藥而大，
有紅白二種。」棣案：此爲東南沿海俗稱甘藷爲「紅薯」、「白薯」
最早之例。

　　6. 崇禎1629《閩書》，「番薯」爲早期通稱。

　　7. 崇禎1629江蘇《太倉州志》，「紅山藥」。

　　8. 康熙1683浙江《永嘉縣志》，引在乾隆1761《溫州府志》，
「番薺」。

　　9. 乾隆1747湖南《長沙府志》，「粵蕷」。

　　10. 乾隆1752雲南《陸涼州志》，「山芋」。

　　11. 乾隆1760江蘇《崇明縣志》，「番芋」。

　　12. 乾隆1772浙江《奉化縣志》，「番芋，種來自日本。」

　　13. 金門，《海曲拾遺》（嘉慶1812）卷6，論江蘇南通州一帶物
產：「甘藷，俗呼番芋。江船賈客以其音不利，遂改爲山芋。種得自

舟山，今江北高原皆種之以佐餐。」

14. 嘉慶1812安徽《黟縣志》，「朱藷」。

15. 道光1828廣西《慶遠府志》，「黃薯」。

16. 道光1830山西《大同縣志》卷8，頁23上：「白薯，俗名回子山藥。」棣案：西北一帶不乏稱甘藷為回子山藥者。如光緒1881山西《豐鎮縣志書》卷6。

17. 道光1838河北《新城縣志》卷8，頁4下：「薯，本作藷，一名番薯，一名土瓜，一名地瓜，一名紅山蕷。」

18. 陶澍，《陶文毅公全集》（1839後刊本）卷26，頁1上至3下，詳述溫、台一帶之人至皖南山區廣植「山藷」。

19. 同治1864山東《寧海州志》，「玉薯」。

20. 同治1870湖南《江華縣志》，「黃薯」。

21. 光緒1895四川《敘州府志》卷21，頁4下：「甘藷……大者名玉枕藷，按各廳縣皆產。」

22. 光緒1902貴州《仁懷廳志》，「黃苔」。

23. 徐有榘，《種藷譜》（朝鮮，1834），頁2上至3下，「甘藷」，「番藷」，「紅山藥」，「赤芋」，「琉球芋」，「番茄」。

計甘藷名之可考者，共二十六：（一）甘藷，（二）白蕷(芋)，（三）紅蕷(芋)，（四）紫蕷(芋)，（五）紅薯，（六）白薯，（七）甜薯，（八）金薯，（九）番薯，（十）紅山藥，（十一）番苕，（十二）番薺，（十三）粵蕷，（十四）番芋，（十五）山芋，（十六）朱藷，（十七）黃薯，（十八）回子山藥，（十九）土瓜，（二十）地瓜，（二十一）紅山蕷，（二十二）山藷，（二十三）黃苔，（二十四）赤芋(朝鮮)，（二十五）琉球芋(朝鮮)，（二十六）番茄(朝鮮)。

甘藷在18世紀傳播日廣，固與人口增加，食料需要日廣有關，但

也部分地由於官方的倡導。如陳宏謀，撫陝，於乾隆1745年明令治下州縣認眞引進薯種，教民種植。其文集《培遠堂偶存稿》（無確切刊印年份），〈文檄〉卷20，頁1上至1下：

> 甘薯……俗名番薯，又名紅薯……其種來自海外，閩廣最多，浙江之寧波、紹興，江南之崇明，河南之汝寧、汝州，江西之廣信、贛州、南安皆有之。近來江北亦皆試種。

並正式命令：

> 正雜各官，有閩、廣、江、浙、蜀、豫之人，正可從家鄉覓帶薯種，在城身先試種。如署中有能知種法者，竟可散之民間，教人種植，費力無多。一年生薯，其藤無數，一處得薯，到處傳種，不幾年而遍一邑矣。

案陳宏謀歷任封疆二十年，以身體力行聞於當世，終拜大學士。1745年冬十二月，其下屬官確已自江、浙、豫、蜀等省「購覓薯種，並僱有善種之人到陝。」故此類官方倡導，絕非衰世一紙空文所可同日而語。

　　嗣後，乾隆十七年（1752），直隸、山東等省又推廣甘藷的種植。終18世紀，督撫以下的各省大吏，如布政使、按察使之流，亦不乏熱心倡導廣種甘藷以備荒者。乾隆皇帝本人，鑑於1785年河南夏糧歉收，親下諭令。豫撫畢沅，雖對人民生計之關懷遠不如陳宏謀，亦不得不認眞推廣甘藷的種植。當18世紀太平盛世，官方三令五申地督倡，的確起了積極的作用。

　　不過，在農作物發展的歷史上，官方倡導雖能起作用，但新作物之所以能不斷地被農民接受，還是要看它的經濟價值。自18世紀中葉直至太平軍起義，甘藷隨著玉蜀黍，逐步進入長江內地的丘陵地帶，特別是集中在川、陝間的山地，湖北西南部的山地，和湖北西北部漢水流域的山地。為避免重複，這一段甘藷傳播的歷史，將在下兩節討論玉蜀黍和馬鈴薯時再較詳討論。

　　總之，四百餘年來，甘藷對中國山地和瘠土的利用，對雜糧種植的多樣化，起了極深刻的影響。朝鮮「湖南巡察使」徐有榘，在1834年編輯了一部《種藷譜》，曾徵引了1765年某朝鮮大員派人赴日本引進甘藷時所作的一首詩。前兩句：「萬曆番茄始入閩，如今天下少饑人。」這詩雖稍有誇張，但最能說明甘藷的歷史作用。直至今日，甘

### 表2　世界甘藷生產概況（1973年）

| | 收穫面積（公頃） | 公頃平均產量（公斤） | 總產量（公噸） |
|---|---|---|---|
| 全世界 | 15,069,000 | 8,850 | 133,366,000 |
| 中國 | 11,810,000 | 9,399 | 111,000,000 |
| 日本 | 90,000 | 22,222 | 2,000,000 |
| 美國 | 51,000 | 10,932 | 561,000 |

資料來源：同表1

### 世界甘藷生產概況（2003年）

| | 收穫面積（公頃） | 公頃平均產量（公斤） | 總產量（公噸） |
|---|---|---|---|
| 全世界 | 9,031,050 | 134,927 | 121,852,841 |
| 中國 | 5,308,803F | 188,727 | 100,191,548* |
| 日本 | 39,700 | 237,053F | 941,100 |
| 美國 | 37,390 | 193,143F | 722,160 |

* Unofficial Figure

F, FAO estimate

資料來源：同表1

藷是我國最重要輔助食糧之一。由下表中可以看出我國甘藷的產量在
世界上占有壓倒的優勢。

## 三、玉蜀黍

　　早在1906年西方著名漢學家和人類學家洛佛（Berthold Laufer），初
露頭角，撰了一篇〈玉蜀黍傳入東亞考〉。這篇文章不是他成熟之
作，主要的史料是根據陳元龍所輯，1735年問世的《格致鏡原》。
《格致鏡原》所引最重要的原料是明代杭州學人田藝蘅的《留青日
札》（序作於隆慶1572）。此書卷26，〈御麥〉：

> 御麥出於西番，舊名番麥，以其曾經進御，故曰御麥。幹葉
> 類稷，花類稻穗，其苞如拳而長，其鬚如紅絨，其粒如芡實
> 大而瑩白，花開於頂，實結於節，真異穀也。吾鄉傳得此
> 種，多有種之者。

洛佛所用西文資料，最重要的是天主教士厄拉達（Martin de Herrada）的
追憶錄。厄拉達曾於1575年隨中國訪菲官員匆匆訪閩，途經漳州、泉
州和福州。據厄拉達，當時中國政府每年所徵的玉蜀黍實物租稅已超
過兩千萬hanegs（每一haneg略等1 3/5英國bushels蒲式耳）[15]。
　　少壯的洛佛雖對中國原始史料尚不熟悉，雖尚不能洞悉厄拉達所
言玉蜀黍實物稅額的荒謬，但對《留青日札》中「出於西番」一語非

---

15　引在 Berthold Laufer, "The Introduction of Maize into East Asia," *Congrès
　　international des Américanistes*, 1906.

常重視。因此,他又徵引了幾種19世紀後半、20世紀初年西方人對西藏、西康、雲南、海南島的遊記。洛佛最後的結論是,玉蜀黍是在16世紀經緬甸輸入雲南和中國內地的;在作物傳播的歷史上,一般而言,陸路傳播優於海路傳播。此文雖史料不足,不免錯誤和偏激之見,但已呈現出洛佛治學的魄力和權衡輕重的能力。

上節討論甘藷傳華所引嘉靖1563《大理府志》是非常重要的史料。卷2提到:「來麰之屬五:大麥、小麥、玉麥、燕麥、秃麥。」李元陽另撰的萬曆1574《雲南通志》卷2,已經種植「玉麥」的地區有雲南府、大理府、騰越州、蒙化府、鶴慶府、姚安府、景東府、順寧州和北勝州。其中六個地區同時已種植甘藷(紅、白、紫蕷)。不用說,「御」字很早就被同音的「玉」代替,而且在明代正式植物學名稱,是玉蜀黍,也離開了原來的「御」。鑑於葡人遠洋航行對食物作物的極端注意,在亞洲拓殖的積極,和當時滇緬商務交通的頻繁,玉蜀黍先傳進雲南是非常合理的。

初看令人驚異的是,據我遍檢北美各館所藏中國方志之後,玉蜀黍最早的紀錄是在嘉靖1555的河南《鞏縣志》卷3,頁1下。「穀類」列有:「黍、稷、稻、粱、栗、麻、菽麥、蕎麥、秫、麰、稗、豆。」在「穀類」的最後才是「玉麥」。鞏縣位於洛陽與鄭州之間,距雲南邊徼和閩粵沿海都很遠。要了解玉蜀黍在鞏縣留下了最早的紀錄絕非偶然,我們有必要簡單討論明廷和西番的關係。

《明史》卷330,「西番即西羌,種類最多,自陝西歷四川、雲南西徼外皆是。」案明代的陝西就是清代的陝甘,包括陝西、甘肅兩省。《明史》卷80,〈食貨志·四·茶法〉:「番人嗜乳酪,不得茶,則困以病。故唐宋以來行以茶易馬法,用制羌戎,而明制尤密。……〔明〕設茶馬司於秦、洮、河、雅諸州,自碉門、黎、雅抵

朵甘、烏斯藏，行茶之地五千餘里。」換言之，從甘肅中南部蘭州、鞏昌(府治在今隴西)南越岷山，順四川盆地的西緣南下進雲南境。茶馬市北方的重點在甘肅的秦州和青海的西寧，南方的重點在成都西南的雅安、榮經、漢源。再往西即朵甘，朵甘就是西康，更西南就是烏斯藏。《明史》卷331最後小結：「初，太祖以西番地廣，人獷悍，欲分其勢而殺其力，使不爲邊患，故來輒授官。又以其地皆食肉，倚中國爲茶爲命，故設茶課司於天全六番〔案：清代曾改爲塔門縣，屬雅州府〕，令以馬市，而入貢者又優以茶布。諸番戀貢市之利，且欲保世官，不敢爲變。……以故西陲宴然，終明世無番寇之患。」這種制度化的、專爲西番而設的茶馬市是玉蜀黍向京師和中國內地輸進的可能媒介之一。

　　另一更大可能傳進的媒介是明代雲南諸土司。眞正的「西番」算是「西域」的一部分，「西域」在明代算是「外國」。而雲南諸土司卻是明帝國的一部分，絕不是「外國」。《明史》卷313，〈雲南土司‧一〉：「蓋滇省所屬多蠻夷雜處，即正印爲流官，亦以土司佐之。……永樂以後，雲南諸土官州縣，率按期入貢，進馬及方物，朝廷賜予如制。」按前代定例，土司們比年一小貢，三年一大貢。明代官書中，除注明某些土司進貢「馴象」、「象牙」和「金銀器」外，對經常所貢的「方物」從不列舉。康藏的西番仍以游牧爲主，高原苦寒，種植不外青稞(高原大麥)，偶爾輔以蕎麥、燕麥之類，而且距滇緬大道較遠。雲南的少數民族大都早已從事農耕，而且經常與緬甸、印度交換物質。氣候又較溫暖，適宜玉蜀黍的生長。所以我認爲玉蜀黍傳播的最合理的媒介是雲南各族人民。由於土官照例的小貢和大貢大都是「方物」，所以明代官方記載沒有留下進貢「御麥」的精確史實與年份。孟養土司，今騰衝以西緬甸東北部伊洛瓦底江上游一帶，

在嘉靖七年(1528)結束了變亂,「願貢象牙、土錦、金銀器,退地贖罪。」[16]孟養是控制滇緬大道最西端的土司,想像中,非常可能就是在孟養平靜以後,滇緬商業交通暢通無阻之際,「御麥」甫自印緬引進,立即由雲南土司向北京進貢。

康藏的西番必須沿四川盆地西緣北上。雲南諸土司可能經過貴州北上,也可能大體沿著現在的成昆鐵路北上。但半途以後,西番和土司都只有沿嘉陵江北上到陝西的鳳翔、寶雞,然後再沿著八百里秦川,出潼關,經洛陽、鄭州再北折以達京師。鞏縣正是西番和土司進貢必經之地。所以在鞏縣留下了有關玉蜀黍最早的紀錄絕不是偶然的。按理玉蜀黍傳到鞏縣以後,至少還要經過一段栽種時期才會見於著錄。玉蜀黍初傳到鞏縣的年份,應當大體相當1528年孟養的平定和滇緬大道的暢通。

綜合所有早期史料,玉蜀黍應係由滇緬陸路及閩浙沿海兩路傳進。儘管西番或雲南土司進貢「御麥」可能早到嘉靖初葉,但田藝蘅《留青日札》在隆慶1572已經撰就,玉蜀黍必在若干年前已經傳入杭州附近的低丘和浙江沿海某些地點。西班牙教士厄拉達於1575年在漳、泉、福州親見玉蜀黍的種植,更證明田藝蘅紀事之正確。洛佛因輕信厄拉達玉米大量充田賦之說,遂不得不強行假設玉米在16世紀從雲南很快就傳遍大部分中國省分。玉米在中國的傳布事實上是逐漸的。16世紀的方志記有玉米者極少,即17世紀前半的志書之列有玉米者亦屈指可數。由於一般士大夫對農事不感興趣,這種「默證」當然有它的限度,但無論如何,近代學人對以下兩種晚明著作不得不重視。(一)李時珍《本草綱目》的第三稿在1578年已經撰就,萬曆1603

---

16　《明史》(中華書局標點本)卷315,頁8154。

版卷33，頁11下：


玉蜀黍

釋名：玉高粱

集解：時珍曰：玉蜀黍，種出西土，種者亦罕。


洛佛爲自圓其說，文中徵引《本草綱目》時故意不引「種者亦罕」這極重要的一句。(二)徐光啓在崇禎元年(1628)撰就《農政全書》，進呈御覽。徐氏對農事極爲注意，對番薯的推廣極爲熱心，但在這農業「百科全書」中正文裡根本沒有提到玉蜀黍，只在底註中附帶一提(見《農政全書》，道光1843版卷25，頁14下)。

　　玉蜀黍見於大量方志及其他記載，短短兩三週內，將所有紀錄一一列出是絕不可能的。爲便利起見，先列出康熙末以前有關玉蜀黍的紀錄，然後再討論文獻上重要的遺漏，最後詳列它的各種俗名。

　　康熙末(1722)以前記有玉蜀黍的方志與札記：

　　1. 嘉靖1555河南《鞏縣志》，「玉麥」。

　　2. 嘉靖1563雲南《大理府志》，「玉麥」。

　　3. 隆慶1572《留青日札》，「御麥」，「番麥」。

　　4. 萬曆1574《雲南通志》，八個府、州均有「玉麥」。

　　5. 萬曆1594河南《原武縣志》，「玉麥」。

　　6. 萬曆1604江蘇《崇明縣志》，「御麥」。

　　7. 崇禎1640山東《歷城縣志》，「玉麥」。

　　8. 崇禎1642江蘇《吳縣志》，「西番麥」。

　　9. 順治1648河南《鄢陵縣志》，引在同治1862《鄢陵文獻志》，「御麥」。

10. 順治1650福建《浦城縣志》，「珍珠粟」。

11. 順治1659河南《封邱縣志》，「玉麥」。

12. 順治1660山東《招遠縣志》，「玉蜀黍」。

13. 康熙1672山西《河津縣志》，「玉麥」。

14. 康熙1677河北《清苑縣志》，「玉麥」。

15. 康熙1683浙江《天台縣志》，「玉蘆」，「廣東蘆」。

16. 康熙1695雲南《寧州志》，「玉秫」，「玉膏粱」。

17. 屈大均，《廣東新語》（序1700），「御高粱」，「玉膏黍」。

18. 康熙1711《盛京通志》，「玉蜀黍，今土人呼爲包子米。」

玉蜀黍在我國早期傳播歷史中最大的漏洞是四川和貴州。明代南部西番的最重要的茶馬市在成都西南的雅安、滎經、漢源一帶；雲南很多土司經常貢方物也要北上經過四川。不幸地，萬曆1619和康熙1671的《四川總志》，物產之部根本不提穀屬。明清之際，張獻忠在四川的活動，當然嚴重地影響到四川人口的銳減，地方志大批的編纂當然更提不到了。四川穩定之後，若干地方志書仍受《四川總志》的壞影響，忽略穀類。我們可以肯定玉蜀黍明亡以前已經在四川四周丘陵、高山的邊緣扎下了根。明末以勤王著名的女土司秦良玉的根據地石柱（位於四川的東南角落），便以玉蜀黍爲主要新的糧食作物[17]。

在文獻中，乾隆1741的《貴州通志》當然要算相當晚的資料了。此書的物產部分對玉蜀黍、甘藷、落花生依然一字不提。愛必達在他的《黔南識略》（1749）卷1，「貴陽府」，頁12下，才說明：「山坡磽

---

17　廿餘年前翻閱《清代筆記叢刊》，遇此紀事，印象甚深。惜撰稿匆匆，遍檢舊笈，一時未能尋獲。

确之地，宜包穀。」道光1841《遵義府志》，除在物產卷中列有玉蜀黍、甘藷和落花生外，另有一段追敘（卷16，頁14上）：「『明綏陽知縣毋揚祖利民條例』：『……縣中平地居民只知種稻，山間民只種秋禾、玉米、粱、稗、菽豆、大麥等物。……』」可見在貴州北部玉米在明代早已是山地的雜糧之一。這部《遵義府志》卷17，頁2下，續論道光年間玉蜀黍在當地農作物中的地位：「玉蜀黍，俗呼包穀。……歲視此爲豐歉。此豐，稻不豐，亦無損。價視米賤而耐食，食之又省便，富人所唾棄，農家之性命也。」事實上，玉蜀黍在貴州已經有了很久的歷史，到18世紀後半和19世紀前半，已成爲全省山區最主要的糧食作物。貴州詩人鄭珍（1806-1864）的〈玉蜀黍歌〉就最足說明玉蜀黍在貴州農業生產上居有支配的地位[18]。

　　雍正1733《廣西通志》卷89，桂林府記有玉蜀黍，卷92，潯州府「玉米各州縣出」。雍正1734《山西通志》和雍正1735《陝西通志》都以「玉蜀秫」爲常產。西北早期方志較少，但乾隆1736《隴西志》和乾隆1788《皋蘭縣志》都有「玉麥」。道光1832《蘭州府志》卷5，頁30上，更進一步說明：「玉麥……則處處產焉。」康熙1711的《盛京通志》即已載有玉蜀黍，乾隆1781的《熱河志》中的「包兒米」絕不是新引進的，而是已有一段種植的歷史。從玉蜀黍在全國傳播的概況看來，四川在明末清初的一大空白，完全是由於文獻的疏闕。

　　茲將各地玉蜀黍俗名列舉如下：

1. 玉蜀黍（正式植物學名稱，始於《本草綱目》。）

2. 御麥

3. 玉麥

---

18　全歌引在道光1845《黎平府志》卷10。

4. 番麥

5. 西番麥

6. 包穀

7. 玉蘆　康熙1683浙江《天台縣志》。

8. 玉蘆穄　乾隆1750江蘇《如皋縣志》。

9. 玉蘆秫　乾隆1748江蘇《淮安府志》。

10. 廣東蘆　康熙1683浙江《天台縣志》。

11. 御高粱　屈大均，《廣東新語》。

12. 玉膏黍　同上。

13. 珠穄　光緒1892浙江《永康縣志》。

14. 玉豆　光緒1885山東《日照縣志》。

15. 玉粒　咸豐1851貴州《安順府志》。

16. 玉粟　道光1847貴州《廣順州志》。

17. 玉秫　康熙1695雲南《寧州志》。

18. 玉秫麥　嘉慶1814四川《犍爲縣志》。

19. 玉黍　乾隆1768江西《南安府志》。

20. 鬚粟　乾隆1784江西《萍鄉縣志》。

21. 米囊子　同上。

22. 罌子粟　同上。

23. 象穀　同上。

24. 珍珠粟　順治1650福建《浦城縣志》。浙江不少州縣亦稱玉蜀黍爲珍珠粟。

25. 寶珠粟　同治1872江西《瑞金縣志》。

26. 玉包穀　乾隆1773湖北《鄖西縣志》。

27. 玉穀　康熙1678河北《香河縣志》。河北景州、滄州諸處同。

28. 御蕉籽(玉茭子)　同治1872山西《河曲縣志》。其他不少山西州縣亦作此稱。

29. 玉稻黍　山西《河曲縣志》。

30. 舜玉穀　同治1863山西《稷山縣志》。

31. 禹穀　同治1866山西《河津縣志》。

32. 六(陸、稑)穀　乾隆1788浙江《鄞縣志》。

33. 飯包粟　光緒1889廣東《高州府志》。

34. 包菽　嘉慶1820湖南《郴州總志》。

35. 包穀豆　同治1870四川《營山縣志》。

36. 番菽　嘉慶《郴州總志》。

37. 粟包　光緒1876廣西《上林縣志》。

38. 苞粟　郭柏蒼，《閩產錄異》。

39. 番豆　同上。

40. 包蘿　嘉慶1819安徽《懷遠縣志》。

41. 觀音豆　民國1929福建《建甌縣志》。

42. 觀音粟　同治1874浙江《湖州府志》。浙江、江西及福建若干州縣有此俗稱。

43. 鹿角黍　同上。

44. 鹿角米　同上。

45. 意粟　同治1860浙江《嵊縣志》。

46. 腰粟　同上。

47. 包稻　乾隆1762福建《福寧府志》。

48. 金釵粟　同治1871江西《建昌府志》。

49. 金稻黍　光緒1895陝西《米脂縣志》。

50. 珠粟　同治1872江西《南城縣志》。

51. 金豆　同治1871江西《南昌府志》。

52. 珍珠蘆粟　嘉慶1799江蘇《宜興縣志》。

53. 天方粟　嘉慶1811四川《金堂縣志》。

54. 西天麥　乾隆1762甘肅《肅州志》。

55. 番大麥　乾隆1763福建《泉州志》。

56. 回回大麥　乾隆1762甘肅《肅州志》。

57. 包(苞)米　道光1839山東《蓬萊縣志》。

58. 包子米　康熙1711《盛京通志》。

59. 包兒米　乾隆1781《熱河志》。

60. 棒兒米　嘉慶1808山東《禹城縣志》。

61. 棒子　道光1840山東《濟南府志》。

62. 木穀　道光1848四川《通江縣志》。

63. 木禾　光緒1906四川《越巂廳志》。

64. 玉米　近代最普通俗稱。

65. 苞蘆　道光1829《徽州府志》卷4之2，頁42上下。

最怪的俗名是民國1922福建《永泰縣志》卷四，〈物產志〉，頁24下所列的「腰邊豹」。

至於最近一個多世紀玉蜀黍在華北平原上不時代替有些舊有低產的旱地糧食作物，18世紀末與19世紀前半玉蜀黍集中傳播到川、陝、鄂三省邊境山區和所引起的一系列經濟、社會和政治的問題，下節論馬鈴薯時將作部分的討論，較有系統的討論將留到全文的結論。

玉蜀黍傳播四百餘年對我國農產的影響，部分地可由下表中反映出來。

### 表3　世界玉蜀黍生產概況（1973年）

| | 收穫面積（公頃） | 公頃平均產量（公斤） | 總產量（公噸） |
|---|---|---|---|
| 全世界 | 110,924,000 | 2,810 | 311,780,000 |
| 美國 | 24,993,000 | 5,735 | 143,344,000 |
| 中國 | 10,634,000 | 2,849 | 30,300,000 |
| 巴西 | 11,000,000 | 1,327 | 14,600,000 |
| 蘇聯 | 4,031,000 | 3,334 | 13,440,000 |
| 法國 | 1,953,000 | 5,465 | 10,600,000 |

### 世界玉蜀黍生產概況（2003年）

| | 收穫面積（公頃） | 公頃平均產量（公斤） | 總產量（公噸） |
|---|---|---|---|
| 全世界 | 42,685,295 | 44,717 | 638,043,432 |
| 美國 | 28,789,240 | 89,236F | 256,904,560 |
| 中國 | 23,520,000* | 48,544 | 114,175,000 |
| 巴西 | 12,935,200 | 36,961F | 47,809,300 |
| 俄羅斯 | 647,700 | 32,624F | 2,113,060 |
| 法國 | 1,667,000 | 71,374F | 11,898,000 |

\* Unofficial Figure
F, FAO estimate
資料來源：同表1

## 四、馬鈴薯

　　葡、西兩國海外拓殖歷史中，對馬鈴薯的傳播遠不如對玉蜀黍和甘藷熱心。馬鈴薯原生在秘魯、厄瓜多爾、哥倫比亞熱帶高原地帶和智利北部南回歸線南北的高原地帶。馬鈴薯在近百餘年內雖成為西方世界及其文化圈內各國人民最主要的輔助食物，但歷史上曾遭歐亞人民的長期「歧視」。因此，馬鈴薯在中國的早期歷史，遠較其他三種

新大陸作物的早期歷史爲模糊[19]。

最早提到馬鈴薯傳入中國的荷蘭人斯特儒斯(Henry Struys)，他曾於1650年訪問過荷蘭占領下的台灣。他已注意到荷蘭人引進的馬鈴薯已經在台灣種植[20]。證以日本資料，此說可信。案：馬鈴薯於慶長(1596-1614)期間，由荷蘭人傳入長崎，因此長崎一帶的人呼之日「咬嚼吧薯」（Jagatara imo）或「和蘭薯」（Oranda imo）。Jagatara 即 Jakarta，亦即爪哇首府巴塔維亞[21]。乾隆1760《台灣府志》卷17，頁4上，列有「荷蘭豆」，這就是距此百餘年前荷蘭人引進馬鈴薯所留下的「痕跡」。另有西方人曾於康熙1700或1701年去過舟山島的定海縣，也親見馬鈴薯栽種[22]。

由於馬鈴薯味淡，長期不爲人所歡迎，因此早期記載很少。中國本部最早記有馬鈴薯的是康熙1700福建《松溪縣志》。松溪現改爲松政，在建甌之北，松溪之上，隔山即浙江處州府慶元縣。馬鈴薯好像自始即是高寒山區或貧瘠土壤的作物，長期受人忽視。18世紀的方志之中，記載有馬鈴薯的還是很少。因爲方志中有關馬鈴薯的資料遠比其他三種美洲作物的資料爲少，我們不妨部分地按照年代，部分地按照地區，將種植馬鈴薯的各省、府、州、縣全部排列如下：

1. 乾隆1755河北《祁州志》卷3，頁36下，物產中列有山藥之外，並有「土豆」。因無其他描寫和解釋，無法肯定是否即係馬鈴薯。

---

19　Berthold Laufer, *The American Plant Migration, Part I: The Potato* (Field Museum of Natural History, Chicago, 1938). 此係洛佛氏晚年成熟之作，卒後四年，始行刊印。所用原料比較翔實，然亦不免錯誤及遺漏。所引西文資料，頗可補中國文獻之不足。

20　引在 William Campbell, *Formosa under the Dutch* (London, 1903), p. 254.

21　Laufer, *The American Plant Migration, Part I: The Potato*, p. 81.

22　同上，p. 70。

案：甘藷俗名中有土瓜與地瓜，但未有稱為土豆者。鑑於近代河北省，包括北京，多俗稱馬鈴薯為土豆，此志中的「土豆」很可能就是馬鈴薯。

2. 乾隆1773湖北《鄖西縣志》卷五，列有「芋、毛芋、鬼頭芋、山藥、紅薯」之外，尚有「土豆」。芋、薯種類如此之多，「土豆」應係為馬鈴薯。因湖北西北部漢水流域稍晚志書中多記有馬鈴薯，此區且為馬鈴薯主要集中種植區之一，「土豆」似可肯定為馬鈴薯。

3. 吳其濬，《植物名實圖考》，稿成於1848年，卷六，『陽芋』條：「陽芋，黔滇有之。……山西種之為田，俗呼山藥蛋，尤碩大，花色白。聞終南山氓種植尤繁，富者歲收數百石云。」案吳其濬為嘉慶1817狀元，宦遊之餘，畢生研究植物，「黔、滇有之」一語，最足以補文獻之遺漏。「山西種之為田」，亦極有參考價值。以下大批方志證明吳氏所云陝南廣種馬鈴薯觀察記載均極正確。

4. 法人羅喜Emile Rocher, *La province chinoise du Yün-nan*, 2 vols (Paris, 1879-80), Vol. II, p. 11，亦謂雲南當光緒初年已相當普遍種植馬鈴薯。

5. 道光1847貴州《平遠州志》，「洋芋」。

6. 光緒1879貴州《畢節縣志》，「羊芋」。

案：貴州志書一般對馬鈴薯極為忽略。二十餘年前遍檢北美各館所藏方志，黔省僅獲此兩條。

7. 道光1849湖南《寶慶府志》，「洋芋」。

8. 同治1871湖南《新化縣志》，「洋芋」。

9. 同治1870湖南《江華縣志》，「洋芋」。

10. 道光1846新疆《哈密志》(1937鉛印本)卷一，頁1上，蔬類中有「洋芋」。

四川、陝西、湖北三省志書對馬鈴薯記載較多，山區尤爲密集。

11. 嘉慶1812四川《江油縣志》，「羊芋」。

12. 道光1825四川《綏靖屯志》，「羊芋」。

13. 道光1843四川《石柱廳志》卷九，頁3下：「芋，水路兩種。近又出二種，色分紅白，土人呼曰洋芋。」

14. 道光1844四川《城口廳志》卷十八，頁73上至74上：「洋芋，廳境嘉慶十二三年(1807-1808)始有之，貧民悉以爲食。」亦多飼豬。

15. 咸豐1857四川《冕寧縣志》，「洋芋」。

16. 同治1864四川《里番廳志》，「洋芋」。

17. 同治1867四川《彰明縣志》，「陽芋」。

18. 同治1870四川《會理州志》，「洋芋」。

19. 同治1870四川《涪州志》卷一，頁32下：「懋遷、武隆多高山，產洋芋、紅薯。」

20. 光緒1884四川《雷波廳志》，「揚芋」。

21. 光緒1885四川《大寧縣志》卷1，頁3下至4上：「羊芋……邑高山多種此，土人賴以爲糧。鄰縣貧民來就食者甚眾。」

22. 光緒1892四川《名山縣志》，「洋芋」。

23. 光緒1893四川《太平縣志》，「洋芋」。

24. 光緒1893四川《奉節縣志》卷15，頁1下：「案：包穀、洋芋、紅薯三種古書不載。乾嘉以來，漸產此物，然猶有高低土宜之異。今則栽種遍野，農民之食，全恃此矣。」

25. 光緒1894四川《黔江縣志》，「洋芋」。

26. 光緒1903四川《江油縣志》，「洋芋」。

27. 光緒1906四川《越嶲廳志》卷3之2，頁1下：「羊芋，出夷地，可作粉。」

28. 民國1915四川《峨邊縣志》，「洋芋」。

29. 民國1922四川《南江縣志》卷2，頁7下：「北部多山地，以包穀、麻、豆爲大宗，間種蕎麥、燕麥。而洋芋，即馬鈴薯，尤爲山民食料所資。……山坡地一畝嘗挖芋十餘石。番薯，俗名紅苕，惟低地種之。」

30. 民國1924四川《松潘縣志》，「羊芋」。

31. 民國1926四川《南川縣志》卷4，頁19上：「山田產稻。山土產前獨產洋芋，今已絕種，下地亦多腐於地中。」

32. 民國1928四川《大竹縣志》，「馬鈴薯」。

33. 民國1931四川《宣漢縣志》，「洋芋」。

34. 民國1931四川《武勝縣志》，「洋芋」。

（以上四川）

35. 道光1829陝西《寧陝廳志》卷1，頁21下：「洋芋，此種不知所自來。山多種之，山民藉以濟饑者甚眾。」

36. 道光1832陝西《寧羌州志》，「羊芋」。

37. 道光1842陝西《留壩廳志》，「洋芋」。

38. 道光1843陝西《紫陽縣志》，「洋芋」。

39. 光緒1879陝西《定遠廳志》，「洋芋」。

40. 光緒1883陝西《孝義廳志》卷3，頁8下：「洋芋，俗傳此種係嘉慶時楊大人(遇春)自西洋帶來。高山民以此爲主食。」

41. 光緒1892陝西《鳳縣志》卷八，頁10下：「高山險僻宜洋芋。」

42. 民國1921《南鄭縣志》卷五，「物產」，列有包穀、蕃薯及「爪哇薯」。案：爪哇薯似即長崎原稱「咬嚼吧薯」之別稱。民國間若干縣份有自日本引進馬鈴薯者。但南鄭之稱爪哇薯，不足以證明必

自日本引進。

（以上陝西）

43. 咸豐1852湖北《長樂縣志》卷八，「物產」，及卷十二，「風俗」。「風俗」，頁10下至11上：「羊芋有紅烏二種。紅宜高荒，烏宜下濕。高荒二月種，六月收。下濕臘月種，四月收。窖在土中。……向無此種，近來處處有之。土人已之作糧，又可作粉，賣出境外，換布購衣。」

44. 同治1864湖北《宜昌府志》卷五，「賦役」，頁1下：「山居者……所入甚微，歲豐以玉黍、羊芋代粱稻。」

45. 同治1865湖北《宜都縣志》卷一，頁23上下：「山田多種玉黍，俗稱包穀。其深山苦寒之區，稻麥不生，及玉黍亦不殖者，則以紅薯、洋芋代飯。」

46. 同治1866湖北《保康縣志》，「羊芋粉」。

47. 同治1866湖北《巴東縣志》，「洋芋」。

48. 同治1866湖北《長陽縣志》，「地理志」卷一，頁1下：「羊芋有黃、白、烏三種。」

49. 同治1866湖北《恩施縣志》卷六，頁13上：「洋芋，種時用草薪，經火燒，則大穫。夏種秋收，春種夏收。」

50. 同治1871湖北《建始縣志》，「洋芋」。

51. 同治1866湖北《房縣志》卷十一，頁11上：「洋芋產西南山中。……至深山處，包穀不多得，惟燒洋芋為食。」

52. 同治1871湖北《施南府志》卷十，「風俗」，頁3下至4上：「郡在萬山中。……近城之膏腴沃野，多水宜稻。……鄉民居高者，恃包穀為正糧，居下者恃甘諸為救濟正糧。……郡中最高之山，地氣苦寒，居民多種洋芋。……各邑年歲，以高山收成定豐歉。民食稻者

十之三，食雜糧者十之七。」

53. 光緒1880湖北《荊州府志》，「洋芋」。

54. 光緒1884湖北《興山縣志》，「洋芋」。

（以上湖北）

55. 光緒1892《山西通志》卷一，頁18下至19上：「陽芋，植尤廣，邊縣以爲糧。……俗呼山藥蛋。」

56. 宣統1909《甘肅通志》卷12，頁3下：「羊芋，生坡地，可作穀食。」

57. 民國1919甘肅《大通縣志》，「土芋，俗名洋芋，一名土卵，一名土豆。」

58. 民國1926甘肅《崇信縣志》，「洋芋」。

59. 民國1935《察哈爾通志》卷8，頁29上：「馬鈴薯，宣化、赤城、陽原、沽源、商都、龍關、涿鹿、寶昌、張北均產。」

60. 民國1934《奉天通志》（僞滿編輯）卷109，頁25下：「馬鈴薯，俗呼地豆。種類極多，本境種者有紅白二種。……紅者爲紐約種，味較遜，然塊莖特大，種者尤多。」又引民國1927《遼陽志》：「近因日本人用爲佐餐常品，種者益多。」

61. 民國1930《吉林通志》卷33，頁11下：「近有海外土豆，皮淡紅色，大於中產。又高麗土豆，黃、白色，但其味均不甚美耳。」

62. 民國1933《黑龍江志稿》（僞滿編輯）卷14，頁10下：「土豆，其形如芋，鉅者類芋魁。……一名馬鈴薯，紅白黃三種，邑多白者。……立夏種，八月掘食。」

再以下清末民國福建方志數種，內中敘事，似隱示西方傳教士往往一再引進馬鈴薯種。

63. 光緒1903福建《閩縣鄉土志》，第4冊，頁323下：「洋薯，種

自歐洲到。苦竹等處廣種之。狀圓，不甚甜，頗可獲利。」

64. 民國1919福建《政和縣志》，「馬鈴薯」。

65. 民國1929福建《霞浦縣志》卷11，頁1下：「近有自法國來薯種，百日熟，年可二穫。」

66. 民國1929福建《建甌縣志》，「馬鈴薯」。

綜觀以上方志及其他記載，凡土壤貧瘠，氣溫較低，其他糧食作物不易生長的高寒山區，卻成了馬鈴薯傳播繁衍之區。它自始即是貧民的食品，三百餘年內對我國瘠土的利用，發生很大的功效，這功效部分地可從下表中反映出來。

### 表4 世界馬鈴薯生產概況（1973年）

|  | 收穫面積(公頃) | 公頃平均產量(公斤) | 總產量(公噸) |
|---|---|---|---|
| 全世界 | 22,010,000 | 14,356 | 315,988,000 |
| 蘇聯 | 8,017,000 | 13,428 | 107,655,000 |
| 中國 | 3,752,000 | 9,602 | 36,025,000 |
| 西德 | 481,000 | 28,432 | 13,676,000 |
| 美國 | 528,000 | 25,575 | 13,493,000 |
| 日本 | 141,000 | 23,418 | 3,302,000 |

### 世界馬鈴薯生產概況（2003年）

|  | 收穫面積(公頃) | 公頃平均產量(公斤) | 總產量(公噸) |
|---|---|---|---|
| 全世界 | 18,896,832 | 164,477 | 310,810,336 |
| 俄羅斯 | 3,171,990 | 115,847F | 36,746,512 |
| 中國 | 4,501,667F | 148,419 | 66,813,331* |
| 德國 | 283,624 | 345,986F | 9,813,000 |
| 美國 | 505,980 | 411,517F | 20,821,930 |
| 日本 | 96,000F | 333,333F | 3,200,000F |

\* Unofficial Figure

F, FAO estimate

資料來源：同表1

## 五、結論

　　二十餘年前因多方面治中國近古人口史，我在研究的較早階段已經發現，近千年來，我國糧食生產史上曾經有過兩個長期的「革命」。第一個革命開始於北宋眞宗1012年後，較耐旱、較早熟的占城稻在江淮以南逐步傳播。「早稻」，「籼稻」的品種越來越多，水源比較充足的丘陵闢爲梯田的面積越來越廣。這不但增加全國稻米的生產，並因早熟之故，不斷地提高了稻作區的複種指數。雖然農業生產的進步經常是逐漸、緩慢的，但是早熟稻在近千年中對糧食生產積累影響深而且鉅，不愧生產「革命」之稱[23]。

　　我所認爲近千年來，我國第二個長期糧食生產的革命，就是本文所討論的對象。這個革命的開始是16世紀，比第一個革命要晚六百年。美洲四種農作物，花生、甘藷、玉蜀黍、馬鈴薯傳華四百餘年來，對沙地、瘠壤、不能灌溉的丘陵，甚至高寒的山區的利用，作出很大的貢獻。今日的中國是全世界最大的甘藷生產國，產量占世界的83%；是僅次於美國的玉蜀黍生產國；是僅次於蘇聯的馬鈴薯生產國；是僅次於印度的花生生產國。1990年代中期，中國花生產量已超過六百多萬噸，居世界首位。我國玉米產量超過三千萬公噸，是次於稻米和小麥的第三重要糧食作物。解放後薯芋以4斤折算糧食1斤，近年好像每5斤才折成1斤[24]。以新率折算，甘藷的產量相當二千二、三

---

23　關於早稻對中國糧食生產的長期影響，詳見Ping-ti Ho, "Early-Ripening Rice in Chinese History," *Economic History Review*, 2nd Series, Vol. 9, No. 2 December, 1956.

24　《馬鈴薯育種和良種繁育》(北京：農業出版社，1976)，頁5，南方「利用冬

百萬公噸糧食,馬鈴薯相當七百幾十萬噸糧食。這三種美洲種的雜糧作物總共相當六千萬噸糧食,占全國廣義糧食總產量的20%以上。1973年花生產量是270萬噸,比油菜籽的產量多一倍多,花生與大豆同為我國最主要食油的來源。這四種美洲作物長期間對我國農業生產的積累影響,不得不謂是「革命」性的。

二十幾年前當我逐步寫撰時,我已觀察到這兩個長期的糧食生產革命至今仍未終止。事實上,比較高產的玉蜀黍,自18、19世紀,在華北平原上即不斷頂替了較低產的,如各種小米、高粱之類的舊作物。甘藷也是不斷地頂替了中國土生的山藥和他種薯芋。另外,特別是解放以後,隨著水利的興建,水稻的種植面積也不斷地擴大。美洲作物中,甘藷的種植面積近年來可能已接近「飽和」,但馬鈴薯的種植近年來推廣相當快,尤其是在東北和北方邊疆的省區[25]。所以本文所討論中國糧食生產史的這一篇章,還沒有結束。

回到本文的歷史重點,清代康熙、雍正、乾隆三朝,尤其是自1683年平定台灣完成統一到1796年川陝白蓮教起義這一百多年,確是一個雞犬相聞的太平盛世,是中國歷史上罕見的「康樂」時代,也就是耶穌會士和當時歐洲哲人所盛稱的「仁慈的專制」時代。這種「仁政」和當時較有利的糧食生產與經濟條件配合的結果,就是人口爆炸。1683年左右人口的總數不易精估,應在1億與1.5億之間。到了1800年全中國的人口已達到3億,經濟條件早已開始惡化,但人口的動量還是把人口提增到1850年的4.3億。正是當人口開始爆炸的時期,東南沿海「過剩」的人口便逐步西移,先後開發了長江流域腹地的丘

(續)————
　　闢地種植兩季馬鈴薯平均畝產五二三○斤,折合糧食一○四六斤……」所以5斤折糧1斤。

25　同上,全書。

陵，隨即集中向湖北西南部山區，自陝甘邊境往東秦嶺以南整個漢水流域的山區，和四川盆地邊緣的山區遷徙。這些山區大面積的開發，主要是仰賴玉蜀黍和甘藷不斷的傳播。「大抵山之陽宜於苞粟，山之陰宜於番薯。」[26]於是長江腹地大片的原始森林被砍伐，大片的處女山地被闢為玉米田和甘藷田。

　　新開的山田，土壤肥沃，連年豐收，但遲早要引起水土流失的問題。江西西北部多山的武寧縣，就是較早的例子。余騰蛟（乾隆1745進士），在1760年代退休還鄉後，曾討論山地問題的嚴重（同治1870《武寧縣志》卷8，頁3上下；卷22，頁20上）：

> 棚民墾山，深者至五六尺。土疏而種植十倍。然大雨時行，溪流埋淤。十餘年後，沃土無存，地力亦竭。今……諸處，山形骨立，非數十年休息不能下種。

皖南徽州一帶，至晚從乾隆年間起，已有上萬的「棚民」來自本省的懷寧、潛江、太湖、宿松、桐城，甚至來自浙江的溫、台兩府。此外還有「隨時短僱幫夥工人，春來秋去，往返無定，多少不一。」道光1829《徽州府志》卷4之2，頁42上下：

> 查徽屬山多田少。棚民租墾山場，由來已久。大約始於前明，沿於國初，盛於乾隆年間。其初租山者貪利，荒山百畝所值無多，而棚民可出千金、數百金租種。棚戶亦因墾地成

---

26　同治1873江西《玉山縣志》卷1下，頁24下。這個綜述最簡練，最有代表性。

> 熟後布種苞蘆，獲利倍蓰，是以趨之若鶩。或十年，或十五
> 年，或二十餘至三十年，迨山膏已竭，又復別租他山。以致
> 沙土衝瀉，淤塞河邊農田。

從1806年官方即下令禁止墾山，最後1824年兩江總督陶澍決定棚民租滿退山之後，「不得仍種苞蘆，改種茶杉，培蓄柴薪，以免坍瀉。」[27]

由於人口壓力不斷地增加，數百萬的各省「遊民」，自乾隆年間起，特別是在嘉道之際，蜂擁進入鄂西、川、陝邊境、整個漢水流域的山區。因爲對這些被擠到生活邊緣的廣大群眾而言，這個遼闊險峻的區域是中國內地最後的農業邊疆了。這區域主要的糧食作物先是玉米，輔之以甘藷，不久又增加了馬鈴薯，因爲只有馬鈴薯才可以部分地「征服」貧瘠苦寒的高山地帶。馬鈴薯在中國糧食作物發展史上最重要的意義就是它無疑地是最接近絕對「邊緣」的糧食作物了。

在武寧和徽州發生的較早的水土流失現象，在這個跨越三省的山區不知重現了多少次。同治1866湖北《建始縣志》卷4，頁8下至10上：

> 迨改土〔歸流〕以來〔棟案：改土在雍正十三年(1735)〕，
> 流入麋至，窮巖邃谷，盡行耕墾。砂石之區，土薄水淺。數
> 十年後，山水沖塌，半類石田，尚有何物產之有?!……建邑
> 山多田少，居民倍增，稻穀不給，則於山上種包穀、羊芋，
> 或蕨、蒿之類。深山幽谷，開闢無遺。

---

27 陶澍，《陶文毅公全集》（無刊印年份）卷26，全卷。

再如道光1843陝西《紫陽縣志》卷3：

> 紫陽皆山，稻田不多。……淺山低坡，盡種包穀、麻豆。包穀即玉黍，有象牙白、間子黃、火坑子諸類。又高山所種有野雞啄，苗長二三尺許，結包穀至低，雞可啄食，故名。……洋芋……每根約芋子一二斤不等，有黑白二色，味甘而淡。又紅蕷山間亦種以助糧。……但邇來民生日繁，地日澆薄，各糧所出，漸見減少。嗟我斯民，困苦將何所底極也！

以上兩則和此區方志中大量的類似觀察和案語，有力地說明在當時的技術水平，土地利用和糧食生產都已達到了極限。由於水土流失，「報酬遞減律」已經在新農墾區充分發揮作用了。川、陝、鄂山區居民的流動性和一系列經濟、社會和治安的問題姑且不談[28]，白蓮教徒於1796年在這山區起義六年之久，起義結束之後此區仍處在長期動盪之中，實與此新關農墾區的「報酬遞減律」有相當密切的關係。

　　美洲作物傳華四百餘年來，對中國土地利用和糧食生產確實引起了一個長期的革命。糧食生產革命和人口爆炸確是互為因果的。至晚在19世紀初葉，美洲作物已經推展到中國傳統糧食生產的「極限」。土地利用和糧食生產達到或接近「極限」之後，全國經濟民生的脆弱和危險，自不待言。誠然，所謂的「極限」隨著科技、組織、計畫、

---

28　關於道光間、川、陝、鄂山區數百萬移民的生活與治安問題，討論最詳細的是嚴如煜，《三省邊防備覽》（道光1840刊本）卷82，全卷，尤有系統。

執行的水準的提高而改變。無疑義地,新中國科技、組織、計畫、執行的水準與嘉道之際的水準是不可同日而言的。但是今日人口的壓力(據某些方面的觀察與報導已達到九億有半)較道光末年卻也加了一倍以上。因此,本文所提供的大量歷史資料,多少還應有些「古為今鑑」的用處。

1978年2月8日午風雪中撰就,芝加哥

# 後記

何漢威

　　本書所收十五篇論文，最早一篇〈北魏洛陽城郭規劃〉刊於1965年，最末一篇〈國史上的「大事因緣」解謎〉完稿於2010年，前後歷時四十五年。十五篇論文中，除了〈北魏洛陽城郭規劃〉及〈美洲作物的引進、傳播及其對中國糧食生產的影響〉兩篇外，其他十三篇都發表或完成於1960年代以降，何院士二次榮退後近二十年間，這歷程充分反映了何院士治學取向的前後轉折，具有極不尋常的學術意義。

　　〈北魏洛陽城郭規劃〉一文刊行前，何院士的研究對象側重於明、清，本文是他踏足於明、清課題以外的成果，也是去國多年後首篇以中文撰寫的學術論著。〈美洲作物的引進、傳播及其對中國糧食生產的影響〉則梓行於1978年。上述兩篇論文而外，其他十三篇論文的研究對象或取徑都與先前的研撰，不大一樣。除〈從愛的起源和性質初測《紅樓夢》在世界文學史上應有的地位〉一文外，其他十二篇論文探討重點明顯聚焦於中國古代，特別是先秦的思想及制度等領域。

　　何院士在其教研生涯的頭五十年間，盡量避免涉足思想史領域的主要考量是：如自青年階段即專攻思想史，「一生對史料的類型及範疇可能缺乏至少必要的了解，以致長期的研究都空懸於政治、社會、經濟制度之上而不能着地。」對部份思想史家的治學方法，他也無法

接受；他認爲這些思想史家學問上「思考之單軌與見解之偏頗」，甚至「不斷地以自己的新義詮釋古書」，「語境跳躍」，「專找『歧出之義』作爲突破口而任意大轉其彎的論證方式」，以及因堅持發揚儒家「原來理想所具備的正面價值與方向」，而無視或避免討論儒家思想中的負面影響及作用，對儒家思想內涵往往過分「美化」、「淨化」，甚至「宗教化」。在芝加哥大學退休前十年，何院士面對各種困頓，開始自修西方經典哲學及當代哲學分析方法，並孜孜埋首於中國古代經典及其注釋，不斷思索，以期對先秦思想、制度及宗教方面作出原創性的貢獻，並對部分思想史家的治學方法及著作予以嚴肅的批判。從1991年起，他便毅然跳進先秦思想、制度及宗教等領域而義無反顧[1]；針對上述的不正學風，〈「克己復禮」真詮—當代新儒家杜維明治學方法的初步檢討〉一文，既爲何院士進軍中國古代思想史領域吹起戰鬥號角，形成一股阻嚇力量，對學界歪風迎頭痛擊，也爲接踵而來他所撰寫的多篇饒富原創性的考證論文掀起序幕。

　　直至1960年代中期，何院士的論文及專著俱以英文發表；他的不少重要而富開創性的論文，發表於歐、美第一流社科刊物，如 *American Anthropologist, Economic History Review* 及 *Comparative Studies in Society and History* 等，影響深遠，不以研治中國歷史者爲限，而 *Studies on the Population of China, 1368-1953* (Cambridge, Mass.: Harvard University Press, 1959) 及 *The Ladder of Success in Imperial China: Aspects of Social Mobility 1368-1911* (New York: Columbia University Press, 1962) 二書更是明、清社會經濟史基石之作，不單在國史上，甚

---

1　何炳棣，《讀史閱世六十年》（香港：商務印書館〔香港〕有限公司，2004），頁407-408、445-452。

至在世界史上也極具重要意義。前書更是二十世紀華人人文社科方面
唯一引起英國《倫敦泰晤士報》（1960年2月12日）主要社論論及的書
籍，西方重要歷史及漢學期刊對該書的書評即多達二十餘篇；後書則
被全美學術團體理事會（American Council of Learned Societies）評選爲
整個史學範圍內最重要的七百五十部著作之一。從去國直到〈北魏洛
陽城規劃〉問世前，他沒有用中文撰寫過任何著作。向先秦思想及制
度領域進軍的歷程中，何院士作出一個重大決定：這類研究的一系列
論著只用中文撰寫。他的權衡是「生平主要英文著作在華語世界讀者
有限(尤其是在大陸)，更由於年事日高，自覺有節省精力的必要。如
果研究成果眞有原創意義，遲早還是可以在西方漢學界產生影響
的。」2

　　作爲大史學家，何院士並不以考證爲滿足，蓋他堅持「考證是治
史必要的方法與手段，治史最終目的是綜合。」唯就收進本書的相關
論文所見，除〈華夏人本主義文化：淵源、特徵及意義〉一文，基本
上爲大綜合及大詮釋之作外，其有關中國古代思想及制度的著作，與
前期相較，明顯看出確實在考證方面著力尤多，其中〈儒家宗法模式
的宇宙本體論─從張載的《西銘》談起〉一文，他更毫不諱言是「采
取生平罕用的大題小作法。」何院士強調考證的基本原則及方法繫於
常識和邏輯，突破性考證「有時固然要看研究者的洞察力和悟性，與
擴展考證視野的能力，但最根本的還是平素多維平衡思考的習慣。」3

---

2　同上，頁452。按何院士近年唯一一篇英文論文是爲駁斥日裔女史家Evelyn
　　Sakakida Rawski於1996年美國亞洲研究學會會長卸職演說〈清史再反思〉而
　　作。參見"In Defense of Sinicization: A Rebuttal of Evelyn Rawski's Reenvisioning
　　the Qing," *Journal of Asian Studies* 57.1（1998）: 123-155.

3　同上，p. 489。

事實上，何院士對多樣史料的嚴格考證、甄別，以及平衡合理的運用，無不充分反映於書中相關論文中。

何院士早期從事明、清社會經濟史研究，以幾近竭澤而漁蒐羅史料見長，取徑較偏重於宏觀綜合。他完成博士論文後，於1954年發表的第一篇中國社會經濟史論文〈揚州鹽商：十八世紀中國商業資本主義研究〉[4]，即引用罕見乾隆《兩淮鹽法志》中的〈成本冊〉及鹽政高恒的私人文件，在研撰《明代以降中國人口研究》及《明清社會史論》時，數年間翻遍北美各大圖書館所藏近四千種方志，並盡力搜集登科錄、同年齒錄近百種。單是玉蜀黍一項，〈美洲作物〉一文中所列舉的俗名便多達65個，就是何院士從哈佛燕京圖書所藏近三千種方志中爬梳所得的成果。在中國大陸1990年代大規模從國內外翻印各種珍稀的史料前，何院士所用的原始史料，不少為海內外難得一見的孤本秘笈[5]。近時的先秦及古代史撰著，雖受益於近三十年來山東臨沂出土的大量兵書、殘簡，以及長沙馬王堆漢墓中出土的《帛書老子》和其他古籍的發現，但史料方面主要還是取資於每人都能用到的材料。難得的是，何院士卻說出絕大多數學者不能說的話，發前人之所未發，難度比前期研究明、清史時更高，唯成果及業績則不遑多讓，因這類課題研究成果水平的高低，並不取決於史料蒐集的多寡珍稀，而

---

4　"The Salt Merchant of Yang-chou: A Study of Commercial Capitalism in Eighteenth Century China," *Harvard Journal of Asiatic Studies* 17, 1-2(1954).

5　即便1950年代，東西冷戰方殷，中國大陸對外鎖國，何院士依然致書北京圖書館，請其代為借取所需史料。「北京圖書館轉來何炳棣自蕃古會[Vancouver]來書，欲借《永憲錄》。」「北京圖書館專人持函取《永憲錄》去，頗詫其輕率，然不能不予之。」分別見鄧之誠，《鄧之誠文史札記》（鄧瑞整理）（南京：鳳凰出版社，2012），頁1075，1958年3月28日條；頁1076，1958年3月31日條。

主要取決於方法與思路。

何院士決非尋常的歷史學家。他,一向以選題攻堅,享譽學林,力主研究大題目,解決基本大問題,不屑作二流題目,認爲浪費時間及精力。在人文歷史領域內,連續鑽研基本大課題的難度甚高,但何院士在其漫長而卓越的學術生涯中,再三向高難度挑戰,將國史研究帶進一個累累碩果的紀元,對重新描繪歷史面貌貢獻良多。本書所收論文中,北魏洛陽城是中古史第一等的課題;美洲作物的討論對象,就是中國近千年以降,開始於16世紀,美洲四種農作物,花生、甘藷、玉蜀黍及馬鈴薯傳入的第二個長期糧食生產的革命;老子年代是先秦思想史上困惑歷代學人的最爲關鍵的大問題,也是最爲頑強難攻的堡壘,即便是這基本性關鍵課題中所要澄清的枝節問題,如大史公司馬遷行年考,本身便是國史上的第一等專題。至於以堅實的新考古及文獻資料,闡明產生「宗法基因」文化的自然環境和物資基礎,初步證明恩格斯影響深遠的「家庭、私有制、國家」三大人類歷史演進階段,並不適用於古代中國,進而考釋華夏文化中「宗法基因」一直在傳統及當代中國發揮主宰的作用,被芝加哥大學政治系已故講座教授鄒讜認爲是何院士「近十五年來最重要的論文」的〈華夏人本主義文化〉一文[6],更是一等又一等的最上乘課題。

因當代學人對上述部份相關課題的著述堪稱汗牛充棟或已有相當業績,發前人未發之覆爲極高難度的挑戰;何院士因早年學習西洋史時便已養成不同文化(intercultural)及歷時(diachronic)兩種比較的習慣,故能拓展歷史視野,啓發新思路,治學勇中有愼,勝義紛陳,探驪得珠,得出與眾不同的結論,每能帶給讀者意外的驚喜。難得的是

---

6　何炳棣,《讀史閱世六十年》,頁453。

他所討論的都是國史上的重大課題，卻能從大處著眼，掌握主要線索脈絡，而不拘泥於枝節，見樹不見林，致爲史料淹沒；他雖旁徵博引史料，但決不迷信史料，不單考釋史實，也考釋史料。他以合理適中的篇幅把紛亂如麻的史實清釐還原，深得史家要刪割愛之旨。可以這樣說，書中大多數論文，專就方法論批判古史研究中，默證的極端應用，誤以爲治學態度嚴謹，而致方法失之偏頗的〈「天」與「天命」探原：古代史料甄別運用方法示例〉一文而外，事實上都是史學方法課程（特別是內考證部分）的理想實習資料，爲後學指引迷津，好學深思者，定可從其論著中學到眞正的史學方法。

〈北魏洛陽城郭規劃〉文中，何院士縝密周詳地辨正1954年閻文儒考古實測報告與其附圖，以及1930年代加拿大聯合教會駐河南教士Bishop W.C. White 論著中最早繪出的漢魏洛陽城地圖的正誤外，並縱橫交錯，先從比較觀點及世界史視野，直指唐代長安城垣所佔面積（逾三十方哩）遠大於西、東羅馬帝國兩個京城（羅馬及君士坦丁堡，各僅九方哩）及13世紀末倫敦（僅半方哩多），由此可推知直接影響唐代長安都城建置的北魏洛陽面積及規劃。這兩都城規模宏大，「不特在我國歷代帝都之上，且爲工業革命前人類史上所僅見。」接著經歷時比較，從中國都市長期演變中，點出北魏洛陽城的中軸意義這一前人所忽略的重大發現：北魏洛陽坊里制主要特徵是四郭坊里之間的劃分大致以社會階級爲依據，這種「寺署有別，四民異居」的規劃大有別於西漢長安宮室、衙署、市廛、民居雜處，正反映出兩個時代的社會觀念及現象；唐、宋以降，隨著經濟發展，階級身份日趨流動，汴京「里卷之間，第邸同鬧市毗鄰，仕宦與庶萬肩擦，身分行業區域禁限消除，北魏洛都坊里遺意盡失。」故耶魯大學歷史系講座教授Arthur F. Wright致函何院士，盛讚此文「考證細密，敘事有條有理，描寫洛

都生活文筆生動。」[7]

〈儒家宗法模式的宇宙本體論〉一文中，何院士對儒家學說的要旨作了嚴肅的新反思。對華夏文化中的「宗法基因」有更爲深刻的體會及反思後，以張載〈西銘〉爲視窗，上溯至《易傳》及董仲舒，旁及二程及朱熹等理學宗師，通過對史料的精讀及仔細推敲，盡可能以周密平衡的理性思維，加以考釋評估，得出與絕大多數當代思想家及新儒家截然不同的結論—「秦漢以降的儒家的宇宙本體論是宗法模式的」；張載〈西銘〉冠冕堂皇詞語的深層意義實質是爲專制帝王的合法性作形而上的辯護。

書中所收一系列中國古代思想史論文中的一大特色爲，既有微觀的細緻考證，復有宏觀的通識綜合，考證處處與綜合相結合。因涉及的都是基本大課題，何院士極重視論證的積累，務必搜羅大量多樣的相關史料作爲基礎，決不以孤立證據立論。〈司馬談、遷與老子年代〉一文中，他深入鑽研西漢官制後，重新鑑定《史記》與其他古籍內的相關數據，通過探索太史公父子的師承，抽絲剝繭地窮究老子譜系，以解決這一撲溯千古，重要而棘手的課題；何院士並在細讀《史記・太自公自序》後，敏銳地觀察到王國維極具影響力的〈太史公行年考〉論證的嚴重失當；司馬遷生年應爲前135年，而非王氏所主張的前145年。筆者感到文中論述司馬談爲其早慧愛子教育用心之苦古今罕見，相當程度上或爲何院士對其尊人壽權先生爲他早期教育所擬定的方針的強烈感情投射[8]。

在〈中國現存最古的私家著述：《孫子兵法》〉及〈中國思想史

---

7　何炳棣，《讀史閱世六十年》，頁374。

8　有關何院士尊人爲他早期教育所作的規劃，參考同上，頁7-11、63。

上一項基本性的翻案：《老子》辯證思維源於《孫子兵法》的論證〉
兩篇論文中，通過文字、專詞、語義、稱謂、思想內涵、命題與反命
題先後順序等多維度縝密論證，何院士得出先秦思想史研究中人所未
言的結論，並為重新考訂、分析、權衡與界定先秦、兩漢政治哲學思
想的「軸心」奠下堅實的基礎。何院士認定《孫子兵法》成書早於
《論語》至少一個世紀，實為中國現存最古的私人著述；經《孫子兵
法》、《老子》、早期的儒、墨兩家的多邊相互驗證，他發現《老
子》在體用及思辨方法上都與《孫子》具有特殊的親緣關係：人類史
上《孫子》是最先以「行為主義」心理學原則治國；淡化、緣飾《孫
子》的坦白冷酷，愚民語句最為微妙成功者便是《老子》，輩份的正
確定位應是《孫》為《老》祖。

　　值得注意的是，〈「夏商周斷代工程」基本思路質疑─古本
《竹書紀年》史料價值的再認識〉一文，是何院士與北京故宮博物
院研究員、古文字組主任劉雨合撰，也是何院士生平唯一與他人合撰
的論著[9]。何院士一向認為西周年代考訂是研治西周史的學人絕不應迴
避的嚴肅課題，也是他在中國上古史研究中的一項重要關注。針對上
世紀九十年代末葉起國內進行，以釐清夏、商、周三代的年代為目標
的大型科研項目─夏商周斷代工程─所公布的《1996-2000年階段成果
報告》，其中所呈現方法論及資料運用不當或嚴謹度不足而衍生的問
題，文中提出有力的批判及質疑。何院士和劉雨對斷代工程攻關所取

　9　按：何院士在這領域最早的成果是四十年前發表的〈西周年代平議〉，
　　　《香港中文大學學報》1（1973）。繼〈「夏商周斷代工程」基本思路質
　　　疑〉後，何教授尚發表〈古本《竹書紀年》與夏商周年代〉一文，載劉翠
　　　溶主編，《四分溪論學集・慶祝李遠哲先生七十壽辰》（台北；允晨文化股
　　　份實業有限公司，2006）。可惜這兩篇論著沒有收進本書。讀者宜一併參
　　　看，庶能對何院士在這領域的業績及成果有更全面及完整的認知。

得的業績,特別是在測年技術方面,使用先進進口設備,測量精敏度極高的加速器質譜法(簡稱AMS),與其他技術如樹輪校正曲線配合,1997年對陝西灃西遺址發掘出土的木炭、獸骨、炭化小米等標本進行測試,並參照晚商賓組卜辭中的五次年代月食進行核對,對過去各種偏頗主觀說法作大規模刪汰工作,將克商年代範圍限定在前1050-前1020年間,予以充分肯定。另一方面,他們對斷代工程據傳世文獻如《國語》、《尚書‧武成》及《逸周書‧世俘解》和出土數據運用方法的失當,特別是將古本《竹書紀年》肆意肢解後,所選出的武王克商確切年代為前1046年之說,則一一展開有力攻擊。何院士和劉雨針對斷代工程誤信《國語》伶州鳩所稱周武王伐紂時「歲在鶉火」之說,經縝密論證後,對其中迷惑作如下澄清:「伶州鳩這段話所記的星象詞句是典型的星象家的星占說,用春秋時代的人伶州鳩的口講出戰國人編造的故事來,這本身就近於胡言亂語。他所述的星象多是肉眼看不到,只能是推算出來的。」至於《尚書‧武成》及《逸周書‧世俘解》,他們以現存這兩篇文獻,已大致被公認是合二而一的,但兩者的干支曆日、月相卻頗有不同,疑點重重;他質疑「在這種情況下,貿然使用這些曆日、月相材料去推論伐商年,」「是不慎重,方法論上看也是十分危險的。」何院士和劉雨認為斷代工程沒有充分利用古本《竹書紀年》這樣在年代學上史料價值至高的史籍,是研究一大敗筆。他們透過以古本《竹書紀年》與文獻(特別是將中國有明確紀年的時間上推至西周初及其世系來源有自的《史記‧魯周公世家》)和天文現象(古本《竹書紀年》記載夏、商、周總積年,合於中國古代的「極端天象」〔「禹時五星聚」〕;該天象經中、美的天算專家測算發生於前1953年,約夏禹晚年)互證後,得出「『武王克商年』無須捨近求遠查考,可直接使用古本《竹書紀年》的公元前1927年」的結

論。何院士和參與斷代工程，並對西周史及金文資料至為熟悉的古文字學者劉雨教授合作，提出既有破，又有立，非常科學的精闢探析，可謂相得益彰。本文實為史學方法中內考證不可多得的最佳範例。

〈從《莊子·天下》篇首解析先秦思想中的基本關懷〉一文中，何院士以《莊子·天下》篇首中幾個關鍵詞，尤其是「道術」作切入點，探討百家爭鳴前，先秦哲學思想重心及其基本關懷。他發現「道術」一詞，並非源於道家，而是初見於《墨子·尚賢上》；《墨子》所言的道術，根本為最現實功利的君王統治術。何院士一本嚴謹治學態度，檢視《論語·子路》、《鶡冠子·天則》及《淮南子·兵略訓》等文獻，察覺都出現與《墨子》論道術文義相同的文句，指出「五重文本迭合的證據已足有力地說明先秦思想中的基本關懷，決不是對『宇宙人生本原』的形上探索，而是不出日用人倫範疇的最現實的『君人南面之術』」。《莊子·天下》所諱言的學派為孫子；何院士認為其中癥結所在，實因孫子徹底奉行行為主義，其在應用方面對墨子的影響則為「不得不將孫武的行為主義全都加以倫理化」；這樣墨子便對行將爭鳴的百家產生一種「道義」上的威嚇。影響所及，「迫得百家的理論都不得不披上道德、清靜、無為、心性及其他形上外衣。」

〈國史上的「大事因緣」解謎〉一文完稿於何院士去世前兩年，其時他已年逾九十，在文獻不足的情況下，仍能以高度的歷史想像力對「秦墨」這一千古歷史迷團，撥雲指日，提出縝密而具說服力的解釋。筆者認為此文重要貢獻如後：就戰國史而言，史家咸認為秦孝公用商鞅變法，方奠定強盛基礎；何院士則登高致遠，直指秦獻公才是其中關鍵。他在文中開端以歷史文獻如《水經注》、乾隆（1784）《韓城縣志》，結合近代歷史地理學者的研究，從河西地貌揭示戰國初期

的秦魏之戰的歷史意義。秦獻公即位之初的嚴峻形勢，以及其如何藉墨者之助扭轉局面，落實一系列軍政新措施雪恥圖強，商鞅變法不過順其勢而弘揚，凡此俱爲研治戰國史學者多所忽略，幸賴何院士心細如髮，發前人未發之覆。就墨學研究而言，晚清以來，墨學復興，名家輩出，在文本考訂、思想史，以至軍事史等領域俱有相當建樹。唯何院士另闢蹊徑，點出前人在墨學這一領域尚未能圓滿解決的問題，如鉅子制興替始末、秦墨在秦國變法圖強中的作用，以及墨家集團的命運—走向湮滅無聞，推陳出新，提出卓見。鉅子制前人雖有所探討，但因史料所限，語焉不詳，點到即止；何院士雖受同樣制約，唯因充分發揮史家技巧，以《呂氏春秋》幾條相關記載爲定錨，逐層剖析，從人所周知的史料切入，卻能化腐朽爲神奇，編織出一幅人所未悉的歷史圖像，提出目前爲止最爲周延的探討。至於墨家湮沒的原因，《莊子・天下》篇及《史記・太史公自序》司馬談所言，俱有相當道理，見解卻不如何院士從正反的異化辯證角度點出墨家與統治集團關係演變那樣鞭辟入裡。文中最後以漢宣帝一段話及毛澤東詩作爲總結，畫龍點睛，更能彰顯課題的歷史意義。

何院士謙稱自幼因長篇背誦工夫太少，全不涉及文字、音韻及訓詁等國學基本工具，以致「一生自幼到老的中文寫作幾乎都是質勝於文、理勝於文，自恨從來沒有下筆萬言流暢自然的才氣。」[10]管見認爲書中所收的歷史論文，確是「理勝於文」或「質勝於文」，唯就涉及文學領域的〈從愛的起源和性質〉一文所見，文中遣詞、用字、造句饒富文采，茲摘錄其中一段以見一斑：「亞當入世初醒，睡眼惺忪之際，已發覺四周有平疇綠野、丘陵鳴泉、林木垂蔭、百花錦簇、仙

---

10　何炳棣，《讀史閱世六十年》，頁8。

果纍纍、甘芳欲滴，真如原詩屢度綜述，色（sight）、香（smell）、味（taste）無不具備，供他摘食享用。動物方面，猛如獅虎，馴若麋鹿，莫不和祥共處，各自成雙，嗅吻狎呢。好一派春日遲遲，懶洋洋單身漢奈何不得的醉人情景！」

何院士自承是個相當「傲慢」的歷史學家，史學界每以「目空當世」或「目無餘子」來形容他[11]。唯就書中所見，對論著成果確有貢獻，或對其研究有所助益的前輩、同輩，以至晚輩學人，他都一一予以稱道。即便西方著名漢學家及人類學家Berthold Laufer於1906年所發表的"The Introduction of Maize into East Asia"一文，何院士認為雖是史料不足，不熟悉原始史料，不免錯誤和偏激之見的不成熟之作，但已顯出作者「治學的魄力和權衡輕重的能力」。這樣不吝對他人長處予以慷慨肯定及欣賞，尊重前人業績，足證何院士具有十足的安全感。

最令人感動的是，從何院士二次榮退，到他生命最後階段的二十多年間，委身於一個新領域的基本大課題研究，奔波於圖書館查證史實及蒐羅史料而外，其間所撰論文每字都親自下筆為之，從不假手他人。如背後沒有堅強及驚人的毅力及與意志，特別是感情的驅力，這些論文實無可能以目前面貌出現。一些論文如〈司馬談、遷父子與老子年代〉及〈國史上的「大事因緣」解謎〉，何院士更是精益求精，不憚一再修改。他以「老驥伏櫪」來形容這一階段，先秦思想攻堅所作的努力，實在貼切不過。書中博大精深的多面性研撰，引領後學徜徉並穿越五千年的中國歷史。他在中國古代思想及制度領域攻堅的成

---

11　同上，頁334、349；「何炳棣日前到台，將去香港，晚王雪艇〔世杰〕宴之於南港，論及美國之漢學家，頗乏好評，渠一向目無餘子也。」見郭廷以，《郭量宇先生日記殘稿》（台北：中央研究院近代史研究所，2012），頁697，1966年12月26日條。

果，雖尚不足以成爲定論，但今後研治這方面的學者，或不贊同何院士所說，勢不能迴避書中相關論文的論點。就本書所見，筆者察覺何院士尚有如〈董仲舒宦業繫年考辨〉等待刊文稿，企盼及早整理出版，嘉惠學林。在古往今來的萬古歷史長河中，儘管這位眞正的學術巨人遽然逝去，他畢生耕耘的成果當能經得起時代考驗，永垂久遠。

院士叢書
# 何炳棣思想制度史論

2013年7月初版　　　　　　　　　　　　　　　　定價：新臺幣750元
2017年3月初版第三刷
2020年8月二版
有著作權・翻印必究
Printed in Taiwan.

| | | | |
|---|---|---|---|
| 著　　　者 | 何 | 炳 | 棣 |
| 整　　　理 | 范 | 毅 | 軍 |
| | 何 | 漢 | 威 |
| 叢書主編 | 沙 | 淑 | 芬 |
| 校　　　對 | 吳 | 美 | 滿 |
| 封面設計 | 蔡 | 婕 | 岑 |

| | | | | |
|---|---|---|---|---|
| 出　版　者 | 中　央　研　究　院 | 副總編輯 | 陳 | 逸　華 |
| | 聯經出版事業股份有限公司 | 總　編　輯 | 涂 | 豐　恩 |
| 地　　　址 | 新北市汐止區大同路一段369號1樓 | 總　經　理 | 陳 | 芝　宇 |
| 叢書主編電話 | （02）86925588轉5310 | 社　　　長 | 羅 | 國　俊 |
| 台北聯經書房 | 台北市新生南路三段94號 | 發　行　人 | 林 | 載　爵 |
| 電　　　話 | （02）23620308 | | | |
| 台中分公司 | 台中市北區崇德路一段198號 | | | |
| 暨門市電話 | （04）22312023 | | | |
| 郵政劃撥帳戶 | 第0100559-3號 | | | |
| 郵　撥　電　話 | （02）23620308 | | | |
| 印　刷　者 | 世和印製企業有限公司 | | | |
| 總　經　銷 | 聯合發行股份有限公司 | | | |
| 發　行　所 | 新北市新店區寶橋路235巷6弄6號2F | | | |
| 電　　　話 | （02）29178022 | | | |

行政院新聞局出版事業登記證局版臺業字第0130號

本書如有缺頁，破損，倒裝請寄回台北聯經書房更換。　　ISBN　978-986-5432-49-2 (精裝)
聯經網址 http://www.linkingbooks.com.tw
電子信箱 e-mail:linking@udngroup.com

國家圖書館出版品預行編目資料

何炳棣思想制度史論／何炳棣著 . 二版 .
臺北市 . 中研院 . 新北市 . 聯經 . 2020.08
544面；14.8×21公分 . (院士叢書)
ISBN　978-986-5432-49-2（精裝）
[2020年8月二版]

1.學術思想　2.中國哲學史　3.文集

112.07　　　　　　　　　109011327